ÖSTERREICHISCHE AKADEMIE DER WISSENSCHAFTEN
PHILOSOPHISCH-HISTORISCHE KLASSE
SITZUNGSBERICHTE, 669. BAND

VERÖFFENTLICHUNGEN DES INSTITUTS FÜR
REALIENKUNDE DES MITTELALTERS UND DER FRÜHEN NEUZEIT
NR. 17

DISZIPLINIERUNG IM ALLTAG DES MITTELALTERS UND DER FRÜHEN NEUZEIT

INTERNATIONALER KONGRESS
KREMS AN DER DONAU
8. bis 11. OKTOBER 1996

MIT 28 ABBILDUNGEN

VERLAG
DER ÖSTERREICHISCHEN AKADEMIE DER WISSENSCHAFTEN
WIEN 1999

Vorgelegt von w. M. Herwig Wolfram
in der Sitzung vom 1. April 1998

Gedruckt mit Unterstützung des Fonds zur Förderung
der wissenschaftlichen Forschung

Herausgeber und Redaktion: Gerhard Jaritz

Umschlagbild:
Stadtrichterbild des Niklas Strobl: Weltliches und Jüngstes Gericht,
Tafelbild, steirisch, 1478. Graz, Stadtmuseum.
Foto: Institut für Realienkunde des Mittelalters und der frühen Neuzeit

ISBN 3-7001-2857-6

Druck: Ferd. Berger & Söhne Ges.m.b.H., A-3580 Horn

INHALTSVERZEICHNIS

VORWORT

Alltagsgeschichte und Realienkunde des Mittelalters und der frühen Neuzeit sind in starkem Maße mit mannigfaltiger Quellenüberlieferung konfrontiert, die verschiedenartige Formen von (Sozial-)Disziplinierung und Disziplinierungsversuchen der Gesellschaft, mancher ihrer sozialer Gruppen oder einzelner Mitglieder derselben repräsentiert. Derartige Disziplinierungsbestrebungen konnten einerseits normativ geschehen, andererseits mit Hilfe unterschiedlicher Varianten didaktischer und moralisierender Argumentation. Dies gilt sowohl für weltliche als auch für kirchlich-religiöse Bereiche der Lebenswelt und die darauf bezogenen Kommunikationsprozesse. Erfolg und Mißerfolg, Konformität und Devianz beeinflußten die Stabilität bzw. Instabilität des Gesamtsystems und vieler seiner Kategorien. Disziplinierung ist damit Teil des Alltags, und Disziplinierung des Alltags entspricht einer Routinisierung des Lebens[1].

Auf Grund einer derartigen Relevanz des Themenkreises entschied sich das *Institut für Realienkunde des Mittelalters und der frühen Neuzeit* der Österreichischen Akademie der Wissenschaften, in seinem elften Internationalen Kongreß im Jahre 1996 Fragen der "Disziplinierung im Alltag des Mittelalters und der frühen Neuzeit" zu diskutieren. Referenten aus verschiedensten historischen Forschungsbereichen wurden ersucht, zu dieser Problematik Stellung zu nehmen, um damit ein Bild mittelalterlicher und frühneuzeitlicher Disziplinierungsversuche, -muster und -strukturen, sowie der Reaktionen auf dieselben zu vermitteln, welches als Basis für weitere komparative Analysen dienen soll. Der vorliegende Band enthält die für den Druck überarbeiteten Referate der Tagung.

Die Aufsätze zeigen, daß sowohl die schriftliche Überlieferung als auch Bild- und andere Sachquellen eine wichtige Rolle für die Untersuchung des genannten Phänomens repräsentieren. In einer Reihe von Beiträgen nimmt die Frage einen bedeutenden Stellenwert ein, inwieweit die entwickelten Sozialdisziplinierungsmodelle etwa eines Gerhard Oestreich, Max Weber, Norbert Elias oder Michel Foucault für eine Alltagsgeschichte und deren Auseinandersetzung mit mittelalterlichem und frühneuzeitlichem Material als nutzbringend angesehen werden

[1] Vgl. Johannes Stehr, Sagenhafter Alltag. Über die private Aneignung herrschender Moral. Frankfurt/Main - New York 1998, 182.

können[2]. Dabei zeigen sich einerseits manche Grenzen und Schwierigkeiten, andererseits ergeben sich jedoch auch wichtige Anregungen für das Herangehen an die Quellenaussagen und deren methodologisch basierte Analyse. Was jene Modelle jedenfalls vermitteln können, ist die unabdingbare Notwendigkeit, Analysen zum Thema auf theoretisch und methodisch gestützten Ansätzen aufzubauen.

Mit den vorliegenden Beiträgen soll verdeutlicht werden, daß nicht nur Quellenvielfalt, sondern auch trans- und multidisziplinäre Forschungsansätze von unabdingbarer Notwendigkeit erscheinen, um das Phänomen der Disziplinierung im Rahmen des historischen Prozesses greifbar machen zu können. Es soll damit auch umso klarer erwiesen werden, daß mittelalterlicher und frühneuzeitlicher Alltag auf allen gesellschaftlichen Ebenen untrennbar mit normativen und didaktischen Steuerungsmechanismen verknüpft war. Deren Erfolgs- bzw. Mißerfolgsmuster können keinesfalls allein auf die Ergebnisse der Befolgung oder Nichtbefolgung disziplinarischer Maßnahmen reduziert werden, sondern sind in starkem Maße mit unterschiedlichen Relevanzstrukturen, mit Auswahl, Handlungsoptionen und Kompromissen in Verbindung zu bringen[3]. Resultate von Disziplinierung konnten sehr unterschiedliche Wirkungen zeigen. Typen und Stereotype spielten eine wichtige Rolle.

Die unterschiedlichen Fragestellungen, Ansätze und herangezogenen Quellen verdeutlichen einerseits die Breite des Problemfeldes, andererseits führen sie zwangsläufig zu einem entstehenden Eindruck von Heterogenität. Diese Heterogenität kann allerdings nur als scheinbar

---

[2] Zu Anwendungsversuchen der genannten Modelle auf die Sozialdisziplinierung in der frühneuzeitlichen Fastnacht vgl. Christa Müller, Sozialdisziplinierung während Fastnacht und Fastenzeit in Tirol zwischen 1530 und 1650. Wien 1995, bes. 10-16. Vgl. auch allg. bes. Gisela Felhofer, Die Produktion des disziplinierten Menschen (Dissertationen der Johannes Kepler Universität Linz 70) Wien 1985, passim; Cristoph Sachße und Florian Tennstedt (Hrsg.), Soziale Sicherheit und soziale Disziplinierung. Beiträge zu einer historischen Theorie der Sozialpolitik. Frankfurt/Main 1986, darin bes. Stefan Breuer, Sozialdisziplinierung. Probleme und Problemverlagerungen eines Konzepts bei Max Weber, Gerhard Oestreich und Michel Foucault, 45-69; Günther Lottes, Disziplin und Emanzipation. Das Sozialdisziplinierungskonzept und die Interpretation der frühneuzeitlichen Geschichte. In: Westfälische Forschungen 42 (1992) 63-74; Winfried Schulze, Gerhard Oestreichs Begriff "Sozialdisziplinierung in der frühen Neuzeit". In: Zeitschrift für Historische Forschung 14 (1987) 265-302; Peter Gleichmann, Johan Goudsblom und Hermann Korte (Hrsg.), Macht und Zivilisation. Materialien zu Norbert Elias' Zivilisationstheorie 2. Frankfurt/Main 1984; Stefan Breuer, Die Formierung der Disziplinargesellschaft. Michel Foucault und die Probleme einer Theorie der Sozialdisziplinierung. In: Sozialwissenschaftliche Informationen für Unterricht und Studium 4 (1983) 257-264.

[3] Vgl. Gerhard Jaritz (Hrsg.), Norm und Praxis im Alltag des Mittelalters und der frühen Neuzeit. Internationales Round-Table-Gespräch, Krems an der Donau, 7. Oktober 1996 (Forschungen des Instituts für Realienkunde des Mittelalters und der frühen Neuzeit. Diskussionen und Materialien 2) Wien 1997.

bezeichnet werden. Gerade die Analyse der sehr unterschiedlichen Formen von Reglementierung, Didaxe und Disziplinierung, die mit Hilfe von gesprochenem und geschriebenem Wort, durch Bilder, oder mittels Raum- und Objektkompositionen durchgeführt und angestrebt wurden, vermittelt einerseits Variantenreichtum, andererseits jedoch recht eindeutige Nähe der allgemeinen Ordnungsgedanken, Absichten und Verwirklichungsstrukturen zueinander. Disziplinierung wird in den spezifischen, alltagsbeeinflußten und -beeinflussenden Anlaßsituationen nicht durch homogene, einheitliche Motivationen und Mittel angestrebt, sondern erfährt ihre Konstruktion in einer Vielfalt von Maßnahmen und Verwirklichungsversuchen. Vor allem diese Vielfalt möge im vorliegenden Kongreßbericht veranschaulicht werden. Die Analyse des verschiedenartigen Quellenmaterials sollte darauf explizit und gezielt Rücksicht nehmen. Die erlangten Ergebnisse deuten auf eine Reihe mittelalterlicher und frühneuzeitlicher institutions-, kommunikations- und rezeptionsgebundener Disziplin- und Kontrollmodelle, Moral-Schemata und Klassifikationssysteme hin. Konstitutive, sowohl repressiv als auch konstruktiv verstandene Elemente von Disziplinierungsdiskursen werden sichtbar, die Alltag und Sachkultur entscheidend betrafen und beeinflußten.

Das *Institut für Realienkunde des Mittelalters und der frühen Neuzeit* und seine Mitarbeiterinnen und Mitarbeiter danken allen Autorinnen und Autoren für die Zurverfügungstellung ihrer, zu weiteren Forschungen stark anregenden Beiträge, sowie der Österreichischen Akademie der Wissenschaften für die Aufnahme des Bandes in die Sitzungsberichte ihrer philosophisch-historischen Klasse.

Gerhard Jaritz

WOLFGANG SCHILD

FORMEN VON DISZIPLINIERUNG UND (STRAF-)RECHTSVERSTÄNDNIS[1]

1. Vorbemerkung

Es ist sicherlich einheitliche Auffassung der Historiker, daß die Zeit ab 1000 ein neues Selbstverständnis der Menschen gebracht hat. Man spricht von "Geburt des Individuums"[2], verbunden mit Umbruch und Verlust der gewachsenen kollektiven Ordnungen einerseits, mit Aufbruch und Setzen einer neuen "bürgerlichen" Ordnung in den Städten andererseits. Beliebt ist auch die Formel von der zunehmenden "Verinnerlichung" und "Subjektivierung" des Menschen(bildes)[3]; ein Buchtitel spricht sogar von der "Erfindung des inneren Menschen"[4], was darauf hindeutet, daß zuvor der Mensch (nur) äußerlich – in äußerlicher Weise – gelebt haben muß. Zudem kann er – vor der Geburt des Individuums – nicht als ein solches, sondern nur als Glied eines größeren Gebildes gelebt haben: nämlich einer als Einheit vorgestellten und praktizierten Gemeinschaft, als Familie, Gefolgschaft, Schwurgemeinschaft. Bezieht man die Inhalte der ebenfalls ab der Jahrtausendwende sich etablierenden, weil attraktiven, dem neuen Geist der Zeit entsprechenden Ketzerlehren ein, so gewinnt die Differenz von Innen und Außen den Sinn der Unterscheidung von Seele und Körper, die bei manchen Ketzergruppen zu einem Dualismus von himmlischer, engelhafter und immaterieller Seele – innerhalb derer manche einen freien Geist

[1] Der Beitrag stellt eine Skizze zum Themenkreis dar. Ein erster weiterführender Versuch – über die Verstümmelung – wird in einem von Richard van Dülmen herausgegebenen Sammelband über die "Erfindung des Menschen" erscheinen.

[2] Jacob Burckhardt hat die Zeit, in der diese Geburt entdeckt wurde – also die "Entdeckung des Individuums" –, bekanntlich in die Renaissance verlegt. Neuere Untersuchungen lassen diese Zeit bereits im 11. Jahrhundert beginnen; vgl. z.B. Colin Morris, The Discovery of the Individual 1050 –1200. Toronto 1987.

[3] Damit steht sicherlich das neue Interesse an der Rezeption der Geschichts- und Moralphilosophie von Friedrich Nietzsche in Zusammenhang, wie dieser sie vor allem in der Streitschrift "Zur Genealogie der Moral" (1887) entwickelt hat. Zu diesem Buch siehe Werner Stegmaier, Nietzsches 'Genealogie der Moral'. Darmstadt 1994; zum Verhältnis von Nietzsche zu Burckhardt siehe Erich Heller, Nietzsche. Drei Essays. Frankfurt/M. 1964, 7-34.

[4] So Jan Assmann (Hrsg.), Die Erfindung des inneren Menschen. Studien zur religiösen Anthropologie. Gütersloh 1993.

herausstellen und von ihr unterscheiden wollten – und teuflischer (vom Teufel geschaffener) materieller Körperlichkeit führte. Die Erfindung des Inneren erweist sich von daher als Erfindung der Seele als des vom äußeren Materiellen unterschiedenen, ja getrennten Immateriellen, Vergeistigten; und offensichtlich muß es vor dieser Erfindung ein Äußeres gegeben haben, das das, was später als Seele oder Geist verselbständigt wurde, in sich ungetrennt und vielleicht sogar ununterschieden enthielt: nämlich den "Leib" ("*corpus*"), der im Unterschied von dem von Seele/Geist differenzierten "Körper" in sich sinnerfüllt und lebendig war – weshalb das altdeutsche "*lip*" insgesamt die Bedeutung von "Leben(digkeit)" hatte. Dieser "Leib" mußte zudem nach dem oben Gesagten auf die Gemeinschaft bezogen sein, also der "Familienleib", "Gefolgschaftsleib", "Gemeinschaftsleib" sein; wie sich auch die Kirche ausdrücklich als "*corpus Christi*" verstand und die getauften Christen als dessen "*membra*" auffaßte. Zwar wurden die Ketzereien besiegt; aber im wesentlichen gelang dies durch neue Formen in der christlichen Kirche, in denen zahlreiche ketzerische Ideen übernommen und gelebt wurden – wie vor allem in den Bettelorden. So wurde auch die Leibauflösung und damit selbstverständlich Leibabwertung in die getrennten Körper – Seele – Geist (verbunden mit der Hochwertung der beiden letzteren) von den christlichen Theoretikern übernommen und zu den neuen Grundlagen des Lebens der Christenheit gemacht. Die Kirche selbst bezog das "*corpus Christi*" zunehmend auf die Eucharistie und stellte auf den heiligen Geist als die "Seele" der Gemeinschaft der Gläubigen ab, die nur mehr symbolisch als "*corpus*" (*mysticum*) bezeichnet wurde. Es ging seither darum, den zum bloßen Körper gewordenen, ehemaligen Leib zu besiegen und zu beherrschen: durch die Kraft des freien Denkens und durch tugendhafte seelische Selbstdisziplinierung und Selbstzivilisierung[5]. Gut und schlecht, recht und unrecht wurden zu inneren Forderungen des schuldbewußten, weil noch immer leibverhafteten Gewissens. Der ehemalige Leib wurde dadurch zu einem von diesem normativen Sinn entleerten, in sich sinnlosen, bloß äußeren Körper, der gerade deshalb als Träger für ebendiesen Sinn dienen konnte: als Träger der Zeichen für die anderen, denen der fremde, mit Sinn behaftete Körper vor die Sinne gestellt wurde, damit sie diesen Sinn innerlich aufnehmen und verarbeiten könnten. Diese Entwicklung – von ursprünglichen echten "Leibes"strafen zu symbolischen Strafen am Körper des anderen – wurde von Michel Foucault

[5] Auf die Zivilisierungstheorie von Norbert Elias ist bei aller Kritik an der Darstellung einzelner Phänomene nicht zu verzichten. Fraglich bleibt aber, ob sie nicht in Art einer Geschichtsphilosophie spekulativer ausgebaut werden kann (was Elias selbst verneint hat).

dargestellt[6], wobei freilich dabei das Ergebnis – die Charakterisierung des Körpers als eines bloß räumlichen und in diesem Sinne toten Objektes, das als Bühne für die Inszenierung von Strafschauspielen dienen konnte, gerichtet an die Zuschauer dieses Spektakels, um diese innerlich zu prägen – im Mittelpunkt steht. Das, was dieser Entwicklung voranstand – also der "Leib" –, kommt nicht in ebendiesem Sinne in Blick, außer man denkt ihn in der Gegensätzlichkeit zu diesem "Körper": also den Leib als ein in sich sinnhaftes, aus sich selbst heraus bestimmtes, lebendiges Gebilde, das noch in einer nicht aufhebbaren Einheit mit (Geist)Seele stand[7].

Im folgenden soll die Frage von Disziplinierung und Rechtsverständnis auch in diese Entwicklung von "Leib" in Einheit mit (Geist)Seele zu "Körper", getrennt von (Geist)Seele und zugleich als deren zu beherrschendes Objekt – und damit eigentlich zu ebendieser Trennung von "Körper" und "(Geist)Seele" – gestellt werden. Man kann auch sagen: eine Entwicklung als Geburt von "Körper" und "(Geist)Seele" – in der Gegenüberstellung von Außen und Innen – aus dem in Einheit von Außen und Innen und damit mit der (Geist)Seele verstandenen "Leib". Damit soll selbstverständlich nicht behauptet werden, daß diese Entwicklung in der realen Vergangenheit ohne jeden Bruch aufgezeigt werden könnte. Vorgelegt werden soll eine gedachte ("idealtypische") Entwicklung als Aufbrechen einer ursprünglichen Einheit zu getrennten Phänomenen, die in verschiedenen Stufen beschrieben wird. Nicht wird behauptet, daß es so tatsächlich geschehen ist: Denn dies kann nur die konkrete Arbeit an den Quellen zeigen, die freilich immer auch Interpretation ist. Für jene Aufgabe der Interpretation soll diese Entwicklungsreihe ein Angebot darstellen: das historische Material auf eine solche Entwicklung hin zu betrachten und von ihr her zu beschreiben. – Nur am Rande sei bemerkt: Wer fortwährend die geschichtlichen Brüche betont, zeigt nur, wie sehr er von einer an sich anzunehmenden Entwicklung ausgeht. Es ist dann freilich erforderlich, diese Entwicklung – deren Brüche so interessant hervorgehoben werden – auch präzise zu formulieren.

---

[6] Auch für die Theorie von Michael Foucault gilt das zu Elias Behauptete: Trotz aller Kritik an der Darstellung von Einzelphänomenen kann auf sie nicht verzichtet werden, vor allem, wenn sie auch (noch) spekulativer ausgebaut wird.

[7] Zu diesem Leibbegriff (mit jeweils weiteren Hinweisen) vgl. die vorbereitenden Ausführungen in Wolfgang Schild, Der gequälte und entehrte Leib. In: Klaus Schreiner, Norbert Schnitzler (Hrsg.), Gepeinigt, begehrt, vergessen. München 1992, 149 ff.; danach unter Aufnahme der Leibesphilosophie von Hermann Schmitz und der Geistphilosophie Hegels weiter ausgeführt in ders., Körperertüchtigung oder Leibbemeisterung. In: Qigong Yangsheng 1997, 51-63.

2. Allgemeine These

Von diesem Programm her sollen einige Thesen über Disziplinierung und (Straf)Rechtsverständnis formuliert werden. Damit könnte zunächst an eine Entwicklung von "leiblicher" Disziplinierung bzw. von "leiblichem" Rechtsverständnis hin zu einer Disziplinierung bzw. einem Rechtsverständnis gedacht werden, die entweder an einem bloßen "Körper" oder – wohl eher – an einer von diesem äußeren Objekt getrennt gedachten "Seele" oder einem solchen "Geist" ausgerichtet waren bzw. sind. Bereits ein erster Blick zeigt, daß im heutigen Verständnis "Disziplinierung" als seelisch-geistiger Vorgang und "Recht" als geistige Dimension eines Normensystems aufgefaßt werden. Darin zeigt sich nur diese Trennung von Körper und (Geist)Seele, die dazu geführt hat, daß "Recht" nicht mehr leiblich verstanden wird und auch eine "leibliche Disziplinierung" als bloß äußerlich körperliche Gewaltanwendung in Sicht kommen kann. Doch steht das normativ-geistige Recht begrifflich immer mit möglicher Gewaltanwendung – der tatsächlichen Bestrafung von Menschen – in Verbindung, wodurch sich die Möglichkeit des Zugangs zu einem "leiblichen Rechtsverständnis" eröffnen kann, das dieses Gewaltmoment in den Vordergrund rückt und etwa die Normativität des Rechts in einem unmittelbaren Gewaltverhältnis von Rechtssubjekten sieht. Mit diesem ist daher zu beginnen. Der Begriff der "Disziplinierung" dagegen sperrt sich mehr einer solchen Verleiblichung; doch damit sind wir bereits beim Thema und bei der allgemeinen These.

2.1.

Zunächst kann allgemein gesagt werden, daß nicht jedes Verständnis von "Recht" mit der Vorstellung von "Disziplinierung" vereinbar ist.

Wird etwa Recht noch unmittelbar als konkret gelebtes, im wesentlichen stabiles und daher sich durchsetzendes und von einem diesbezüglichen Vertrauen und einer dadurch begründeten Gewohnheit getragenes Machtverhältnis der Betreffenden – in der Regel der als einheitliche Rechtssubjekte aufgefaßten leiblichen Gemeinschaften – verstanden, bedeutet jeder Bruch dieses Verhältnisses durch eine den anderen verletzenden oder beleidigenden Tat zugleich das Heraustreten aus dem Rechtsbereich dem Verletzten gegenüber. Das rechtsbrechende Subjekt ist dem Verletzten gegenüber aus dem rechtlichen Verhältnis herausgetreten oder -gefallen und deshalb ihm gegenüber rechtlos, seiner bloßen Gewalt ausgeliefert. Das Rechts- als stabiles Machtverhältnis ist somit zu einem nicht mehr berechenbaren, willkürlichen Gewaltzustand geworden und dadurch aufgelöst.

Dieser Zustand von Rechtlosigkeit (Außerrechtlichkeit) wird durch die Unterwerfung des Rechtsbrechers vollendet bzw. vollzogen, d. h. endgültig gemacht und damit offenbar: sei es durch Vernichtung der gesamten Gemeinschaft (oder deren Verknechtung) oder zumindest deren Schwächung durch Tötung ihres besten Mannes oder deren Selbstschwächung durch Auslieferung eines ihrer Glieder. Darin ist zunächst bloße Gewalt zu sehen, die durch den Bruch des Rechtsverhältnisses freigesetzt worden ist. Die wesentliche Differenz ist die zwischen Macht und Gewalt: Erstere kann sich auf Herkunft, Vergangenheit, Gewohnheit, Vertrauen berufen, letztere setzt auf Kraft oder List oder Überraschung. Beide sind auf die leiblichen Dimensionen bezogen: Der Stärkere hat recht; die Stärke bestimmt das Rechtsverhältnis. So können die beiden Subjekte (auch) durch Kampf oder Übereinkunft ein neues Rechts- als Machtverhältnis begründen und festsetzen, d. h. auf Dauer und Stabilität anlegen.

2.2.

Doch kann in den Gewaltaktionen des Verletzten – erneut in dem oben genannten Sinne des Rechtssubjektes der Gemeinschaft – (auch) eine rechtliche Reaktion beansprucht werden. Der Verletzte reagiert dann auf den Rechtsbruch, nicht weil dieser das Rechtsverhältnis beendet und zu einem rechtlosen (a-rechtlichen) Gewaltzustand verändert hat, sondern weil der Rechtsbrecher innerhalb dieses Verhältnisses den anderen verletzt, also damit Unrecht (sich ihm gegenüber ins Un-Recht) gesetzt hat. Das Rechtsverhältnis bleibt damit eigentlich noch vorausgesetzt, ist aber durch die Verletzung gestört, selbst verletzt, ist von dem Täter her auf das Opfer hin betrachtet ein Unrechtsverhältnis geworden. Dies bedeutet, daß das Verhältnis der beiden nicht Rechtlosigkeit, sondern Unrecht als Verletzung des eigentlich zugrunde liegenden Rechtsverhältnisses geworden ist. Dieses Verhältnis hat aber jedenfalls seine Einheit verloren zugunsten der beiden Subjekte, die sich innerhalb dieses Verhältnisses gegenüberstehen: der Rechtsbrecher als das Subjekt, das Unrecht gesetzt hat, und der Verletzte als das Subjekt, dem sein Recht genommen und Unrecht angetan worden ist.

Das Rechtsverhältnis ist damit nicht mehr das unmittelbare konkrete Machtverhältnis der Subjekte, die gegeneinander mächtiger oder schwächer sind, wobei die größere Macht des einen zugleich die geringere Macht des anderen bedeutet, also eigentlich eine Selbstdifferenzierung des Mächtigseins ausmacht), sondern hat sich als ein wirkliches Verhältnis von einander gegenüberstehenden Subjekten herausgebildet, das von diesen in jeweils unterschiedlicher Weise konkret bestimmt wird. Es ist eine Einheit, die von den Subjekten gemacht und festgelegt wird, die daher von der Trennung der Subjekte gedacht wird. Vorausgesetzt ist nicht mehr die Einheit von Macht (und Ohnmacht, verteilt auf zwei Seiten), sondern eine sich gegenüberstehende und so aufgeteilte Rechtssubjektivität, also unterschiedene Rechtssubjekte, die diese Einheit erst herstellen sollen: als ihr Verhältnis.

Die Vernichtung oder Schwächung des Rechtsbrechers durch den Verletzten beseitigt diese Un-Rechtlichkeit, heilt die Vernichtung, stellt das Recht, die Rechtsstellung des Verletzten – seine Rechtssubjektivität – wieder her. Damit ist das Rechtsverhältnis wieder in Ordnung gesetzt. Der Verletzte ist wieder im Recht; dem Rechtsbrecher ist Recht geschehen, selbst wenn er in seiner Machtstellung geschwächt oder gar vernichtet wurde. Noch mehr: Selbst wenn der Rechtsbrecher seine Rechtssubjektivität verliert, für rechtlos erklärt wird, ausgeschlossen oder vertrieben wird, liegt darin die Anerkennung seiner grundlegend vorausgesetzten Rechtssubjektivität. Denn diese Rechtlosigkeit muß ausdrücklich ausgesprochen werden, wobei sie ihm gegenüber eigentlich nur die Feststellung ist, daß er sich selbst durch seinen Rechtsbruch aus dem Rechtsverhältnis gestellt hat (was er nur kann, weil er Rechtssubjekt ist). Diese Erklärung kann deshalb auch immer zurückgenommen werden, der Ausschluß rückgängig, der Vertriebene wieder aufgenommen werden.

Was bleibt und eigentlich stets geblieben ist, ist das Rechtsverhältnis als Verhältnis getrennter Rechtssubjekte; konkret: das Verhältnis zu den anderen Rechtssubjekten, das durch dieses einzelne Unrecht nicht beeinträchtigt wurde. Die Störung des Rechtsverhältnisses geht nur die unmittelbar Betroffenen an: den Verletzer und den Verletzten. Aber selbst für diese wird deutlich, daß der Rechtsbruch nicht (mehr) ernst genommen wird, es auch nicht zu werden braucht, weil eigentlich nichts mehr "gebrochen" wird und werden kann. Denn das Rechtsverhältnis als Verhältnis von Rechtssubjekten ist und bleibt vorausgesetzt: Es kann nicht mehr vernichtet oder aufgelöst werden, sondern nur in seiner Existenz als gelebte Ordnung gestört werden. Auch der Verletzer verliert seine Rechtssubjektivität nicht, selbst wenn er vernichtet wird: Darin geschieht ihm nur sein Recht(sverhältnis). Seine Vernichtung beseitigt die Störung, macht das Gestörte und Verletzte wieder heil und das Rechtsverhältnis wieder lebendig. Ist seine Vernichtung sein Recht, geschieht ihm damit sein Recht, erweist diese sich als Lebendigkeit (Lebenskraft) des Rechtsverhältnisses. Das Rechtsverhältnis hat sich durchgesetzt, indem die Störung beseitigt ist, so wie eine Wunde verheilt aufgrund der Lebenskraft des Organismus, der schädliche Glieder zu diesem Zwecke auch abstoßen kann – zur Freude der modernen Systemtheorie, die diesem biologischen Modell auch zum Begreifen sozialer Phänomene folgt.

Man kann auch sagen: Das vorausgesetzte Rechtsverhältnis der Subjekte wird nicht betroffen, kann nicht gebrochen werden; eben weil es vorausgesetzt ist und bleibt. Verletzt werden kann die Gemeinschaft oder auch das Individuum, das als ein solches Rechtssubjekt angesehen wird; und auch Verletzer kann eine solche Gemeinschaft oder ein Individuum sein, die als Rechtssubjekt anerkannt sind. Die Dimensionen von Recht(sverhältnis) und sozialem Leben sind unterschieden, aber nicht getrennt, sondern aufeinander bezogen. Die Verletzung der lebendigen Phänomene entspricht der Nichtachtung der darin verwirklichten Rechtlichkeit bzw. der Mißachtung der sich darin verwirklichenden Rechtssubjektivität.

2.3.

Die Konsequenz dieses Auseinandertretens von Recht und Leben muß die Unmöglichkeit einer Beschränkung auf das Verhältnis Verletzer – Verletzten bedeuten. In der phänomenalen Dimension stehen sich freilich diese beiden gegenüber. Auf die Dimension des Rechtlichen bezogen mißachtet der Verletzer die Rechtssubjektivität des Verletzten, die die Voraussetzung des Rechtsverhältnisses aller Subjekte ist. Damit mißachtet er eigentlich alle, also auch die, die er unmittelbar (phänomenal) nicht verletzt, letztlich auch sich selbst.

Die Störung des Rechtsverhältnisses von Verletzer und Verletzten wird dadurch einerseits noch unwichtiger, wenn man es von der Rechtsdimension her betrachtet; denn diese kann nicht verletzt oder gar aufgehoben werden. Andererseits wird diese Störung auf der rechtlichen Dimension die Mißachtung der Rechtssubjektivität überhaupt und gewinnt so grundlegende Bedeutung. Denn damit wird das Rechtsverhältnis aller angegriffen: nicht phänomenal-sinnlich und leiblich, sondern auf der Dimension der Voraussetzungen des Zusammenlebens aller – der rechtlichen Ordnung –, die seelisch-geistig mißachtet werden. Deshalb sind alle zwar nicht verletzt – in dem Sinne, wie es das Opfer ist, aber betroffen in ihrer Rechtssubjektivität und damit mißachtet; und sie sind geängstigt, weil sie potentielle Opfer sind. Denn wer die Rechtssubjektivität nicht achtet, kann jeden verletzen. Wer die rechtliche Ordnung nicht achtet, kann jeden zum Opfer nehmen.

Das Rechtsverhältnis übersteigt damit das Verhältnis von Verletzer und Verletzten: sowohl im Umfang, da nun alle Rechtssubjekte betroffen sind, als auch in der Dimension, da es nun um eine Mißachtung einer rechtlichen Ordnung geht, die nicht mehr leiblich-sinnlich ist – als unmittelbares Machtverhältnis –, sondern geistig gedacht und gefordert ist: Sein und Sollen sind nicht mehr in unmittelbarer Einheit. Freilich sind phänomenale und begriffliche Dimension – dieses Sein und Sollen – aufeinander bezogen: Die rechtliche Ordnung soll sich in einer allgemeinen Friedensordnung verwirklichen, in der jeder als Rechtssubjekt anerkannt ist und sich frei von unrechter Gewalt entfalten kann. Der Gewalttäter bricht diese Friedensordnung, indem er überhaupt gegenüber einem Opfer zu Gewalt greift: Die einzelne Gewalttat erweist sich als alle betreffender Bruch der Ordnung der Gewaltlosigkeit. Man spricht deshalb von

"Friedensbrecher" oder "Verbrecher" für den, der diese Ordnung nicht anerkennt und sie nur mehr in diesem geistigen Sinne – symbolisch – "bricht". Dieser ist der potentielle Verletzer aller.

Die Erklärung des Ausschlusses des Verbrechers – der nun nur mehr als Individuum in Betracht kommt – bezieht sich damit nicht mehr nur auf das Zusammenleben mit seinem wirklichen Opfer, sondern mit allen anderen, die potentielle Opfer sind. Dadurch verliert er zwar nicht seine Rechtssubjektivität, aber doch seine Stellung im sozialen Leben bzw. sein individuelles Leben[8]. Er wird aus dem phänomenalen Friedensverhältnis aller gestellt, weshalb er getötet werden darf. Doch ist diese Tötung eine Rechtshandlung, weshalb sie im Namen und Interesse aller ausgeführt werden muß. Es liegt auf der Hand, daß sie zunehmend auch einer rechtlichen Regelung, vor allem eines Verfahrens, unterworfen werden wird, wodurch sie zur eigentlichen "Bestrafung" (Todesstrafe) wird.

2.4.

Eine Disziplinierung kann nur dann in Sicht kommen, wenn diese Konsequenz des Ausschlusses (letztlich der Todesstrafe) nicht erwünscht ist oder gewollt wird. Sie soll den Ausschluß bzw. die Tötung verhindern, also den Verbrecher im oben angegebenen Sinne weiterhin im sozialen Leben einbezogen halten. Es besteht also Interesse am Verbrecher, der deshalb weiterleben soll: freilich nicht mehr als ein solcher Verbrecher, sondern als ein Mensch, der die rechtliche Ordnung anerkennt und sein Verhältnis zu den anderen als Rechtsverhältnis verwirklicht.

Damit wird zugleich deutlich, daß das eigentliche Interesse an der Vermeidung des Ausschlusses / der Tötung des Verbrechers der Lebenskraft der rechtlichen Ordnung selbst gilt. Denn diese wird durch die "Bekehrung" des Verbrechers gestärkt und bestätigt, kehrt doch das schwarze Schaf zurück in die rechtliche Gemeinschaft der die Ordnung akzeptierenden und tragenden Bürger. Das Sollen der Ordnung bleibt so nicht nur geistiges Sollen, sondern zeigt sich als die Wirklichkeit des Seins bestimmend und gestaltend. Die Freude der Gerechten wird über die Errettung des Verbrechers groß sein, jedenfalls größer, als wenn man ihn aus der Rechtsgemeinschaft ausschließen müßte. Die rechtliche Ordnung erweist sich zwar als mächtig, wenn der Verbrecher vernichtet wird; sie ist aber lebenskräftiger, wenn sie ihn von seinem Verbrechen abbringt und zurückholt in die rechtliche Ordnung, die begrifflich für alle gelten soll.

---

[8] Nämlich hier auf Erden. Die Anerkennung seiner Rechtssubjektivität zeigt sich darin, daß er weiterhin als potentielles Mitglied der himmlischen Gemeinschaft angesehen wird und vor dem letzten Gericht Gottes sich verantworten kann. Die irdische Tötung kann so als "Sozialisierungsmaßnahme" für das ewige Leben aufgefaßt werden. Konsequent weitergedacht führt dies zur Trennung von (tötendem) Staat und (betreuender) Kirche.

Freilich setzt dies ein hohes Maß an rechtlicher Macht bzw. Macht der rechtlichen Ordnung voraus, die auch das Zutrauen zu dieser Möglichkeit einer "Bekehrung" des Verbrechers umfaßt – weil es etwa Wissenschaften gibt, die die Mittel dazu zur Verfügung stellen. Je unbestrittener diese Rechtsmacht wirken kann, desto weniger braucht sie sich leiblich darzustellen. Sie kann zu Maßnahmen einer seelischen oder geistigen Disziplinierung greifen.

3. Disziplinierung des Opfers

Eine solche Disziplinierung gilt zunächst dem Betroffenen, also dem verletzten Opfer, den das Rachebedürfnis zu einem Ausschluß (im Sinne der Tötung) des rechtsbrechenden Subjekts – anfangs die leibliche Gemeinschaft von Sippe, Gefolgschaft oder Schwurgemeinschaft – treibt, da dieses sich aus dem Rechtsverhältnis zu ihm gestellt hat. Dieses Opfer ist selbst nicht Rechtsbrecher, daher empfänglich(er) für die Disziplinierung.

3.1.

Diszipliniert werden kann durch den Druck, die Rache an ein Ende kommen zu lassen, wenn der Rechtsbruch wieder gutgemacht ist, also den Ausschluß bei Buße und Sühne rückgängig zu machen und wiederum in ein Rechtsverhältnis mit dem Verletzer – d. h. mit der Gemeinschaft, die als Subjekt angesehen wird – zu treten. Dadurch wird die Rache zu einer Fehde, mit Urfehde als deren Beendigung. Andernfalls wird der sich weiterhin rächende Betroffene selbst ein Rechtsbrecher: zwar nicht gegenüber seinem Verletzer, aber bezüglich des Verhältnisses zu den an einer solchen Lösung Interessierten, weshalb diese durch jene weiter aufrechterhaltene Rache selbst verletzt bzw. beleidigt werden. Der Druck wirkt, wenn der Betroffene dieses Rechtsverhältnis zu den Interessierten nicht brechen kann bzw. nicht als gebrochenes leben kann; wirkt der Druck nicht, kommt es zu einer Fehde mit dem nun zum Rechtsbrecher gewordenen Betroffenen mit dem Ziel einer Urfehde.

3.2.

Diszipliniert werden kann ferner durch den Druck, diese Fehde einem Schiedsspruch eines Mächtigen, vor allem des Königs, zu unterwerfen, wodurch ein Verfahren zur Verfügung gestellt wird, in das der Rechtsbrecher wieder eingebunden wird. Dadurch bleibt zwar das unmittelbare Verhältnis zum Verletzten aufgehoben, es wird aber durch ein anderes, neu begründetes Rechtsverhältnis überlagert: nämlich durch das Prozeßrechtsverhältnis, das der Mächtige den Fehdeparteien auch als Verhältnis zu ihm selbst anbietet oder aufzwingt. Andernfalls wird der

Betroffene Rechtsbrecher als Verletzer dieses Verhältnisses zu dem Mächtigen, der sich durch diese Verweigerung des Sich-Rächenden selbst verletzt bzw. beleidigt ansieht. Der Druck wirkt, wenn der Betroffene dieses Rechtsverhältnis zum Mächtigen nicht brechen kann bzw. nicht als gebrochenes leben kann; wirkt der Druck nicht, führt der Mächtige selbst eine Fehde in Form dieses Schiedsverfahrens durch, um den zum Rechtsbrecher gewordenen Betroffenen unter den Schiedsspruch zu zwingen – was zugleich erzwungene Urfehde bedeutet – oder ihn selbst durch dieses Verfahren auszuschließen, aus seinem Frieden stellen.

3.3.

Diszipliniert werden kann weiter durch den Druck, die Fehde in ein gerichtliches Verfahren, vor dem Mächtigen als Richter, einmünden oder aufgehen zu lassen, in dem von vornherein der Rechtsbrecher eingebunden ist als Partei, weshalb es im Normalfall – außer extrem affektiven Situationen (z. B. einer handhaften Tat) – zu keinem Ausschluß kommt. Das Rechtsverhältnis von Verletzer und Verletztem ist zwar gestört, aber nicht aufgehoben; es verwandelt sich in das rechtliche Verhältnis der Parteien vor Gericht, das deshalb manchmal auf unmittelbare Auseinandersetzung (Zweikampf) hinausführen kann. Andernfalls wird der Betroffene Rechtsbrecher, nämlich Gerichts(verfahrens)brecher (Rechts- als Gerichtsverweigerer) und mittelbar Verletzer des Richters bzw. der hinter diesem stehenden Rechtsmacht. Der Druck wirkt, wenn der Betroffene ohne dieses Gerichtsverfahren nicht Wiedergutmachung erreichen kann; wirkt der Druck nicht, dann wird ein Gerichtsverfahren gegen den zum Rechtsbrecher gewordenen Betroffenen durchgeführt, das ihn entweder zur Unterwerfung unter dieses Verfahren zwingt oder ihn aus dem durch Gericht geregelten Rechtsverhältnis aller ausschließt.

3.4.

Diszipliniert werden kann weiter durch den Druck, auf die Einleitung einer Fehde überhaupt und schließlich auch für affektive Fälle z. B. der handhaften Tat und damit auf jeden Ausschluß zu verzichten, da der Rechtsbrecher nicht (nur) ihn verletzt und beleidigt, sondern zumindest auch die alle betreffende Ordnung gebrochen hat. Das Rechtsverhältnis ist zu einer allgemeinen Rechtsordnung – verwirklicht und zu verwirklichen in einer Friedensordnung – geworden, die das unmittelbare Verhältnis von Verletzer und Verletztem übersteigt, weshalb der Verletzte zwar gegen den Verletzer vorgehen kann und auch soll, aber nur im Namen und Interesse aller und der Ordnung überhaupt. Ansonsten wird der Verletzte, der auf Fehde nicht verzichten und darin alleine sein Recht – und nicht das aller – durchsetzen will, selbst Rechtsbrecher als Brecher dieser Ordnung aller, die nur im gerichtlichen Verfahren durchgesetzt werden darf. Damit gestaltet sich der Druck zu einer normativen Pflicht der Rechtsordnung gegenüber, die auch sittlich-rechtlich (gerecht) eingefordert wird; wirkt dieser verpflichtende Druck nicht, wird der Betroffene als Friedensbrecher und/oder Verbrecher wie jeder andere behandelt.

Anzumerken ist, daß dieser Status verbunden ist mit zunehmendem Schwächerwerden des Individuums, das bereits seine Gliedschaft in einem größeren und mächtigeren Gemeinschaftssubjekt verloren hat und isoliert auf sich und seine hergestellten Verbindungen bzw. Beziehungen gestellt ist. Aber nicht nur das Individuum ist geboren, sondern zugleich die Höherwertung von Seele und Geist. Nicht mehr die leibliche Kraft bestimmt den Stellenwert der Macht, sondern die argumentative Fähigkeit und rhetorische Kraft vor Gericht und im Umgang mit den rechtlichen Inhalten, die zunehmend schriftlich werden und gewußt werden müssen. Recht ist zu einer Ordnung, zu einem System von Normen geworden, das gelernt werden muß, weil es dem Leben fremd (geworden) ist: wie das Sollen dem Sein.

3.5.

Diszipliniert werden kann schließlich durch die sittlich-rechtliche Verpflichtung, eine Fehde und einen Ausschluß von vornherein nicht nur nicht handelnd durchzuführen, sondern nicht einmal im Inneren zu wollen. Das Recht – nun die Normen des Sollens für das äußere Zusammenleben in Frieden – wird durch die Tugend der Gerechtigkeit überhöht und innerlich verstärkt und dadurch vergeistigt. Andernfalls wird der Betroffene zwar nicht Rechtsbrecher (Verbrecher), aber un(ge)rechten Willens – und ein schlechter Mensch.

4. Disziplinierung des Rechtsbrechers

Eine Disziplinierung kann aber nicht nur dem zum Rechtsbrecher gewordenen Betroffenen, sondern auch dem ursprünglichen Rechtsbrecher selbst – schließlich allen Individuen als potentiellen Rechtsbrechern – gelten.

4.1.

Diese Disziplinierung kann erfolgen durch die Verhängung des Ausschlusses aus dem Friedensverhältnis (zu allen Interessierten oder dem Mächtigen), dessen Nachteile aber zur Wiedergutmachung (Buße und Sühne) und/oder zur Einlassung in das Schieds- oder Gerichtsverfahren führen sollen. Dieser Ausschluß – als Friedloserklärung – ist daher nur Druckmittel, um den Friedensbrecher zur Abkehr von der Gewalt zu zwingen und ihn zur Anerkennung der rechtlichen Ordnung zu bringen.

Diese Unterwerfung ist zugleich die Aufhebung des begangenen Unrechts und führt zusammen mit der zu verhängenden Wiedergutmachung gegenüber dem Verletzten zur Wiederherstellung des Rechtsverhältnisses zu allen, was sich in der Anerkennung als Prozeßsubjekt zeigt. Wirkt dieser Zwang nicht, muß er zunehmend verschärft werden, bis schließlich der Ausschluß endgültig in der Tötung vollzogen werden muß.

4.2.

Disziplinierung kann ferner erfolgen durch das Ersetzen des Ausschlusses bzw. der Tötung durch Verstümmelung des Leibes – d. h. des Vernichtens einzelner Glieder – des Verbrechers, die aber zugleich auch als Wiedergutmachung des Rechtsbruches – nicht nur gegenüber dem Verletzten, sondern gegenüber allen, die unter der rechtlichen Ordnung leben – gilt; was voraussetzt, daß das Verbrechen als nicht schwerwiegend eingeschätzt wird. Zugleich wird ihm für den Wiederholungsfall der völlige Ausschluß vor die Sinne gestellt; der teilweise Ausschluß ist sinnlich-leiblich erlittene und wirkende Androhung des totalen Ausschlusses, soll aber zugleich den davon Betroffenen von diesem Wiederholungsfall abhalten und so den totalen Ausschluß verhindern.

4.3.

Disziplinierung kann weiter erfolgen durch eine Übelszufügung als vergeltende Wiedergutmachung des Ordnungsbruches, die nicht mehr leibliche Schwächung und fortdauernde Verunstaltung ist, sondern ein sinnliches Zeichen darstellen soll: gesetzt am Leib, aber eigentlich für die Seele, die das Zeichen körperlich erinnern soll. Durch die Schmerzen etwa einer Stäupung oder einer zeitlich begrenzten Verbannung/Ausweisung oder einer Turmhaft soll eine Erinnerung dem Gedächtnis "eingebrannt" – um eine Formulierung von Friedrich Nietzsche zu verwenden[9] – werden, um ebenfalls für den Wiederholungsfall größere Schmerzen, nämlich leibliche Verstümmelung oder Tötung als teilweisen oder völligen Ausschluß, anzudrohen. Zugleich gibt diese Übelszufügung als solche dem Verbrecher eine neue Chance, indem sie den Rechtsbruch vergilt und vergißt, genauer: verdrängt. Denn die am äußeren Körper weiterhin sichtbar bleibenden Spuren stellen auch für die anderen Gedächtnisspuren dar, die im Wiederholungsfall aktualisiert, eben erinnert werden.

Dem Verbrecher wird über diese leiblichen Schmerzen hinaus auch durch diese als Spuren bleibenden körperlichen Zeichen zunehmend eine verminderte Stellung in dieser rechtlich bestimmten und geprägten Friedensordnung zuerkannt, indem ihm seine Ehre – als Zeichen der

[9] Vgl. dazu Friedrich Nietzsche, Zur Genealogie der Moral (1887), 2. Abhandlung, Kap. 13-15.

Anerkennung als Rechtssubjekt – beschnitten oder gar genommen wird. Sein Leib bleibt unverstümmelt; und auch die leiblichen Nachwirkungen der Prügel sollen verheilen. Was bleiben soll, sind die körperlichen Spuren für die seelische Erinnerung und die damit verbundene Minderung der rechtlichen Stellung im äußeren Zusammenleben, die an das Innere des Subjekts anknüpft, sofern es sich äußerlich zeigt; dabei kann dieses Innere auch in zusätzlichen äußerlich wahrnehmbaren Zeichen – etwa einer bestimmten Kleidung – zum Ausdruck gebracht werden.

4.4.

Disziplinierung kann weiter erfolgen durch Sanktionierung des Verbrechens eines anderen an ebendiesem anderen, um den potentiellen Verbrechern unter den Zuschauern oder denen, die davon erfahren, dasselbe Übel sinnlich vor Augen zu stellen oder anzudrohen, damit sie von der Begehung einer solchen Tat abgeschreckt werden. Die Bestrafung dieses Verbrechers ist das Druckmittel für die anderen, potentiellen Rechtsbrecher.

Erforderlich ist für diese Wirkung, daß die Zuschauer die Übelszufügung an dem Verbrecher selbst unmittelbar miterleben. Der Vollzug der Bestrafung dieses anderen muß deshalb so grausam und furchtbar sein, daß sein Erleben sich in das Gedächtnis einbrennt und als erinnernde Vorstellung lebendig bleibt. So wird Recht – der Inhalt der rechtlichen Normen – verinnerlicht: in sinnlich zwingenden Bildern der Seele, die Angst erregen und die leiblichen Regungen niederzudrücken in der Lage sind.

4.5.

Disziplinierung kann weiter erfolgen durch Sanktionierung als Vollzug der Androhung dieser Sanktion für einen jeden – also in gesetzlicher Form, um den Zuschauern und allen, die davon erfahren, sinnlich vor Augen zu stellen, daß das damit bedrohte Verhalten einen Rechtsbruch, ein Verbrechen darstellt, die in dieser Weise gesetzlich sanktioniert werden, um alle – die als potentielle Rechtsbrecher angesehen werden – von der Begehung dieser Tat abzuschrecken. Die Bestrafung des Verbrechers ist Bestärkung der gesetzlichen Strafdrohung, die nun das eigentlich Relevante wird.

Diese Strafdrohung soll alle dazu bringen, in dieser Tat einen Rechtsbruch (ein Verbrechen) zu sehen und diese daher aus Angst vor der gesetzlich eintretenden Sanktion zu unterlassen. Diese Drohung wirkt nur, wenn vorausgesetzt ist, daß die Sanktion wirklich gesetzlich (d. h. im Sinne einer naturgesetzlichen Notwendigkeit) auf jeden Rechtsbruch verhängt (werden) wird. Die seelische Angst wird gestützt durch dieses denkende (geistige) Annehmen der Gesetzlichkeit.

4.6.

Disziplinierung kann schließlich erfolgen durch Aufnahme einer Tat in einem Strafgesetz, das allgemein die Verhängung von Strafen als die gesetzliche Sanktion für Verbrechen regelt, um alle davon zu überzeugen, daß diese Tat ein Verbrechen ist, das daher nicht begangen werden darf; wer sie trotzdem begeht, verletzt seine sittlich-rechtliche (gerechte) Pflicht, eine solche Tat zu unterlassen. Bestimmend dafür ist nicht mehr irgendeine Angst vor leiblicher Übelszufügung, sondern: Des Menschen größtes Übel ist diese sittlich-rechtliche Schuld, somit ein geistig-seelischer Schmerz. Maßgebend ist auch nicht mehr die äußere Tat, sondern der rechtlich-böse Wille zu ihrer Begehung.

5. Formen der Disziplinierung

Diese unterschiedlichen Möglichkeiten von Disziplinierung können unter Hinblick auf das in der Vorbemerkung Gesagte mit dem Verständnis von Leib bzw. Körper – Seele – Geist in eine Verbindung gebracht werden, was hier allerdings nur mit einigen abschließenden Bemerkungen in Sicht gebracht werden soll.

5.1.

Dabei ist an das zuletzt Ausgeführte anzuknüpfen. Versteht sich das Recht als eine normative Ordnung, die sittlich-rechtliche Pflichten formuliert bzw. gesetzlich positiviert, kann Disziplinierung nur auf geistiger Dimension gedacht werden. Sie stützt sich auf Überzeugung, Argumentation, auf das Einsichtmachen des normativen Sinns der rechtlichen Regeln. Letztlich meint sie die Selbstdisziplinierung des von der Richtigkeit und sittlichen Notwendigkeit der Normen überzeugten Individuums, das dazu einer Strafandrohung eigentlich nicht bedürfte. Es geht um geistige Selbsterziehung zu einem gerechten, rechtlich verantwortlich handelnden Menschen, der die Rechtssubjektivität aller achtet und anerkennt.

Die Androhung oder gar Vollziehung von Strafübeln bedeuten diesem Individuum nichts Wesentliches. Sie können ihn nur durch die darin zum Ausdruck kommende negative Bewertung der dadurch geahndeten Tat beeindrucken, indem sie seine rechtliche Überzeugung stärken. Zusätzlich wird sein rechtliches Gewissen gegenüber möglichen Anfechtungen und Zweifeln gefestigt; in psychoanalytischer Terminologie wird sein Ich gegenüber dem anstürmenden Trieben des Es – und auch gegenüber zwanghaft verinnerlichten Forderungen des Überich – gestärkt. Daher richtet sich das Strafrecht nach einem solchen Verständnis an die "braven", rechtstreuen Bürger, die in ihrer Rechtlichkeit unterstützt werden. Man spricht in diesem Zusammenhang von "positiver Generalprävention".

5.2.

Stellt man auf Abschreckung ab, unterbietet man diese Dimension des Geistigen, die ohne freiheitliche Selbstbestimmung, das Gewissen, nicht gedacht werden kann. In den Vordergrund tritt der Übelscharakter der Strafe, der angedroht oder vollstreckt wird.

Dabei verweist der Schrecken auf die Seele des Menschen, auf Vorstellungen und Bilder, die in Angst versetzen und so aufkommende Motive zur Begehung eines Verbrechens schwächen oder gar gegenwirkend aufheben (sollen). Freilich kann dieser innere Prozeß nur funktionieren, wenn jene Vorstellungen auch tatsächlich in der Seele des Menschen wirksam werden: sei es, indem sie ihm zum Bewußtsein kommen, sei es als unbewußte Gestalten. Die Formulierung von Nietzsche, daß die angsterregenden Bilder dem Gedächtnis "eingebrannt" sein müßten, damit die Erinnerung sich notwendig einstelle, bringt das Problem auf den Punkt.

Dazu bedarf es nicht nur einprägsamer Bilder, die erfahren oder zumindest vorgestellt werden – durch rhetorische Schilderungen in Predigten oder durch Erzählung von Geschichten oder durch sinnliche Inszenierungen, sondern auch einer seelischen Übernahme und Annahme, eines Auf-sich-Beziehens. Es genügt nicht, daß ein fremder Verbrecher gequält und gemartert wird vor den Augen eines Zuschauenden. Erforderlich ist, daß der Zuschauer sich mit diesem Menschen – dem "Objekt" der Übelszufügung – identifiziert, sich gefühlsmäßig an dessen Stelle versetzen kann, was zugleich bedeutet, daß der Zuschauer sich selbst als potentiellen Verbrecher vorstellen kann. Mag daher die Inszenierung des Marterns am Körper des so Behandelten ansetzen, diesen – wie Foucault gezeigt hat – als Ort des Theaters des Schreckens verwenden: Der Zuschauer wird nur abgeschreckt, wenn er diesen fremden Körper auf sich selbst bezieht, nämlich ihn als das Äußere seiner eigenen Seele annimmt und deshalb die dem fremden Körper angetanen Schmerzen als eigene seelische empfindet. Der fremde Körper wird so in der Vorstellung des Zuschauers sein eigener Leib (in der Einheit von Äußerem und Innerem), was dadurch gefördert werden kann, daß an diesem fremden Körper eine Leibesbestrafung inszeniert wird. Die Bestrafung kann so Theater archaischer Wildheit und Roheit werden, sowohl auf Seite des Strafenden als auch auf Seite des Verbrechers, der deshalb als zurückgebliebener Primitiver vorgestellt wird. Zugleich wird darin deutlich, daß die Reduktion auf die seelische Dimension trotz allem auf die Sphäre des Geistes bezogen ist und bleibt. Denn in dieser Inszenierung wird das Geistlose des Verbrechens offenbar (gemacht), nicht dem Denken, sondern dem Gefühl.

5.3.

Dieses Vorstellen des fremden Körpers als des eigenen Leibes betrifft als seelisches Phänomen das Innere des Menschen, das sich im zumindest erinnernden Mitfühlen der Schmerzen zeigt. Es bleibt nicht beim Inneren, sondern das Fühlen äußert sich in leiblichen Bewegungen. Die Angst kann das Herz und die Brust umklammern, die Atmung erschweren, die Kehle abschnüren. Es bedarf der Kraft des Geistes, diese Zustände zu distanzieren, sich zu beruhigen und zu sammeln. Die Seele selbst erweist sich hier als leibgebunden.

Nimmt man die Rede von der "Erfindung des Inneren" und der Seele ernst, so kann man ein Einbrennen oder Erinnern theoretisch annehmen, das unmittelbar leiblich geschieht. Die Schmerzen werden dann nicht mehr seelisch gefühlt, sondern selbst leiblich gespürt. Oder anders formuliert: Die Disziplinierung kann nur wirksam sein, wenn das Übel leiblich gespürt wird. Wer nicht geistig hören will, muß nicht nur seelisch fühlen, sondern an eigenem Leibe spüren. Dabei meint das Letztere nicht nur den körperlichen Schmerz, den man unterscheiden könnte von seelischem oder geistigem Schmerz. Setzt man die Dimension des Leiblichen grundlegend an, geht man also von einem Leiblichen aus, das noch in unmittelbarer Einheit mit Seele und Geist lebt, dann umfaßt der leibliche Schmerz immer auch seelischen und geistigen Schmerz. Die Verstümmelung ist – so die Konsequenz – nicht nur die Schwächung der körperlichen Kräfte, sondern bringt zugleich Schamgefühl und bedeutet ebenso Entwürdigung und Entehrung.

Dieses leibliche Spüren wird selbstverständlich im unmittelbaren Erleiden der Schmerzen am eigenen Leibe erfahren: in den Prügelschlägen oder der Verstümmelung oder der Brandmarkung. Dieses Spüren hinterläßt auch anhaltende und weiterwirkende sinnliche Spuren, die leicht erinnert werden können. Es ist aber auch denkbar, daß eine leibliche Identifizierung mit dem anderen stattfindet und der Zuschauer in echtem Wortsinne "mitleidet", weil er eigentlich gar kein wirklicher Zuschauer ist. Man denke nur an die leiblichen Gemeinschaften, als deren Glieder sich die Menschen empfanden; aber auch darüber hinaus mag es eine solche Beziehung – ein Leib, ein Blut – gegeben haben. Aber für solche Spekulationen müßten mehr Argumente vorgelegt werden, was hier nicht geschehen kann.

Jedenfalls bedeutet eine solche Disziplinierung unmittelbaren Zwang, eine Nötigung, die ein moderner Strafrechtsdogmatiker unter Hinweis auf §240 dStGB mit dem Tatbestandsmerkmal "Gewalt", nämlich "*vis compulsiva*", umschreiben würde. Sie wäre zu unterscheiden von der seelischen Nötigung im Sinne der Abschreckung, die der strafgesetzliche Tatbestand als "Drohung" umschreibt. Von beiden Nötigungen ist die geistige Selbstdisziplinierung ebenso zu unterscheiden wie die körperlich unmittelbar zwingende "*vis absoluta*".

5.4.

Wieweit diese Unterscheidung von Formen der Disziplinierung in ihrem Zusammenhang mit unterschiedlichem Strafrechtsverständnis hilft, die historischen Quellen besser verstehen zu können, sei nur als Ausblick gefragt. Erforderlich ist stets ein Hinterfragen, das den sicheren Boden der Quellenarbeit verlassen, diesbezüglich "spekulativ" werden muß. So kann es durchaus geschehen, daß ein rechtliches Phänomen, das auf den ersten Blick auf eine lange Geschichte zurückblicken kann, bei tieferer Betrachtung sich in unterschiedliche Phänomene zerlegt. Man denke z. B. nur an das Gefängnis, das vielleicht zunächst leibliche Gewalt im Sinne eines unmittelbaren Einsperrens und Ausschließens darstellte, dann durch die harten Umstände und die lange Zeitdauer als seelisches Druckmittel in Verbindung mit der Folter in Erscheinung trat und schließlich sogar Ort der geistigen Erziehung und Reifung sein sollte. Oder die Geldstrafe könnte zunächst an einem Geld als leiblicher Macht ausgerichtet gewesen sein, dann an einem Geld in Verbindung mit dem seelischen Gefühl der Sicherheit und Geborgenheit – daher gedacht als Versorgung für die Hinterbliebenen –, schließlich an einem Geld als Mittel freiheitlicher Selbstverwirklichung. Aber mehr als diese Hinweise können in diesem skizzenhaften Thesenpapier nicht gegeben werden.

HANS-WERNER GOETZ

SELBSTDISZIPLIN ALS MITTELALTERLICHE HERRSCHERTUGEND?

Die folgenden Ausführungen bedürfen einer kurzen, dreigeteilten Vorbemerkung, um ihren Bezug zur Tradition des Kremser Instituts für Realienkunde und zum Tagungsthema zu erläutern und Mißverständnissen vorzubeugen.

(1) Die bisherigen Schwerpunkte des Instituts lagen nahezu ausschließlich im späten Mittelalter und den nachfolgenden Jahrhunderten. Wenn sich dieser Beitrag meinen Forschungsschwerpunkten gemäß im wesentlichen auf das frühe und hohe Mittelalter beschränkt, so war eine solche Ausweitung des Programms vom Institut selbst allerdings nie gezielt ausgeschlossen worden.

(2) In bezug auf das Tagungsthema konzentrieren sich die folgenden Ausführungen auf den ersten Aspekt, die "Disziplin", und klammern die "Sachkultur" im Sinne von "Realien" im engeren Sinn, aber auch im weiteren Sinn der in Krems in den letzten Jahren besonders betonten alltäglichen "Mensch-Objekt-Beziehungen" aus. Sie zielen vielmehr auf Herrschaftstheorie, Herrschaftspraxis und vor allem Herrschaftsmentalität ab: Der Bezug zur "Realienkunde" beschränkt sich daher bewußt auf den Aspekt einer "Handlungs- oder Verhaltenskultur".

(3) Einschlägige Studien zu dem hier anvisierten Themenkomplex fehlen bislang. Er kann im folgenden daher nur ansatzweise umrissen werden.

Ein triftiger Grund für den Beitrag resultiert im übrigen aus der Tatsache, daß er noch auf eine Einladung Harry Kühnels zurückgeht. Ich verstehe das Folgende deshalb auch als einen persönlichen Gedenkbeitrag für den so tragisch verunglückten Gründer und langjährigen Direktor des Instituts für Realienkunde.

* * *

Nach den einschränkenden Vorbemerkungen sei die hier verfolgte Thematik kurz erläutert. "Disziplin" als Begriff für eingeübte Regularien und Normen, die das reibungslose Zusammenleben gesellschaftlicher Gruppen gewährleisten sollen, ist zweifellos eine Grundbedingung sozialen Verhaltens. "Disziplinierung" als die erzwungene oder freiwillige Einübung der und Unterwerfung unter diese Disziplin ist daher stets auch eine

Funktion der Herrschenden, des Staates und der von diesen dazu beauftragten Amtspersonen. Eine solche Aufgabe setzt, wenn sie Erfolg haben will, neben Zwangsmaßnahmen eine weitgehende, allgemeine Akzeptanz und eine Vorbildfunktion voraus, die in diesem Fall naturgemäß in einer Art "Selbstdisziplin" besteht. Mein Ziel ist es daher zu untersuchen, wieweit sich im Mittelalter so etwas wie königliche Selbstdisziplin finden läßt und welchen Stellenwert man ihr beimaß, nämlich einmal, welche Erwartungen man in dieser Hinsicht an den König hatte, zum andern, welche Ansprüche Könige und Fürsten an sich selbst stellten, und schließlich, wieweit und in welchen konkreten Zusammenhängen sich solche theoretische Forderungen und Normen im herrscherlichen Verhalten niederschlugen. (Das ist auch eine Frage des Verhältnisses von Norm und Realität.)

Mit diesen Fragen wird ein mentalitätsgeschichtlicher Ansatz verfolgt. Genauer gesagt, geht es um *mittelalterliche* Denk- und Sichtweisen und nicht, oder jedenfalls nicht vorrangig, um deren Verhältnis zu unseren modernen Vorstellungen von Disziplin. Ich möchte – was das Thema ja durchaus nahelegte – deshalb darauf verzichten, meinen Ausführungen moderne Gesellschaftstheorien zugrundezulegen. Ich werde mich daher nicht auf Norbert Elias berufen und "Disziplin" als Kategorie der Zivilisation und vor allem der Zivilisierung (als der Entwicklung dorthin) begreifen[1]. Ebensowenig möchte ich hier zu der Elias-Duerr-Kontroverse Stellung beziehen, die mit dem Schamgefühl und der Affektkontrolle immerhin einen wichtigen Aspekt der Selbstdisziplin und Selbstbeherrschung thematisiert. Es widerspricht, wenn nicht meinem Wissenschafts-, so jedenfalls meinem Geschichtsverständnis, das Mittelalter als geradewegs auf uns zulaufendes Zeitalter und die Geschichte als einen Prozeß des Fortschritts zu betrachten. Ich frage daher nicht nach einem "Zivilisationsprozeß"[2], sondern nach epochenspezifischen Ausprägungen gesellschaftlicher Phänomene wie "Zivilisierung" oder "Disziplin".

Ebensowenig werde ich mich vorbehaltlos an Max Weber, der "Disziplinierung" als eine Schlüsselkategorie der modernen Gesellschaft ansah, Gerhard Oestreich, der den Begriff "Sozialdisziplinierung" geprägt und zur Grundlage modernen staatlichen Denkens gemacht hat[3], oder

---

[1] Norbert Elias, Über den Prozeß der Zivilisation. Soziogenetische und psychogenetische Untersuchungen. I. Wandlungen des Verhaltens in den weltlichen Oberschichten des Abendlandes. II. Wandlungen der Gesellschaft. Entwurf zu einer Theorie der Zivilisation, 2. Aufl. Bern-München 1969.

[2] Einen solchen Prozeß von der Kriegergesellschaft zur "Verhöflichung der Krieger" und zur Beschleunigung im 15. und 16. Jahrhundert skizziert Elias II, 351 ff.

[3] Vgl. Gerhard Oestreich, Geist und Gestalt des frühmodernen Staates, Ausgewählte Aufsätze. Berlin 1969, bes. 187 f. und 236. Dazu Winfried Schulze, Gerhard Oestreichs Begriff "Sozialdisziplinierung in der Frühen Neuzeit". In: Zeitschrift für Historische Forschung 14 (1987) 265-302.

Michel Foucault anlehnen, der solche Ansätze am Beispiel vor allem der Strafjustiz oder der Ausgrenzung des Wahnsinns zu einer Theorie der Formierung einer kontrollierten "Sozialdisziplinierung" und einer "Disziplinargesellschaft" im Verlauf des 18. Jahrhunderts ausgebaut hat[4]. Diese Thesen[5] sind nicht nur an späteren Zeiten entwickelt und treffen daher nicht ungefiltert auf das Mittelalter zu, sondern sie gehen geradezu davon aus, daß "Sozialdisziplinierung" überhaupt erst ein Kennzeichen der modernen Gesellschaft und demnach unmittelalterlich ist[6]. Es wäre folglich nicht nur verfehlt, sondern würde den Anschauungen der genannten Autoren vollkommen zuwiderlaufen, einfach die Haltbarkeit solcher Theorien an mittelalterlichen Zuständen überprüfen zu wollen.

Die Frage – und damit das Kongreßthema – wird damit allerdings nicht überflüssig, denn die These, eine "Sozialdisziplinierung" gebe es erst in der modernen Gesellschaft, ist tatsächlich nur dann richtig, wenn man den Sachverhalt modern definiert[7], indem er nämlich die Gesellschaft als Ganzes erfaßt (und nicht nur einzelne Gruppen) und gewissermaßen eine "Totalisierung der Disziplinierungstechniken" voraussetzt[8]. Schon deshalb können außerhistorische "Theorien" nicht schematisch an andere Zeiten angelegt werden. Wohl aber vermögen sie uns zu neuen Fragen – und "Disziplin" ist eine solche – und vor allem zur Erforschung der jeweils zeitspezifischen Elemente anzuregen. Die folgenden Ausführungen können und wollen daher nicht klären, ob oder seit wann die Menschen im Mittelalter diszipliniert waren, sondern am Beispiel der herrscherlichen Selbstkontrolle verdeutlichen, was Disziplin für die Menschen im Mittelalter in Theorie und Praxis bedeutete, was sie sich darunter vorstellten und welchen Stellenwert sie ihr

---

[4] Vgl. vor allem Michel Foucault, Überwachen und Strafen. Die Geburt des Gefängnisses (stw 184) Frankfurt 1977 (frz. Surveiller et punir. Naissance de la prison. Paris 1975) bes. 171-292, zur Disziplin. Foucault (ebd. 279 f.) definiert Disziplin als "Techniken, die das Ordnen menschlicher Vielfältigkeiten sicherstellen sollen".

[5] Einen bündigen und kritischen Einblick in diese Theorien vermittelt Stefan Breuer, Sozialdisziplinierung. Probleme und Problemverlagerungen eines Konzepts bei Max Weber, Gerhard Oestreich und Michel Foucault. In: Soziale Sicherheit und soziale Disziplinierung. Beiträge zu einer historischen Theorie der Sozialpolitik, hrsg. v. Christoph Sachße und Florian Tennstedt (edition suhrkamp n. F. 323) Frankfurt 1986, 45-69. Zur Rezeption und Kritik des Foucaultschen Sozialdisziplinierungskonzepts in der deutschen Geschichtsforschung vgl. Martin Dinges, The Reception of Michel Foucault's Ideas on Social Discipline, Mental Asylums, Hospitals and the Medical Profession in German Historiography. In: Reassessing Foucault. Power, Medicine and the Body, hrsg. v. Colin Jones und Roy Porter (Studies in the Social History of Medicine) London - New York 1994, 181-212.

[6] Oestreich sucht die Wurzeln in der frühneuzeitlichen Stadt und erkennt die volle Durchdringung ebenfalls im aufgeklärten Absolutismus des 18. Jahrhunderts.

[7] Bei Weber bedingt Disziplin prompten, automatischen Gehorsam; Disziplinierung folgt dem Prinzip der Rationalität (vgl. Breuer 45 ff.); Oestreich folgert aus der Sozialdisziplinierung eine "Vermachtung" (vgl. ebd. 52 ff.).

[8] So Breuer 62.

beimaßen. Wir dürfen, mit anderen Worten, weder ungeprüft voraussetzen, daß sie ein zentrales mittelalterliches Anliegen bildete noch daß sie zur Neuzeit hin zunahm. Bei einem solchen Ansatz ist es jedoch unverzichtbar – und auch das ist ein Stück Theorie –, vorab der zeitgenössischen Begrifflichkeit und dem zeitgenössischen Verständnis von "Disziplin" im Mittelalter nachzugehen.

1. *Disciplina* im Mittelalter als die durch Erziehung erworbene Bildung und deren lebenspraktische Anwendung

"Disziplin" hat heute einen zunächst neutralen oder sogar positiven Beiklang, der aber ins Gegenteil umschlagen kann, wenn sie zum nicht mehr hinterfragten Selbstzweck wird. (*Wir* kennen und verwenden den Begriff bekanntlich vor allem im militärischen Bereich.) Im Mittelalter war das nicht zwangsläufig ähnlich. Bereits der lateinische Begriff *disciplina* ist mit dem modernen, sprachlich davon unmittelbar abgeleiteten Fremdwort inhaltlich nicht wirklich identisch. Die Fülle scheinbar unterschiedlicher Bedeutungen in Wörterbüchern verweist auf seine Komplexität; sie reicht von "Zucht" über "Schule und Unterricht" zu "Erziehung und Bildung" bis zur Wissenschaftsdisziplin. Eine Wortgeschichte (die es meines Wissens noch nicht gibt) würde wahrscheinlich den Zusammenhang solcher Sachverhalte aufdecken, deren Brennpunkt man sicherlich in der Erziehung suchen muß: *disciplina* meint vom ursprünglichen Verständnis her eine – umfassende – Bildungsnorm, die der Schüler (*discipulus*) erwirbt. Sie ist gleichsam die in der Schule vermittelte Bildung wie auch – und das ist entscheidend – deren praktische Anwendung, nämlich eine in alle Lebensbereiche hineinwirkende Verhaltensnorm[9]. "Disziplin," so definierte Hugo von St. Viktor im 12. Jahrhundert daher in einem Handbuch für Novizen, "ist die geordnete Bewegung aller Glieder und die schickliche Anordnung in allem Auftreten und Handeln."[10] Der Begriff erhält gegenüber dem heutigen damit ein beträchtlich breiteres, durch seine Ausrichtung aber doch kohärentes Bedeutungsspektrum. Wir müssen uns jedenfalls darüber im klaren sein, ob wir dieses mittelalterliche oder unser heutiges Verständnis meinen, wenn wir nach "Disziplin" im Mittelalter fragen. Beides ist berechtigt, aber nicht identisch. *Beide* Begriffe haben jedoch immerhin mit (erlernter) Ordnung und daraus erwachsendem Verhalten zu tun. Das mag als Ansatzpunkt dienen.

---

[9] Vgl. die Umschreibung in Georges' Wörterbuch: "die aus der Erziehung hervorgehende Einrichtung, Lebenseinrichtung, Ordnung, Weise, Sitte, Grundsätze, Gewohnheit, Politik".

[10] Hugo von St. Viktor, De institutione novitiorum 10. Migne PL 176, Sp. 935B: *Item disciplina est membrorum omnium motus ordinatus, et dispositio decens in omni habitu et actione.*

Für die "Selbstdisziplin" gibt es überhaupt keinen mittellateinischen Begriff, sondern nur Umschreibungen. Sie spielt gleichwohl eine Rolle und ist, wie wir noch sehen werden, gewissermaßen bereits in der "Disziplin" enthalten: Disziplin (als Verhaltensnorm) beruht stets auf einer Selbstdisziplin.

Sucht man nach **Anwendungsbereichen** mittelalterlicher "Disziplin" in den Quellen, so stößt man in erster Linie auf das *Kloster*. Bereits in der Benediktregel erhielt *disciplina* einen zentralen Stellenwert, vor allem im Straf- und Bußensystem[11]. *Disciplina regularis* für die Klosterordnung wie überhaupt für ein regelgemäßes Klosterleben wurde zu einer stehenden Wendung, die sich häufig in entsprechenden Verordnungen (Traktaten, Kapitularien, Konzilsbeschlüssen und auch Urkunden) findet. Der Abt hatte für die Aufrechterhaltung der Disziplin zu sorgen. Als die St. Galler Mönche Otto dem Großen den noch jungen Purchard als künftigen Abt präsentierten, soll der König nach einer Anekdote Ekkehards gesagt haben: "Ich fürchte, ihr haßt die Strenge der Zucht (*disciplinarum severitates*), wie sie euren Vätern vor allem am Herzen lag, und habt euch deshalb auf diesen Winzling geeinigt, der gewiß sanft und mitfühlend mit euch umgeht."[12] Auch der Bischof sollte auf die Wahrung der klösterlichen Disziplin achten. Bischof Hoger von Bremen, so berichtet Adam, sei *in ecclesiastica disciplina* sehr streng gewesen und habe daher häufig die Klöster seines Sprengels besucht und überwacht[13]. Gerade im Kloster wurde "Disziplin" zum zentralen Bildungsideal, das dann nicht minder auch in die Domschulen eindrang[14].

---

[11] Vgl. dazu Uwe Kai Jacobs, Die Regula Benedicti als Rechtsbuch. Eine rechtshistorische und rechtstheologische Untersuchung (Forschungen zur kirchlichen Rechtsgeschichte und zum Kirchenrecht 16) Köln-Wien 1987, bes. 19 ff., mit allen Belegen und Diskussion ihrer Bedeutungen, die von der Bestrafung über die Strafordnung zur Ordnung allgemein reichten. Vgl. auch Detlef Illmer, Formen der Erziehung und Wissensvermittlung im frühen Mittelalter. Quellenstudien zur Frage der Kontinuität des abendländischen Erziehungswesens (Münchener Beiträge zur Mediävistik und Renaissance-Forschung 7) München 1971, 30 ff. *Disciplina* kam in der Benediktregel mehr als 20mal vor, wurde aber nicht näher definiert. Allgemein meint der Begriff einfach das sich aus der Anwendung der Regel ergebende Verhalten.

[12] Ekkehard IV. von St. Gallen, Casus s. Galli 86, ed. Gerold Meyer von Knonau (Mittheilungen zur vaterländischen Geschichte 15/16) 1877, 306 f.: *Vereor, ait ille, ne disciplinarum severitates, quas patres vestri prae omnibus amaverant, exosi ad hunc tantillum, mitem quidem vobis et consensibilem, concesseritis*. Lampert von Hersfeld, Annalen a. 1075, ed. Oswald Holder-Egger, MGH SSrG 1894, 245, bewunderte an den Mönchen von Fruttuaria, daß sie *artissimis vivere disciplinis*.

[13] Adam von Bremen, Gesta Hammaburgensis ecclesiae pontificum 1, 51, ed. Bern-hard Schmeidler, MGH SSrG 1917, 52: *Sanctitati eius testimonium asserit veterum traditio, quae narrat eum severissimum in ecclesiastica disciplina pro consuetudine monasteria suae diocesis crebro circuisse.*

[14] Zu den Domschulen vgl. jetzt vor allem die umfangreiche und reiches Quellenmaterial verarbeitende Studie von Stephen C. Jaeger, The Envy of Angels. Cathedral Schools and Social Ideals in Medieval Europe, 950-1200. Philadelphia 1994, der viele der

Geistige und sittliche Bildung hingen dabei untrennbar zusammen: *literis imbuendus, moribus etiam instituendus*, heißt es in der Vita Bernwards von Hildesheim[15], und Anselm von Lüttich schrieb in seiner Bistumsgeschichte über Bischof Wazo, er habe im Eifer sowohl der Sitten wie der Schrift aufs wachsamste "Disziplin" geübt[16]. Entsprechend ermahnte Karl der Große in seiner "*Epistola de litteris colendis*" die Lehrer, die, "wie es Streitern der Kirche geziemt, sowohl innerlich fromm wie äußerlich gelehrt und keusch [seien] und sich durch ihre Redegewandtheit wie durch ihre gute Lebensführung als Gelehrte" erwiesen, zur gewissenhaften Unterrichtung aller, die ihren Rat suchten[17]. Disziplin beruhte geradezu auf den Sitten (*mores*) und führte folglich zu einem entsprechenden Lebenswandel (*conversatio*). "Disziplin," so definierte Hugo von St. Viktor in seiner bereits erwähnten Anleitung für Novizen, "ist die gute und ehrenhafte Lebensweise, der es entspricht, nichts Böses zu tun, sondern die sich bemüht, daß auch das, was gut getan ist, rundherum untadelnswert erscheint."[18] Die Perfektion des in diesem Sinne "disziplinierten", nämlich auf Sittlichkeit abzielenden Verhaltens wurde zwangsläufig bei den Heiligen erreicht. Der heilige Anskar, so berichtet Rimbert in der Vita des ersten Hamburger Erzbischofs, sei *in monasticis disciplinis* erzogen worden, dann aber "aus menschlicher Schwäche vom einstigen Vorsatz der Strenge" abgewichen und erst durch den Tod Karls des Großen zum Dienst am Herrn zurückgekehrt[19]. In solchem moralischen, auf das ganze Leben bezogenen Sinn war "Disziplin" ein zentrales Erfordernis alles geistlichen Lebens. Doch natürlich gab es auch damals die allzeit bekannten Klagen, daß es früher besser um die Disziplin bestellt gewesen sei; so beklagte Goswin von

im folgenden herangezogenen Beispiele entlehnt sind. Zum frühmittelalterlichen Kloster vgl. ebd. 21 ff.

[15] Thangmar, Vita Bernwardi 1, ed. Georg H. Pertz, MGH SS 4, 1941, 768.

[16] Anselm, Gesta episcoporum Leodiensium 40, ed. Rudolf Köpke, MGH SS 7, 210, Z. 30ff.: *In quarum studio tam morum quam litterarum vigilantissime exercuit disciplinam.* Vgl. Jaeger 49.

[17] MGH Capit. 1, Nr. 29, 79, Z. 38 f.: *Optamus enim vos, sicut decet ecclesiae milites, et interius devotos et exterius doctos castosque bene vivendo et scholasticos bene loquendo ....*

[18] Hugo von St. Viktor, De institutione novitiorum 10, Sp. 935A: *Disciplina est conversatio bona et honesta, cui parum est mala non facere, sed studet etiam in iis quae bene agit per cuncta irreprehensibilis apparere.*

[19] Rimbert, Vita Anskarii 3, ed. Georg Waitz, MGH SSrG 1884, 21: *Cumque post haec apud vos tonsoratus atque in monasticis disciplinis positus adolescentior fuisset factus, humana subripiente fragilitate, aliquantulum coepit a propositi prioris rigore frigescere. Interim vero contigit, eum domni excellentissimi Karoli imperatoris obitum audisse ... De tanti itaque imperatoris excessu ipse nimio terrore atque horrore perculsus, rursus coepit ad se redire ... Sicque, omni postposita levitate, compunctionis divinae coepit amore languescere, totumque se in Dei servitium convertens ...*

Lüttich in einem Brief an seinen Schüler Walcher, daß die Schüler heute, anders als früher, *mores* und *disciplina* fliehen würden[20].

Von Klöstern und Kirchen aus aber fand dieses Ideal bereits in karolingischer Zeit auch am *Hof* Eingang[21]. "Euer Haus," so schrieb Hinkmar von Reims in einem aus der Synode von Quiercy von 858 hervorgegangenen Brief an Ludwig den Deutschen, "sollt ihr so erziehen, lenken und ordnen, daß das Reichsvolk, wenn es bei euch zusammenkommt, an euch und euren Hofleuten sieht, wie man sich und sein Haus und mit welcher Demut und Keuschheit, wie nüchtern, gerecht und fromm man es erziehen, ordnen und lenken muß, denn, wie ein Weiser gesagt hat, 'wie die Sitten des Herrn, so wird die behütete Familie sein'. Und deshalb nennt man das Königshaus eine Schule (*scola*), das heißt 'Disziplin', weil nicht nur die Schüler, nämlich die 'Disziplinierten' und gut 'Zu-Recht-Gewiesenen' (*correcti*) wie die anderen sind, sondern vielmehr die Schule selbst, die als Disziplin, nämlich 'Zu-Recht-Weisung' (*correctio*), aufzufassen ist, so heißt, weil sie andere im Auftreten und Vorgehen, in Wort und Tat sowie im wesentlichen Inhalt [bzw., mit dem Doppelsinn von *continentia*: in der Selbstbeherrschung] alles Guten zurechtweist (*corrigat*)."[22] Das Zitat bildet geradezu eine Schlüsselstelle. Es bestätigt sehr deutlich, wie untrennbar eng Schule, Disziplin und sittliche Erziehung zusammenhingen, daß "Disziplin" als Zu-recht-weisen = auf den rechten Weg weisen – der Begriff ist durchaus wörtlich zu übersetzen – verstanden wurde und zur Selbstdisziplin führen sollte: Die Schule sollte die Schüler auf den richtigen Weg leiten. Die Ermahnung des Königs zeigt darüber hinaus, daß auch Haus und Familie Ausgangspunkt solcher Erziehung sein sollten und daß der Herrscher hier mit gutem Beispiel vorangehen mußte, indem er in seinem Haus Disziplin hielt. Im 12. Jahrhundert wurde das der Norm nach Allgemeingut. "From the later twelfth-century on, lessons on manners became the primary subject of works instructing in chivalric education," schreibt Stephen Jaeger[23]. Es war

---

[20] Goswin, Epistola ad Walcherum 27, ed. R. H. B. Huygens, CC cont. med. 62, Turnhout 1985, 31: *Ex eadem itaque toxicata avaritiae radice ... male orta est et cotidie in peius pullulat exitialis morum et disciplinae iactura ...; at vero hi qui adhuc sub scolari ferula erudiendi essent ... dum instrui refugiunt ad gravitatem moralis disciplinae ...* Vgl. Jaeger 56.

[21] Vgl. Jaeger 27 ff.

[22] MGH Capit. 2, Nr. 297, c. 12, 435, Z. 40 ff.: *Domum vestram domesticam sic nutrite, regite et disponite, ut, quando regni populus ad vos convenerit, in vobis et in domesticis vestris videant, qualiter se atque domum, cum quanta humilitate atque castitate, quam sobrie, quam iuste, quam pie nutrire, disponere debeant et gubernare, quia, sicut quidam sapiens dixit, 'secundum mores domini erit familia custodita.' Et ideo domus regis scola dicitur, id est disciplina; quia non tantum scolastici, id est disciplinati et bene correcti, sunt, sicut alii, sed potius ipsa scola, quae interpretatur disciplina, id est correctio, dicitur, quae alios habitu, incessu, verbo et actu atque totius bonitatis continentia corrigat.*

[23] Jaeger 309; zur "court society" des hohen Mittelalters ebd. 292 ff.

das klerikale Anliegen, den Laienadel zu "zivilisieren"[24]. Auch hier führte die Erziehung durch *(civiles) mores* zur *civilitas*[25].

Herrschaft setzte ihrerseits eine gute Erziehung und gute Sitten voraus: Ludwig der Fromme, so schrieb sein namenloser Biograph, der sogenannte *Astronomus*, ließ seinen Neffen Pippin sorgfältig erziehen, damit seine Laster später nicht verhinderten, daß er weder sich noch anderen vorstehen und nützen könne[26]. Entsprechend wurde königliche Bildung ebenso gelobt wie frommes Verhalten. (Bekannt ist das chartresische, dem dortigen Lehrer Bernhard zugeschriebene Sprichwort vom *rex illiteratus quasi asinus coronatus*.) Bern von Reichenau lobte die *mores* Heinrichs IV. (im Gegensatz zu den früheren Königen): "Die jetzt Könige genannt werden, hießen wegen der rauhen Wildheit ihrer Sitten einst Tyrannen, doch mit dem Anwachsen des heiligen Glaubenseifers wurden sie aufgrund ihres richtigen Regierens Könige genannt."[27] *Rex a recte regendo* – "nach dem rechten Richten Richter genannt," möchte man übersetzen, weil sich das lateinische Wort"spiel" (das alles andere als ein "Spiel" war) im Deutschen mit dem "König" nicht nachvollziehen läßt. König sein beinhaltete eine Verpflichtung, die nach mittelalterlicher Vorstellung ebenso aus dem Amt wie aus dem Titel erwuchs. Es ist bezeichnend für das Bildungsideal, wenn "Tyrannei" in dem zitierten Beispiel nicht, wie sonst gerade im Investiturstreit oft üblich, auf Häresie und Unrecht, sondern auf mangelnde Sitten – und das heißt zugleich wieder: auf mangelnde Bildung – zurückgeführt wurde. Erneut blieb Kritik in dieser Zeit jedoch nicht aus: Mit dem Tod Kaiser Heinrichs III. und des Erzbischofs Liutpold von Mainz, so meinte Goswin in dem schon zitierten Brief, seien Gerechtigkeit, Bildung und tugendhafte Disziplin, die damals weit verbreitet waren, begraben bzw. gen Himmel erhoben worden, so daß auf Erden nur noch winzige Spuren davon als leere Schatten zurückblieben[28].

---

[24] So ebd. 310.

[25] So ebd. 326.

[26] Astronomus, Vita Hludowici imperatoris 61, ed. Ernst Tremp, MGH SSrG 1995, 538: *Volebat piissimus imperator pie et rationabiliter educari puerum, ne vitiis prostitutus nec sibi nec aliis praeesse et prodesse postea posset.*

[27] Bern von Reichenau, ep. 26, ed. Franz-Josef Schmale, Die Briefe des Abtes Bern von Reichenau (Veröffentlichungen der Kommission für geschichtliche Landeskunde zu Baden-Württemberg A 6) Stuttgart 1961, 55: *hi, qui nunc reges dicuntur, olim ob crudelem morum ferocitatem tyranni vocabantur, sed crescente sacrae religionis studio reges appellati sunt a recte regendo.*

[28] Goswin, Epistola ad Walcherum 37: ... *quicquid aequitatis et justiciae, quicquid liberalium studiorum, quicquid moralis disciplinae ubique vigebat sicut tunc temporis aecclesia et vario virtutum decore et multiplici liberalium litterarum propagine florebat, cum eis pariter sepulta, immo in caelum recepta sunt, ita ut nichil eorum pene remanserit in terra preter admodum pauca, et haec ut umbra inanis, vestigia.*

2. "Disziplinierung" als herrscherliche Aufgabe

Entscheidend in unserem Zusammenhang ist es, daß die königliche Aufgabe, das *regere*, nach mittelalterlicher Auffassung nicht zuletzt in der Wahrung der "Disziplin", am Hof wie im Reich, bestand. In einer bischöflichen Eingabe an Ludwig den Frommen heißt es: "So wie die unvergleichliche Weisheit des kaiserlichen Ruhms, gestützt durch himmlischen Gedanken, den Untertanen mittels des Regierungsrechtes (*praerogativa regiminis*) zur schuldigen Disziplin verhilft, so wollen die folgenden zusammenfassenden Kapitel eher durch heilsame Einfachheit als durch die Schwere von Syllogismen unterrichten."[29] 829 ermahnten die fränkischen Bischöfe Ludwig den Frommen, daß verschiedene Übeltäter, und zwar besonders Magier, Wahrsager und Zauberer (*magi et arioli et malefici*), Männer oder Frauen, so scharf durch die "Disziplin" und Kraft des Herrschers zurechtzuweisen seien, wie sie offensichtlich dem Teufel dienten[30], und Konzilien beschlossen, daß Sünder und Verbrecher, wie Inzestuöse, Mörder und andere, die trotz priesterlicher Ermahnungen in ihrem Verbrechen verharrten, "durch die Disziplin der weltlichen Gewalt von ihrer schändlichen Gewohnheit abgebracht werden sollen"[31]. Ein Edikt von Pavia von 845 überantwortete Laien, die außerhalb ihres Machtbereichs Einfluß auf die Priesterwahlen nehmen wollten, der *regia disciplina*[32]. Es ist auffällig und bezeichnend, daß in all diesen Beispielen nicht von der Disziplin oder Disziplinierung der Übeltäter die Rede ist, sondern von der *disciplina principis*, der herrscherlichen Disziplinargewalt: *Disciplina* war nicht nur das anerzogene sittliche Verhalten, sondern derselbe Begriff bezeichnete auch die Macht, solches durchzusetzen, den Erziehungsprozeß ebenso wie

---

[29] Episcoporum ad imperatorem de rebus ecclesiasticis relatio, MGH Capit. 1, Nr. 179, c. 1, 368, Z. 22 f., nach 821: *Incomparabilis augustae gloriae sapientia, coelesti fulta sophismate, velut debitam subiectis disciplinam regiminis praerogativa ministrans, saluberrima potius simplicitate quam syllogismorum difficultate conpraehensa capitula que secuntur insinuat.*

[30] Episcoporum ad Hludowicum imperatorem relatio a. 829, MGH Capit. 2, Nr. 196, c. 20 (54), 44 f., bes. 45, Z. 5 f.: *qui, ut fuerint huiusmodi reperti, viri sive feminae, in tantum disciplina et vigore principis acrius corrigendi sunt, in quantum manifestius ausu nefando et temerario servire diabolo non metuunt.*

[31] Vgl. MGH Capit. 1, Nr. 154, c. 11, 313, Z. 31 ff., aus einem Konzil von Tours: *Incestuosi, parricidae, homicidae multi apud nos heu pro dolor! repperiuntur. ... Quos oportet per secularis potentiae disciplinam a tam prava consuetudine cohercere, qui per salutifera sacerdotum monita noluerunt revocari.* Vgl. Konzil von Mainz 847, ebd. 3, Nr. 14, c. 28, 175, Z. 8 ff.: *De incestuosis ... Quod sacerdotum noluerint admonitionibus aurem accomodare volentes in pristinis perdurare criminibus, oportet eos per saecularis potentiae disciplinam a tam prava consuetudine coerceri.*

[32] Capitula episcoporum Papiae edita, MGH Capit. 2, Nr. 210, c. 4, 82, Z. 8 ff.: *Hi igitur intra proprii iuris terminos sunt redigendi; et si extraordinariam dominationem in aecclesiis exercere praesumpserint, regia sunt disciplina cohercendi.*

dessen Ergebnis. Das verband den Herrscher noch stärker mit seiner Disziplinierungsfunktion. In der Praxis kam er solchen Pflichten vor allem durch seine Gerichtsgewalt, aber auch durch Hulderweise und Huldentzug nach.

Daß die Aufrechterhaltung der "Disziplin" und damit der Ordnung und der Sitten am Hof wie im Reich sowohl in der Herrschaftstheorie wie in der Herrschaftspraxis eine wesentliche Rolle spielte, wird in der moralisierenden, mittelalterlichen Geschichtsschreibung vielfach deutlich, so daß ich mich hier auf wenige, einschlägige Beispiele beschränken möchte. Ludwig der Fromme, so stellte sein anonymer Biograph beruhigt fest, habe nach seiner Regierungsübernahme als erstes für Ordnung am Hof gesorgt, indem er fast "den ganzen weiblichen Troß, der sehr groß war, aus dem Palast schaffen ließ".[33] Nach einer bezeichnenden Anekdote Notkers von St. Gallen rügte Karl der Große bei einem Besuch der St. Galler Schule die Fürstensöhne, die sich mehr dem Luxus, Spiel, Müßiggang und nutzlosen Übungen als der Wissenschaft hingaben[34]. Zahlreiche Anekdoten Notkers handeln von der – und das ist bedeutsam – öffentlichen Zurechtweisung von Bischöfen oder Geistlichen, die sich falsch verhalten oder gesündigt hatten, etwa eines habgierigen Bischofs, dem der König für teures Geld eine einbalsamierte Hausmaus verkaufen ließ, eines anderen Bischofs, der während Karls Abwesenheit statt seines Stabes das königliche Zepter tragen wollte, oder eines weiteren Bischofs, der während der Fastenzeit Fleisch aß[35]. Der König müsse, so läßt Notker Karls unehelichen Sohn Pippin angesichts einer Adelsverschwörung gleichnishaft verkünden, das Unkraut vernichten, damit die Nutzpflanzen besser wachsen können[36]. Notkers gesamte Anekdotensammlung ist geradezu ein sicherlich fiktiver, aber handlungs- und praxisbezogener, "gelebter" Fürstenspiegel. Dabei stand der Intention nach stets der moralische, erzieherische Effekt des königlichen Handelns im Vordergrund, das Königsrecht entsprechender Disziplinierung aber wurde in allen Geschichten als selbstverständlich vorausgesetzt, so daß die Anekdoten unabweisbar gerade diesen Aspekt dokumentieren[37]. Ähnliche

---

33 Astronomus, Vita Hludowici imperatoris 23, 352: *His peractis, imperator omnem coetum – qui permaximus erat – femineum palatio excludi iudicavit praeter paucissimas, quas famulatio regali congruas iudicavit.*

34 Notker Balbulus, Gesta Karoli Magni imperatoris 1,3, ed. Hans F. Haefele, MGH SSrG 1959, 4: *'Vos nobiles, vos primorum filii, vos delicati et formosuli, in natales vestros et possessionem confisi, mandatum meum et glorificationem vestram postponentes, litterarum studiis neglectis, luxuriæ ludo et inerciæ vel inanibus exercitiis indulsistis'.*

35 Ebd. 1,16, 19 ff.; 1,17, 21 f.; 1,21, 27 ff. Vgl. auch die Zurechtweisung eines Grafen, der für seine Kampfhilfe die Abtei Lorsch verlangte, durch Otto I.: Liudprand von Cremona, Antapodosis 4,28, ed. Joseph Becker, MGH SSrG , 3. Aufl. 1915, 123 f.

36 Notker Balbulus, Gesta Karoli Magni imperatoris 2,12, 73: *'Nihil', inquit, 'aliud ei demando, nisi quod facio. Inutilia recrementa extraho, ut holera necessaria liberius excrescere valeant'.*

Ansichten verkündete noch um die Mitte des 11. Jahrhunderts Ekkehard von St. Gallen, wenn er den Visitator Sandrat, der die Disziplin im heimischen Kloster überprüfen sollte, eigener Disziplinlosigkeit überführte: Sandrat, der sich gegen jeden Fleischgenuß aussprach, wurde selbst als Zecher entlarvt und ließ sich nachts heimlich Fleisch besorgen, indem er den Wärter bestach[38]. Die St. Galler Mönche hingegen hatten, jedenfalls nach Ansicht Ekkehards, solche Kontrolle gar nicht nötig: Um die Disziplin der Mönche zu prüfen, ließ Otto I. bei einem Klosterbesuch absichtlich seinen Stock fallen, doch keiner der Mönche wandte auch nur den Blick danach[39].

Disziplin war nicht zuletzt natürlich im Kampf nötig. Daher ermahnte Heinrich I. seine Soldaten nach Liudprand von Cremona in der Ungarnschlacht, daß niemand vorausrannte, und errang dadurch den Sieg[40]. Ein Gedicht zum Slawenkampf Konrads II., so berichtet Wipo, schilderte, wie der Kaiser selbst bis zur Hüfte im Sumpf versank und doch beispielhaft weiterkämpfte und seine Soldaten zum Kämpfen ermunterte[41].

Der König durfte andere zurechtweisen, während er selbst anfangs eher unantastbar schien. "Wenn einer von uns, o König," so beklagte sich Gregor von Tours bei König Chilperich (im Zusammenhang der Untersuchung gegen den Bischof Praetextatus), "den Pfad der Gerechtigkeit verlassen sollte, kann er von dir zurechtgewiesen werden; wenn aber du abirrst, wer wird dich zurechtweisen?"[42] Gerade hier setzt daher die aufschlußreiche Kritik der Theologen und der Geschichtsschreiber an, die entsprechende Erwartungen ausdrückt. Heinrich IV. zum Beispiel versäumte seine Pflicht, indem er (so Bruno in seinem allerdings alles andere als objektiven Buch vom Sachsenkrieg) das Würfelspiel der Anhörung der Fürsten vorzog[43]. Der

---

[37] Rang und Symbol aber mußten mit dem Verhalten übereinstimmen. Vgl. Hans-Werner Goetz, Strukturen der spätkarolingischen Epoche im Spiegel der Vorstellungen eines zeitgenössischen Mönchs. Eine Interpretation der "Gesta Karoli" Notkers von St. Gallen. Bonn 1981, 85 ff.

[38] Ekkehard IV. von St. Gallen, Casus sancti Galli 137 ff., 434 ff.

[39] Ebd. 146, 449.

[40] Liudprand von Cremona, Antapodosis 2,31, 51 f. Ebd. 2,25, 49 f., lobte Liudprand das sächsische Gesetz, nach dem niemand sich bei Todesstrafe dem Heerbann entziehen dürfe, denn nur deshalb konnte kurzfristig ein Heer gegen die Ungarn aufgeboten werden.

[41] Wipo, Gesta Chuonradi imperatoris 33, ed. Harry Bresslau, MGH SSrG, 3. Aufl. 1915, 53: *Ibi legitur, qualiter imperator interdum in paludibus usque femora stabat, pugnans ipse et exhortans milites, ut pugnarent.*

[42] Gregor von Tours, Historiae 5,18, ed. Bruno Krusch, MGH SSrM 1, 1937-1951, 219: *'Si quis de nobis, o rex, iustitiae tramitem transcendere voluerit, a te corrigi potest; si vero tu excesseris, quis te corripiet?'*

[43] Brunos Buch vom Sachsenkrieg 23 f., ed. Hans-Eberhard Lohmann, MGH Dt. MA 2, 1937, 27 f. Der folgende Bericht über die Verschwörung von Hoetensleben sollte wohl bewußt den Eindruck erwecken, daß der Aufstand eine unmittelbare Folge dieser Pflichtverletzung war.

anonyme Verfasser der Vita Heinrici IV gab der Kinderherrschaft (und der Entführung von Kaiserswerth) die Schuld am Zustand des Reichs, weil ein Kind wenig Furcht einflößt[44]. Eine derartige Kritik macht deutlich, daß die Wahrung der Disziplin nach Ansicht der Autoren zu den unverzichtbaren Aufgaben eines Königs zählte.

3. Vom *se regere* zum *regere*: Königliche Selbstdisziplin in der mittelalterlichen Herrscherethik

Die Wahrnehmung solcher Herrscherpflichten erforderte als Voraussetzung ihrerseits königliche Tugenden: "Durch rechtes Handeln behält man den Königsnamen, durch Sündigen verliert man ihn," meinte Isidor von Sevilla knapp und bündig in seinen *Etymologiae*[45], und Hinkmar von Reims schrieb ganz entsprechend an den Westfranken Karlmann: "Du wirst König sein, wenn du recht handelst; andernfalls wirst du kein König sein."[46] Vorbildhaftes königliches Handeln wurde hier zur Voraussetzung für das Königtum ebenso wie für dessen Akzeptanz. Wenn vom Herrscher aber (durchweg) sittliches Verhalten gefordert wurde, so mußte er zwangsläufig seine gute Erziehung beweisen und "Selbstdisziplin" üben. Bereits Augustin hatte in seinem "Gottesstaat" im Kapitel über den "glücklichen Kaiser" angeprangert, wenn dieser "lieber schlechte Gelüste vorzieht, anstatt den Völkern zu gebieten"[47], und Isidor von Sevilla forderte, daß auch der Herrscher (*princeps*) seinen eigenen Gesetzen gehorchen müsse[48]. "König wird genannt, wer sein eigenes Fleisch regiert," schrieb Augustin[49], und Cassiodor ergänzte: "Irdische Könige sind diejenigen, die ihre Körper dank des Geschenks der Göttlichkeit beherrschen."[50] Ein König mit Lastern hingegen sei keiner.

---

44 Vita Heinrici IV imperatoris 2, ed. Wilhelm Eberhardt, MGH SSrG, 3. Aufl. 1899 (ND. 1935) 13 f.

45 Isidor von Sevilla, Etymologiae 9,3,4, ed. Wallace M. Lindsay. Oxford 1911 (ND. 1987): *Recte igitur faciendo regis nomen tenetur, peccando amittitur.*

46 Hinkmar von Reims, Ad episcopos, Migne PL 125, Sp. 1016D: *Rex eris, si recte facias: si non facias rex non eris.*

47 Augustinus, De civitate Dei 5,24, ed. B. Dombart und A. Kalb, Bd. 1. Leipzig 1928, 237: *si malunt cupiditatibus pravis quam quibuslibet gentibus imperare.*

48 Isidor von Sevilla, Sententiae 3,51, Migne PL 83, Sp. 723A: *Justum est principem legibus obtemperare suis.*

49 Augustinus, Adnotationes in Iob 1,36, ed. Joseph Zycha, CSEL 28,2, 588: *reges autem dicit qui carnem suam regunt*. Vgl. Gregor, Moralia IV,56, ed. Marcus Adriaen, CCL 143. Turnhout 1979, 200: *Reges quippe sunt sancti praedicatores Ecclesiae, qui et commissos sibi recte disponere, et sua bene regere corpora sciunt ...*

50 Cassiodor, Expositio Psalmorum. Ps. 137,4, ed. Marcus Adriaen, CCL 98. Turnhout 1958, 1239.: *Reges terrae sunt qui corporibus suis diuinitatis munere dominantur*. Vgl. Angelomus von Luxeuil, Epistolae Variorum suppl. 7, ed. Ernst Dümmler, MGH

Daß Selbstdisziplin als Herrschertugend galt, ist wohl nirgends deutlicher ausgedrückt als in den von Hans Hubert Anton mustergültig ausgewerteten karolingischen *Fürstenspiegeln*, in denen sich das christliche Herrscherideal durchsetzte:[51] Der König hatte seinen Namen (und damit seine Legitimation) vom Regieren (*rex a regendo*), wie bereits Augustin gelehrt hatte[52]. Voraussetzung für ein solches Regieren (*regere*) aber war die Selbstlenkung, das *se regere*. "Doch wie soll jemand andere 'korrigieren', der die eigenen Sitten nicht so 'korrigiert', daß sie nicht ungerecht sind?" fragte Pseudo-Cyprian[53], und Sedulius Scottus forderte: "Wer den Gipfel der königlichen Würde ... erklommen hat und wem die göttliche Bestimmung zugewiesen hat, daß er andere lenkt, der muß zuerst sich selbst lenken ... Erst wenn er sich selbst vernünftig zu regieren weiß, darf er sich mit Recht König nennen."[54] Die Synode von Trosly von 909 konkretisierte diese allgemeinen Forderungen: "Der König muß also zuerst sein eigenes Leben in gerechter Lenkung regieren, das heißt: sich der Wollust enthalten, Gelüste verachten, seinen Jähzorn im Zaum halten und die anderen Verderben der Seele von sich weisen. Dann wird er König heißen und andere würdig lenken können."[55] Das Gleiche galt im übrigen für die Königin: Wenn sie sich nicht selbst regieren kann, so fragte Agobard von Lyon in seiner Invektive gegen Judith, die Gemahlin Ludwigs des Frommen, anklagend, wie kann sie dann für die Ehrbarkeit des Hofes Sorge tragen und sorgsam die Regierungsgeschäfte ausführen?[56]

Epp. 5, 628: *Qui enim non solummodo regna terrarum, sed corpora sua vel motus carnis regere et investigare noverunt, reges sunt.*

[51] Hans Hubert Anton, Fürstenspiegel und Herrscherethos in der Karolingerzeit (Bonner Historische Forschungen 32) Bonn 1968. Diesem Werk sind die folgenden wie auch die vorigen Belege entnommen.

[52] Augustinus, De civitate Dei 5,12 (wie Anm. 47) 212. Vgl. Anton 384ff. zum "*Nomen regis*".

[53] Pseudo-Cyprian, De XII abusibus saeculi, ed. Siegmund Hellmann. Leipzig 1909, 51: *Sed qualiter alios corrigere poterit, qui proprios mores ne iniqui sint non corrigit?* Wörtlich Hinkmar, De ordine palatii 2, ed. Thomas Gross u. Rudolf Schieffer, MGH Font. iur. Germ. 3, 44, Z. 115 f.

[54] Sedulius Scottus, Liber de rectoribus Christianis 2, ed. Siegmund Hellmann (Quellen und Untersuchungen zur lateinischen Philologie des Mittelalters I,1) München 1906, 25: *Qui apicem regiae dignitatis ... ascenderit, oportet ut se ipsum primum regat, quem divina dispositio alios regere ordinavit. Rex enim a regendo vocatur. Tunc autem hoc nomine se veraciter appellari intelligat, si semet rationabiliter gubernare non ignorat.*

[55] Concilium Trosletanum, Mansi 18, Sp. 268AB: *Debet itaque rex primo vitam suam aequo moderamine regere: refraenare libidinem, spernere voluptates, iracundiam tenere ac caeteras animi pestes a se repellere. Tunc vero rex dici et alios digne poterit regere.*

[56] Agobard von Lyon, Libri duo pro filiis et contra Judith uxorem Ludovici Pii 1,5, ed. Georg Waitz, MGH SS 15, 276: *si qua regina semet ipsam regere non novit, quomodo de onestate palacii curam habebit, aut quomodo gubernacula regni diligenter exercet?*

Die Regierung des Volkes setzte also ein *se regere* voraus. Zuerst sollen sie sich selbst gut lenken und dann das ihnen untergebene Volk, schrieb auch Papst Nikolaus I.[57] Sedulius Scottus fügte noch die Familie als Zwischenstufe ein. Die Ebenen der Selbstlenkung, der Lenkung des Hauses und des Volkes wurden bei ihm gleichsam zu einer dreistufigen, hierarchisch aufeinander aufbauenden Folge: "Denn zuallererst muß er sich selbst, an zweiter Stelle seine eigene Frau und seine Kinder sowie sein Haus, an dritter Stelle das ihm anvertraute Volk in vernünftiger und ruhmreicher Leitung regieren."[58] Hinkmar von Reims machte daraus, nicht zuletzt anläßlich der Ehekrise Lothars II., eine dreigeteilte Aufgabe: *se regere – bonos dirigere – pravos corrigere*:[59] "Der Königsname leitet sich vom Regieren ab, und wenn er sich selbst gemäß Gottes Willen lenkt und die Guten auf den richtigen Weg lenkt, die Schlechten aber vom schlechten Weg ab- und auf den guten hinlenkt, dann ist er König."[60] Disziplinierung als herrscherliche Aufgabe und Selbstdisziplin als tugendhafte Voraussetzung zur Erfüllung dieser Pflicht waren in der Sicht der Fürstenspiegler demnach unmittelbar und untrennbar aufeinander bezogen.

Die Fürstenspiegel des hohen Mittelalters griffen solche Forderungen, soweit ich sehe, nicht mehr explizit auf, verlangten aber Ähnliches. So erwartete Johannes von Salisbury in seinem '*Policraticus*' vom Herrscher nicht nur Keuschheit und das Vermeiden von Habgier[61], sondern verbot auch ein Abweichen vom Weg nach rechts oder links. "Vermeide jedes Übermaß", riet er ihm[62]. Im 13. Jahrhundert wandelten sich solche allgemeinen Forderungen anscheinend stärker zu einer Individualethik[63].

---

[57] Nikolaus I., ep. 31, ed. Ernst Perels, MGH Epp. 6, 299: *Videte, si primum se bene regunt, deinde subditum populum.*

[58] Sedulius Scottus, Liber de rectoribus 5, 269: *Nam primo se ipsum ..., secundo uxorem propriam et liberos suos domesticos, tertio populum sibi commissum rationabili et glorioso moderamine regere debet.*

[59] Vgl. Hinkmar von Reims, MGH Capit. 2, Nr. 297, 431; Anton 399 f. und 404.

[60] Hinkmar von Reims, De divortio, ed. Letha Böhringer, MGH LL 3,4 suppl. 1, 247 f.: *Rex enim a regendo dicitur. Et si se ipsum secundum voluntatem Dei regit et bonos in viam rectam dirigit, malos autem de via prava ad rectam corrigit, tunc rex est.* Vgl. ders., De ordine palatii 1, 40, Z. 88 f.: *se ipsos regere et pravos corrigere et bonos in viam rectam deberent dirigere.*

[61] Johannes von Salisbury, Policraticus 4,5, ed. K.S.B. Keats-Rohan, CC cont. med. 118. Tournhout 1993, 244: *Quod principem castum esse oportet et auaritiam declinare.*

[62] Ebd. 4,9, 263: *Quod sit declinare ad dexteram uel sinistram quod princeps prohibetur.* Ebd.: *Caue quod est nimium.* Vgl. später Christine de Pizan, Le livre du corps de policie I,31, ed. Robert H. Lucas. Genève 1967, 95 f. ("Comment le bon prince se doit gouverner"), sowie die aktuellste Ausgabe: The Book of the Body Politics I,31, ed., hg. u. übers. v. Kate Landon Forhan. Cambridge 1994, 53 f. ("How the good prince should govern himself").

[63] So Wilhelm Berges, Die Fürstenspiegel des hohen und späten Mittelalters (Schriften der MGH 2) Stuttgart 1938 (ND. 1952) 54 f.

Noch in der spätmittelalterlichen Rechtstheorie war die Pflicht zur außerordentlichen Tugendsamkeit neben Unfähigkeit (*inutilitas*) und Pflichtvernachlässigung (*negligentia*), wie Helmut Walther kürzlich noch einmal betont hat, jedoch Rechtfertigungsargument für die Herrscherabsetzung[64]. Selbstverständlich blieb auch in bezug auf die Selbstdisziplin eine Zeitkritik nicht aus. In dem Brief Goswins von Mainz an seinen Schüler Walcher heißt es, heutzutage könnten sich die Menschen kaum mehr selbst, geschweige denn den Staat mit dem Steuer der Vernunft, regieren, weil der Sturm der Weltlichkeit sie vom Kurs abbringe[65].

Daß solche normativen Forderungen im hohen Mittelalter weiterwirkten und wiederholt wurden, sei hier an wenigen Beispielen belegt, ohne daß dazu eine umfassende Bestandsaufnahme vorgenommen werden konnte. Geeignete Quellen bieten Schriften, die aus aktuellem Anlaß ethische Ermahnungen an Könige enthalten, zum Beispiel an Herrscher gerichtete Briefe. So schrieb Alcuin 793 an den König Aethelred von Northumbrien: "Ihr sollt ehrenhafte, gottgefällige und den Menschen lobenswerte Sitten haben. Ihr sollt Führer des Volkes und nicht Räuber, Hirten und nicht Plünderer sein."[66] Ähnliches begegnet in Streitschriften. Manegold von Lautenbach verlangte (in deutlicher Kritik an Heinrich IV.) vom König, daß derjenige, der die Sorge aller tragen und alle regieren, zwangsläufig die anderen auch durch eine größere Gnade der Tugenden übertreffen müsse[67]. Andernfalls sei er Tyrann. "König heiße derjenige," schrieb Hugo von Fleury ganz im Sinne der Fürstenspiegel, "der seine Sitten angemessen regieren kann"[68]. Die zwangsläufige Folge (oder auch die Voraussetzung dazu) war erneut ein ebenso tugendhaftes wie vor allem vorbildhaftes Han-

---

[64] Vgl. Helmut G. Walther, Das Problem des untauglichen Herrschers in der Theorie und Praxis des europäischen Spätmittelalters. In: Zeitschrift für Historische Forschung 23 (1996) 1-28, bes. 2, 9, 16. Fürstenspiegel des späten Mittelalters verlangten vom Herrscher etwa auch Selbstbeherrschung in Trauerfällen; vgl. Bernhard Jussen, *Dolor* und *Memoria*. Trauerriten, gemalte Trauer und soziale Ordnungen im späten Mittelalter. In: Memoria als Kultur, hrsg. von Otto Gerhard Oexle (Veröffentlichungen des Max-Planck-Instituts für Geschichte 121) Göttingen 1995, 207-252, bes. 218 ff.

[65] Goswin, Epistola ad Walcherum 34, 36: ... *si quis inter has seculi tempestates eodem rationis clavo et eadem via mandatorum quasi celestium ductu siderum velit seipsum et sibi credita regere ipsa turbinis violentia percussus cogatur ab incepto desistere*. Vgl. Jaeger 223.

[66] Alcuin, ep. 16, ed. Ernst Dümmler, MGH Epp. 4, 44, Z. 20 f.: *Mores enim honestos habete Deo placabiles et hominibus laudabiles. Estote rectores populi, non raptores; pastores, non predatores.*

[67] Manegold von Lautenbach, Liber ad Gebehardum 30, ed. Kuno Francke, MGH Libelli de lite 1, 365, Z. 8 ff.: *Necesse est ergo, qui omnium curam gérere, omnes debet gubernare, maiore gratia virtutum super ceteros debeat splendére ...*

[68] Hugo von Fleury, Tractatus de regia potestate et sacerdotali dignitate 4, ed. Ernst Sackur, MGH Libelli de lite 2, 469, Z. 3: *Unde ille rex merito vocitatur qui mores suos competenter regere ... novit.*

deln: Der König solle Beispiele guter Werke vorweisen, forderte Hugo[69], der gleichsam eine Tugendpyramide entwarf, an deren Spitze der König stand[70]. Bereits Hinkmar von Reims lehrte in seiner Schrift "*De ordine palatii*", daß "Aufseher" (*speculatores*) dem ihnen anvertrauten Volk in Tat und Wort ständig ein Beispiel geben müßten, wie man zu leben habe[71].

Betrachtet man schließlich das herrscherliche Selbstverständnis, wie es sich zum Beispiel in den Urkundenarengen niederschlägt – bei aller bekannten Problematik, wieweit es sich dabei um "Selbstaussagen" handelt –, so waren Äußerungen über Disziplin und Selbstdisziplin durchaus üblich, auch wenn sie zweifellos nicht zum Standardformular der Urkunden zählten. Das zeigt, daß die Könige selbst sich die kirchlichen Forderungen zu eigen gemacht haben. Unter den von Heinrich Fichtenau so genannten "Tugend-arengen"[72] findet sich ein Beispiel Konrads III. von 1138, welches das Motiv der "Selbstlenkung" unmittelbar thematisiert: "Wir wissen und glauben wahrhaft, daß der, welcher reich ist an Barmherzigkeit ..., seine Leiter (*rectores*) deshalb einsetzt ..., damit sie, indem sie sich selbst und die anderen gut lenken, danach mit ihm im (himmlischen) Vaterland regieren."[73] "Zur Krone unserer Würde gehört es," heißt es in einer anderen Urkunde Konrads III., "den Nachfolgenden ein Beispiel des guten Wirkens zu geben und zu hinterlassen."[74] Und in einer Arenga des französischen Königs Philipp August von 1183 liest man ganz ähnlich: "Wir müssen unverbrüchlich beachten, daß wir auch unsere Nachfolger mit geeigneten Beispielen dazu auffordern, zu bewahren, was wir tun."[75] Die wichtigsten Königstugenden der Arengen waren (nach Fichtenau) Tüchtigkeit (*virtus*), Milde (*clementia*), Frömmigkeit (*pietas*), Menschlichkeit (*humanitas*), Gerechtigkeit (*iustitia*) und Freigebigkeit (*liberalitas*). In der praktischen Handlungsweise klingt etwas von diesen Tugendforderungen in dem Brief Heinrichs IV. an seinen Taufpaten, den Abt Hugo von Cluny an, in dem der

---

[69] Ebd. 1,7, 474: *boni operis exempla monstrando*.

[70] Vgl. Heinrich Fichtenau, Arenga. Spätantike und Mittelalter im Spiegel von Urkundenformeln (MIÖG Erg.-Bd. 18) Graz-Köln 1957, 34.

[71] Hinkmar von Reims, De ordine palatii 2, 42 ff., Z.106 ff: *Speculatoris officium est, ut commisso sibi populo exemplo et verbo, qualiter vivere debeat, incessanter annuntiet.*

[72] Fichtenau 170 ff. Diesem Werk sind die folgenden Arengenbeispiele sämtlich entnommen.

[73] D K III 3, ed. Friedrich Hausmann, MGH DD K III, 32, von 1138: *Scimus et vere credimus, quia qui copiosus est in misericordia ... propter hoc suos constituit rectores ... ut bene se regentes et alios postmodum secum regnent in patria.*

[74] D K III 29, von 1139, ebd. 47, für das Kloster Vaucelles: *Ad nostræ dignitatis spectat coronam boni operis dare et relinquere posteris suis exemplum ...*

[75] D Philipp II. August 91, ed. M.H.F. Delaborde u. E. Berger, Recueil des actes de Philippe Auguste 1 (Chartes et Diplômes relatifs à l'Histoire de France 6,1) Paris 1925, 116: *... a nobis irrefragabiliter decet observari, ut et successores nostros ad observanda que gerimus congruis invitemus exemplis.*

König sich über das listenreiche Vorgehen seines Sohnes beschwerte, der selbst nach der Herrschaft drängte und damit *impie inhumane et indigne* gegen den Kaiser handelte[76]. Die hier an den Thronfolger gerichteten Erwartungen lassen die Herrschertugend als ein dauerhaftes Erfordernis erscheinen. So soll auch Karl der Große seinen Sohn Ludwig bei dessen Krönung ermahnt haben, "sich selber jederzeit vor Gott und vor dem ganzen Volk als untadelig zu erweisen".[77] Auch wenn man diese bei Thegan überlieferte Nachricht nur noch bedingt als eine herrscherliche Selbstäußerung werten darf, so wird hier zumindest der Öffentlichkeitscharakter ständigen, tugendhaften königlichen Verhaltens deutlich.

4. Selbstdisziplin als ideale Herrschaftspraxis im Spiegel der Geschichtsschreibung

Wenn das Königtum sich im rechten Handeln bewies – *rex a recte agendo vocatur*, wie Jonas von Orléans in leichter Abwandlung der isidorianischen Etymologie schrieb[78] – bleibt im letzten (ausführlichen) Schritt zu prüfen, wie sich die theoretischen Forderungen nach Selbstdisziplin im herrscherlichen Handeln aus der Sicht der mittelalterlichen Geschichtsschreiber niederschlugen und konkretisierten. Daß eine gute Regierung ein *se regere* zur Voraussetzung hatte, wie die Königsspiegler gefordert hatten, wurde in der Historiographie zwar nicht ähnlich explizit verkündet, es zeigt sich jedoch vielfach im königlichen Verhalten. In diesem Rahmen können im folgenden nur einige ausgewählte, thematisch zugeordnete Aspekte angesprochen werden.

Eine Reihe von Hinweisen erhalten wir aus historiographischen **Charakterbeschreibungen** von Königen, in denen immer wieder ein Maßhalten gelobt wird: Bereits Fredegar präsentierte den Merowinger Dagobert als einen guten König, der die Wahrung von Recht und Gerechtigkeit den eigenen Bedürfnissen vorzog: "Erfüllt von solchem Streben nach Gutmütigkeit, gönnte er seinen Augen keinen Schlaf und stillte seinen Hunger mit keiner Speise, sondern war nur darauf bedacht, daß alle, die von ihm weggingen, zuvor zu ihrem Recht gekommen waren."[79] Einhard schrieb Karl dem Großen bekanntlich Zurückhaltung im Essen und Trinken zu: "In Speise und Trank war er mäßig, aber noch mäßiger im Trank, denn

---

[76] Heinrich IV., ep. 37, ed. Carl Erdmann, MGH Dt. MA 1, 1937, 47.

[77] Thegan, Vita Hludowici imperatoris 6, ed. Ernst Tremp (wie Anm. 26) 184: ... *et semetipsum omni tempore coram Deo et omni populo inreprehensibilem demonstrare.*

[78] Jonas von Orléans, De institutione regia 3, Migne PL 106, Sp. 287B.

[79] Fredegar, Chronik 4,58, ed. Bruno Krusch, MGH SSrM 2, 1888, 149 f.: *Huius benignitatis desiderio plenus nec somnum capiebat oculis nec cibum saciabatur, intentissime cogitans, ut omnes cum iustitia recepta de conspectu suo remearint.* Später (4,60) kritisierte Fredegar allerdings die Ausschweifungen des Königs.

Trunkenheit verabscheute er an jedem Menschen aufs äußerste, erst recht aber an sich und den Seinen."[80] Ähnliches berichtete Thegan von Ludwig dem Frommen[81]; laut dessen zweitem Biographen, dem sogenannten *Astronomus*, soll dieser Kaiser in der Todesstunde sogar seinen Tod so lange hinausgezögert haben, bis die Anwesenden sich an Speise und Trank gestärkt hätten[82]. Mochte das auch die Ausnahmestellung Ludwigs betonen wollen, so waren solche Charakterisierungen der Selbstdisziplin häufig[83]. Otto der Große, so berichtet Widukind von Corvey, der abgesehen von dem "Schrecken der königlichen Disziplinargewalt" (*disciplinae terror*) stets freundlich gewesen sei, habe nur wenig geschlafen und selbst im Schlaf noch ständig geredet und damit den Anschein erweckt, als sei er stets wach[84].

Das Maßhalten bezog sich auch auf die Kleidung. Thegan zufolge lehnte Ludwig der Fromme goldene Gewänder maßvoll ab und trug solche, dem Vorbild seiner Väter folgend, nur an Festtagen[85]. Nach einer Anekdote Notkers des Stammlers disziplinierte Karl der Große seine Höflinge, indem er sie nach der Messe in ihrer wertvollen Seidenkleidung auf die Jagd schickte und damit den Wert seines einfachen Schafspelzes demonstrierte[86]. Als die Höflinge gemäß kaiserlicher Anordnung anschließend in derselben, abgerissenen Kleidung vor ihm erscheinen mußten, rügte sie der Kaiser:

[80] Einhard, Vita Karoli 24, ed. Oswald Holder-Egger, MGH SSrG, 6. Aufl. 1911, 28: *In cibo et potu temperans, sed in potu temperantior, quippe qui ebrietatem in qualicumque homine, nedum in se ac suis, plurimum abhominabatur.*

[81] Thegan, Vita Hludowici imperatoris 19, 202: *Erat enim in cibo potuque sobrius et in indumentis suis moderabilis.*

[82] Astronomus, Vita Hludowici imperatoris 64, ebd. 552: *Quo perpaululum praelibato, precatus est fratrem et simul adstantes, ut curandis operam darent corporibus, tam diu se praestolaturum, quamdiu illi refici possent.*

[83] Vgl. Notker Balbulus, Gesta Karoli Magni imperatoris 2,11, 68, zu Ludwig dem Deutschen, der Fleisch und feinere Speisen an bestimmten Tagen völlig abgelehnt habe; hingegen aß der *temperatissimus* Karl der Große in der Fastenzeit gewohnheitsgemäß etwas um die 8. Stunde, nach dem Ende der Messe und der Vesper, ohne doch das Fastengebot zu verletzen, "da er nach der Vorschrift des Herrn [3. Moses 23,32] von einer Stunde zur andern aß" (und bestrafte einen Bischof, der ihn deshalb tadelte, damit, daß er ihn am Hof als letzten bedienen und damit bis nach Mitternacht warten ließ); ebd. 1,11, 16.

[84] Widukind von Corvey, Res gestae Saxonicae 2,36, ed. Paul Hirsch und Hans-Eberhard Lohmann, MGH SSrG, 5. Aufl. 1935, 96: *Ipse denique dominus rerum, fratrum natu maximus optimus, inprimis pietate erat clarus, opere omnium mortalium constantissimus, preter regiae disciplinae terrorem semper iocundus, dandi largus, dormiendi parcus et inter dormiendum semper aliquid loquens, quo eum semper vigilare aestimes.*

[85] Thegan, Vita Hludowici imperatoris 19, 202: *et in indumentis suis moderabilis. Numquam aureo resplenduit vestimento nisi tantum in summis festivitatibus, sicut patres eius solebant agere.*

[86] Notker, Gesta Karoli Magni imperatoris 2,17, 86 f.

"'Ihr törichtsten unter den Sterblichen! Welcher Pelz ist nun wertvoller und brauchbarer, meiner hier, den ich für einen Schilling gekauft habe, oder eure, die ihr nicht bloß mit Pfunden, sondern sogar mit vielen Talenten bezahlt habt?' Da schlugen sie die Augen nieder und konnten seinen furchtbaren Tadel nicht ertragen."[87] Mit dieser Geschichte, deren Moral die Abstinenz von sinnlosem Luxus propagierte, führte der Kaiser selbst vorbildhaft ein solches Verhalten vor, während er mit der so geübten Selbstdisziplin gleichzeitig zur Disziplinierung seiner Höflinge beitrug, so daß Notker geschickt beide Elemente königlicher Herrschaft, Disziplinwahrung am Hof und im Reich und Selbstdisziplin, in einer einzigen – zweifellos erfundenen und stilisierten – Anekdote exempelhaft veranschaulichen konnte.

Das Auftreten war allerdings von der Situation abhängig: An Festtagen trug laut Thegan auch der maßvolle Ludwig der Fromme "nur Gewänder aus golddurchwirkten Stoffen, eine goldene Tunika, einen goldenen Gurt und ein von Gold glänzendes Schwert, goldene Beinschienen und einen golddurchwirkten Mantel, auf dem Haupt eine goldene Krone und in der Hand einen goldenen Stab."[88] Heinrich IV., so meinte auch der Verfasser seiner Vita, sei bald in kaiserlicher Majestät, bald wie ein einfacher Ritter aufgetreten, um damit, je nach Gelegenheit, Würde oder Demut zu bekunden[89], und nach dem anekdotenhaften Bericht Liudprands von Cremona wählten die Westfranken 888 nicht Wido, sondern Odo zu ihrem neuen König, weil jener sich in seinen Speisen als *zu* genügsam erwies: Als Widos Truchseß auftragsgemäß vom Metzer Bischof Nahrungsmittel einforderte und anbot, sich gegen ein Pferd mit einem Drittel des Geforderten zu begnügen, antwortete der Bischof: "Es geziemt sich nicht, daß über uns ein König herrscht, der sich eine ärmliche Mahlzeit für zehn Drachmen bereiten läßt." Auch hier mußten Selbstbescheidung und königliche Repräsentation in einem angemessenen Verhältnis stehen[90].

Eine Selbstdisziplin im Verhalten und in den Einstellungen der Herrscher zeigte sich in vielerlei Aspekten, denen jegliche Ablehnung von unangemessenem und übertriebenem Luxus und die Konzentration auf die eigentlichen Aufgaben gemeinsam waren. Ludwig der Deutsche, so möchte

---

[87] Ebd. 87: *'O stolidissimi mortalium, quod pellicium modo preciosius et utilius, istudne meum uno solido comparatum an illa vestra non solum libris sed et multis coempta talentis?' Tunc vultibus in terram declinatis terribilissimam eius animadversionem sustinere nequibant.*

[88] Thegan, Vita Hludowici imperatoris 19, 202 f.: *Tunc nihil illis diebus se induit praeter camisiam et femoralia, nisi cum auro texta: lembo aureo, balteo aureo praecinctus et ense auro fulgente, ocreas aureas et clamidem cum auro textam, et coronam auream in capite gestans, et baculum aureum in manu tenens.*

[89] Vita Heinrici IV. imperatoris 1, 11: *Ille modo personam imperatoris, modo tamquam militis gerebat, ex uno gerendae dignitatis, ex altero documentum prebens humilitatis.*

[90] Liutprand, Antapodosis 1,16, 18.

Notker in einer seiner Anekdoten entsprechend zeigen, schätzte Eisen mehr als Gold. Als normannische Gesandte ihm zum Zeichen der Unterwerfung Gold und Silber sowie ihre Schwerter darboten, ließ er das Geld auf den Boden werfen und sich die mitgebrachten Schwerter zeigen[91]. "Möchten doch unseren Fürsten Gold und Silber ebenso wertlos erscheinen und Eisen ebenso wertvoll!" priesen ihn die Gesandten[92]. Regino von Prüm lobte im Nachruf auf Ludwig den Deutschen ganz ähnlich, daß dieser eifriger in der Zurüstung der Waffen als der Gastmähler gewesen sei und Eisen mehr geliebt habe als Gold[93]. Auch im Kampf sollte der König Zurückhaltung wahren; so hinderten die Höflinge den soeben erst gewählten Gegenkönig Rudolf von Rheinfelden nach Bruno daran, selbst in das Kampfgeschehen gegen die aufständischen Mainzer Bürger einzugreifen[94]. Nach der Entscheidungsschlacht gegen Heinrich IV., in der er selbst eine tödliche Wunde empfing, sorgte Rudolf sich (nach demselben Autor) ohne Rücksicht auf die eigene Gesundheit zunächst um die anderen Verwundeten[95]. Übermut, wie nach Otto von Freising dem jugendlichen Heinrich IV. zur Last gelegt wurde, der beklagt haben soll, daß es im ganzen Reich keine Aufsässigkeit gebe, an der er seine Kräfte messen könne, stieß auf Empörung und war für Otto sogar der eigentliche Grund für den – auf diese Weise legitimierten – Sachsenaufstand[96]. Der volle Gehalt solcher Worte wird wiederum erst vor der normierten Herrschaftstheorie verständlich, die die Königsaufgabe der Disziplinierung des Volkes an die Selbstdisziplin des Herrschers band.

Ein Musterbeispiel an Tugendhaftigkeit *und* an Selbstdisziplin war stets Ludwig der Fromme, jedenfalls in der Darstellung seiner beiden Bio-graphen, gewesen: Selbst bei heiterer Stimmung am Hofe soll er jedes Lachen unterdrückt haben (mit den Worten Thegans: "Niemals erhob er seine Stimme zum Gelächter [eine Anspielung auf *Ecclesiasticus* 21,20], und selbst wenn bei den höchsten Festen zur Freude des Volkes Schauspieler,

---

91 Notker, Gesta Karoli Magni imperatoris 2,18, 88 f.

92 Ebd. 89: *'O', inquiunt, 'utinam principibus nostris tam vile videretur aurum, et argentum, et ferrum tam preciosum!'*

93 Regino von Prüm, Chronik a. 876, ed. Friedrich Kurze, MGH SSrG 1890, 110: *in preliis victoriosissimus, armorum quam conviviorum apparatibus studiosior, cui maximae opes erant instrumenta bellica, plus diligens ferri rigorem quam auri fulgorem.* Ähnlich Widukind von Corvey 1,32, 45: Heinrich I. lehnte Gold und Silber als Lösegeld der Ungarn ab und forderte statt dessen Frieden.

94 Brunos Buch vom Sachsenkrieg 92, 87.

95 Ebd. 124, 117 f.

96 Otto von Freising, Gesta Frederici 1,4, ed. Franz-Josef Schmale (Ausgewählte Quellen zur deutschen Geschichte des Mittelalters 17) Darmstadt, 2. Aufl. 1974, 126: *iuveniliter dixisse fertur se mirari nullum per totum imperii ambitum inveniri, in quo vires suas exercere posset, idque non virtuti, sed ignavie deputabat. Quod dictum non secundum naturam generis sui percusso ere mox transiit, sed tam efficaciter in mentibus plurium radices figens germinavit, ut tota in brevi provincia illa adversus ipsum commota et in unum corpus coadunata innumeris populis et gentibus letifera pocula ministraverit.*

Possenreißer und Mimen mit Flötenbläsern und Zitherspielern bei Tisch vor ihm erschienen und das Volk in seiner Gegenwart maßvoll lachte, zeigte er selbst niemals seine weißen Zähne beim Lachen.")[97]. Ludwig erfüllte damit nicht nur Benedikts monastisches Gebot (RB 7,59), sondern er übertraf diese Forderung des Maßvollen, sich *ad mensuram* in der Gewalt zu haben, bei weitem. Erst in der Todesstunde erfaßte, so der *Astronomus*, den Blick gen Himmel, also auf das Jenseits, gerichtet und gleichsam zu Ehren Gottes, ein(e Art) Lächeln sein Gesicht[98]. Selbstbescheidung wurde hier zu einer religiösen Tugend und entsprach dem Demutsideal und der Selbsterniedrigung vor Gott, wie sie sich auch in Ludwigs öffentlichem Schuldbekenntnis in Attigny wegen der Blendung seines Neffen Bernhard zeigte, um solches Fehlverhalten zu "korrigieren"[99]. Es ist sicher kein Zufall, wenn der *Astronomus* mit dem "Zurechtweisen" (*corrigere*) gerade hier den Zentralbegriff der "Disziplinierung" verwandte und zur Selbstdisziplinierung – und das heißt: zur erfolgreich vollzogenen Disziplinierung – umformte. "Maß" wahrte Ludwig auch bei der Verteilung des Erbes seines Vaters, von dem er sich selbst nichts außer einem dreieckigen Silbertisch vorbehielt[100]. Es liegt nahe, daß solche Selbstbescheidung mit einem harten Arbeitsethos einherging, und so lobte der *Astronomus*, daß Ludwig sich noch am Ende seines Lebens keinen freien Tag gönnte, sondern "nach dem Vorbild des guten Hirten zum Nutzen der ihm anvertrauten Herde nicht vor der Gefahr für den eigenen Leib zurückscheute"[101].

Möglicherweise ist auch Heinrichs I. vieldiskutierte, bei Widukind von Corvey überlieferte Ablehnung der Salbung bei der Königsweihe in diesem Sinne als demütige Selbstbescheidung zu deuten. Die Heinrich in den Mund gelegten Worte "Salbung und Krone aber mögen Würdigeren als mir zuteil werden; solcher Ehre halten wir uns für unwert" könnten jedenfalls darauf

---

[97] Thegan, Vita Hludowici imperatoris 19, 204: *Numquam in risum exaltavit vocem suam, nec quando in summis festivitatibus ad læticiam populi procedebant themilici, scurri et mimi cum coraulis et citharistis ad mensam coram eo, tunc ad mensuram ridebat populus coram eo, ille numquam nec dentes candidos suos in risum ostendit.*

[98] Astronomus, Vita Hludowici imperatoris 64, ebd. 552: *At vero elevatis ad cœlum oculis, quanto hac minatius intuebatur, tanto illac letius intendebat, ita ut nichil a ridente differre videretur.*

[99] Ebd. 35, 406: *et corrigens, si quid talium vel a se vel a patre suo gestum repperire alicubi potuit.*

[100] Thegan, Vita Hludowici imperatoris 8, ebd. 188: *nihil sibi reservans praeter mensam unam argenteam, quæ triformis est in modum quasi tres clippei in unum coniuncti.*

[101] Astronomus, Vita Hludowici imperatoris 62, ebd. 542: *nunc propter discordiam fugandam pacemque revocandam nullum diem vult habere feriatum. Pastoris enim boni sequens exemplum, pro utilitate gregis sibi commissi non refugiebat etiam proprii corporis ferre iacturam.*

hindeuten[102]. Wahrscheinlich wird man überhaupt die vielfach bezeugte Zurückhaltung gegenüber der Übernahme von Ämtern in diesen Zusammenhang stellen und die wiederholten Beteuerungen, man sei dieses Amtes unwürdig, als Ausdruck solcher "Selbstbeherrschung" und Selbstbescheidung werten dürfen[103]. Solche Zurückhaltung wurde hier durchaus erwartet. Wenn (der nun alles andere als unparteiische) Lampert von Hersfeld berichtet, daß die sächsischen Fürsten als Zeichen ihrer Entschuldigung Heinrich IV., um dessen Huld wiederzuerlangen, soviel Geld zahlen und Güter geben wollten, wie er mit Rücksicht auf sein Schamgefühl (*pudor*) und die königliche Majestät annehmen mochte[104], dann war das ein versteckter und doch deutlicher Appell an die gebotene königliche Zurückhaltung. In Canossa war folgerichtig nicht das demütige und bußfertige Auftreten des Königs der Anlaß für Brunos Kritik in seinem "Buch vom Sachsenkrieg", sondern im Gegenteil die Tatsache, daß Heinrich das nicht ernst meinte und den päpstlichen Befehl, ohne seine Erlaubnis keinen königlichen Schmuck anzulegen, durch die Widerrede seiner Getreuen ermutigt, sogleich wieder brach, indem er sich – widerrechtlich und unbescheiden – selbst die Krone aufs Haupt setzte[105]. Auch wenn die Stellungnahmen hier der politischen Situation zuzuschreiben sind, lassen sie doch die Kriterien der Kritik und damit die gängigen Anschauungen vom herrscherlichen Handeln erkennen. Heinrichs von seinem gleichnamigen Sohn 1106 erzwungene Abdankung stellte sein Biograph ganz entsprechend, nun aber in positiver Umwertung, als freiwilligen Verzicht dar, der ihn als "Privatmann" der Herrschaft entsagen ließ[106]. Diese und andere, durchweg wohlbekannte Beispiele erhalten einen anderen Sinn, wenn man sie, wie es

[102] Widukind von Corvey, Res gestae Saxonicae 1,26, 39: *penes meliores vero nobis unctio et diadema sit: tanto honore nos indignos arbitramur*.

[103] Ähnlich mag es zu verstehen sein, wenn Konrad II. nach dem Bericht Wipos seine Weihe zugunsten erster Regierungshandlungen verschob: Wipo, Gesta Chuonradi imperatoris 5, 27: *Noluit negligere, quod cito potuit regere. Renuit iustitiam dilatare, quoniam illud erat regnare.*

[104] Lampert von Hersfeld, Annalen a. 1075, 212: *super haec omnia auri et argenti et prediorum suorum, quantum salvo pudore suo et regni maiestate accipere vellet, prompta mente darent, dummodo in gratiam rediret ...*

[105] Brunos Buch vom Sachsenkrieg 90, 84: *et laneis indutus nudis pedibus ad apostolicum venit, dicens se plus amare regnum coeleste quam terrenum et ideo poenitentiam, quamcumque sibi vellet imponere, se humiliter suscepturum. Apostolicus vero, de tanti viri tanta humilitate laetatus, praecepit ei, ut regalem ornatum, donec ipse permitteret, sibi non imponeret ... Itaque reversus ad suos, cum coepisset eos a suo convivio separare, magnum coeperunt tumultum facere ... His et aliis talibus verbis animus eius immutatur et ad consueta pravo pravorumque consilio revertitur. Imponit capiti aureum diadema et in corde retinet ferro fortius anathema.* Auch Lampert von Hersfeld a. 1077, 292 ff. kritisierte nicht Heinrichs Bußgang, sondern seine Heuchelei.

[106] Vita Heinrici IV imperatoris 10, 35: *Abrenuntiata imperiali dignitate privatus discessit et ad quandam curtem ... recessit.*

hier versucht wurde, in den Kontext königlicher "Selbstdisziplin" stellt, die eine bescheidene Distanz zum Königsamt verlangte. Den Bezug zu unserem Thema aber, der ein solches herrscherliches Handeln aus der Erziehung erwachsen ließ, kann man kaum besser ausdrücken als Thegan, der im glorifizierenden Rückblick auf Karl den Großen schrieb: "Ihn lehrte die strengste Zucht (*disciplina*), daß er nicht übermütig werde." Und mit Blick auf die (Thron-)Wirren seiner eigenen Zeit fügte er hinzu: "Dies Beispiel zu befolgen, tut jetzt dringend Not."[107] Das Königsideal disziplinierten Verhaltens diente hier sogar als Mittel der Zeitkritik.

Das Ideal königlicher Selbstbescheidung zeigt sich daher nicht nur am vorbildhaften herrscherlichen Verhalten, sondern, wie bereits in einigen zitierten Beispielen, nicht minder deutlich an der historiographischen **Kritik falschen Handelns**. So schalten die ostfränkischen Chronisten Karl den Kahlen einen Tyrannen, weil er sich nach der Kaiserkrönung keinerlei Selbstbeschränkung auferlegte, sondern griechische Kleidung anlegte und überhebliche Drohungen ausstieß, er wolle so viele Krieger gegen Ludwig den Jüngeren ins Feld führen, daß deren Pferde den Rhein aussaufen würden, und er den Strom bequem überqueren könne[108] – die Niederlage von Andernach erschien als Gottesstrafe für dieses durch Übermut (*elatio*), Habgier (*avaritia*) und Hochmut (*superbia*) geprägte Verhalten, um dem, wie der Annalist ausdrücklich sagt, ein "Maß zu setzen"[109] –, und auch Boso, der sich 879 als erster Nichtkarolinger in der Provence zum König erheben ließ, feierte seine Hochzeit mit Irmingard mit solchem Aufwand und so prächtigen Spielen, daß die Freuden dieses Festes alles "Maß überschritten" haben sollen:[110] Das vor allem aus der mittelhochdeutschen Dichtung

---

[107] Thegan, Vita Hludowici imperatoris 50, 242 f.: *Hunc maxima disciplina perdocuit, ne superbire inciperet. Hoc exemplum nunc exercere maximum opus est.*

[108] Annales Fuldenses a. 876, ed. Friedrich Kurze, MGH SSrG 1891, 86: *Karolus rex de Italia in Galliam rediens novos et insolitos habitus assumpsisse perhibetur; nam talari dalmatica indutus et baltheo desuper accinctus pendente usque ad pedes necnon capite involuto serico velamine ac diademate desuper inposito dominicis festisque diebus ad aecclesiam procedere solebat. Omnem enim consuetudinem regum Francorum contemnens Grecas glorias optimas arbitrabatur et, ut maiorem suae mentis elationem ostenderet, ablato regis nomine se imperatorem et augustum omnium regum cis mare consistentium appellare praecepit. Plurima etiam incredibilia se contra Hludowicum regem et regnum illius facturum esse minatus est; denique inter cetera iactantiae suae verba dixisse fertur se tantam multitudinem de diversis locis congregaturum, ut Rheno flumine ab equis illorum exhausto ipso per aridum alveum eiusdem fluminis esset transiturus totumque Hludowici regnum vastaturus.*

[109] Ebd. a. 876, 89: *Haec in VIII. Id. Octobr. contra novellum Sennacerib gesta sunt, ut, qui prius propter mentis elationem Deum cognoscere noluit, modo victus et confusus intellegat, quia non in multitudine exercitus victoria belli, sed de caelo fortitudo est, et aliquando avariciae et superbiae suae modum inponat.*

[110] Regino von Prüm, Chronik a. 877, 113: *Dies nuptiarum tanto apparatu tantaque ludorum magnificentia celebratus est, ut huius celebritatis gaudia modum*

bekannte Ideal der *mâze* als Grundlage aller Tugenden[111] wurde hier zu einem Aspekt eingeforderter Selbstdisziplin des Herrschers. Die politische Kritik an den Erhebungen aber kleidete sich bezeichnenderweise in eine moralische Verurteilung des wenig maßvollen und damit unköniglichen Verhaltens, das den Herrscher als seines Amtes unwürdig erwies. Hingegen ließen die Fuldaer Annalen und Regino von Prüm "ihren" König Ludwig den Jüngeren dessen Oheim Karl dem Kahlen, der das Reich seines Bruders für sich erobern wollte, vor der siegreichen Schlacht von Andernach mitteilen, er möge sich mit *seinem* Reich und *seinem* Ruhm begnügen[112]. Mögen die politischen Stellungnahmen der Chronisten auch gegensätzlich gewesen sein, so galt ihnen allen die politische Selbstdisziplin doch als Maßstab der Bewertung.

Vom Herrscher wurde aber nicht nur eine (mäßigende) Selbstbescheidung, sondern auch "**Selbstbeherrschung**" im wahrsten Sinn des Wortes in spontanen Situationen erwartet. *Patientia* (im weiteren Sinn "Geduld", im aktuellen Kontext oft zu Recht aber auch mit "Selbstbeherrschung" übersetzt) war eine vielgelobte Herrschertugend. Als ein Brief, der Schmähungen gegen den König Chilperich erhielt, abgefangen wurde, nahm dieser das beherrscht (*patienter*) auf[113]. Nachdem Chlodwig das Syagriusreich erobert und die Franken anschließend die Kirchen geplündert hatten, bat der Bischof von Soissons um die Rückgabe eines Kruges aus der bereits verteilten Beute. Als Chlodwig diesen Krug nun zusätzlich zu seinem Anteil forderte, um ihn dem Bischof zurückzugeben und die Verständigeren ihm sogar alles zugestehen wollten, bohrte ein Heide seine Streitaxt in den Krug. Chlodwig reagierte darauf zunächst mit Sanftmut und Geduld (*patientiae*

---

excessisse ferantur. Karl der Kahle hatte ihm den Königstitel verliehen, *ut more priscorum imperatorum regibus videretur dominari*.

[111] Vgl. Otfrid Ehrismann, Ehre und Mut, Aventiure und Minne. Höfische Wortgeschichten aus dem Mittelalter. München 1995, 128 ff.

[112] Annales Fuldenses a. 876, 87: *Revertere, quaeso, pacifice in regnum tuum et esto contentus gloriae tuae et noli regnum nobis a genitore nostro iure hereditario derelictum more tyrannico invadere et iura propinquitatis, quae inter nos naturaliter existunt, huiuscemodi factionibus violare*. Vgl. Regino von Prüm a. 876, 111: *parceret gladio et humanum fundere sanguinem tam dira cupiditate infectus formidolosius exhorresceret; foret sua sorte contentus et funiculo hereditatis divinitus sibi collato pacifice frueretur, aliena iura non invadens, non subtrahens, non perturbans; non esset in tanto viro vanae gloriae tiphus, non supercilii fastus, non alterius usurpandi terminos ambitio; sed iusticia, caritas et concordia regnaret, ac summum pax inter illum et nepotes teneret omnino fastigium.*

[113] Gregor von Tours, Historiae 6,22, 290. Ebd. 5,49 f., 261: Alle wunderten sich über des Königs Klugheit und Selbstbeherrschung (*Mirati sunt omnes regis vel prudentiam vel patientiam simul*), schrieb Gregor von Tours (freilich etwas polemisch) an anderer Stelle, weil Childerich in der Anklage gegen den Grafen Leudast einem Mann niedrigeren Standes mehr Glauben schenkte als dem Bischof.

lenitate), nach einem Jahr aber rächte er sich und tötete den Übeltäter[114]. Bereits in Gregors Erzählungen war Selbstbeherrschung demnach eine Herrschertugend, wenngleich sie noch hinter die von dem Verlangen nach Gerechtigkeit geprägten Disziplinierungs- und Strafmaßnahmen zurücktrat. Sie blieb ein Ideal, dessen Ermangelung gerügt wurde. In seinem Überblick über die einzelnen Herrschertugenden in seiner Schrift "*Via regia*" (Der Königsweg) schrieb Smaragd von Saint-Mihiel im 9. Jahrhundert: "Vor allem müssen Könige es also vermeiden, ihrem Zorn freien Lauf zu lassen. Denn der Zorn irgendeines Menschen ist mit dem Zorn des Königs nicht vergleichbar." Der König müsse daher besonnen und mild reagieren. "Wenn dich jedoch dein Jähzorn packt, dann halte ihn zurück, wenn er sich deiner Sinne bemächtigt, zähme ihn; wenn er aus dir herausbricht, unterdrücke ihn."[115] Heinrich IV. – so wenigstens wollten es seine Gegner – fehlte solche Tugend, da er (so Lampert) häufig Wutausbrüche bekam und sich in seiner Zügellosigkeit (*lascivia*) weder durch die Vernunft noch durch sein wachsendes Alter zum Maßvollen beschwichtigen ließ, sondern sich "Hals über Kopf in jedes Verbrechen (stürzte), das ihm in den Sinn kam" und sich zudem jeden Tadel an seinem Verhalten verbat[116]. Sein "krankes Gemüt" neigte zu Jähzorn und Unbesonnenheit[117], die sein gesamtes Handeln prägten[118]. Weder Frömmigkeit noch Mitleid, die Achtung vor Gott oder die

---

[114] Ebd. 2,27, 72 f.

[115] Smaragd von Saint-Mihiel, Via regia 24, Migne PL 102, Sp. 963CD: *Cavendum est ergo maxime regibus ad effectum suam perducere iram. Neque enim aequalis est cujuslibet hominis cum ira regis. ... mansuetus atque mitissimus esto; et si proruperit iracundia, restringe illam; si praeoccupaverit mentem, mitiga eam; si emerserit animo, comprime illam.*

[116] Lampert von Hersfeld, Annalen a. 1075, 246: *Unde rex plerumque efferatus omnia quae illius erant ferro et igne demoliturum se comminabatur ... Neque enim lasciviae regis vel racio modum faciebat vel aetatis accessus vel amici cuiusquam obiurgatio, sed quottidie se ipso deterior efficiebatur, et ruptis omnibus humani, ne dicam christiani, pudoris frenis, in omne quod animus suggessisset flagicium precipitantior ruebat; et oppressis iam terrore principibus, nullus erat, qui peccantem et divina atque humana omnia absque discrimine permiscentem vel levi verbo auderet redarguere.*

[117] Ebd. a. 1076, 270: *et egrotum animum et per se affinem iracundiae ac temeritati adulationibus suis tamquam supposita face in omne quod libuerat inflammabant.* Unbeherrschtheit gegenüber seinem Truchseß warf Bruno auch dem geschmähten Bremer Erzbischof Adalbert vor (Buch vom Sachsenkrieg 4, 15). Nach der Zerstörung der Harzburg verbarg Heinrich IV. zwar seinen Schmerz, allerdings aus dem einzigen, unlauteren Grund, ihn nicht denen gegenüber zu zeigen, die er haßte (so ebd. 34, 36).

[118] Vgl. Lampert von Hersfeld, Annalen a. 1075, 214. Vgl. noch Werner Rolevinck, Fasciculus temporum, in: Germanicorum scriptorum ... tomus alter, ed. Johannes Pistorius. Hannover 1613, fol. 74v: *Iste Henricus videtur fuisse homo multum inquietus*; ebd. fol. 75r, zu Heinrich V.: *Iste Henricus satis excessivus fuit ... Hoffart* warf Sigmund Meisterlin, Chronik der Reichsstadt Nürnberg, hg. v. K. Hegel (Chroniken der deutschen Städte vom 14. bis in's 16. Jahrhundert 3) Leipzig 1864, 80, Heinrich IV. vor. Den Hinweis auf diese Stellen verdanke ich meinem Kollegen Jürgen Sarnowsky.

Rücksicht auf Menschen hätten je seine Zorneswut gemäßigt, so warfen ihm die sächsischen Bauern (nach Lampert) vor[119]. Gewalt und Grausamkeit machten ihn vielmehr zum unberechenbaren und unzuverlässigen Tyrannen[120]. Lampert von Hersfeld kritisierte immer wieder seinen Treuebruch[121], Anno von Köln war bald sein vertrautester Ratgeber und Mitregent, bald wurde er mit Schimpf und Schande vom Hof verbannt[122]. Ein in der Tendenz geradezu entgegengesetztes Bild, das erneut gleichwohl dieselben Ideale verriet, zeichnete der Biograph Heinrichs IV. von diesem Herrscher: Er sei niemals voreilig mit seiner Meinung herausgeplatzt, sondern hätte sich geduldig die Ansichten der anderen angehört[123]. Selbstbeherrschung war gleichsam unverzichtbare Königspflicht.

Ein gutes Indiz für ein Sich-in-der-Gewalt-Behalten bildete das Verhalten gegenüber Boten, die bekanntlich nicht immer nur gute Nachrichten bringen. Daher lobte Liutprand von Cremona Ottos des Großen Geduld beim Anhören von Berichten (im Gegensatz zum ungeduldigen Volk)[124], und Otto von Freising stellte das ideale Verhalten Bertholds von Zähringen heraus, der Unglücksboten mit den Worten zu empfangen pflegte: "Rede nur, rede! Ich weiß ja, daß stets Erfreuliches Betrüblichem und Betrübliches Erfreulichem vorausgeht! Deshalb ist es mir einerlei, ob ich zuerst das Trübe höre, da ich ja danach das Heitere hören werde, oder ob ich zuerst das Heitere und dann das Trübe höre."[125]

An entsprechender Kritik des königlichen Fehlverhaltens wird auch ein letzter, hier zu behandelnder Aspekt der Selbstdisziplin deutlich, nämlich die **sexuelle Enthaltsamkeit**. Entsprechende Ermahnungen ziehen sich

---

[119] Lampert von Hersfeld, Annalen a. 1075, 237: *cuius iracundiae in secundis rebus non pietas, non miseratio, non Dei, non hominum respectus unquam modum fecissent.*

[120] Ebd. a. 1076, 270: *hanc regis ac tiranni esse distantiam, quod hic vi atque crudelitate obedientiam estorqueat ab invitis, ille legibus ac more maiorum moderetur subiectis precipiatque facienda.*

[121] Vgl. ebd. a. 1075, 237 f.: Heinrich brach sein Versprechen gegenüber den Sachsen, ihnen zu verzeihen, und ließ ihre Fürsten in Haft nehmen. Erst aus der Notlage des Streits mit Gregor VII. heraus begnadigte er sie; ebd. a. 1076, 269.

[122] Ebd. a. 1074, 246: *Et nunc quidem in summam familiaritatem et pene in regni consortium a rege assumebatur, nunc vero, quoniam ea quae in regno perperam gerebantur vehementer detestaretur et acerrime impugnaret, cum contumelia de palacio eieciebatur, et ad extinguendum omnino nomen eius totum regni robur concitabatur.*

[123] Vita Heinrici IV imperatoris 1, 12: *Intendebat aliorum verbis, ipsemet pauca loquebatur; nec prior ad sententiam erumpebat, sed aliorum expectabat.*

[124] Liutprand von Cremona 4,30, 125 f.

[125] Otto von Freising, Gesta Frederici 1,8, 146: *Unde et adhuc ab antiquioribus de ipso dicitur, quod, si quando nuntius aliqua tristia ipsi apportans, secundum quod fieri assolet, hesitare voluisset, dixerit: 'Dic, dic! scio enim, quod semper leta tristia vel tristia precedunt leta; quare mihi tantumdem est primo audire nubilosa, cum postmodum auditurus sim serena, quam primo auditis serenis post auditurus sum nubilosa.'*

jedenfalls durch alle Jahrhunderte. Fredegar kritisierte an dem Merowingerkönig Dagobert, daß er sich nach seiner Rückkehr nach Neustrien "maßlos" der Ausschweifung hingab und gleichzeitig drei Königinnen und mehrere Konkubinen hatte[126]. Bonifatius rügte Aethelbald von Mercien, weil er immer noch unverheiratet war, aber dennoch nicht gerade enthaltsam lebte, sondern als Sklave (s)einer Wollust im Laster der Unzucht und des Ehebruchs den guten Ruf seines Namens vor Gott und den Menschen zuschande machte (zumal er diese Unzucht mit Nonnen betrieben haben soll)[127]. Im 9. Jahrhundert stand vor allem Lothar II. wegen seiner Ehekrise, die seine gesamte Regierungszeit belastete, im Kreuzfeuer der Kritik, wobei der König selbst die erstrebte Wiederheirat (mit Waldrada) damit begründet haben soll, daß er nicht unenthaltsam leben könne[128], und sich damit einerseits zwar geschickt das Pauluswort zunutze machte, es sei besser zu heiraten als Brunst zu leiden (1. Kor. 7,9), sich andererseits in den Augen der Chronisten (wie Reginos von Prüm) mit solcher Forderung aber selbst ins Unrecht setzte und verurteilte. Im Investiturstreit nutzten die antiköniglichen Autoren immer wieder Heinrichs IV. sexuelle Verfehlungen aus, um ihn – erneut auch politisch – zu diskreditieren: Bruno begann sein Buch vom Sachsenkrieg geradezu mit entsprechenden Vorwürfen. Seit er erwachsen zu werden begann, habe er den Tugendpfad verlassen und sei nur noch seinen Begierden gefolgt[129]. Heinrich soll sich gleichzeitig mehrere Konkubinen gehalten und den Ehrgeiz besessen haben, alle hübschen Töchter oder Gemahlinnen der Adeligen zu verführen oder zu vergewaltigen[130]. Um einen Scheidungsgrund zu erhalten, habe er seine Frau (allerdings vergeblich) von einem Gefolgsmann verführen lassen wollen[131]. Adlige Frauen, die vor ihm Recht forderten, habe er statt dessen mißbraucht, so lange es ihm gefiel, und dann mit einem seiner Dienstmannen sozusagen (unstandesgemäß) verheiratet und damit ein zweites Mal entehrt[132]. Sogar die Vergewaltigung

---

126 Fredegar 4,60, 151: *luxoriam super modum deditus, tres habebat maxime ad instar reginas et pluremas concupinas.*

127 Bonifatius, ep. 73, ed. Michael Tangl, MGH Epp. sel. 1, 1916, 148: *Si autem, quod absit, ut multi dicunt, nec legitimam accepisti uxorem nec castitatis abstinentiam pro Deo reservasti, sed libidine dominante in scelere luxoriae et adulterii famam gloriae tuae coram Deo et hominibus confuderis, in hoc valde contristamur.*

128 Regino von Prüm a. 864, 81 f.: *porro se incontinentem esse professus est et sine copula iuvenilis aetatis ardorem ferre non posse.*

129 Brunos Buch vom Sachsenkrieg 1, 14: *declivem plateae sinistrae latitudinem, qua incederet, elegit, calleque virtutum penitus abdicato, totis viribus post concupiscentias suas ire disposuit.*

130 Ebd. 6, 16.

131 Ebd. 7, 17.

132 Ebd. 8, 18: *Nam postquam ipse in ea, quamdiu placuit, libidinem suam implevit, alicui de famulis suis eam velut uxorem dedit. Ita nobiles in hac terra mulieres, ipse prius eis turpiter abusus, servili coniugio turpius dehonestavit.*

seiner eigenen Schwester vor seinen Augen habe er angeordnet[133]. Die im folgenden berichteten Morde und Mordversuche ergänzen dieses Bild[134], die Ausschweifungen des Königs aber erklärten und rechtfertigten hier den Sachsenaufstand und wirkten damit erneut auf die politische Ebene zurück. Lampert von Hersfeld war in seiner Kritik zweifellos maßvoller, doch auch er verurteilte Heinrichs "allen abscheuliche und mit der Königswürde unvereinbare" Scheidungspläne[135]. Das verwerfliche Beispiel eines Königs aber beflecke das ganze Volk![136] Mit solchen Worten betonte Lampert noch einmal die Notwendigkeit eines vorbildlichen Verhaltens gerade des Königs. Durch entsprechende Argumente wurde Heinrich in diesem Fall allerdings noch einmal umgestimmt und versprach – ganz im Sinne des *se regere* – sich selbst zu bezwingen (*imperabo egomet*) und die Bürde zu tragen[137]. Auch Lampert rückte die Motive für den Sachsenkrieg in eben diesen Zusammenhang, wenn er unter die Forderungen der Sachsen nicht nur den Abbau der Burgen und die Rechte der Fürsten, sondern ebenso das Versprechen aufnahm, daß der König der "Herde seiner Konkubinen", denen er gegen die kanonischen Bestimmungen beigewohnt habe, ohne vor Scham zu erröten, entsagen und die Königin wie seine Gemahlin behandeln müsse[138]. "Zügellose Hemmungslosigkeit" warfen ihm die Fürsten noch auf der entscheidenden Versammlung von Tribur im Herbst 1076 vor (und machten die moralischen Verfehlungen damit zu einem Charakterzug):[139] Heinrichs Absetzung wurde also letztlich (auch) mit seiner mangelnden Fähigkeit zur Selbstdisziplin begründet[140].

---

[133] Ebd. 9, 18.

[134] Ebd. 10 ff., 18 ff.; 57 ff., 52 ff.

[135] Lampert von Hersfeld, Annalen a. 1069, 106: *Feda res et ab regia maiestate nimium abhorrens visa est omnibus qui aderant.* Vgl. ebd. 109 zum Urteil des Petrus Damiani: *Pessimam rem et ab nomine christiano, nedum ab regio multum abhorrentem esse, quam moliatur.*

[136] Ebd. 109 f.: *ne scilicet tam fedi exempli venenum ab rege sumpto inicio totum commacularet populum christianum ...*

[137] Ebd. 110: *'Si id', inquit, 'fixum obstinatumque est vobis, imperabo egomet mihi feramque, ut potero, onus, quod deponere non valeo.'*

[138] Ebd. a. 1073, 151 f.: *ut abdicato grege concubinarum, quibus contra scita canonum attrito frontis rubore incubabat, reginam, quam sibi secundum ecclesiasticas traditiones thori sociam regnique consortem delegisset, coniugali loco haberet et diligeret.*

[139] Ebd. a. 1076, 279: *cum totiens morum suorum emendationem coram oculis omnia cernentis Dei quam sancte pollicitus, omnia, quibus se obstrinxerat, vincula, ubi primum calamitas, quae ad presens urgebat, preteriit, tamquam aranearum telas ruperit et semper se ipso deterior cursum mali operis, sicut equus impetu vadens in prelium, effrenata libertate repetiverit.*

[140] Entsprechende Vorwürfe finden sich noch in spätmittelalterlichen Chroniken. Hermann Bote übernahm in seiner älteren Weltchronik (ed. Caspar Abel. Braunschweig 1732, S. 112) die Vorwürfe, Heinrich IV. sei *eyn Unkuescher* und *eyn Eebreker*, und Johannes Nauclerus, Chronica, 2. Aufl. Köln 1544, 830, warf Friedrich II. vor: *eius omnis*

Versuchen wir, ein kurzes Fazit aus den zugegebenermaßen sporadischen und unvollständigen Belegen zu ziehen. "Disziplin", ein Zentralbegriff mittelalterlicher Bildung und Erziehung, griff von der klösterlich-schulischen Ausbildung aus in alle Lebensbereiche und nicht zuletzt auch auf den Hof über. "Disziplin" war eine sittliche "Schulung", die in der *correctio*, der "Zu-Recht-Weisung", bestand. Da "Disziplin" als Tugend und Erziehungsziel allseits das moralische Handeln beeinflussen und bestimmen und das gesamte menschliche Verhalten prägen sollte und sich auf diese Weise zu einer Lebensmaxime ausgestaltete, wurde sie zwangsläufig zu einer dem "disziplinierten" Menschen abverlangten Selbstdisziplin, die ihrerseits tugendhaftes Verhalten garantieren sollte: Disziplin, Disziplinierung und Selbstdisziplin waren im mittelalterlichen Verständnis untrennbar aufeinander bezogen und bedingten sich gegenseitig, auch wenn *disciplina* als Begriff keines dieser modernen Phänomene schon wirklich erfaßte. Sie beinhaltete aber sowohl die Verhaltensnorm wie die Macht, diese durchzusetzen, die "Disziplinargewalt".

Der mittelalterliche Herrscher war in dieses System auf zweierlei Weise eingebunden. Zum einen war die Wahrung der Disziplin (am Hof ebenso wie im Reich) eine königliche Aufgabe. Da man zum andern von den Herrschenden selbst unbedingt ein vorbildhaftes Verhalten erwartete, wurde Selbstdisziplin ebenso zwangsläufig zu einer wesentlichen Herrschertugend, die sich in der Praxis in Besonnenheit, Bescheidenheit und vor allem Selbstbeherrschung niederschlug. Das *se regere*, das diese "Selbstbeherrschung" geradezu sprichwörtlich ausdrückte, wurde zur Voraussetzung des *regere*, das Diszipliniertsein als Ergebnis erfolgreicher eigener Erziehung war Bedingung für die Erziehung und Disziplinierung der anderen. Eine solche Sicht schlägt sich in fürstenspiegelartigen Anleitungen für den idealen Herrscher ebenso nieder wie in der Wahrnehmung des herrscherlichen Handelns seitens der Geschichtsschreiber, deren Aussagen über individuelle Persönlichkeiten durchaus typologisch gemeint waren[141] und die den König

virtus inter muliebres delicias luxu elanguit. Den Hinweis auf diese Stellen verdanke ich wiederum Jürgen Sarnowsky.

[141] Vgl. zuletzt Sverre Bagge, The Individual in Medieval Historiography. In: The Individual in Political Theory and Practice, hrsg. v. Janet Coleman. Oxford 1996, 35-57.

[142] Zum Aspekt der Herrscherkritik vgl. jetzt auch Martina Blattmann, 'Ein Unglück für sein Volk'. Der Zusammenhang zwischen Fehlverhalten des Königs und Volkswohl in Quellen des 7.-12. Jahrhunderts. In: Frühmittelalterliche Studien 30 (1996) 80-102.

[143] Vgl. Hans-Werner Goetz, Artikel "Herrschaft" (Mittelalter). In: Europäische Mentalitätsgeschichte. Hauptthemen in Einzeldarstellungen, hrsg. v. Peter Dinzelbacher. Stuttgart 1993, 466-475.

[144] Vgl. Gerd Althoff, Demonstration und Inszenierung. Spielregeln der Kommunikation in mittelalterlicher Öffentlichkeit. In: Frühmittelalterliche Studien 27 (1993) 27-50.

je nach seinem beherrschten oder unbeherrschten Verhalten lobten oder tadelten[142]. Damit verließ dieses Erziehungsideal die Sphäre des "Privaten" und der inneren Moral und wurde zu einer "öffentlichen", allseits erwarteten Tugend und zu einem Argumentationsmittel der Rechtfertigung der Herrschaft oder auch, als Kritik mangelnder Selbstbeherrschung, der Herrscherabsetzung: Mangelnde Selbstdisziplin galt als vollauf gerechtfertigter Anlaß zur Aberkennung der Herrscherqualitäten. Die moralische Bewertung wurde somit zu einem Kriterium politischer Be- oder Verurteilung.

Die Belege mögen nicht so auffällig und so zahlreich und oft auch nicht so eindeutig sein, daß man in der Selbstdisziplin des Königs das primäre Element herrscherlichen Verhaltens oder die wichtigste Herrschertugend sehen müßte, doch sie sind deutlich genug, um auf diesen noch wenig beachteten Aspekt hinzuweisen, der nicht ganz vernachlässigt werden sollte, wenn man die mentalitätsgeschichtliche Seite mittelalterlicher Herrschaftstheorie und Herrschaftspraxis richtig verstehen will[143]. Wenn "Herrschaft", einst der Schlüsselbegriff für früh- und hochmittelalterliche Staatlichkeit, in letzter Zeit zu Recht zunehmend auch vom Aspekt der Herrschaftsrepräsentation her erläutert wird[144], mit der sich das Herrschertum ständig öffentlich, rituell und zeremoniell beweisen mußte, dann wird man auch diese etwas unauffälligere, "innere" Art der Repräsentation vorbildlichen Königtums durch Selbstbeherrschung zu den wirkungsvollen Elementen mittelalterlicher Herrschaftsmentalität zählen dürfen, allerdings nur dann, um den Kreis zu den theoretisierenden Bemerkungen in der Einleitung zu schließen, wenn wir vom mittelalterlichen Verständnis von "Disziplin" ausgehen und nicht die Anfänge der modernen Disziplinargesellschaft bereits im Mittelalter entdecken wollen. Gemessen an der Bedeutung der *disciplina* für das gesellschaftliche Leben war das Mittelalter zumindest in der zeitgenössischen Theorie und nach den eigenen Normen, eine "Disziplinargesellschaft", in der Selbstdisziplin als Tugend galt und nicht zuletzt vom Herrscher, der über die "Disziplin" der anderen wachen sollte, erwartet wurde.

MARTIN DINGES

RESIDENZSTADT ALS SOZIALDISZIPLINIERUNG? ZUR REKONSTRUKTION EINES KULTURGESCHICHTLICHEN FORSCHUNGSGEGENSTANDES

1. Einleitung

Residenzstadt und Disziplinierung scheinen besonders gut zusammenzupassen. Ist nicht die Residenzstadt mit ihren konstitutiven Elementen, dem Schloß und der auf dieses ausgerichteten Stadt, *par excellence* Zentrum und Ausdruck der Herrschaft, von der Disziplinierung ausgeht? Das Hauptgebäude demonstriert Herrschaft, und die Stadt gestaltet eine darauf ausgerichtete Wohnumwelt der Bürger. Die "Untertanen" sollten gleichsam mit ihren Häusern zu einem Teil der Kulisse von Herrschaft werden. Die entsprechend geplante Stadt sollte auch der Bewohner Sehen und Sinnen auf den Herrscher hin zentrieren. Gibt es – *prima vista* – stärkere Bilder für das, was der Begriff "Disziplinierung" bezeichnen soll?

Auch weisen die Residenzstädte Analogien zum absolutistischen Festungswesen auf, das Kunisch als "gebaute Strategie" eines mit allen Kräften forcierten Territorialisierungsprozesses und als "gebaute Disziplinierung" bezeichnete[1]. Der Kölner Frühneuzeitler ist einer der wenigen Historiker, die die Wirkung ganzer Bauensembles auf den Begriff der Disziplinierung gebracht haben. Kunisch weist weiter darauf hin, daß es nach Ansicht der zeitgenössischen Festungstheoretiker viele Parallelen zwischen "der mathematischen und technischen Rationalität" dieser Bauwerke und dem "Ordnungsgedanken des absolutistischen Fürstenstaates" gab. Residenzstädte fügen sich in Kunischs "Gesamtbild der Epoche" also glänzend ein.

Mich beschleicht bei so glatten, großartigen Epochencharakterisierungen immer ein gewisses Unwohlsein, das nicht zuletzt in früheren Brecht-Lektüren einen Ursprung haben könnte. Zielte Berthold Brecht mit

[1] Ich danke den Teilnehmern der Tagung "Disziplinierung und Sachkultur in Mittelalter und Früher Neuzeit" in Krems (1996) sowie Zuhörern an den Universitäten Jena und Frankfurt/M. (1997) für Anregungen und Kritik. Johannes Kunisch, Absolutismus, Europäische Geschichte vom Westfälischen Frieden bis zur Krise des Ancien Régime. Göttingen 1986, 11, das folgende auf 12. Kunisch bezieht sich auf Henning Eichberg, Geometrie als barocke Verhaltensnorm. Fortifikation und Exerzitien. In: ZHF 4 (1977) 17-50. S. zum Vergleich William Coaldrake, Architecture and Authority in Japan. London 1996, bes. 6 ff., 194.

seiner Frage nach den Arbeitern, die das Schloß von Versailles gebaut hatten, nicht auf ein grundlegendes historiographisches Problem, nämlich die mangelnde Beachtung, die Historiker den menschlichen Leiden schenkten, die bei der Herstellung von Repräsentationsbauten und – unstreitig – großartigen Kunstwerken in Kauf genommen wurden? Meine Bedenken gehen aber noch weiter. Ein kurzer Blick auf das Wenige, was bisher zur tatsächlichen Baugeschichte von Residenzstädten erforscht ist, zeigt sofort, daß diese keineswegs so glatt verlaufen ist, wie wir heute anzunehmen geneigt sind. Lassen wir uns als Nachgeborene nicht vom fertig gebauten Endprodukt, der bestehenden Residenzstadt blenden, die als lebensweltlich überzeugendes Argument für die Fähigkeit absolutistischer Herrscher wirkt, disziplinierend zu bauen? Was wissen wir eigentlich über die Mühen der Planung, über die Schwierigkeiten der Entstehungszeit und über die Widerstände der Zeitgenossen? Was haben wir noch in Erinnerung von den ungeplanten wilden Vorstädten, die es in Karlsruhe und anderswo gab, und die sich jeder fürstlichen Kontrolle entzogen?

Meine These lautet deshalb: Die verbreitete Sicht der Residenzstädte als Ausdruck erfolgreicher absolutistischer Herrschaft und Disziplinierung ist unzureichend. Sie vergißt den historischen Entstehungsprozeß dieser Städte. Bei dessen Rekonstruktion wird neben der intendierten disziplinierenden Tendenz sichtbar, daß Herrschaft auch beim Bau von Residenzstädten von der Planung über die Ressourcenbeschaffung und die bauliche Umsetzung bis zur Rezeption ausgehandelt werden mußte. Was dabei als "Disziplinierung" betrachtet werden könnte, ist erst genauer zu bestimmen.

Zur Erläuterung dieser These werde ich zunächst darstellen, mit welchen Argumenten die Entstehung von Residenzstädten als Geschichte erfolgreicher absolutistischer Herrschaft geschrieben wurde und welche Vorstellungen von Disziplinierung in diese Historiographie einfließen. Ich will also den impliziten Begriff von Disziplin und Disziplinierung, der in diesen Studien verwendet wird, explizieren. Außerdem sollen solche Forschungserträge dargestellt werden, die für eine differenzierte Geschichte des Zusammenhangs von Residenzstadtentstehung und Disziplinierung weiterführen.

Diese Vorüberlegungen gestatten es, im zweiten Teil "Disziplinierung" auf unser Thema bezogen empirisch gehaltvoll zu definieren und inhaltlich zu präzisieren. Dabei kann ich wegen des begrenzten Raumes nur die Rekonstruktion eines kulturgeschichtlichen Forschungsgegenstandes bieten. Schließlich werde ich der Anschaulichkeit halber an einem gut untersuchten Fallbeispiel einige empirische Aspekte eines gehaltvollen Disziplinierungskonzeptes skizzieren.

2. Bemerkungen zum Forschungsstand: Residenzstadt als geplante und erfolgreiche Disziplinierung

Historiker hielten sich bisher weitgehend zurück, die Wirkungen ganzer architektonischer Ensembles auf ihre Erbauer und Bewohner einzuschätzen. Kunstgeschichte und Architekturgeschichte waren aufgrund ihres anders zugeschnittenen Forschungsgegenstandes mutiger. Ein Beispiel ist die seit 1976 immer wieder aufgelegte "Abendländische Stadtbaukunst. Herrschaftsform und Baugestalt" des Kunsthistorikers Braunfels[2]. Am Untertitel läßt sich erkennen, daß die Schrift dieses Altmeisters seines Fachs durchaus die sozialgeschichtlichen Ansprüche innerhalb der Kunstgeschichte aufgreift.

Braunfels charakterisiert die für den absolutistischen Residenzstadtbau paradigmatischen Neugründungen Versailles und Sankt Petersburg wie folgt. Eingangs weist er auf die angezielte Beeindruckung der fürstlichen Konkurrenten hin. Diese sollten durch massenweise produzierte Berichte auf die neue Stadt und das Schloß hingewiesen werden. Die Städte und Bauten werden als Spiegel einer Staatsidee dargestellt; die Bezwingung der Natur und ihre Umschöpfung zu Geometrie ist in beiden Städten wesentlicher Teil des herrscherlichen Programms; dazu wird die fast grenzenlose Mobilisierbarkeit von Ressourcen herausgestellt: Hohe Anteile am Staatshaushalt, die im Wechsel mit den Kriegsausgaben verfügbar waren, nennt Braunfels ebenso wie die nachgerade absolute Verfügung über Menschen als Bauleute, seien es Soldaten, Arbeiter oder – in Rußland – Kriegsgefangene und Sträflinge. Die Vorschriften der Könige über Höhe, Breite, Geschoßordnung, auch über Farben und das Material der Häuser wurden anscheinend problemlos umgesetzt, so daß im Ergebnis modellmäßig gebaute Häuser die Einheitlichkeit der Residenzstadt herstellten. Das vom Herrscher erwünschte Lebensgefühl sei es gewesen, durch das die Bewohner solcher heiteren regelmäßigen Städte zum Abbild der glückhaften Regierung wurden. Mit Hinweisen auf den Stadtplan von Versailles wird die Orientierung des Ortes auf das Zentrum der Macht, das zentral im Schloß situierte Zimmer des Sonnenkönigs, erläutert. Damit scheint impliziert, daß die Blicke der Bewohner ebenfalls zwangsläufig in diese Richtung gingen. Die Bewohner kamen außerdem offenbar ohne Selbstverwaltung aus, in Versailles "lebte man" nach Braunfels "für und durch den Hof". Andererseits scheint in Petersburg der Residenzstadtbau Ausdruck solch extremer fürstlicher Willkür gewesen zu sein, daß nach dem ersten Fehlschlag 1725 niemand mehr dort leben wollte und selbst

[2] Wolfgang Braunfels, Abendländische Städtebaukunst. Herrschaftsform und Baugestalt. Köln 1976. Zu Petersburg 234 ff.; zu Versailles 222 ff.

durch Strafandrohungen kein Kaufmann zur Rückkehr zu bewegen war[3]. Als aber lange nach der zweckmäßigeren Neuansiedlung Zar Nikolaus I. (1825-55) das "despotische Baureglement" lockerte, habe er sich dafür eine ästhetisch minderwertige Architektur eingehandelt.

Des Kunsthistorikers Beschreibung von Residenzstädten ist merkwürdig verdinglicht:[4] Ideen bilden sich bruchlos ab, ja sie gerinnen sofort zu der intendierten Wirklichkeit. Menschen leben nachgerade automatisch so, wie es die absolutistischen Planer und Herrscher wollten. Letztere bezwingen herkuleisch die Natur. Und indem sich Absolutismus durchsetzt, verwirklicht sich auch Disziplin bei den brav sich ansiedelnden französischen Adeligen oder den russischen Kaufleuten, die beide nur nach des Herrschers Tod die Rückkehr nach Paris bzw. Moskau wagen. Die Disziplin ist so stark, daß ein Gedanke an Selbstbestimmung nicht mehr aufgekommen zu sein scheint.

Nun mag hier eingewendet werden, daß diese Darstellung nicht mehr repräsentativ für den neuesten Stand der Kunstgeschichte sei. Sieht man aber die Literatur zu einzelnen Residenzstädten und zu ihren Schlössern durch, dann läßt sich für die Betrachtung von solchen Gesamtwerken im Bezug auf die Disziplinierung wenig Neues entdecken. Das gilt übrigens auch für die Stadtplanungsgeschichte, die erst beginnt, sich für die Umsetzung von Plänen zu interessieren statt Planungsideen als verwirklicht zu unterstellen[5]. So formuliert Heuken im Anschluß an eine

---

[3] Petersburg mag ein besonders geeignetes Beispiel sein, topische Argumentationen über die Disziplinierungsmöglichkeiten des unumschränkten Herrschers zu stilisieren. Solche Bilder sind allerdings eher als Beitrag zur Konstruktion des westeuropäischen Rußlandbildes im 18. Jahrhundert aussagekräftig. Dieses malte bekanntlich die russische Zarenherrschaft gerne als asiatische Despotie aus, um sich selbst als umso aufgeklärter zu repräsentieren; vgl. Rudolf Jaworski, Osteuropa als Gegenstand historischer Stereotypenforschung. In: Geschichte und Gesellschaft 13 (1987) 63-76; positiver James Cracraft, The Petrine Revolution in Russian Architecture. Chicago 1988, bes. Kap. 7, 193 ff.

[4] Ich verdichte hier, was der Leser z. B. außer an der Darstellung von Versailles und Petersburg auch an der von Karlsruhe ausführlicher nachvollziehen könnte, vgl. Braunfels (1976) 173 ff.

[5] Volker Himmelein – Michael Maas (Hrsg.), "Klar und lichtvoll wie eine Regel". Planstädte der Neuzeit vom 16. bis zum 18. Jahrhundert, 2 Bände. Karlsruhe 1990 ist ein Beispiel für eher konventionelle Planungsgeschichte. S. a. Ernst Egli, Geschichte des Städtebaus 3, Erlenbach. Stuttgart 1967, 58 ff.; zu Karlsruhe ebd. 107 s.a. Gerhard Fehl, "Stadt als Kunstwerk", "Stadt als Geschäft". Der Übergang vom landesfürstlichen zum bürgerlichen Städtebau, beobachtet am Beispiel Karlsruhe zwischen 1800 und 1857 (mit weit. Literatur). In: ders. – Juan Rodriguez-Lores (Hrsg.), Stadterweiterungen 1800–1875. Hamburg 1983, 135-184; vgl. Christiane Keim, Städtebau in der Krise des Absolutismus. Marburg 1990; Martha D. Pollack, Turin 1564-1680. Urban Design, Military Culture and the Creation of the Absolutist Capital. Chicago – London 1991.

Plananalyse, Mannheim habe sich von der Festungsstadt zum "Schauraum der Herrschaftsrepräsentation" entwickelt[6].

Die Erträge der Kunstgeschichte stellen sich allerdings anders dar, wenn man einzelne Aspekte der genannten Bauwerke in den Blick nimmt: Kunsthistoriker interpretieren ausgesprochen kenntnisreich ikonographische Programme und machen dabei die versuchte Manipulation von Geschichte erkennbar[7]. Auch zeigen sie, wie unterschiedliche Interessengruppen auf die Entstehung von Bild- oder Ausstattungsprogrammen einwirkten. Insofern haben Kunsthistoriker eine Fülle von Bereichen der Bauplanung und -gestaltung erschlossen, in denen unterschiedliche Akteure auf das Endprodukt einwirken. Dadurch wird dieses vielmehr als früher als Ergebnis konfliktreicher sozialer Prozesse kenntlich.

Kunsthistoriker analysierten selbst die Abbildung der politischen Prätentionen rangniedrigerer Reichsstände anhand der Stukkaturen ihrer Repräsentationsbauten[8]. Auch mit diesen Dekorationen strebten Bauherren die Betörung der Sinne von Ranggleichen und ggf. von Untertanen an, auf die auch Schloßfeste u.ä. zielten. Damit werden Umrisse einer Geschichte der versuchten Steuerung des Sehens erkennbar, die die historischen Subjekte im Sinne der fürstlichen Ideologie vereinnahmen und mit Hilfe der Ästhetisierung von Macht ggf. Widerstände gegen absolutistische Herrschaft abschleifen sollte[9]. Aus den genannten Einzelstudien wurde allerdings kein empirisch gehaltvolles Konzept von "Disziplinierung" entwickelt.

Auch die Architekturtheorie und -geschichte bietet Anknüpfungspunkte für Historiker[10]. Sie betrachtet weiterhin aufmerksam die materiellen Grundlagen der Stadtentstehung; Grundstücksverschiebungen bis hin zu Spekulationen waren immer eines ihrer Themen, das auf historisch wichtige Handlungsoptionen von Untertanen beim Residenz-

[6] Bernhard Heuken, Zur Soziologie barocker Städteplanung in Süddeutschland. Mannheim, Erlangen, Ludwigsburg, Karlsruhe. In: Zeitschrift für Ästhetik und allgemeine Kunstwissenschaft 13 (1968) 146-177, und Hubert Ch. Ehalt, Schloß- und Palastarchitektur im Absolutismus. In: Hannes Stekl (Hrsg.), Architektur und Gesellschaft von der Antike bis zur Gegenwart. Salzburg 1980, 161-249.

[7] Jean-Pierre Néraudau, L'Olympe du Roi-Soleil. Mythologie et idéologie royale au Grand Siècle. Paris 1986.

[8] Sigrid Hofer, Studien zur Stuckausstattung im frühen 18. Jahrhundert. Modi und ihre Funktion in der Herrschaftsarchitektur am Beispiel Ottobeuren. München 1987, 25 ff.

[9] Vgl. dazu den anregenden, marxistisch inspirierten Versuch zur Spanischen Treppe, die als Beleg dafür genommen wird, daß sich frühbürgerlich-industrielle Tendenzen durchsetzen, von Roland Günter – Wessel Reinink u.a., Rom. Spanische Treppe. Hamburg 1978, 38 ff., 55.

[10] Philippe Boudon, Sur l'espace architectural. Essai d'epistémologie de l'architecture. Paris 1971; Rudolf Arnheim, The Dynamics of Architectural Form. Berkeley 1977.

stadtbau verweist. Die Betrachtung der technischen Aspekte des Bauens könnte möglicherweise Bewertungskriterien für den Grad der Disziplinierung bei fürstlich aufgezwungenen Modellhäusern ergeben. Auch stellten Architekturhistoriker den Grad der Zweckmäßigkeit von Stadthäusern für bestimmte Funktionen heraus. Disziplinierungswirkungen werden hier eher im Bereich der Raumprogramme erforschbar. Wie die Kunsthistoriker interessieren sich Architekten für die Formen, in denen Stadthäuser Hierarchien sichtbar machen, wozu sie die Architektursemiotik anregte[11]. Diese Nachbardisziplinen bieten zwar wenig brauchbare Anregungen für die Gesamtdeutung von Städten, sie helfen aber dabei, genauer die Fragen zu umreißen, die eine Alltagskulturgeschichte der Residenzstädte zu beantworten hätte, die disziplinierende Wirkungen genauer situieren will.

Die Inspiration durch Nachbarfächer hat aber auch ihre Grenzen. So kommen in den Blick solcher Darstellungen zwar noch materielle Ressourcen und Kunststile, die Entscheidungsträger auf der obersten Ebene, Architekten, Bauleiter und Künstler. Private Bauherren oder die Bauleute tauchen hingegen allenfalls als Störvariablen auf und interessieren ansonsten wenig. Genau an dieser Stelle aber wird Disziplinierung zu einem sozialhistorisch interessanten Problem. Was die Bautätigkeit für die Betroffenen bedeutete, ob sie ein Weg aus der Arbeitslosigkeit oder eine zwangsweise Entfernung von ihrer Familie war, wird nicht gefragt. Ob die Trockenlegung des Sumpfes von den Soldaten als ähnlich unangenehm wie Schanzarbeiten wahrgenommen wurde oder ob sie eine angenehme Abwechslung von der Langeweile des Wachdienstes war, ist eine offene Forschungsfrage. Auch weiß man zu wenig, welche Frondienste – besonders als Spanndienste zum Materialtransport – von den Bauern aus den umliegenden Dörfern verlangt wurden und wie die bezahlten Fahrten in der landwirtschaftlich weniger aktiven Zeit ihre Geldeinnahmen erhöhten[12]. Erst eine angemessene Berücksichtigung der ökonomischen Interessenlagen aller Beteiligten würde differenzierte Aussagen über den disziplinierenden Charakter der frühneuzeitlichen Residenzstadtbauten erlauben.

Zur letztgenannten Bauökonomie bietet gerade die historische Forschung zu Residenzstädten, die ich an deutschen Beispielen noch kurz vorstellen will, bereits wichtige Vorarbeiten. So hat etwa Zückert für die oberschwäbischen Barockresidenzen gezeigt, daß ihr Bau durchgehend mit einer Erhöhung der Feudallasten, allerdings auch mit positiven Beschäfti-

---

[11] Umberto Eco, Einführung in die Semiotik. München 1972, 293-357.

[12] Hartmut Zückert, Die sozialen Grundlagen der Barockkultur in Süddeutschland. Stuttgart 1988, mit Darstellung der älteren Diskussion.

gungseffekten in den betroffenen Territorien einherging[13]. An den sogenannten Hugenottenstädten, die wie in Hanau, Erlangen, Ansbach und Kassel oft Residenzstadterweiterungen waren, zeigte zuerst Stubenvoll, daß die Pläne nur dann erfolgreich umgesetzt werden konnten, wenn die Kooperation mit den Neusiedlern gut war[14]. Diese waren allerdings von den Fürsten oft existentiell abhängig. Trotzdem war die Besiedlung meist ein sehr langwieriger Prozeß und modellmäßige Häuser wurden nur teilweise realisiert. Weniger abhängige Bevölkerungsgruppen wie die Bewohner des Kurfürstentums Hannover ließen sich demgegenüber nicht zum Umzug in die geplanten Nebenresidenzen Celle oder Wolfenbüttel bewegen, deren Neubaugebiete deshalb lange halbleer und folglich als fürstliche Fehlplanungen erkennbar blieben[15]. In anderen Residenzstädten wie Mannheim oder Karlsruhe wurden modellmäßige Häuser zunächst nur langsam und zumeist lediglich in direkter Schloßnähe errichtet. Gegen solche Saumseligkeit halfen erhebliche Steuerbefreiungen – wie in Berlin-Friedrichswerder, dessen Bürger dann aber einen eigenen Stadtrat durchsetzten[16]. Der stritt sich um die Normumsetzung bei alltäglichen Reinigungsfragen der Stadt ebenso wie bei Pflasterung und Beleuchtung mit den undisziplinierten Bewohnern[17].

Ein empirisch gehaltvoller Begriff von Disziplinierung liegt allerdings bisher keiner der dargestellten Untersuchungen zugrunde. Er müßte aus drei Forschungsansätzen entwickelt werden: Erstens wären die Erkenntnisse aus der Kunst- und Architekturgeschichte zu verwerten, die viel empirisches Material über Planungsprozesse und Bauvorgänge angesammelt hat. Zweitens wären die Ergebnisse der Verwaltungsgeschichte der frühen Bauverwaltungen fruchtbar zu machen, um die Umsetzung der Pläne zu studieren. Drittens wäre die Nutzungs- und Rezeptionsgeschichte der Städte auf mehreren Ebenen zu verfolgen: Teilweise ist dies schon mit der Auswertung von zeitgenössischen Architekturtraktaten, Botschafterberichten und Reiseliteratur geschehen.

---

13 Zückert (1988); vgl. Herbert Schott, Das Verhältnis der Stadt Würzburg zur Landesherrschaft im 18. Jahrhundert. Würzburg 1995, 232 ff.

14 Willi Stubenvoll, Die deutschen Hugenottenstädte. Frankfurt/M. 1990.

15 Siegfried Busch, Hannover, Wolfenbüttel und Celle. Stadtgründungen und Stadterweiterungen in drei welfischen Residenzen vom 16. bis 18. Jahrhundert. Hildesheim 1969.

16 Erika Schachinger, Die Berliner Vorstadt Friedrichswerder 1658-1708. Köln 1993; vgl Schott (1995) 216 ff., 698 ff.

17 Schachinger (1993) 120-128. Die Lösung alltäglicher Reinigungsfragen ist zunächst ein funktionales Äquivalent für die gleichzeitigen und früheren kooperativen Bemühungen in den Städten und kann deshalb nur sehr bedingt als Beispiel für Disziplinierung durch die fürstliche Bürokratie betrachtet werden. Auch die Auseinandersetzungen um die Qualität der Häuser (54 ff., 63 ff., 117 ff.) war nichts eigentlich Neues, sondern gewann allenfalls durch die obrigkeitlichen Vorschriften eine zusätzliche disziplinierende Dimension.

Wenig wissen wir bisher aber über die Wahrnehmungen der Bewohner selbst. Das ist zwar teilweise ein Quellenproblem; schwerer wiegt aber, daß danach im Zusammenhang von Residenzstadt und Disziplinierung bisher nicht gefragt wurde.

Schließlich wären die bekannten Theorien der "Disziplinierung" von Max Weber, Gerhard Oestreich, Michel Foucault und Norbert Elias daraufhin durchzumustern, welche falsifizierbaren Hypothesen sie zur Disziplinierung durch Residenzstädte enthalten. Ich werde das im folgenden Teil nicht theoretisch ausführen, sondern nur gegenstandsbezogen andeuten.

3. Auf dem Weg zu einer empirisch gehaltvollen Theorie der Disziplinierung durch Residenzstädte

Ich beginne mit einem vorläufigen Definitionsversuch: Disziplinierung bezeichnet die Durchsetzung einer Gesellschaftsform, in der heteronome, also fremd und von oben gesetzte Ordnung gegenüber der horizontal ausgehandelten Ordnung vorrangig wird. Der sachliche Kern dieser Neuordnung ist die Behauptung einer gesteigerten technischen Rationalität, die durch "*disciplina*" erreichbar sein soll. Die Durchsetzung kann von einem Akteur, etwa dem Fürsten oder einer Elite, beabsichtigt sein und dann vorrangig Armee und Beamte – also den "Stab" betreffen. Sie kann sich aber auch polyzentrisch – also aus unterschiedlichen Wurzeln wie Kloster, Armenhaus, Fabrik – entwickeln. Disziplinierung geschieht durch Diskurse und Praktiken. Zu den Diskursen gehören die repressiven Aspekte von Normen (Verbotsgesetze wie Bauordnungen) ebenso wie die produktiven Aspekte von Normen, also die Ermöglichung neuer Handlungschancen, und deren jeweilige Begründungszusammenhänge. Unter den Praktiken ist neben den Körperpraktiken, etwa Tanz oder Exerzieren, an Bauten wie Wohlfahrtsinstitutionen oder Schlösser zu denken. Da Disziplinierung lediglich den Prozeß der Durchsetzung heteronomer Ordnungen bezeichnet, gehören die Aktionen und Reaktionen der Disziplinierungsadressaten konstitutiv zu diesem Vorgang. Disziplinierungsadressaten können, etwa aus Eigeninteresse, kooperieren, Widerstand leisten oder sich verweigern. Disziplinierung ist wegen ihrer zweiseitigen Struktur (N. Elias) ein offener Prozeß, in dem Disziplinierung teilweise oder weitgehend gelingen kann oder aber auch nicht. Immer geht es dabei um Standardisierungen des Verhaltens, Denkens und Empfindens, also um Kernbereiche von Kultur.

In Bezug auf die Residenzstädte läßt sich dieser Disziplinierungsbegriff gegenstandsbezogen verdichten und gleichzeitig daraufhin zuspitzen, welche Problemstellungen geeignete Indikatoren für Disziplinierungsvorgänge erbringen können.

Die Standortwahl ist eine heteronome produktive Normsetzung, die den Interessenten – Adeligen, Mitgliedern der Hofgesellschaft, Hoflieferanten, Kaufleuten, Handwerkern, Bauern, Bettlern – unterschiedliche Handlungsoptionen, nämlich in die Residenzstadt zu ziehen oder nicht mit allen persönlichen und geschäftlichen Konsequenzen eröffnet. Zu- und Abwanderungsbilanzen von Residenzstädten können insofern als Ausdruck einer gelungenen räumlichen Disziplinierung bestimmter Disziplinierungsadressaten interpretiert werden[18].

In der Planungsphase ist der Einfluß des Bauherrn unterschiedlich stark. Ob er sich letzlich immer oder nur gelegentlich gegenüber den anderen am Planungsprozeß Beteiligten durchsetzt und in welcher Form dies geschieht, ist empirisch ein Indikator für erfolgreiche "Disziplinierung" innerhalb des Planungsprozesses[19].

Bei der baulichen Umsetzung des repräsentativen Zentralbaus, meist des Schlosses, seltener eines Bischofspalastes oder einer Abtei, ist die Aufbringung der Ressourcen aufschlußreich für Disziplinierungsprozesse. Je nachdem ob es sich um bereits akzeptierte, länger eingeführte Abgaben und Leistungen oder um neue Steuern handelt, kann man von unterschied-

---

[18] Vgl. Busch (1969). Auch ist die intermittierende Adelspräsenz in Versailles nicht nur unter dem Gesichtspunkt einer angeblichen Zivilisierung aufschlußreich, sondern wäre auch auf die Ausstrahlungskraft von Versailles hin zu interpretieren; vgl. zur Ablehnung des Eliasschen Zivilisierungskonzeptes Jeroen Duindam, Myths of Power. Norbert Elias and the Early Modern European Court. Amsterdam 1995, 93f.

[19] Ein "patrizisches" Beispiel wäre die Entstehung des Bildprogramms des Augsburger Goldenen Saals im Rathaus, wo sich die katholische Stadtratsmehrheit im Einvernehmen mit einem Jesuiten als Berater gegen die evangelische Ratsminderheit durchsetzte; gleichzeitig ist das ein Beispiel für Konkurrenzen innerhalb der Elite; vgl. Sergiusz Michalski, Das Ausstattungsprogramm des Augsburger Rathauses. In: Wolfram Baer – Hanno-Walter Kruft – Bernd Roeck (Hrsg.), Elias Holl und das Augsburger Rathaus. Regensburg 1985, 77-90 und Quellenanhang 380-385; als Beispiel aus geistlichen Territorien vgl. Klaus Schwager, Ottobeuren, die Formwerdung einer barocken Klosteranlage im Spannungsfeld von klösterlichem Autarkie-Streben und überregionalem Anspruch. In: Jahrbuch des Vereins für Augsburger Bistumsgeschichte e.V. 11 (1977) 112-122, 120 zumindest mit einigen Hinweisen.

Bekannter sind die Rollen etwa Ludwig XIV. als Bauherrn, dazu zuletzt mit weiterer Literatur Robert W. Berger, A Royal Passion. Louis XIV as Patron of Architecture. Cambridge 1994, bes. 179 ff., oder der Schönborns mit ihren jeweiligen Bauplanannotierungen – sowie deren Umsetzung, vgl. zu den Schönborns Erich Hubala, Die Grafen von Schönborn als Bauherren. In: Die Grafen von Schönborn. Kirchenfürsten, Sammler, Mäzene. Nürnberg 1989, 24-52, 24, 35 und Peter Hirschfeld, Mäzene. Die Rolle des Auftraggebers in der Kunst. München 1968, 189-203, sowie die eigene Beschreibung ihrer Bauwut: *Der teufelsbauwurmb hat mich weith tiefer hineingeführet als ich niehmahlen geglaubt habe*. (Friedrich Karl von Schönborn am 6. März 1715), zit. nach Heinrich Lützeler, Zur Religionssoziologie deutscher Barockarchitektur. In: Archiv für Sozialwissenschaft und Sozialpolitik 66 (1931) 557-584, 567.

lichen indirekten disziplinierenden Wirkungen des Bauvorhabens ausgehen. Als besonders disziplinierend dürfte der Rückgriff auf persönlich zu erbringende Leistungen meist feudalen Ursprungs sein, wenn sie anläßlich des Baus erneut oder verstärkt erhoben werden. Hinsichtlich der positiven Beschäftigungswirkungen von fürstlichen Bauten ist wiederum die produktive Wirkung einer solchen Normsetzung zu beachten, die Handlungsoptionen für Bauhandwerker, Soldaten und andere eröffnen kann.

Bei der Umsetzung der Pläne in Bauten ist die tatsächliche Entstehung sogenannter "modellmäßiger Häuser" ein Indikator für Disziplinierung. Modellmäßige Häuser zeichnen sich durch plangemäße Situation im Stadtraum – also Einhaltung der Grundstücksvorgaben, vorschriftsmäßige, traufen- oder giebelständige Lage zur Straße, zulässige Bauzwecke (keine Bauernhöfe oder gefährlichen Betriebe in der Residenzstadt), vorschriftsmäßige Baukörper (Anzahl von Achsen, Fenstern, Geschossen etc.), vorgeschriebene Materialien, Farben, Dekorationen bzw. Dekorationsverzichte, vorschriftsmäßigen Innenausbau (Dachstühle als Wohnungen für Hofpersonal) und die Einhaltung des Genehmigungsverfahrens aus. Ganz entscheidend ist schließlich die Einhaltung von Bebauungsfristen, an die oft die privilegierte Grundstücksvergabe oder Steuererleichterungen gebunden waren, denn nur so entstand tatsächlich eine Residenzstadt in einem vertretbaren Zeitrahmen. Erfolgreiche Disziplinierung wäre hier die Durchsetzung der Genehmigungsverfahren und modellmäßiger Häuser in einer beabsichtigten Zeitspanne. Gleichzeitig sind disziplinierende Effekte besonders hoch beim Ausschluß bestimmter Bauzwecke, da sie in die Wirtschaftstätigkeit bestimmter Berufsgruppen erheblich eingreifen und diese faktisch aus einer Stadt ausschließen können.

In der Nutzungsphase sind disziplinierende Wirkungen anhand der Praktiken der Bewohner nachvollziehbar. Die neuere Architekturtheorie rückt die soziale Praxis des Raumes und die dabei entstehenden Bedeutungen in den Vordergrund[20]. Raum wird nicht als einmalig gegeben betrachtet, sondern entsteht innerhalb der gebauten Vorgaben durch soziale Praxis jeweils neu. Dabei werden kulturelle Bedeutungen produziert.

Der umgesetzte Stadtplan beinhaltet "Barrieren", wie Festungsanlagen, Stadttore, Gitter vor dem Schloß, die darüber entscheiden, wer in welchen Zonen der Stadt zugelassen war und wer nicht. Ein Beispiel eines durch solche Barrieren geschützten Raumes sind die königlichen Parks, die

[20] Thomas A. Markus, Buildings and Power. Freedom and Control in the Origin of Modern Building Types. London 1993; Augustin Berque, Vivre l'espace au Japon. Paris 1982; vgl. auch Gustave-Nicolas Fischer, La Psychosociologie de l'espace. Paris 1981, und die Textsammlung von Françoise Paul-Levym – Marion Segaud (Hrsg.), L'anthropologie de l'espace. Paris 1983.

übrigens oft mehr Geld kosteten als die Schloßbauten; ein anderes Beispiel sind Festungstore, die die Wege aus der Stadt verlängern konnten[21]. Auch weniger massive Sperr- und Kontrollpunkte verursachen unvermeidliche Richtungsführungen für Alltagswege[22]. So zerstückeln die großen Querachsen zwischen den Vierteln in Versailles die Stadt und zwingen die Bewohner zur Überquerung riesiger, zugiger Prachtalleen, was unpraktisch und von den Nutzern meist unerwünscht ist. Andererseits eröffnen sie Räume für Promenaden und Erholung, die vorrangig der königlichen Repräsentation dienen sollten. Was sich einerseits als Disziplinierungswirkung für den Alltag darstellt, in dem Umwege in Kauf genommen werden mußten, war andererseits für die Erholung der Bewohner eine neue Handlungsoption, die vor der Einrichtung einer Promenade gar nicht bestand. Insofern sind Promenaden ein gutes Beispiel für repressive und produktive Wirkungen einer städtebaulichen Normsetzung.

Die modellmäßigen Häuser der Residenzstadt gestalteten auch das Verhältnis der Bewohner zu sich selbst und zu anderen. So kann die Außenansicht der Bauten wegen ihrer Gleichförmigkeit sehr diszipliniert wirken. Offen ist aber hinsichtlich denkbarer Disziplinierungswirkungen, wie die Nutzer ihre neuen Häuser einschätzten: Nahmen sie sie entsprechend den Vorstellungen der Architekturtheoretiker der Zeit als hell und gut durchlüftet wahr oder entstanden Fremdheitserfahrungen und Unwohlsein?[23] Werden Unterschiede zu früheren Behausungen thematisiert und in welcher Form? Entstehen durch das vorgeschriebene Raumprogramm andere Abgrenzungen von den Mitbewohnern oder gar Privatheit?[24] Werden innerfamiliäre Hierarchien durch die Zugänglichkeit

---

[21] Der Park in Versailles war im Prinzip allgemein zugänglich. Ist das nun vorrangig als Ausdruck absolutistischer Selbstdarstellung mit disziplinierenden Wirkungen zu deuten oder als Chance für die Volksbelustigung oder Disziplinierung? Ist demgegenüber die Wirkung der unzugänglichen Parks in Mannheim durch die Herstellung von sozialer Distanz stärker disziplinierend als die der zugänglichen Parks in Versailles? Und was bedeutete die Öffnung der Parks für "Disziplinierungstendenzen"? Zu diesen Fragen keine Hinweise bei Dieter Hennebo – Alfred Hoffmann, Der architektonische Garten. Hamburg 1965, 131, 160 und Dieter Hennebo, Geschichte des Stadtgrüns 1. Hannover – Berlin 1970, 85 ff.

[22] Vgl. zur Veranschaulichung dieser Überlegung die Pläne zu Mannheim bei Heuken (1968).

[23] Es ist mir keine Studie bekannt, die diese Einstellungen zum eigenen Haus systematisch aufarbeitet. Als Fragestellung taucht es in der Präsentation der Ego-Dokumente allenfalls marginal auf; vgl. Winfried Schulze, Ego-Dokumente. Annäherung an den Menschen in der Geschichte. Berlin 1996, 29.

[24] Empirische Hinweise bei Orest Ranum, Refugien der Intimität. In: Philippe Ariès – Roger Chartier (Hrsg.), Geschichte des privaten Lebens 3, Von der Renaissance zur Aufklärung, Frankfurt/M. 1991, 213-268, bes. 230 ff., 258, sowie Madeline Foisil, Die Sprache der Dokumente und die Wahrnehmung des privaten Lebens. In: ebd. 333-369, bes. 340 zu Wahrnehmungs- und dadurch entstehenden Quellenproblemen.

und Lage bestimmter Räume – etwa eines Raumes für den *pater familias* – unterstrichen oder abgeschwächt?[25] An diesen Fragen zum modellmäßig gebauten Haus zeigt sich eine interessante Schnittstelle zwischen der Durchsetzung der obrigkeitlichen Norm und in Ego-Dokumenten auffindbaren individuellen Erfahrungen, in denen der so disziplinierend wirkende Baukörper produktiv angeeignet wird[26].

Ich unterscheide die Nutzung einer Residenzstadt von der Rezeption. Nutzung bezeichnet die unmittelbaren und reflektierten Erfahrungen der Bewohner mit ihrer Stadt. Demgegenüber bezeichne ich mit Rezeption die Außenwirkung von Schloß und Stadt[27].

Für die Frage nach der Disziplinierung sind zunächst die Rückwirkungen der erfolgreichen oder erfolglosen Realisierung der Residenzstadt auf den Bauherren relevant. An Äußerungen zum Baufortschritt lassen sich relativ leicht die Disziplinierungserfolge aus seiner Sicht rekonstruieren. Ansonsten kann man hier auf das reiche Korpus der Texte über einzelne Bauwerke und ganze Residenzstädte zurückgreifen, die die präskriptiven Aspekte eines Disziplinierungsdiskurses erkennen lassen. Allerdings werden die Disziplinierungswirkungen in diesen Quellen bald so indirekt und räumlich so weitmaschig, daß ich sie hier nicht weiter verfolgen will[28].

Vgl. allgemeiner zur Raumnutzung Norbert Elias' Analyse der aristokratischen Wohnform in: Die Höfische Gesellschaft. Frankfurt/M. 1983, Kap. 4, 68 ff., und methodisch anregend Michel Foucault's Analyse der "Kunst der Verteilungen" von Insassen in Anstalten in: Überwachen und Strafen. Die Geburt des Gefängnisses. Frankfurt/M. 1977, 181 ff. Differenzierte Parameter für die räumliche Darstellung von Macht bietet Markus (1993).

[25] Zum heuristischen Ertrag der Formalisierung solcher Plananalysen vgl. Markus (1993). Zu genderspezifischen Räumen vgl. allgemein Martin Dinges, Gender and Space in Early Modern Europe (erscheint demnächst).

[26] Ein erster Untersuchungsraum könnte die Übergangszone vom Haus auf die Straße sein, wo gewisse Schwellen und Barrieren bestanden. Es wäre deshalb zu untersuchen, ob diese in den Residenzstädten verstärkt oder verringert wurden und damit soziale Distanzierungswirkungen veränderten. Ein Gebäude bietet ja immer Möglichkeiten, Bewohner und Besucher zu kontrollieren. Vgl. zur Konflikthaltigkeit und zur starken Nachbarschaftskontrolle in traditionelleren Wohnformen Martin Dinges, Der Maurermeister und der Finanzrichter. Ehre, Geld und soziale Kontrolle im Paris des 18. Jahrhunderts. Göttingen 1994, 125 ff. und passim sowie allgemeiner Daniel Roche, Le peuple de Paris. Essai sur la culture populaire au XVIIIe siècle. Paris 1981, 102 ff.

[27] Daß und wie mit dem Bild einer Stadt Propaganda gemacht werden kann, zeigt Gerard Labrot, L'image de Rome. Une arme pour la Contre-Reforme. Paris 1987 schon im bezeichnenden Untertitel.

[28] Bei Reiseberichten schreiben bekanntlich die späteren Autoren oft von den älteren ab und bilden damit Topoi, vgl. z. B. Werner Troßbach, Der Schatten der Aufklärung. Bauern, Bürger und Illuminaten in der Grafschaft Wied-Neuwied. Fulda 1991, 13. Trotzdem wäre durch eine serielle Analyse von Reiseberichten ein Weg nachzuvollziehen, wie weit und wie lang die erwünschte Wirkung der Beeindruckung

4. Zum Abschluß ein Fallbeispiel: Residenzstadtbau im geistlichen Territorium

Zur Veranschaulichung des Gesagten möchte ich Ihnen abschließend ein Fallbeispiel vorstellen. Ein bißchen Sozialgeschichte zur Bauumsetzungsphase kann dabei helfen, der Disziplinierung – und ihren Grenzen – auf die Spuren zu kommen. Ich wähle aus methodischen Gründen den Residenzstadtbau im Bistum Speyer, einem nicht gerade großen, außerdem geistlichen Territorium aus, weil an ihm das Aushandeln von Herrschaft und die Grenzen von Disziplinierung sichtbar werden. Diese wären auch anhand größerer Bauprojekte zu untersuchen. Es geht mir jetzt also nur um eine Anregung.

Das Verhältnis zwischen dem Speyrer Bischof Hugo Damian Schönborn (1719 bis 1743) und der Stadt war zerrüttet. Die Bürgerschaft verweigerte nach jahrelangen, teilweise militärischen Auseinandersetzungen mit dem Vorgänger schlicht die Huldigung. Schönborn "glaubte [zwar], es würde derselben [Stadt] zu keinem Schaden reichen, wenn er mit einer Umgebung von etwa 400 Personen und Künstlern aller Art darin wohnen würde."[29] Die Stadt lehnte das Angebot Residenz zu werden aber ab, so daß der Bischof auf der rechten – vor den Franzosen etwas sichereren – Rheinseite bei dem bestehenden Ort Bruchsal eine neue Residenz anlegte.

Trotz der kunsthistorischen Bedeutung des Schlosses, das die alte bischöfliche Wasserburg ersetzte, kann ich aus Platzgründen nur das damit einhergehende Projekt aufgreifen, aus der bestehenden Siedlung eine ansehnliche Residenzstadt zu machen. An ihm zeigen sich gut die Konflikte zwischen "Untertanen" und Fürst. Ich beziehe mich dabei auf die Untersuchungen von U. Hassler.

Der in Rom, Wien, Norddeutschland und den Niederlanden weit herumgekommene Bischof wollte *wie alle Landtsfürsten in ihren Stätten*

---

erreicht wird. Daß auch der mit ostentativem Prunk gezeigte politische Anspruch einer Reichsstadt dem Gesetz des Verfalls durch Zeitablauf unterliegt, zeigen die sich ändernden Wahrnehmungen in Bruno Bushart, Das Augsburger Rathaus als Kunstwerk. In: Baer u.a. (1985) 91-97. Es bleiben allerdings begründete Zweifel, ob ein solcher Ausdruck von – erfolgreicher oder etwa durch den schwedischen König abgelehnter – Beeindruckung noch auf Disziplinierungseffekte verweist.

[29] Franz Xaver Remling, Geschichte der Bischöfe zu Speyer, 2 Bände. Mainz 1853/54, Band 2 (1853/54) 630. Zu den Hintergründen ebd. 597-624 zum Vorgänger Heinrich Hartard von Rollingen und 625-665 zu Hugo Damian Schönborn. Zu den speyrischen Residenzen ist anschaulich Kurt Andermann, Burgen und Residenzen des Hochstifts Speyer im Spiegel der Hausratsverzeichnisse von 1464/65. In: Peter Johanek (Hrsg.), Vorträge und Forschungen zur Residenzenfrage. Sigmaringen 1990, 101-120.

thuen, Model mäßig bawen zu lassen (1723)[30]. Das hieß, daß die Grundrisse bei Neubauten ebenso standardisiert vorgegeben wurden wie die Fassadengestaltung. Die Ansiedlung von Bauern wurde verboten; auf diese Weise wollte er sich die Misthaufen vor den Häusern und die besonders durch Brand gefährdeten Scheunen ersparen. Damit einstöckige Häuser aufgestockt wurden, bot Schönborn für einige Jahre Steuer- und Einquartierungsfreiheit an. Holz wurde als Baumaterial wegen Feuersgefahr und angeblicher Unansehnlichkeit in einer Residenzstadt verboten; Backöfen waren ab 1725 genehmigungspflichtig[31].

Schönborn hatte 1722 kurzerhand ein zentral gelegenes, aus Holz erbautes Haus eines Krämers, der auf der Frankfurter Messe weilte, abgerissen – dann allerdings Entschädigung gezahlt, woran man sieht, wie gefährlich eine Fahrt nach Frankfurt schon damals sein konnte. Später verlegte sich der Landesherr auf vorausschauende Beeinflussung des Baugeschehens. Im Bauordnungsentwurf von 1725 wird ein Amt vorgesehen, bei dem Pläne sämtlicher bestehender Häuser gesammelt werden sollten. Unregelmäßigkeiten sollten abgestellt werden, indem man Geschoßhöhen und Fenstergrößen vorschrieb. Um- und Ausbauten wurden nun meldepflichtig. Zierrat wurde – angeblich aus Kostengründen – verboten. Wir dürfen aber annehmen, daß der Fürst diese Zeichen eines höheren Ranges sich selbst vorbehalten wollte. Statt dessen wurden überall dorische Säulenformen und ein einheitlicher weißer Anstrich vorgeschrieben. Bruchsal sollte also – übrigens nach Mannheimer Beispiel – "ordentlich, sauber und schön gebauet.." und "... zum besten der Nachkommenschaft mit dauerhaften, schönen und nach eines jeden Stande ... bequem eingerichteten Gebäuden versehen werden."[32] Regelmäßigkeit und Einheitlichkeit der Bauten, Erkennbarkeit sozialer Abstufungen schon an der Gebäudefassade, Feuerschutz und die vorherige Genehmigung durch eine Behörde kennzeichnen diese Bauordnung.

Der Herrschaftscharakter der Residenzstadt zeigt sich daran, daß alles nach dem Modell des Fürsten gestaltet werden sollte. Nicht nur die Privatbehausungen der Angehörigen oder Profiteure des Hofes, sondern auch die aller anderen Bewohner sollten sich den Vorgaben fügen. Der umfassende räumliche Umgestaltungswillen eines absolutistischen Regiments wird hier anders als nur auf der grünen Wiese – wie in Versailles (seit 1661), Petersburg (seit 1703) oder Karlsruhe (seit 1715) – durch Eingriff selbst in die bestehenden Bauten sichtbar. Angestrebte

---

[30] Ute Hassler, Die Gesetzgebung Damian Hugo Schönborns für bürgerliche Bauvorhaben. In: Badisches Landesmuseum (Hrsg.), Barock in Baden-Württemberg, 2 Bände, Band 2. Karlsruhe 1981, 170.

[31] Ich stütze mich im folgenden auf Hassler (1981) 167-182.

[32] Zitat nach Hassler (1981) 172.

praktische Fortschritte beim Brandschutz verbanden sich mit der behördlichen Stadtplanung als lokaler bürokratischer Innovation.

Wie reagierten Stände und Untertanen auf diese für sie neuen Herrschaftspraktiken?[33] Für den Schloßbaubetrieb ist bemerkenswert, daß der Bischof wegen der durch den Weinbau günstigen Finanzlage des Territoriums fast ganz ohne Fronfuhren auskam. Damit wurde Konfliktstoff vermieden. Allerdings beschwerte sich das Domkapitel als Landstand in Speyer über zu hohe Bauausgaben. Diese widersprächen der bischöflichen Wahlkapitulation, weil der darin vereinbarte jochweise Wiederaufbau des durch die Franzosen zerstörten Domes verzögert würde. Der Bischof nahm das zur Kenntnis, beachtete es aber nicht weiter[34].

Deshalb können wir uns auf die Konflikte um das Aussehen der Bruchsaler Häuser konzentrieren. Obwohl der Bischof Steuervorteile und teilweise preisgünstiges Baumaterial anbot, ließen sich nur wenige Bürger auf seine Aufstockungswünsche ein. Sie hatten keinen Bedarf für den zusätzlichen Raum. Auch verputzten sie trotz Aufforderung ihre Fassaden nicht in der gewünschten Farbe – das war ihnen genau wie der Einbau einer Brandmauer zu teuer. Es wurde weiter, meist ohne Genehmigung, gebaut. Von den vorgelegten Plänen entsprach in den nächsten Jahrzehnten nur ein einziger der gewünschten Fluchtlinie.

Die Bürger bekamen aber auch den "langen Arm" des Landesherren zu spüren, der sich die Bausachen sogar in das Exil nach Gaibach oder nach Rom nachschicken ließ und persönlich annotierte. So erzwang er die Vorlage eines Planes, nachdem ein Herr Batzenhofer bereits Torbauten

---

[33] Natürlich gab es bereits früher Umgestaltungen von Residenzen, bei denen allerdings die hier interessierenden Bürgerreaktionen bisher nicht erforscht sind. Vgl. etwa zu Wolfenbüttel, Celle und Hannover Busch (1969); zu Weilburg Georg Dehio (Hrsg.), Handbuch der Deutschen Kunstdenkmäler. Hessen. Darmstadt 1975, 834; zum Rheinland Busso von Dollen, Raumplanung für die Erweiterung einer rheinischen Residenzstadt im 18. Jahrhundert und ihre Auswirkungen auf die moderne Stadttopographie. Am Beispiel Koblenz. In: Werner Besch – Klaus Fehn u. a. (Hrsg.), Die Stadt in der europäischen Geschichte. Bonn 1972, 784-805. Zum Vergleich für den früheren Neubau (1653-1658) einer Handwerkervorstadt vgl. Wolfgang Kelsch, Herzog August als Baumeister seiner Residenz. In: Sammler, Fürst, Gelehrter. Herzog August zu Braunschweig und Lüneburg 1579-1666 (Niedersächsische Landesausstellung 1979) Wolfenbüttel 1979, 389-402. Leider sind die Bauakten nicht überliefert, 398; s. a. Bodo-Michael Baumunk – Gerhard Brunn (Hrsg.), Hauptstadt: Residenzen, Metropolen in der deutschen Geschichte. Köln 1989; Helga Raschke, Gotha als Residenzstadt von Sachsen-Gotha-Altenburg und Sachsen-Coburg und Gotha. In: Residenzstädte und ihre Bedeutung im Territorialstaat des 17. und 18. Jahrhunderts. Gotha 1991, 9-26, 21 f. beschreibt anhand der normativen Quellen städtebauliche Veränderungen und anhand der Bauordnung Probleme, ohne auf die dabei entstehenden Konflikte anhand der Akten einzugehen. Widerstände gegen den Schloßbau in Neuwied behandelt Troßbach (1991) 25, 28 ff.

[34] Remling (1853/54) Band 2, 611, 654.

begonnen hatte, und veranlaßte schließlich die Beendigung des zu ostentativen Bauvorhabens. Auch wurde das Gebot, modellmäßig zu bauen, für ein anderes Grundstück durchgesetzt. Ein Wirt hielt bei einem größeren Neubau die Vorgaben ein. Einem Bäcker dauerte das Genehmigungsverfahren für Neubauten aber zu lange, so daß er an anderer Stelle ein altes Haus kaufte. Insgesamt stellte Schönborn selbst 1741 bei einer Art Bilanz fest, daß nur ganz wenige Dächer den Vorgaben entsprächen.

Diese Fälle zeigen zwar gewisse Erfolge der fürstlichen Planungsabsichten und eine leichte Erhöhung des Baustandards. Gleichzeitig wurden aber viele Bauvorhaben behindert, weil den Bürgern das modellmäßige Bauen in der Residenzstadt zu lange dauerte oder zu teuer war. Die absolutistischen Planungsphantasien fanden an diesen ökonomischen und kulturellen Unterschieden ihre Grenzen. Bei den Bürgern war der Zeithorizont für die Dauer eines Bauvorhabens offenbar viel kürzer als bei Schönborn, der sich baulich verewigen wollte[35]. Nach Rückkehr und Besichtigung seiner Stadt notierte der Fürst 1740: *...mithin* [sei] *alles ohnförmlich unrecht und immediat gegen unseren befelch* [gebaut], *ohne zweifel aus gottloser aigennützlicher bosheit, zur schand und spott, auch lächerlicher verachtung der Statt und publici aufgeführet*[36]. Die Stadt sei und bleibe ein "bawrenloch", das die Passanten verlachen würden[37]. Damit hatte der Bischof zumindest "für die Nachwelt" den angeblich bösartigen Bürgern die Schuld für die befürchtete eigene Lächerlichkeit zugeschoben[38].

---

35 Ähnliche Probleme gab es auch in der Residenzstadt Karlsruhe, neben der Kleinkarlsruhe als "wilde" Siedlung für die Unterschichten – mit (unerwünschten Soldaten-)Ehen, Prostitution etc. – bestand; vgl. Olivia Hochstrasser, Unterschichtsfrauen im Karlsruhe des 18. Jahrhunderts. "Liederliche Weibsbilder" zwischen traditioneller Lebenswelt und staatlicher Disziplinierung. In: Susanne Jenisch (Hrsg.), Standpunkte. Ergebnisse und Perspektiven der Frauenforschung in Baden-Württemberg. Stuttgart 1993, 81-89. Vergleicht man diese Darstellung mit Braunfels (1976) 175, wird der heuristische Ertrag sozialhistorischer Zugriffe auf Residenzstädte deutlich.

36 Hassler (1981) 178.

37 In der Nach-Schönbornzeit hielt man im Prinzip zwar an den Bauvorschriften fest, ließ aber etwas flexibler auch einstöckige Häuser und mehr Zierrat zu. Diese Abstriche vom Ausgangsprojekt zeigen Grenzen der Disziplinierung und die oben bereits erwähnte Zweiseitigkeit der Herrschaftsbeziehung.

38 Solche Ängste vor der Autonomie der Rezipienten wollte Ludwig XIV. wohl durch eine Anleitung zur Besichtigung seiner Gärten bekämpfen. Louis XIV, Manière de montrer les jardins de Versailles (hrsg. v. Simone Hoog). Paris 1992. Gleichzeitig ist das Buch ein schönes Dokument für den Versuch einer Disziplinierung des Blicks.

5. Fazit: "Disziplinierung?"

Das kleine Beispiel zeigt: Auch bei Residenzstädten führt ein Verständnis von Herrschaft als sozialer Praxis zu einer differenzierten Einschätzung der Möglichkeiten und Grenzen von Disziplinierung[39]. In jeder betrachteten bzw. zu untersuchenden Phase, also Standortwahl, Planung, Bauumsetzung, Nutzung und Rezeption haben der Herrscher mitsamt seinem "Beamtenstab", die sogenannten Untertanen und die Rezipienten unterschiedliche Interessen und Handlungsoptionen. Diese bringen sie in die "kulturelle" Verhandlung über das, was aus der geplanten Residenzstadt werden soll, ein. Auch wenn sie dabei unterschiedlich mit Macht, Geld und kulturellen Ressourcen ausgestattet sind, so entscheiden sie doch gemeinsam über das Ergebnis. Verläßt man die konzeptionelle Beschränkung auf Fürsten und Architekten sowie eine teleologische Betrachtungsweise, die von einer notwendigen Durchsetzung des "Absolutismus" ausgeht, dann wird die komplexe Entstehungsgeschichte der Residenzstädte wieder besser sichtbar. Dabei darf Disziplinierung jedenfalls nicht nur als repressives, sondern muß auch als produktives Konzept begriffen werden[40].

Durch die Darstellung der vielfältigen Aspekte des Residenzstadtbaus etwas zu verwirren, war durchaus ein Ziel des Aufsatzes, um den ausufernden Disziplinierungsdiskurs auf ein notwendig solides empirisches Fundament zurückzuführen. Dabei sind die methodischen Anregungen seit Max Weber und Gerhard Oestreich – also insbesondere von Michel Foucault und auch von Norbert Elias – aufzu-

---

[39] Ich beziehe mich mit der Formulierung "Herrschaft als soziale Praxis" bewußt auf Alf Lüdtke (Hrsg.), Herrschaft als soziale Praxis. Göttingen 1991; ein empirischer Versuch zu einem anderen Feld von "Disziplinierung" bei Martin Dinges, Aushandeln von Armut in der Frühen Neuzeit: Selbsthilfepotential, Bürgervorstellungen und Verwaltungslogiken. In: Werkstatt Geschichte 10 (1995) 7-15.

[40] Auf diese Weise könnte man einer unfruchtbaren Dichotomie zwischen einer einseitigen Betonung repressiver Aspekte der Norm und der Bindung an ein einziges Herrschaftszentrum im Sinne von Gerd Oestreich einerseits und einer Betonung angeblich seit dem Absolutismus dominanter produktiver Normsetzung und einem polyzentrischen Machtbegriff à la Foucault entgehen. Beide Ansätze enthalten heuristisch wichtige Anregungen, die am Forschungsgegenstand zu überprüfen sind; vgl. zur gegenseitigen Rezeptionsblockade beider Konzepte Martin Dinges, The Reception of Michel Foucault's Ideas on Social Discipline, Mental Asylums, Hospitals and the Medical Profession in German Historiography. In: C. Jones – R. Porter (Hrsg.), Reassessing Foucault: Power, Medicine and the Body. London 1994, 181-212, und zum Kontext ders., Michel Foucault und die Historiker – Ein Gespräch. In: Österreichische Zeitschrift für Geschichtswissenschaften 4 (1993) 620-641; zum Teleologieproblem zuletzt Martin Dinges, "Historische Anthropologie" und "Gesellschaftsgeschichte": Mit dem Lebensstilkonzept zu einer "Alltagskulturgeschichte" der Frühen Neuzeit? In: Zeitschrift für Historische Forschung 24 (1997) 179-214.

greifen. Will man den Zusammenhang von Residenzstadt und Disziplinierung empirisch gehaltvoll rekonstruieren, bleibt für eine Alltagskulturgeschichte viel zu tun.

MONIKA FEHSE

DAS KONZEPT DER DISZIPLINIERUNG IN SPÄTMITTELALTERLICHER STADTCHRONISTIK. ERZÄHLWEISE UND SOZIALE WIRKLICHKEIT

I. Einleitung

Die modernen Theorien der Disziplinierung umfassen verschiedene Erklärungsansätze, die durchgehend die Rolle der spätmittelalterlichen Städte thematisieren, sie aber verschieden einschätzen. Aufwandsgesetzgebung und ganz allgemein Polizeiordnungen sind die Quellen, an denen mindestens festgemacht wird, daß es einen erhöhten Regelungsbedarf gegeben hat[1]. Die Deutungen reichen bis zur Feststellung, daß es sich schon um Sozialdisziplinierung handelte, die angestrebt und durchgesetzt wurde. Sie wird verstanden als Vorgang zur Ausprägung des Leitbildes einer *vita activa* und zugleich als Ergebnis des affektkontrollierten, langsichtig planenden, diszipliniert arbeitenden Individuums in einer hoch arbeits- und funktionsteiligen Gesellschaft[2].

Häufig schwer abzuklären ist der Widerstand gegen die – oft wiederholt erlassenen – Ordnungen. Ebenso verlangen die Fragen eine Annäherung, ob die Aufwandsgesetzgebung eher ein umkämpftes Feld der Proklamierung obrigkeitlicher Ansprüche war oder aber neue Regelungen in bestimmten Lebensbereichen bei Städtern und Städterinnen tatsächlich durchsetzte.

Zwar könnte man mit Norbert Elias betonen, daß Chroniken schon alleine durch ihre Existenz für eine hohe Triebregulierung sprechen[3], inhaltlich stellen sich der Auswertung des Konzepts von Disziplinierung mehr Probleme: Als 'Kontrollquellen' gegenüber Ordnungen und Mandaten sind sie nicht einzusetzen. Sie liefern selber 'nur' eine Darstellung des Lebens in der Stadt, die hier im folgenden als 'Selbstinterpretation' betrachtet werden soll. Gefragt wird danach, welche Rolle für die

[1] Winfried Schulze, Gerhard Oestreichs Begriff "Sozialdisziplinierung in der Frühen Neuzeit". In: Zeitschrift für historische Forschung 14 (1987) 265-302, hier 268.

[2] Werner Buchholz, Anfänge der Sozialdisziplinierung im Mittelalter. Die Reichsstadt Nürnberg als Beispiel. In: Zeitschrift für historische Forschung 18 (1991) 129-147, hier 133.

[3] Norbert Elias, Über den Prozeß der Zivilisation 2. Frankfurt/Main 1976, 376.

Chronisten Disziplinierung und Disziplin in der Darstellung der Stadt spielten, mit welchen Begriffen und in welchen Kontexten innerstädtische Disziplin in der Übersetzung als 'Ordnung' beschrieben wurde, wo Möglichkeiten und Grenzen politischer Mitsprache ausgemacht werden, wie Einflußnahme (von unten) und Kontrolle (von oben) in der chronikalischen Darstellung gegeneinander standen, was über die Bedeutung von Orten und Räumen in der Stadt ausgesagt wird und wie – schließlich – Arbeit und Lebensführung und die sie beeinflussenden Mandate von den Chronisten bewertet wurden.

Die Stadtchronistik des späten Mittelalters ist keine kohärente Textgattung. Weltchronikalische Werke und zeithistorische Notizen ebenso wie stärker autobiographisch akzentuierte Erzählungen werden unter diesem Oberbegriff gehandelt. Nicht aber so sehr im Text der Chroniken und seinem Gegenstand ist das verbindende Merkmal zu sehen, da das Thema durchaus verschieden 'präsentiert' wird. Quellenspezifikum sind vielmehr die Autoren, die Chronisten, mit ihren Absichten zum einen, den Ereignis- und Geschehenszusammenhang darzustellen[4] und zum zweiten als Autor des chronikalischen Werks hervorzutreten[5].

Als Autoren waren die Chronisten Städter. Mit ihren Werken begründeten sie Prestige für den einzelnen und für die Stadt. Eine "erzählende Haltung" teilten alle Stadtchronisten[6], die damit allerdings auch nur "vermeintliche Realität" darstellen[7]. Sie bezogen sich dennoch durchaus auf tatsächliche Ereignisse und setzten sich mit ihnen auseinander.

Ein verschieden großes Publikum wurde von den Chronisten in den Blick genommen: Die weltgeschichtlichen Werke wie das des Jakob Twinger van Königshofen bzw. des Closener aus Straßburg und das des Dietrich Westhoff aus Dortmund sind zur Drucklegung gekommen oder waren dafür zumindest bestimmt[8]. Einem größeren Publikum wollte sich auch der Augsburger Kaufmann Hektor Mülich als Chronist zeigen[9]. Einen

[4] Franz-Josef Schmale, Funktion und Formen mittelalterlicher Geschichtsschreibung. Darmstadt 1985, 111.

[5] Herbert Grundmann, Geschichtsschreibung im Mittelalter. Gattungen – Epochen – Eigenart. Göttingen 1965, 24 f.

[6] Jean-Pierre Bodmer, Chroniken und Chronisten im Spätmittelalter. Bern 1976, 5.

[7] Gerhard Jaritz, Zwischen Augenblick und Ewigkeit. Einführung in die Alltagsgeschichte des Mittelalters. Wien-Köln 1989, 13-26.

[8] Fritsche Closener's Chronik 1362. In: Die Chroniken der deutschen Städte vom 14. bis 16. Jahrhundert 8. Leipzig 1870, 15-151 (i.f. Closener); Chronik des Jacob Twinger van Königshofen 1400 (1415). In: ebd., 213-498; Chronik des Dietrich Westhoff. In: Die Chroniken der deutschen Städte vom 14. bis 16. Jahrhundert. 20. Leipzig 1887, 177-462 (i.f. Westhoff).

[9] Chronik des Hector Mülich 1348-1487. In: Die Chroniken der deutschen Städte vom 14. bis 16. Jahrhundert 23. Leipzig 1892, 1-273 (i.f. Mülich).

mehr privaten Charakter dagegen hatte die Augsburger Chronik Burkard Zinks, und andere, ebenfalls zeitgeschichtliche Werke wie die der Nürnberger Ulman Stromer und Endres Tucher sowie des Dortmunders Johan Kerkhörde sollten sogar nur einem engeren Kreis von Familienmitgliedern und Freunden bekannt werden[10]. Im Fall des Wilhelm Rem war die Veröffentlichung vom Chronisten selbst verboten worden[11].

Die Stadtgeschichte des Augsburger Chronisten Clemens Sender, der wie die Straßburger Chronisten und wahrscheinlich auch der Nürnberger Anonymus im 15. Jahrhundert Geistlicher war, wurde von der Familie Fugger angeregt und einem der Fugger gewidmet[12]. Daß sich die Chronisten nicht nur als Auftraggeber, sondern auch als Publikum an die städtische Oberschicht oder obere Mittelschicht wandten, ergibt sich aus der eigenen sozialen Herkunft bzw. dem Wissen um die Lesefähigkeit dieser Schichten.

Die Interpretation soll aber nicht daran ansetzen, welches Publikum jeweils beeinflußt worden sein könnte oder tatsächlich beeinflußt worden ist. Stattdessen soll textimmanent nach der Darstellung in den Chroniken gefragt werden und somit danach, welche Sicht der Stadt, des Lebens in der Stadt und möglicher Disziplinierungstendenzen die Chronisten vermitteln wollten. Was unter Disziplinierung zu verstehen ist, gilt es daher zunächst zu klären.

II. Der Begriff der Disziplinierung in der wissenschaftlichen Debatte und spätmittelalterlichen Stadtchronistik

Stefan Breuer weist einerseits bei seiner instruktiven Auseinandersetzung mit den verschiedenen Aspekten des Themas 'Sozialdisziplinierung' in den theoretischen Entwürfen Max Webers, Gerhard Oestreichs und Michel Foucaults – am Rande auch Norbert Elias' – zu Recht darauf hin, daß

[10] Chronik des Burkard Zink. In: Die Chroniken der deutschen Städte vom 14. bis 16. Jahrhundert 5. Leipzig 1866, 1-330 (i.f. Zink); Ulman Stromers Püchel von meim geslechet und von abenteur 1349-1407. In: Die Chroniken der deutschen Städte vom 14. bis 16. Jahrhundert 1. Leipzig 1862, 3-106 (i.f. Stromer); Endres Tuchers Memorial, 1421-1440. In: Die Chroniken der deutschen Städte vom 14. bis 16. Jahrhundert 2. Leipzig 1864, 9-29 (i.f. Tucher); Chronik des Johan Kerkhörde. In: Die Chroniken der deutschen Städte vom 14. bis 16. Jahrhundert 20. Leipzig 1887, 25-146 (i.f. Kerkhörde).

[11] Cronica newer geschichten von Wilhelm Rem 1512 – 1527. In: Die Chroniken der deutschen Städte vom 14. bis 16. Jahrhundert 25. Leipzig 1896, 1-265 (i.f. Rem).

[12] Chronik des Clemens Sender von den ältesten Zeiten der Stadt bis zum Jahr 1536. In: Die Chroniken der deutschen Städte vom 14. bis 16. Jahrhundert 23. Leipzig 1894, 1-404 (i.f. Sender); Chronik aus Kaiser Sigmunds Zeit bis 1434, mit Fortsetzung bis 1441. In: Die Chroniken der deutschen Städte 1. Leipzig 1862, 344-414 (i.f. Nürnberger Anonymus).

Sozialdisziplinierung nicht einfach mit sozialer Kontrolle gleichzusetzen ist, mit der eine Gesellschaft Einfluß auf den einzelnen Menschen ausübt, sondern stärker mit der – modernen – Sozialisation des einzelnen Menschen verbunden gedacht werden muß:[13] Sie wirkt in der Erziehung des Einzelnen und zwar bereits auf Einstellungen, Motivation und Verhaltensmuster. Andererseits wird ebenso zu Recht – etwa von Günther Lottes – kritisch gesehen, daß der modern-disziplinierten Gesellschaft eine kaum näher beleuchtete 'traditionale Gesellschaft' gegenübergestellt wird[14]. Ihre Regellosigkeit, größere Zügellosigkeit und mehr direkte, punktuelle Kontrolle mit Gewaltandrohung wird vorausgesetzt, statt zu untersuchen, ob und inwieweit dies tatsächlich zutrifft. Von daher ist es berechtigt, für das späte Mittelalter zunächst grundlegend nach den Regeln des Zusammenlebens und im besonderen der politischen Auseinandersetzung sowie schließlich nach Reglementierung allgemein zu fragen. Ob Regeln mit Hilfe sozialer Kontrolle zur Geltung gebracht oder schon in der Erziehung in den einzelnen Gesellschaftsmitgliedern verankert wurden, ist soweit wie möglich unter den einzelnen Aspekten zu erörtern.

In allen theoretischen Skizzen werden den Städten des späten Mittelalters relativ größere Möglichkeiten der Disziplinierung im Vergleich zur sie umgebenden agrarisch wirtschaftenden und auf 'traditionalen Herrschaftsformen' beruhenden Gesellschaft zugestanden. Bei Max Weber wird die Disziplinierung als Teil des Rationalisierungsprozesses vorgestellt, die die Rücknahme spontanen zugunsten von eingeübtem und auf Befehle sicher abzurufendem Verhaltens des Einzelnen zum Ergebnis hat. Bedingung dafür ist die Versachlichung von Herrschaft, die selbst Recht setzen kann. Es sind die Städte des späten Mittelalters, in denen die Herrschaft bereits auf gesatzten Ordnungen und gewillkürtem Recht beruht[15].

Oestreich prägte den Begriff der Sozialdisziplinierung, indem er diese Überlegung aufgriff. Er sieht den Prozeß ebenfalls in den Städten beginnen, wo er allerdings erst eine Vorform, die "Sozialregulierung", ausmacht. Sozialregulierung antwortet seines Erachtens auf die Notwendigkeit der Verbesserung des räumlich engen Zusammenlebens ebenso wie auf die Änderung der sozialen Rangordnung in der urbanen gegenüber der ländlich-feudalen Umwelt[16]. Das angestrebte Ziel der Sozialregulierung ist

---

[13] Stefan Breuer, Sozialdisziplinierung. Probleme und Problemverlagerungen eines Konzepts bei Max Weber, Gerhard Oestreich und Michel Foucault. In: Soziale Sicherheit und soziale Disziplinierung, hrsg. v. Christoph Sachße und Florian Tennstedt. Frankfurt/Main 1986, 45-69, hier 62.

[14] Günther Lottes, Disziplin und Emanzipation. Das Sozialdisziplinierungskonzept und die Interpretation der frühneuzeitlichen Geschichte. In: Westfälische Forschungen 42 (1992) 63-74, hier 64.

[15] Zusammengefaßt nach Breuer 46 ff.

[16] Schulze 268.

aber noch keine Umgestaltung der Gesellschaft, sondern die "Harmonisierung der bestehenden gesellschaftlichen Verhältnisse".

Auch Foucault setzt in seiner Theorie der Sozialdisziplinierung an der Zerstörung der traditionellen ständischen Gesellschaft im Zusammenhang mit den Veränderungen in der Kapitalakkumulation, den Produktionsverhältnissen und Aneignungsstrukturen an. Daß diese Entwicklung – im okzidentalen Raum, so ist für alle Theorieansätze einzuschränken – zuerst in den Städten griff, kommt bei Foucault deshalb nicht so stark in den Blick, weil er im Gegensatz zu Weber und Oestreich betonen will, daß es kein institutionalisiertes Zentrum für die gesellschaftliche Disziplinierung gibt. Seines Erachtens gründet sie auf Strategien und Mechanismen, die unabhängig voneinander in verschiedenen Institutionen wie Klöstern, Kasernen, Kollegs und Internaten ausgebildet wurden[17]. Macht beruht danach nicht mehr auf der punktuellen Abschreckung, sondern auf kontinuierlicher Reglementierung: Sie schafft im gleichen Maße neue Sicherheit für den Einzelnen, erlaubt eine stärkere Individualisierung wie sie den Einzelnen berechenbarer und effizienter, eben disziplinierter, macht[18].

Norbert Elias untersucht in seiner "Theorie der Zivilisation" genau diesen Übergang vom Fremdzwang in den Selbstzwang, bei dem der Zwang als Selbstkontrolle anerzogen wird[19]. Sein Ausgangspunkt ist, daß die Selbstdisziplinierung (der Ober- und Mittelschichten) zuerst dort entsteht, wo es eine hohe gegenseitige Abhängigkeit, eine hohe Verflechtung gibt, z. B. an den höfischen Herrschaftszentren, aber besonders auch in den Zentren des Fernhandels, die unter dem Schutz eines relativ stabilen Gewaltmonopols stehen[20]. Zunehmende Arbeitsteilung erfordert dann die Selbstdisziplinierung oder Langsicht, d. h. die affektkontrollierte Orientierung des Verhaltens an längerfristigen Planungen und in komplexen Situationen statt einer spontanen und gefühlsbetonten Reaktion verstärkt auch in den Unterschichten[21].

Angesichts dieser Übereinstimmung in der Bewertung der städtischen Entwicklung in der spätmittelalterlichen Zeit mag es zunächst erstaunen, daß der Begriff Disziplin oder Disziplinierung in den Stadtchroniken gar nicht fällt. Auch ein nahe sinnverwandtes Wort wie 'Ordnung' ist kein Schlüsselbegriff in der Stadtchronistik, wie sie aus Augsburg, Dortmund, Straßburg und Nürnberg hier zur Grundlage genommen wird. So fehlt der Begriff "Ordnung" in der Nürnberger Chronistik des 14. und 15. Jahrhunderts gänzlich, wo nur mit unbestimm-

---

17 Zusammengefaßt nach Breuer 56 ff.
18 Ebd.
19 Elias 318 f.
20 Ebd. 339; zu den Städten auch 282 f. und 294.
21 Ebd. 340.

ten Formulierungen – wenn überhaupt – von Ratsverfügungen berichtet wird. Wohl aber sprechen die hier betrachteten Stadtchroniken von Augsburg, Dortmund und Straßburg von "Ordnung". Interessant ist, daß der Begriff hier vor allem im Zusammenhang mit der Aufstellung des städtischen Heerzuges verwandt wird. Dabei geht es – den chronikalischen Formulierungen gemäß – zwar um Gehorsam der mit der Verteidigung beauftragten Bürger und Städter, aber nicht um Abrichtung und militärische Zucht.

Burkard Zink, der seine Chronik in den Jahren 1450/1460 und folgende schrieb, gibt dafür anschauliche Beispiele, da er etwa beim Angriff auf Augsburg durch den Herzog von Bayern diesen in den umliegenden Kleinstädten 1462 gebieten läßt: *so solt iederman in der ordnung sein in maßen, so vorstat*[22]. Als der Markgraf von Brandenburg in Augsburg 1466 um Verstärkung nachsuchte, beschreibt Zink, daß man noch nicht einmal eine Stunde benötigte: *es waren mer dann 2000 wol angelegter gueter gewapneter berait zu ross und auß zu der stat hin dem marggrafen zu hilf und mit gueter ordnung und mit gueten hauptleuten ...*[23]. Zwar benannte Zink als "Ordnung" auch die 'Verordnung', nach der im Notjahr 1445 die Klöster verpflichtet wurden, Fuhrwagen mit Pferden zu stellen[24]. Auch die Preise für Fleisch und Brot wurden zu dieser Zeit *geordnet*, *gemacht* und *gepotten*[25], ebenso wie die Getreidepreise 1462 durch *dise ordnung* vom Rat als verbindlich erklärt wurden[26]. Dennoch fällt der Begriff häufiger in Verbindung mit der Verteidigungs- und Heeresordnung. Bei Niederlagen fehlt diese Ordnung, wie der Augsburger seine Vorlage zum Jahr 1372 erklärend ergänzt, daß 300 Mann zu Fuß von Augsburg aus ausgezogen waren, *auf ir aigen abentür on fürsichtigkait und one ordnung*[27].

Bei dem nur etwas später schreibenden Hektor Mülich, der allerdings als Ratsmitglied für die Kramerzunft und als "Mehrer der Gesellschaft" privilegierter war, hört sich dies ganz ähnlich an: Der Begriff "Ordnung" fällt selten, wenn aber, dann im Zusammenhang mit der städtischen Verteidigung, wo man zum Beispiel 1458 von dem Zeitgenossen erfährt, daß unter alle Stadttore Büchsen und Kugeln gebracht wurden und das Kriegsmaterial hergerichtet, *auch iederman geordnet wo und an welchem end auf die maur zu laufen*[28]. Mülich verwendet den Begriff genauso,

---

[22] Zink 261.
[23] Zink 267.
[24] Zink 180.
[25] Zink 168.
[26] Zink 257.
[27] Zink 6.
[28] Mülich 140 f.

wenn auf diesen Strukturen zur bewaffneten Verteidigung der Stadt weitere Organisation aufgebaut wird:

> *man hett auch geordnet, wann es hie prenne, solt iegclicher zu seinem hauptman und in der ordnung sein; und wann man die sturmglogken leute, so bedeutet sie die feind, so solt iederman auf der maur und im platz sein oder wie er geordnet war*[29].

Auch für den geistlichen Chronisten Clemens Sender aus Augsburg, der in den 20er und 30er Jahren des 16. Jahrhunderts von Geschichte und gegenwärtigen Ereignissen in Augsburg berichtet, gilt: Neben den Verfügungen des Augsburger Rats für Bettel[30] erwähnt er als "Ordnung" die *ordnung mit der wacht*, zu der man kam, als 1492 die Stadt Tag und Nacht bewacht werden mußte, weil der Herzog von München vor Augsburg lag. Beim Dortmunder Chronisten Kerkhörde, der in der ersten Hälfte des 15. Jahrhunderts seine zeitgeschichtliche Chronik verfaßte, erscheint wenigstens nur einmal der Begriff *ordinancie*[31] – und bezeichnenderweise geht es um die Ordnung der Pferdehaltung für die militärische Verteidigung. Demgegenüber sieht der anderthalb Jahrhunderte später schreibende Dortmunder Dietrich Westhoff 'Ordnung' auch im Prozessionszug[32] ebenso wie in den Statuten für die Gilden[33], und er hebt indirekter den Gehorsam gegenüber den *verordneten oversten ader capitein* als einen Grund hervor, warum Dortmund die Große Fehde siegreich bestehen konnte[34]. Kaum unterscheidet sich diese Begriffsverwendung von der etwa 200 Jahre früher vom Geistlichen Fritsche Closener benutzten "Ordnung", der seine Chronik aus verschiedenen Quellen kompilierte, und dabei den Streit mit dem Bischof Walther 1262 schildert:

> *do zwischent hettent die burgere den graben umbevaren und kertent sich mit iren banern gegen den bischof widerumbe und zogetent zu ime so nohe, daz sü uf ein ackerlenge von ime worent. do hieltent sü stille und ordetent und mahtent iren spitz, und sterketent enander und manetent die fusgonden ...*[35].

[29] Mülich 140 f.; wahrscheinlich ebenfalls mit Blick auf die Wehrverfassung schildert Mülich die Einigung nach der politischen Auseinandersetzung um neue Steuererhebungen 1466. Dabei ging es am Ende auch darum, wer an die Tore gehen sollte bei Sturmgeläut und *man macht vil ordnung, der nit vil gehalten sind worden* (Mülich 210).

[30] Sender 164.

[31] Kerkhörde 58.

[32] Westhoff 358.

[33] Westhoff 212 und 322.

[34] Westhoff 277 f.

[35] Closener 82 (in der Zwischenzeit hatten die Bürger den Graben umfahren und kehrten sich mit ihren Bannern gegen den Bischof, zogen so nah an ihn heran, daß sie

Eine der Chroniken, die *cronica newer geschichten* des Wilhelm Rem von Augsburg, entstanden in den 20er Jahren des 16. Jahrhunderts und die Jahre 1512 bis 1527 umfassend, ist aus dem bisher Gesagten auszunehmen: "Ordnung" wird von Rem gerade im Blick auf gesellschaftlich-politische Ordnung verwendet: Die Auseinandersetzung um den Zutritt zur Trinkstube fand um 1516 statt, obwohl die Bürger untereinander laut Rem *ain ordnung gemacht* hatten[36]. Vergleichbar verwendet er den Begriff noch einmal, als es um die "Ordnung" im Rat ging – nach dieser Ordnung sollte auch während einer Seuche ein Drittel der Ratsherren anwesend sein[37]. Ebenso geschah die Neuregelung des Almosenbezugs 1522 mit Hilfe einer "Ordnung"[38]. Er – und allerdings auch der Dortmunder Chronist Kerkhörde und der Augsburger Sender – verwenden den Begriff des "verordnen" auch da, wo der Rat Amtsträger zu gewissen, abgegrenzten Aufgaben bestimmte[39], und Priester "ordiniert" oder "verordnet" wurden[40].

Der Begriff "Ordnung" wird also nicht ausschließlich auf den Bereich der städtischen Verteidigung angewandt, aber doch – insgesamt – häufiger als im Zusammenhang mit anderen Themen. Er beschreibt, wenn man den Formulierungen nachgeht, eine auf Gehorsam beruhende, zeitlich und situativ begrenzt geltende Ordnung für den Verteidigungsfall[41].

---

bis auf eine Ackerlänge von ihm entfernt waren. Dann hielten sie inne, ordneten ihre Schlachtreihen, stärkten einander und ermahnten diejenigen, die zu Fuß gingen).

[36] Rem 57.

[37] Rem 162.

[38] Rem 172 f.

[39] Rem 172 f.: Der Rat verordnet 6 Mann von den Bürgern mit eigenen Knechten, die das städtische Almosen verteilen (1522); Kerkhörde 69 schreibt von sich selber, daß der Rat ihn *ordineerde* den Lohnmeister an der Reinoldi-Kirche zu Hilfe (1444).

[40] Priester waren bei einem Ablaß 1452 zur Beichte ordiniert (Kerkhörde 120). Sender 156: 1524 wurde vom Rat wegen des Widerspruchs der Gemeinde der Prediger 'Doktor Urban Regium' verordnet.

[41] Auch dieser Blick auf die Ordnung der Verteidigung zeigt nur einen Ausschnitt der tatsächlichen städtischen Verteidigung, auf die einige wenige Bemerkungen in der Dortmunder Chronik des Johan Kerkhörde Rückschlüsse zulassen: In Dortmund waren die Frauen für die Hütung des Viehs in der Feldmark zuständig (Kerkhörde 98); die Bewachung wurde aber auch eigens organisiert (ders. 79). Diese Frauen waren die *lantweerhoderschen*, die "Landwehrhüterinnen", die in der Chronik erscheinen, wenn man ihnen eine Gefahr mitteilte (ders. 81); häufiger wurden sie genannt, wenn sie selber Alarm schlugen (ders. 74 und 105). Frauen waren es auch, die nachts die Feldmark bewachten (ders. 98: *Des morgens seggeden de vrouwen, de de lantweer in dem velde beseen hadden, en duchte, dat lude weren bi Ederlos warden*). Daß Frauen eben keine Waffen tragen durften, mochte sie auch in anderen Städten für diese Warn- und Wachaufgaben geradewegs empfohlen haben. Weitere chronikalische Hinweise fehlen aber.

III. Das Begriffsfeld der "Einigkeit"

Die Verteidigungsordnung wirkte auf die innerstädtischen Verhältnisse ein – alleine durch die Kosten, die so verursacht wurden – und die innerstädtischen Verhältnisse, die aber mit anderen Begriffen beschrieben werden, beeinflußten wieder die Außendarstellung. Beides verdeutlicht eine Stelle wiederum aus der Chronik Kerkhördes. 1451 notiert er:

> *Op Crispini et Crispiniani nemen unse viande ute dem Borchholte to Holtekoten over koie; eendels unser lude leipen en na. Do deden wi blasen op dem toerne; her Gotschalk und ik gingen vor de Borchpoerten und wolden dat volk anrichten. Daer quam nie mensche; also uneens waren unse borger tosamen*[42].

Ob er damit tatsächlich geschehene Ereignisse dokumentiert, kann man nicht mehr nachprüfen. Sicher erscheint aber, daß er bei seinen Lesern bzw. Zuhörern ein Verständnis von Verteidigung voraussetzen durfte, wonach die Verteidigung als Ausdruck der Einigkeit innerhalb der Stadt galt.

Die Vokabeln "Eintracht", "Einigkeit" und "Frieden" stehen weit mehr für die innerstädtische und auch politische Ordnung, als der Begriff der 'Ordnung' selbst; die Gefährdung des Gemeinwesens wird in Zwietracht und Uneinigkeit dargestellt[43].

Daß in den Nürnberger Chroniken solche Zusammenhänge nicht nachweisbar sind, ist wohl Ausdruck einer stärker obrigkeitlichen Qualität des Rats, bei dem die aktuelle und historische Erfahrung einer erfolgreichen Verfassungsänderung fehlte.

In den anderen Städten war es gerade die Beteiligung weiterer Kreise über den Stadtadel oder eine kleine Gruppe von führenden Familien hinaus, die eine Berufung auf die Eintracht notwendig machte. Für Dortmund beschreibt Johann Kerkhörde, als er auf die Verfassungsänderung um 1400 zurückgeht: *1400. In der Vasten, do de grote twidracht hadde gewesen to Dorpmunde, do wart ener eendracht overdrogen met ganzen willen und vulbarde des rades van Dorpmunde der erfsaten lude und der 6 gilden und der gemeinen borger van Dorpmunde.*[44] Eintracht und Einigkeit im umfassenden Sinne ließ Zink den Augsburger Bürger-

---

[42] Kerkhörde 119 ("Auf Crispini et Crispiniani nahmen unsere Feinde Kühe aus dem Borchholz bei Holtekoten, zum Teil liefen unsere Leute ihnen nach. Da bliesen wir auf dem Turm [zur Verteidigung]; Herr Gottschalk und ich gingen vor das Borgtor und wollten das Kriegsvolk aufstellen. Da kam aber kein Mensch; derart uneinig waren die Bürger").

[43] Hans-Christoph Rublack, Grundwerte in der Reichsstadt im Spätmittelalter und in der frühen Neutzeit. In: Literatur in der Stadt, hrsg. v. Horst Brunner. Göppingen 1982, 9-36, hier 17 und 24.

[44] Kerkhörde 45.

meister bei den Gegnern der Ungeldsteuer anmahnen. Sie sollten das Ungeld bewilligen, *dar arm und reich bei ainander mügen beleiben in rechter ainigkeit*[45]. Angesichts der Untreuen in der Stadt und unter den Nachbarn im Land ruft Burkard Zink den Augsburgern zu:

> *und sint nit widerwertig und zwitrechtig under ainander und gestand ainander bi in rechter brüederlicher lieb; und wer under euch widerwertig sei und ungehorsam, den stroffent und machent in euch gehorsam, so mügt ir dester baß genesen, gott behüts!*[46]

Für die 'Einigkeit' galt es Unterschiede zu überbrücken, die mit der Formel "arm und reich" auf den Punkt gebracht wurden, aber nicht auf die absoluten sozialen Unterschiede in der Stadtbevölkerung Bezug nahm, sondern "nur" auf die relativen Unterschiede innerhalb der Führungsschichten. In den Kontexten, in denen die Chroniken diese Formel gebrauchen, sind oft nur die politisch Bevorrechteten gemeint: An den Chroniken von Zink und Kerkhörde[47] läßt sich dies zeigen.

Die Begriffe "Einigkeit" und "Eintracht" sind aber nicht auf den in der Forschung so benannten *'Pax et Concordia'*-Gedanken zu beschränken[48]. Die Zwietracht zum Beispiel konnte politische Auseinandersetzungen bezeichnen[49]. Wenn aber Mülich vom Jahr 1466 über die Unruhen zum Ungeld mitteilt, *also ward die gröst zwieträchtigkeit auf viel zunftheusern, das zu vil wäre zu schreiben...* ist damit nicht die Auseinandersetzung innerhalb der Gilden gemeint, sondern der politische Widerspruch gegen den Rat[50]. Ähnliches finden wir auch beim Dortmun-

---

[45] Zink 118.

[46] Zink 289.

[47] Zink 1: 1368 gingen "arm und reich" zusammen auf den Perlach und beschworen, daß es Zünfte geben solle usw., und 6: Als 1374 das Ungeld beschlossen wurde, *kamen arm und reich auf das rathaus und setzten da ungelt*. Beide Male ist nur die zur Mitsprache politisch berechtigte Bürgerschaft gemeint. Der Dortmunder Chronist Kerkhörde stellt die Beeidung der neuen Marktordnung vor, die von den *erfsaten rike und arm* geleistet wurde (Kerkhörde 117), wonach also 'arme Erbgesessene', das waren Ämterhandwerker bzw. Händler, die ihre Zunftzugehörigkeit aufgegeben hatten und die der Chronist so von den patrizischen Erbgesessenen unterscheidet. Ähnlich faßt er die Bürger und die Reichsleute zusammen als *arme* und *rike* (ders. 58).

[48] Sie wurden in gleichem Maße von aufständischen Gruppierungen eingefordert: Reinhard Barth, Argumentation und Selbstverständnis der Bürgeropposition in städtischen Auseinandersetzungen des Spätmittelalters. Köln-Wien 1974, 353 f.

[49] In diesem Sinne meinte sie Kerkhörde zum Jahr 1400 (ders. 45). Auch Mülich verwandte den Begriff 'Zwietracht' zur Kennzeichnung politischer Auseinandersetzungen: Im Jahr 1455 war den Schuhmachern der Rat für fünf Jahre verboten worden, *darumb, das sie als grob parthei under ainander hetten* (ders. 115).

[50] Mülich 208; im gleichen Kontext benutzt auch der Dortmunder Dietrich Westhoff den Begriff, als er auf eine 'Zwietracht' auf der Kermisse 1481 aufmerksam machte: Es ging dabei um eine geänderte Münzordnung, die man aufgrund des politischen Einspruchs, der Zwietracht, wiederum änderte (Westhoff 345).

der Chronisten Dietrich Westhoff, der in der Mitte des 16. Jahrhunderts seine Dortmunder Weltchronik schrieb. Zum Jahr 1481 berichtet er von einer Münzordnung, die man wieder zurücknahm: *daruet umb Sanct Lambert Kermisse mank den burgern groet unwille und twijdracht wort und die stat moste den burgeren dat gelt umbsetten und veranderen*[51]. Auf der gleichen Linie liegt, daß die Eintracht nicht unbedingt den umfassenden Konsens meinte, sondern auch eine durchsetzungsfähige Mehrheit mit ihrem 'Konsens' kennzeichnen konnte: Im Zusammenhang mit der Änderung der Dortmunder Marktordnung von 1451, als man aus Anlaß der Huldigung für den Erzbischof von Köln zusammenkam und dort eine Koalition gebildet werden konnte, schreibt Kerkhörde:

> *da wart en eendracht gevunden, dat de erfsaten und de smede und de drei empte seggeden, se en wolden nicht hulden, id en weer sake, dat afgedaen worden de ses gilden in erer macht...*[52].

Keineswegs führte "Zwietracht" zwingend in die Niederlage, denn mit der Zwietracht zur Münzänderung konnten sich die Bürger laut Westhoff durchsetzen. Vielmehr scheint es um das Gesetz des Handelns zu gehen: Die Zwietracht war der Widerspruch oder Einspruch gegen die Ratspolitik; Zink nennt sie – näher an unserem Sprachgebrauch – *widerpart*[53]. Die "Eintracht" war entweder völlige Übereinstimmung bzw. weitgehender Konsens in der Stadt oder aber eine politische Initiative bzw. Koalition, die erfolgreich war.

Wenn Ausschüsse gebildet wurden, um bestimmte Fragen zu regeln, folgte man in Augsburg und Dortmund nach chronikalischer Darstellung erstaunlicherweise ebenfalls dem Ziel, Handlungsmöglichkeiten der zur Mitsprache berechtigten Gruppen zu begrenzen und eine höhere Kontrolle durch den Rat auszuüben[54]. In Augsburg verweigerten die Weber und die Bäcker um 1466, als sie einen Zunftgenossen in ein Steuer-Gremium entsenden sollten, überhaupt jede Wahl. Sie taten das – so lautet die

---

[51] Westhoff 345.

[52] Kerkhörde 113 f. ("Da wurde eine Eintracht gefunden [d.h. eine Übereinkunft erzielt], so daß die Erbsassen und die Schmiede und die drei Ämter sagten, sie wollten nicht huldigen, es sei denn, daß die Sechsgilden ihrer Macht enthoben würden"). Daß der Chronist hier durch die Begriffswahl das Verhalten möglicherweise als sehr positiv hat darstellen wollen, kann man ausschließen, denn er gehörte zu den Kritikern und Gegnern der Marktänderung. Die Sechsgilden waren in Dortmund die politisch bevorrechteten Handwerker, deren besondere Verkaufsrechte auf den Wochenmärkten angegriffen wurden.

[53] Zink 118.

[54] In die Richtung, daß der Augsburger Rat durch die Einrichtung von Ausschüssen seine politische Basis zu erweitern versuchte, argumentiert Jörg Rogge, Möglichkeiten der politischen Partizipation in Augsburg. In: Stadtregiment und Bürgerfreiheit, hrsg. v. Klaus Schreiner und Ulrich Meier. Göttingen 1994, 244-277, hier 260.

Erzählung –, weil es schon einen Ratsbeschluß zur Abschaffung des ganzen Ungeldes gebe. Aus diesem 'Mißverständnis' war der Streit erwachsen. Danach sicherten die Ratsherren den Handwerkern zu, das Ungeld abzuschaffen, wenn sie nur jemanden in das Gremium entsenden wollten:

> *das die ungelt ab solten sein, nun das sie auch einen walten uber die sachen zu sitzen. des wolten sie nit thun und mit grossem rohen und schreien (...) und wolten kainen wölen in massen als vorgeschriben stet*[55].

Den im Grunde gleichen Sachverhalt überliefert der Dortmunder Kerkhörde im Streit um die Markttage, 1451, als mitten in den Verhandlungen:

> *Voert seggeden Dorstelman, Gert Heiman, Johan Kerkhorde eren deenst op vor der kameren und kaerden sik umme und gengen semptlicken henwech und seggeden mede to, se wolden unbelastet wesen van allen saken. Do sante de raet den dreien mannen vorg. baden in dem Lohuse, 3 raetmanne van vijf gilden wegen, dat se to enne quemen. Des weigerden se und seggeden, se hedden eren deenst opgesacht van heite der vijf gilden, se en heddens nicht to done. Se leiten de 24 oek halen, wat se der konden kriegen; de gengen oek wedder to hues, want se weren afgestalt. (...) Des andren dages leiten baden de raet de dat gilde deint hedden und seggeden, wi hedden unsen deenst opgesacht; of nu de raet begeerde eniges bades, waer se dat dan soken solden. Do bereiden sik de 6 gilden und hetten de drie man vorg. wedder ere stede bestaen*[56].

Dem Ziel, die Initiative zu behalten und den Raum politischer Entscheidungsfindung als exklusiv gegen alle abzugrenzen, die nicht in der engeren Ratsbehörde saßen, diente die Geheimhaltung von Beratungen und die nach außen dargestellte Einhelligkeit und Einstimmigkeit von Beschlüssen. In den Chroniken sind es in aller Regel nicht die Ratsherren, die Beschlüsse fassen, sondern *ain rat* oder allgemein die *ratgeben*. In

---

[55] Mülich 209.

[56] Kerkhörde 115: ("Weiter sagten Dorstelmann, Gert Heimann, Johan Kerkhörde ihren Dienst vor der Ratskammer auf, drehten sich um und gingen alle davon, sagten aber noch dazu, daß sie unbelastet sein wollten von allen diesen Dingen. Da sandte der Rat diesen Dreimann Boten ins Lohaus, die drei Ratsherren von den fünf Gilden sollten zu ihnen kommen. Diese verweigerten das und sagten, sie hätten ihren Dienst auf Geheiß der fünf Gilden aufgegeben und deshalb nichts auf dem Ratshaus zu tun. Sie [i.e. der Rat] ließen von den 24 auch holen, wen sie erreichen konnten; die gingen auch wieder nach Hause, weil sie abgesetzt waren. (...) Am nächsten Tag ließ der Rat diejenigen, die der Gilde gedient hatten, bitten und man sagte ihnen, wir [das sind die Dreimann, von denen einer der Chronist ist] hätten den Dienst aufgesagt, wenn sie nun irgendwelche Botschaften bekommen müßten, wo sie denn dann nachfragen sollten. Da berieten sich die Sechsgilden und setzten die Dreimann wieder ein").

einem auffälligen Gegensatz dazu steht die in mehreren Chroniken sichtbare Tendenz, daß bei den heiklen Ratsbeschlüssen, betreffend die Steuerpolitik oder die Steuern selber, die Beschlüsse mit bestimmten Namen versehen und geradezu identifiziert wurden. Die 'Schuldigen' in Steuersachen wurden benannt, so scheint es, um die Kritik an der Institution, etwa dem Rat, und der städtischen Verfassung abzuschwächen[57].

Vom Nürnberger Anonymus zum Beispiel wird kein Steuerbeschluß überhaupt auch nur dargestellt, wenn man einmal von einem lakonischen Vermerk absieht[58]. Deshalb muß ins Gewicht fallen, wenn zum Jahr 1397 vermerkt wird, daß *der Pewtinger* starb, *der visirer was zu Nuremberg und pracht das ungelt auf*[59]. Ein ähnliches, ausführlicher erzähltes Beispiel bringt die Dortmunder Chronik des Westhoff, nach der von einem Bürger an der Brückstraße berichtet wird, daß er nach seinem Tod als Esel wiederkehrte und die Anwohner dort bedrängte:

> *Umb disse jaren und vur disser tijt in einen haus was einer binnen Dortmunde genant Henrich tom Sunde* [...] *Disse selvige Henrich tom Sunde was der tijt binnen Dortmunde ein verhoert man und vur anderen meer raet und daet gewesen, dat domals die malzise verhoget worden: und als derselbe nu gestorven was und langes darnach heft er sich viel mael als ein esel darselvest uf der Bruggestraten nicht allein sehen laten, sunder ouch bij schonem dage den luden uf den hals gevallen*[60].

Auch Mülich begründet den Beginn des Ungeldes 1398, indem er die Ratsherren namentlich aufführt, die sich in einer Botschaft den finanziellen

[57] Mit Verfassung ist nicht eine geschriebene Stadtverfassung, sondern die Gesamtheit der – zum Teil auch ungeschriebenen – Regeln der politischen Funktionen in der Stadt gemeint.

[58] Nürnberger Anonymus 355: *Item in derselben jarzal zu sant Walpurgen tag da schutt man das losung koren.*

[59] Nürnberger Anonymus 361. Überhaupt kennzeichnet die Nürnberger Stadtchronistik das Schweigen über die Ratsgeschäfte. Bei Ulman Stromer fehlt sogar der Hinweis auf die eigene Zugehörigkeit zum Rat (dazu: Heinrich Schmidt, Die deutschen Städtechroniken als Spiegel bürgerlichen Selbstverständnisses. Göttingen 1958). Diese 'Diskretion' findet sich auch in der weiteren spätmittelalterlichen Überlieferung zu Nürnberg (Valentin Groebner, Ratsinteressen, Familieninteressen. Patrizische Konflikte in Nürnberg um 1500. In: Stadtregiment und Bürgerfreiheit, hrsg. v. Klaus Schreiner und Ulrich Meier. Göttingen 1994, 278-308, hier 287 ff.).

[60] Westhoff 330 ("Um diese Jahre und zuvor war in einem Haus in Dortmund einer genannt Henrich tom Sunde (...). Derselbe Hinrich tom Sunde war zu dieser Zeit in Dortmund ein berüchtigter Mann und hatte mit Rat und Tatkraft mehr als andere unterstützt, daß die Mahlsteuer erhöht wurde; als derselbe verstorben war und lange Zeit danach hat er sich oftmals als Esel auf der Brückstraße nicht nur gezeigt, sondern ist bei hellem Tag den Leuten an den Hals gefallen").

Forderungen des Bischofs unterordneten und deshalb die Einrichtung einer neuen Steuer notwendig machten[61].

Daß die Stadtoberen in Fragen der 'Steuerverantwortlichkeit' möglicherweise Einfluß auf die öffentliche Meinung genommen haben, verweist auf die Funktionsweise und Wege der informellen Kontrolle durch das, was wir heute Öffentlichkeit nennen[62]. Eingehender sind im folgenden das Gerede ebenso wie die Qualität von Öffentlichkeit an bestimmten Orten zu betrachten.

IV. Gerücht und Gerede und die Entwicklung urbaner Öffentlichkeit

Das Gerede wurde *sag*, *gemein sag* genannt oder auch *vaem* – eher 'Gerücht' – oder auch tatsächlich das *red*(*t*) oder *reden*[63]. Eher in den politischen Zusammenhängen wurden die Begriffe *gemurbel* oder *gemurmel* oder *gemurre* angesiedelt. Diese Begriffe erklären sich aber nicht durch das Thema der Politik, sondern dadurch, daß tendenziell so die Meinungsäußerung vor einer Menge und das Reden in einer Menge von Menschen bezeichnet wurde. Ein *gemurmel ward*, es entstand zunächst einmal, ohne daß jemand bestimmter dafür die Verantwortung tragen mußte. Es war allerdings durchaus nicht harmlos, sondern konnte mit handfesten Drohungen verbunden sein. Beim neugläubigen Rem zum Beispiel hören wir zum Jahr 1521, daß die Prediger in der Stadt die Absolution verweigern: *Also ward ain gros gemurmel daraus, die handwerkleut sagten, man solt die pfaffen zu tod schlagen*[64]. Derselbe Chronist erklärt zum Jahr 1519 vom Herzog von Württemberg *und ward ein gemürmel, daß er sich darvon mache* – also ein mit Drohungen verbundenes Gerede[65]. Mit der Empfehlung, es nicht weiter im Gerede zu halten, *man dorft es aber nicht sprechen*, berichtet auch der Nürnberger Anonymus vom Verantwortlichen für eine mißglückte Flucht beim Zug gegen die Hussiten 1427[66].

Gerede wurde durchaus auch als Warnung für den Rat dargestellt, so wie es Zink aus seiner Vorlage zum Jahr 1398 übernahm, als man eine Ungeldsteuer beschloß und *nun ain rat sach und erkannt das groß murmeln und widerpart under dem volck, das was ainem erbern rat laid und erkannten, daß ieder zunftmeister sein zunftleut besenden solt...*[67]. Als 1457 in Dortmund ein "Verräter" hingerichtet wurde, war zuvor Gerede

[61] Mülich 37.

[62] Rüdiger Brandt, Enklaven – Exklaven. Zur literarischen Darstellung von Öffentlichkeit und Nichtöffentlichkeit im Mittelalter. München 1993, 127 f.

[63] Passim.

[64] Rem 144.

[65] Rem 112.

[66] Nürnberger Anonymus 384.

[67] Zink 52.

darüber entstanden, ob dieser vielleicht Ratsfreunde belaste und deshalb eingekerkert bleiben solle – als ein Argument wird dies der Rat dann zumindest gegen den landesherrlichen Beamten einwenden. Dieser sah sich kurz darauf durch den Verräter beschuldigt und warf dem Rat die öffentliche Hinrichtung vor[68].

Zum Risiko wurde das Gerede für diejenigen, die daran beteiligt waren, sobald man das Reden gegen den Rat nachweisen konnte: Wortführer wurden in Dortmund zu Ende des 14. Jahrhunderts hingerichtet bzw. aus der Stadt gewiesen, von denen Westhoff nach einer anderen wohl offiziellen chronikalischen Vorlage zu berichten weiß, es habe sich einer *moetwillich heruet vur den andern her openbar horen laten und unbesunnen gesprachen wedder und tegen den eerbaren raet*, die anderen hatten sich "versprochen"[69]. Genauso findet man bei Mülich, daß dem Bäcker Taglang, obwohl er gar nicht aus der Stadt geflohen war, als sich die Zunftgenossen 1442 auf diese Weise gegen die drakonischen Schneller-Strafen verwahren wollten, vorgeworfen wurde, er *vergieng sich mit worten, dem ward die stat ewigclich verpotten*[70].

Zugleich war es aber nach den Darstellungen Kerkhördes in Dortmund nicht nur der Rat, der den Einfluß des Geredes zu fürchten hatte. Zum Jahr 1431 berichtet er, daß die Sechsgilden ihre Privilegienbriefe durchgesehen hatten, um Bestimmungen über die Schweinemast zu finden, was aber kein positives Ergebnis hatte. Man beschloß daraufhin die Geheimhaltung auch innerhalb der Gilden:

> *Darumme is nutte dat men dat hemelik halde (...) Over dussem beseine mit den dreien man waren van itlicker gilde een man; und it was en leet, dat er so vele wesen hadde und meenden it solde oek slotten bliven ere tijt lebens sc.*[71]

Gerede war als "murmeln" nicht unbedingt öffentlich, konnte aber öffentlich sein: *der sag und murmeln ist also, daß man sagt offenlich und ist auch war, er hab der stat untreulich getan* (...), berichtet Zink vom Zunftmeister Tendrich, der des Diebstahls beschuldigt ist[72]. Häufiger aber stellte sich, was der Sache nach in den Städten durchaus 'Öffentlichkeit' war, im Gegenteil dar: der Heimlichkeit. Der Dortmunder Westhoff benennt ein Gerücht *heimlich vaem* und meint das positiv. Um eine Besteuerung der Geistlichkeit durchzusetzen, die eine allgemeine Forderung in der Stadt war, stellt der Chronist Kerkhörde dar:

> *Und de papen wolden nicht geven der papen zise. Und daer gevunden wert, men solde den papen ere tekene schriven und geven*

---

68 Kerkhörde 135.
69 Westhoff 249 f.
70 Mülich 82.
71 Kerkhörde 39.
72 Zink 274.

> *sunder gelt, des unse borger nicht volgen en wolden (...) Item dat die dreiman hemelicken to dem rade gengen 1,2,3 tiden und wolden, dat die papen worden underwesen, dat se siseden, up dat daer nein unglucke van en queme, dat doch nicht en halp*[73].

Gerede hatte natürlich nicht durchweg eine kritische Funktion. Es war, wie sich in der von Westhoff erzählten Geschichte zeigt, der weitere ganz ähnliche 'Geschichten' von ihm an die Seite zu stellen sind, ein Ventil für die Beurteilung der Stadtoberen. Aus Augsburg erfährt man von Gerede, das Handeln kompensierte: *Es geschahen hie zu Augspurg vil beser red von den handwerckleutten, das die gewaltigen gewar wurden, aber man dorft sich nicht rieren*[74], kommentiert Rem die Unruhen zu Teuerungen 1517.

Wenn sich aber durch das Gerede Widerspruch bis hin zur Gegenmacht gegen den Rat formierte, setzte dieser gemäß den Chroniken nicht nur die Kontrolle dieser Reden dagegen, sondern auch ihre Aufhebung im Ritual. Als Beispiel kann in Dortmund 1444 die Verbündung mit dem Kölner Erzbischof gelten. Von ihr berichtet der Zeitgenosse Kerkhörde, daß viele Leute nicht zustimmen wollten, zuletzt aber meinten, man sollte entsprechende Zusagen einhalten. Bei einem erneuten und größeren Zusammentreffen blieb einer der Gildenvertreter *buten der kameren* stehen und wollte das Bündnis nicht beschwören. Er erhielt darauf den Stadtverweis. Als sein Verhalten aber keine Nachahmer fand, lenkte er ein und beeidete die Verbündung mit dem Kölner Erzbischof gleichfalls[75].

Der Rat war die Instanz, die Versöhnung und Ausgleich herbeiführen konnte. Bei den freien Markttagen waren die Vereinbarungen schließlich schriftlich festgehalten:

> *und de raet vereinigde und versoende alle unse borgere van allen warden, twidrachten sc., de mochten sijn gevallen van allen dussen geschichten*[76].

In Dortmund gelang dem Rat diese Befriedung aber nur mangelhaft: Die Verweigerung der städtischen Verteidigung, von der eingangs im Zusammenhang mit der innerstädtischen Einigkeit schon die Rede war,

---

[73] Kerkhörde 42 ("Und die Pfarrer wollten nicht die Pfarrersteuer geben. Und als man übereinkam, man sollte den Pfarrern ihre Nachweise schreiben und ohne Bezahlung übergeben, wollten die Bürger das nicht tolerieren (...) Dann gingen die Dreimann ein, zwei, drei Mal heimlich zum Rat und wollten, daß die Pfarrer angewiesen würden, daß sie Steuern zu zahlen hätten, damit kein Unglück daraus erwächst, was doch zu nichts führte").

[74] Rem 78.

[75] Kerkhörde 68 f.

[76] Kerkhörde 116 f. ("Und eine jegliche Gilde und alle Bürger folgten dem Urteilsspruch des Rats und der Rat vereinigte und versöhnte alle Bürger von allen Anklagen, Zwietrachten, die geschehen waren von diesen ganzen Geschichten").

findet unmittelbar danach statt und gilt dem Chronisten als Zeichen, *dat de raed den gilden ere vriheit genommen*[77]. Von anderen Instanzen der Konfliktregelung schrieben die Chronisten kaum: Zünfte oder Gilden waren in den Städten tatsächlich eigene Institutionen, von deren inneren Angelegenheiten die Chroniken kaum berichteten. Konflikte werden allenfalls erwähnt, wenn die Zünfte darin als solche selber eine Rolle spielen – aber ganz selten, wenn sie Konflikte unter den Mitgliedern schlichteten. Ihnen gegenüber war der Rat *overste richter*, wie das Kerkhörde nennt.

Wenn man nach den Orten von Öffentlichkeit sucht, fallen die Häuser als nicht-öffentliche Räume auf. Der Augsburger Chronist Clemens Sender berichtet von der Verhängung eines lebenslangen Hausarrestes gegen einen Färber, bei dem die Türschwelle die nicht zu übertretende Grenze war[78]. Der Chronist Kerkhörde nimmt die geringere Öffentlichkeit des Hauses für sich selber entschuldigend in Anspruch: Er habe zwar mit dem patrizischen Ratskollegen um die Steuer gestritten, dies aber *uppe dem huse* getan – eine Anzeige vor dem Rat brachte ihm dies dennoch ein. Eine höhere Öffentlichkeit besaßen die Straßen, auf denen 1531 in Augsburg die Beherbung von Wiedertäufern *in allen gassen* durch den Stadtvogt untersagt wurde[79]. Wenn Zink von der Suche nach dem flüchtigen Zunftmeister Tendrich schreibt, *man fragt haimlich na im, man kund in nit finden,* hat man sich wohl vorzustellen, daß direkt in den Häusern nachgefragt und nicht auf der Straße gerufen wurde[80].

Die höchste Öffentlichkeit gab es auf dem Markt, dem *platz* oder Perlach in Augsburg, wo der Pranger stand, von wo aus Anklagen zu den Hinrichtungen verlesen wurden, wo man am St. Gallen-Tag die Leute verrief, die die Stadt zu verlassen hatten, wovon Clemens Sender berichtet, als der Rat diese *alte(r) gewonhait* abschaffte und zwar *van eeren wegen*. So ist auch diese Öffentlichkeit in Augsburg angesprochen worden, um säumige Steuerzahler zum Begleichen der Schuld aufzufordern[81]. Auch Hinrichtungen selber fanden hier auf dem Markt statt: So wurde in Dortmund darin eine spiegelnde Strafe für den Verrat der Stadt gesehen, von der Westhoff schreibt – allerdings in bezug auf Hinrichtungen in Neuss –Verräter seien auf dem Markt hingerichtet worden, hätten *also ire rechte verredersloen overkomen*[82]. Im 14. und 15. Jahrhundert hatte man auch auf dem Dortmunder Markt diejenigen gerichtet, die die Stadt "von innen" verraten hatten und die ihre Strafe jetzt "inmitten" der Stadt zu

[77] Kerkhörde 117 und 119.
[78] Sender 339.
[79] Sender 330.
[80] Zink 275.
[81] Sender 72.
[82] Westhoff 338.

erleiden hatten. Während der Augsburger Rem für eine Markthinrichtung in Ulm über eine ähnliche Konstellation berichtet, wo man Angriffe gegen den Rat und Gemeinnutz der Stadt so geahndet hatte, trifft diese Erklärung auf die Hinrichtungen in Augsburg auf dem Perlach nicht zu – im Gegenteil. Zwei Enthauptungen nahm man 1524 nach den Berichten Rems und Senders auf dem Markt vor. Nach dem Weggang des Predigers Schilling hatte der Rat zunächst der Gemeinde nachgegeben, dann aber doch die 'Anführer', zwei Weber, hier hinrichten lassen. Obwohl der Ort der Hinrichtung am Perlach eine hohe Öffentlichkeit versprach, erwähnen beide Chronisten die Heimlichkeit im Vorgehen des Rats. Vor der Hinrichtung war die Sturmglocke nicht geläutet worden, um nicht zu sehr Aufmerksamkeit zu erregen. Genau das hatte der Dortmunder Rat 1457 verfolgt, als er einen Mann dort hinrichtete, "auf dem Markt (...) damit jeder mit ihm sprechen konnte, denn es lief das Gerücht um, der Rat wollte den Mann da sitzen und im Stock sterben lassen" – mit dieser Vermutung war der Verdacht der Beteiligung eigener Ratsherren an dem Vergehen verbunden gewesen[83].
Der Augsburger Rat ließ offenbar im frühen 16. Jahrhundert die rituellen Aspekte bei der konkreten Durchsetzung der Ratsherrschaft zurücktreten: Rem schildert auch noch, daß ein Mandat zum Verbot lutherischer Druckschriften zwar angeschlagen wurde, aber *da gieng man haimlich mit umb*[84], indem nämlich nicht drei Mal aufgeblasen wurde, wie das nicht nur im 15. Jahrhundert an vielen Stellen der Bestätigung und Befestigung entsprechender Erlasse diente[85], sondern auch vom Chronisten Rem als *sittlich und gewonlich* dargestellt wurde. Schon zu 1499 hatte Sender davon berichtet, daß der Rat die Stadtverweise nicht mehr öffentlich auf dem Markt verlesen wollte: Die nach dem Termin der Ausrufung so benannten 'St.-Gallen-Leute' sollten den Stadtverweis zukünftig "in der Stille" bekommen[86].

V. Disziplinierung im Alltags- und Arbeitsleben

Von Arbeit ist in den Chroniken generell die Rede, wenn Handwerke neue Verkaufsberechtigungen erhielten oder ihnen alte Rechte abgesprochen wurden. Der Begriff 'Arbeit' ist häufiger und bei manchem Chronisten ausschließlich da zu finden, wo er 'Anstrengung' oder 'Bemühen' besonders im politischen Bereich beschreibt. Auf die – produktive – Arbeit des einzelnen Städters oder der Städterin blicken die Chronisten nicht,

---

[83] Kerkhörde 135.
[84] Rem 212.
[85] Zink und Mülich, passim.
[86] Sender 72.

allenfalls ganze Zünfte werden mit ihrem Verhalten gegenüber anderen Handwerkern oder den Stadtbewohnern insgesamt beurteilt.

Der Dortmunder Chronist Westhoff stellt deutlich höhere Erwartungen an die Gleichmäßigkeit der Arbeitsmöglichkeiten: Er notiert nämlich zuweilen die Behinderungen der Arbeit durch die Witterung[87]. Das Wetter wurde von allen Chronisten ansonsten anschaulich gemacht, indem man beschrieb, welche Ernteschäden und Versorgungsengpässe es gab[88]. Für die Arbeitserziehung weitaus interessanter erscheint der Zusammenhang von Armut und Arbeit, wie Burkard Zink ihn zum Jahr 1445 herstellt: Die Stadt lag tief verschneit und es mangelte an der Möglichkeit, Getreide zu mahlen. Deshalb wurde ein Weg bis Bobingen freigeschaufelt: *Arm leut* wurden mit Schaufeln *bestellt*, den Weg zu machen, schreibt Zink, *mit großer müh und arbait* ("mit großer Mühe und Anstrengung"). Daß Zink die Armut dieser Arbeiter betont, läßt unwillkürlich an die sehr moderne Formel "Arbeit statt Almosen" denken. Dieser Zusammenhang von Armut und Arbeit bei Zink ist ein Schritt zu auf die 'Arbeit als sittliche Verbesserung', für deren allgemeine Akzeptanz es aber noch einige Zeit dauern sollte.

Die neu erlassene Almosenordnung des Augsburger Rats, nach der die Armen nicht mehr vor Kirchen und entlang der Straßen sitzen sollten, sondern gemäß ihrem Bedarf ein wöchentliches Almosen durch Ratsverordnete zugewiesen bekamen, wie von den Zeitgenossen Sender und Rem aus dem Jahr 1522 vermeldet und näher erläutert wird[89], bereitete diese Haltung zur Arbeit allenfalls vor: Der Chronist Rem berichtet, daß einigen Armen der Anspruch auf Almosen verweigert wurde, andere selbst Abstand nahmen[90], so daß auch ihre Arbeitsfähigkeit beurteilt worden ist.

---

87 1532 kommentiert er einen Kälteeinbruch damit, daß niemand in der Stadt imstande war, ohne Heizmöglichkeit zu arbeiten: *dat sich neimand es weer dan waterleige arbeit er dede, aen vuer ader stuven wes handeln ader arbeiten mogen,* und schreibt zum Schluß: *wir hebbens selver ervaren* (Westhoff 428). Große Hitze im Jahr 1538 illustriert er damit, daß man den Flachs nicht wie üblich "dicken" konnte, d. h. durch Wasserbad vom Kleber befreien, stattdessen wurde er in einer Buttertonne gewaschen (ders. 434).

88 Allenfalls zwischen 'Versorgungs-' und 'Arbeitsproblemen' liegen die Vermerke des Fritsche Closener zum Jahr 1258, daß man die Trauben nur mit Schuhen keltern konnte – wegen des Frosts (Closener 133 f.). Burkard Zink vermerkt ähnlich, daß man bei einem Kälteeinbruch 1445 Waren nicht handeln konnte, da sie nicht zu transportieren waren (Zink 179). Zwar liest man beim Augsburger Rem auch noch davon, daß die Bäcker mit 'mehr Fleiß' buken, nachdem zwei städtische Backöfen eingerichtet worden waren. Aber das meinte lediglich, daß der Widerstand gegen die verordneten Preise gebrochen wurde (Rem 132).

89 Rem 172 f.; Sender 164.

90 Rem 172: *also funden sie vil leut, die vor das alenmusen hetten eingenomen, den verpotten sie das allenmusen, etlich die stunden selb darvon.*

Aber es ist in der chronikalischen Darstellung noch nicht das Konzept einer 'Erziehung zur Arbeit' zu erkennen.

VI. Reichtum, Lebensführung und Aufwandsgesetzgebung

Reichtum und Macht werden von den Chronisten positiv miteinander verknüpft[91]. Umgekehrt schließen einander Armut und politische Berechtigung für den Chronisten Mülich sogar erklärtermaßen aus[92]. Reichtum wird erst dann zweifelhaft, wenn er sich mit eigennützigem Verhalten verbindet, bei dem ein Vorteil gegenüber der städtischen Gemeinschaft gesucht wird[93], dessen Gegenstück das Handeln "im gemeinen Besten" ist, wie es nach dem Bericht Westhoffs dem Dortmunder Bürger Herman Huek vom alten Bürgermeister lobend nachgesagt wurde[94]. Ein so gut beleumundetes Wirken setzte ein rundherum gesellschaftlich anerkanntes Leben voraus, wie es zunächst jedenfalls der Augsburger Peter von Argun führte, von dem Zink schreibt, *da lept er* [im Ehestand] *gar gezogenlich und beschaidenlich mit gueter ordnung, daß er iederman in der stat wol geviel*, so daß hier die "Ordnung" tatsächlich als individuelle Eigenschaft aufgeführt wird und durchaus mit einer 'disziplinierten Lebensweise' übersetzt werden kann[95].

Reichtum wird auch dann verurteilt, wenn er sich in 'Hoffart' und 'bösen Sitten' zeigt[96]; lediglich bei Rem, der die größte Reserviertheit gegenüber Reichtum erkennen läßt, stehen Reiche auch noch im Verdacht, zu den "geschickten Reichen" zu zählen, die ihr Geld angehäuft haben, weil sie andere Kaufleute übervorteilten[97]. Reichtum wird gar nicht mit der

---

[91] Lorenz Egen, den Vater des Peter von Argun, nennt Zink mit positiver Konnotation einen *reicher gewaltig man hie in der Stat* (196); den besagten Peter von Argun beschreibt er ebenfalls als "reich und gewaltig" (197 f.), was man mit ähnlichen Worten beim Chronisten Westhoff wiederfindet, der ebenfalls in positiver Absicht Johan Murman den Alten als einen *weldich rijk wantsnider und koepman* benennt (Westhoff 248).

[92] Er sieht ein Beispiel in den Ungeldunruhen 1466 (Mülich 209).

[93] So wirft es Mülich Peter Egen bzw. Peter von Argun vor (Mülich 88), was Zink über den Bürgermeister Ulrich Arzt ebenfalls urteilt, der das Recht der Aufsagung der Bürgerschaft aus *aigennutz* lockerte (Zink 72 ff.).

[94] Westhoff 400 f.

[95] Zink 197.

[96] Zink übernimmt dies zum Jahr 1379 im ersten Buch aus seiner Vorlage (Zink 24); zweimal wird die Hoffart von Rem angeprangert: Er sieht sie erstens auf der Hochzeit des Antonius Fugger (Rem 66) und zum zweiten in der Hoffart, die um 1519 eine schlechte Ratsherrschaft begleiten: Sie manifestiert sich nach Rems Meinung in Karten- und Würfelspiel, in kostspieligen Gelagen, in wertvoller Kleidung und Schmuck, auch bei den Handwerkern (Rem 115 f.).

[97] Rem 115.

Aufwandsgesetzgebung und entsprechenden Verordnungen in einen Zusammenhang gebracht.

Generell werden Mandate zur Aufwandsbeschränkung selten erwähnt: Bei Endres Tucher findet man zwei Vermerke, die wohl beide zum Begängnis gehörten, was wahrscheinlich in Verbindung mit der Bestattung des Vaters des Chronisten stand[98], und zu unterscheiden sind von der Erklärung des Straßburgers Closener, daß sich infolge der Pest die Gewohnheiten für ein Begängnis änderten, was wieder zurückgenommen wurde[99]. Vielleicht ebenfalls auf einen Festzusammenhang bezieht sich die Aufzählung von zwei Ratsverordnungen durch den Nürnberger zu 1428, wonach keine *mederen manteln* von den jungen Männern getragen werden sollten und zu einer Gastung nicht mehr als zweierlei Braten gegeben werden durften[100].

Aussagen über die tatsächliche Anwendung der Aufwandsgesetze finden sich in den Chroniken nur ausnahmsweise. Rem etwa prangerte die Politik des Augsburger Rats als doppelbödig an: Er kritisierte, daß 1523 die Hochzeit eines Pfarrers selber nicht als rechtmäßig anerkannt wurde, aber trotzdem die Hochzeitsordnung zur Anwendung gebracht wurde[101]. Ein Vermerk des Augsburgers Sender bezieht sich auf eine zurückliegende Hochzeitsordnung des Jahres 1469, bei der ohne näheren Kommentar mitgeteilt wird, daß der Rat die *grose hochzeit* verbot[102], was weder zur Erwähnung der groß gefeierten Fugger-Hochzeit 1527 noch zu der einen späteren Verordnung über zu ladende Hochzeitsgäste 1532 vom Chronisten in Bezug gesetzt wird[103]. Vom Dortmunder Chronisten Westhoff erfährt man zwar ausführlich davon, daß gefütterte farbige Mäntel, mit denen die Töchter ausstaffiert wurden, um 1512/1514 aus der Mode kamen, indem einer der Bürger, Herman Huek, seine Tochter mit einer schwarzen *velen* zur Kirche schickte, was dann allgemein Nachahmung fand. Gerade weil der Bürgermeister als Leumund dieses Bürgers vorgeführt wird, mag man zwar einen Zusammenhang mit einer Aufwandsgesetzgebung vermuten, aber dies wird nicht thematisiert[104].

---

[98] Tucher 14. Tucher zitiert die nicht mehr erlaubten Stoffe beim Leichentuch und erwähnt ein weiteres Gebot, wonach offene Mäntel, (eventuell) mit Pelz(verbrämung) nicht mehr getragen werden sollten, was sich auf die Bekleidung der Trauergemeinde beziehen kann.

[99] Closener 121.

[100] Tucher 18.

[101] 1523 wurden diejenigen, die Gäste gewesen waren, vom Rat mit Strafgeldern belegt. Ungeladene Gäste mußten nach der Teilnahme an einer Hochzeit eine solche Strafgebühr zahlen (Rem 202).

[102] Sender 39.

[103] Sender 184 und 337.

[104] Westhoff 400.

Insgesamt wurden viel eher die gesellschaftlichen Moden reflektiert. Sie wurden zwar manchmal mit dem Ratsregiment in einen Zusammenhang gebracht[105], aber die Chronisten beobachteten dabei eher von welchen Führungsschichten und -personen die Entwicklung getragen wurde, ohne dies mit den entsprechenden Statuten zu konfrontieren. Dies gilt für Spiel- und Trinkverbote ebenso wie für Hochzeitsordnungen und Kleideraufwand[106].

VII. Resümee

Aus den letzten Beobachtungen zu Reichtum, Lebensführung und Aufwandsgesetzgebung läßt sich der sichere Schluß ziehen, daß Wandel und Moden in der Sicht der Chronisten gesellschaftlichen Veränderungen unterlagen und nicht (gleich) stark durch Verordnungen und Gesetze beeinflußt wurden. Über die Reichweite der Aufwandsgesetzgebung ist nur ausnahmsweise eine Aussage zu treffen, was aber noch nicht bedeuten muß, daß sie nicht angewandt wurde. Ihre Anwendung kann auch der besonderen Aufmerksamkeit entzogen gewesen sein, weil es sich um 'kleinere Delikte' oder geringfügige Abweichungen handeln konnte, wenn eine Ordnung übertreten wurde. Ebenso ist zu berücksichtigen, daß man die Aufwandsgesetzgebung als Norm den Realitäten anpaßte, und modische Veränderungen erst im Nachhinhein dort ihren Niederschlag gefunden haben.

Eine wichtige Rolle spielt Disziplin und Disziplinierung in den hier betrachteten Chroniken für die städtische Verteidigung und die Außendarstellung der Stadt. In die situativ geltende 'Ordnung' mußten sich die Bürger einordnen, was im städtischen Leben die Geltung und Einhaltung von Grundwerten voraussetzte. Daß 'gute Ordnung' auch als Eigenschaft eines einzelnen angesehen werden konnte und dabei sittliche Lebensführung meinte, lesen wir – wenn auch nur ein Mal – bei Burkard Zink[107].

Für die Regeln des politischen Zusammenlebens kann man resümierend feststellen, daß die Konzepte der Eintracht innerhalb der Stadt, des öffentlichen Strafvollzugs und der vorsichtigen Einflußnahme auf *gemurre* und Gerede durch die Stadtoberen zusammengehörten und einander ergänzten. Das Gerede hatte Erziehungsfunktion, indem es Regeln des täglichen Umgangs vermittelte und Maßstäbe für gesellschaftliche Beurteilung lieferte. Die Führungsschichten reagierten

---

[105] Z. B. von Rem 115 f.

[106] Für das Jahr 1529 erwähnt Sender noch ein Ratsgebot, wonach Spielen, Kartenspielen und Zutrinken verboten und für das Weintrinken so etwas wie eine 'Sperrstunde' eingerichtet wurde (Sender 249).

[107] Siehe oben im Text Anm. 95.

mit Kontrolle auf Gerede, aber auch mit Ritualen, durch die Einigkeit demonstriert und wieder hergestellt wurde. Sie bedienten sich des Geredes wohl selber, wenn Steuerverantwortliche mit Namen benannt wurden, um die Kritik von den Institutionen weg- und auf Personen abzuschieben. Die detailbezogene Auswertung von Chroniken lehrt, daß Rituale nicht erstarrte politische Handlungen waren, für die man sie halten könnte: Auch bei Beeidungen, die von größeren Gruppen der Bürgerschaft geleistet werden sollten, brachen Widerspruch und Konflikte auf. Über sie wurde entweder neu verhandelt, oder 'Abweichler' wurden sofort ausgegrenzt und/oder wieder integriert[108]. Hinrichtungsrituale hatten ihren Ort statt an den normalen Richtstätten – vor den Toren – manchmal auch innerhalb der Stadt. Die gesellschaftlich anerkannten Grundwerte der Eintracht, Einigkeit und des Friedens, die man im Sinne Oestreichs als Beleg für das Ziel der Reglementierung in Richtung auf 'Harmonisierung' sehen könnte, tauchen in den Chroniken auch in Kontexten auf, die politischen Widerspruch und das Aushandeln neuer Regelungen umfassen. Sie ließen sich also so weit interpretieren, daß partizipatorische und emanzipatorische Tendenzen mit den Grundwerten nicht in Widerstreit gerieten[109].

Die 'heimliche Strafverfolgung' und der Rückzug des Rats aus der Öffentlichkeit (z. B. in der Abschaffung des St.-Gallen-Rufens) dagegen korrelieren zur Benutzung des Begriffs "Ordnung" durch den Chronisten für die inneren städtischen Verhältnisse im Werk des neugläubigen Rem. Dies mag durch seine religiöse Position unterstützt worden sein. Es bezog sich aber durchaus auch auf ein tatsächlich verändertes Vorgehen des Rats, von dem nicht alleine Rem berichtet. Jede Ordnung zur Aufwandsbegrenzung, Kleiderordnung oder ähnliches mußte im Kontext eines veränderten politischen Konzepts von Partizipation auch eine andere Wirkung haben. Ob sich in der Haltung Rems grundsätzlich eine Sicht der Neugläubigen zeigt, müßte weiter untersucht werden. Es weist vor allem

[108] Für beide Fälle sind Dortmunder Beispiele aus der Chronik des Zeitgenossen Kerkhörde anzuführen: Im Jahr 1450 wurde die Forderung zur Änderung der Verkaufsberechtigung der Gilden auf den Wochenmärkten bei der Huldigung für den König laut, zu der sich alle zur Mitsprache berechtigten Bürger auf dem Rathaus versammelt hatten, und die zuvor von einigen Ratsherren stellvertretend vor dem Kölner Erzbischof geleistet worden war (ebd. 113). Im ersten Fall ging es um die Beeidung des Bündnisses mit dem Kölner Erzbischof 1444, zu der der Rat, wie der Chronist einzeln aufführt, den alten – derzeit nicht amtierenden – Rat, die Erbsassen sowie die Handwerkerorganisationen, nämlich Gilden und Ämter, zusammengerufen hatte *und meer lude* (und weitere Leute). Hier scherte Hans van Lennepe aus und wollte das Bündnis als Einziger nicht beschwören, so daß er den Stadtverweis erhielt, der aber wieder zurückgenommen wurde, als er den Eid schließlich doch leistete (Kerkhörde 68 f.).

[109] Siehe auch Ulrich Meier – Klaus Schreiner, Regimen civitatis. Zum Spannungsverhältnis von Freiheit und Ordnung in alteuropäischen Stadtgesellschaften. In: Stadtregiment und Bürgerfreiheit, hrsg. v. dens. Göttingen 1994, 11-34, bes. 15 ff.

darauf hin, daß Unterschiede zwischen den spätmittelalterlichen Städten und den frühneuzeitlichen Kleinstaaten schon deshalb nicht ganz eingeebnet werden sollten, um solche konzeptuellen Veränderungen nicht unter groben Pinselstrichen großer Erklärungen zu verdecken.

GABRIELA SIGNORI

ABSOLON UND DIE ANDEREN ...
EIN BEITRAG ZUM ERZIEHERISCHEN GEHALT LETZTWILLIGER VERFÜGUNGEN

Nun sichst das ich erwachsen bin, schmettert Absolon trotzig seinem Vater Tobias entgegen, *Haltest mich wie ein Cartüser inn / Domit kum ich der welt zů gespőt*[1]. Ohne Umschweife kommt er zur Sache: Tobias solle ihm vorzeitig seinen Erbteil ausbezahlen, *domit ich sůchen wolt mein glick / Ann andren orthen wo sich schickt /Dan ich hab weder rast noch růw / So tag so nacht so morgens frů / Ich hab dan zvor verkert mein stand*[2]. Tobias ist wie vor den Kopf gestoßen. Vergeblich versucht er seinen Sohn umzustimmen. Schroff entgegnet ihm dieser: *Vater du bedőrff nitz halben gschwatz*[3]. Nun ist Mutter Sarah an der Reihe: Er sei doch immer ihr liebstes Kind gewesen. In „mütterlicher Manier" erinnert sie ihn an all die „Arbeit", die sie in seiner Kindheit mit ihm hatte, und mahnte eindringlich: *Du weist dich lernt gőtlich gebot / Daßt vatter und můtter eren sot*[4]. Frech kontert der Jüngling: *Mutter wo mit gost du doch umb / Wilt predigen so stand uff ein kantzlen*. Sein Entschluß, von zu Hause wegzuziehen, stehe fest – auch ohne Geld. Nach längeren Unterredungen mit seinen eilends herbei gerufenen Freunden fällt Tobias einen Entschluß, von dem ihm diese inständig abgeraten haben. Er gibt nach und bezahlt seinem Sohn vorzeitig seinen Erbteil aus, stattliche dreitausend Kronen. Tobias hält es für seine Vaterpflicht, seinem eigensinnigen Sohn zumindest noch einige christliche Ratschläge mit auf Reisen zu geben, stößt aber wiederum auf taube Ohren.

---

1 Georg Wickram, Der verlorene Sohn. In: Sämtliche Werke 11, hrsg. von Hans-Gert Roloff. Berlin-New York 1971, Vers 549 ff., 25; vgl. dazu Dieter Kartschoke, Jörg Wickrams Dialog vom ungeratenen Sohn. In: Daphnis 7/2 (1978) 377-401; Hugo Holstein, Das Drama vom verlorenen Sohn. Ein Beitrag zur Geschichte des Dramas. Halle/S. 1880, 25-29; Adolf Schweckendiek, Bühnengeschichte des verlorenen Sohnes in Deutschland (Theatergeschichtliche Forschungen 40), Teil 1: 1527-1627. Leipzig 1930, 78-96; Franz Spengler, Der verlorene Sohn im Drama des XVI. Jahrhunderts. Innsbruck 1888, 68-75.

2 Wickram, Der verlorene Sohn, Vers 561-565, 25.

3 Ebd., Vers 594, 26.

4 Ebd., Vers 823 f., 35.

Absolon setzt der Diskussion ein abruptes Ende: *Ich hett der predig lang genůg ghan*[5].

Weit tragen ihn seine neu gewachsenen Flügel allerdings nicht. Seine Kumpane locken ihn ins nächste Wirtshaus und nehmen ihn nach allen Regeln der „Kunst“ beim Kartenspiel aus – Wein hilft kräftig mit. Die heiß begehrte Unabhängigkeit währt gerade mal eine, wenngleich lange Nacht. Bis aufs Hemd verliert er alles; es bleibt nicht einmal mehr das nötige „Kleingeld“, die Zeche zu begleichen. Die Fortsetzung der Geschichte ist bekannt. Von Reue zerknirscht, kehrt Absolon – nicht als Herr, wie er es geträumt hat, sondern als Schweineknecht – ins Elternhaus zurück. Vater Tobias verzeiht ihm großherzig und nimmt ihn wieder bei sich auf.

Die Parabel vom ‘verlorenen Sohn’ (Lukas 15:11-32) bot über die Jahrhunderte hindurch eine passende Gelegenheit, die vermeintliche Lasterhaftigkeit junger Männer plastisch in Szene zu setzen. Das biblische „Prassen“ empfanden die Moralisten stets als zu farblos: Je nach Zeitgeschmack füllten sie es – bald einzeln, bald wirkungsmächtiger im Paket – mit Putzsucht, Musik, Tanz, Alkohol, Spiel, Hurerei und ähnlichem mehr. Georg Wickram – seinem 1540 in Kolmar aufgeführten Spiel entstammen die obigen Zitate – konzentriert seinen Blick ganz auf jenes verteufelte Kartenspiel, dessen Ausgang dem Zuschauer im Vorfeld schon klar war[6]. Grell beleuchtet er die beiden schrägen Gesellen ‘Grunio Ruffion’ und ‘Carion Ruffion’ – die *bősi gselschaft*, vor der Tobias seinen Sohn kurz vor der Abreise vergeblich gewarnt hat. Für Wickram steht die Schuldfrage fest: Die wahren Bösewichte sind die anderen, Absolon ist nur das einfältige Opfer. Das erleichtert dann auch, ihm später großmütig zu verzeihen[7]. Auch in der etwas älteren Spielvariante aus Riga (1527) beherrschen die *spitzbouen* die Laster-Szene. Burkhard Waldis hebt aber wieder ganz auf das traditionelle Motiv der „Hurerei“ ab, wie ehedem Rudolfs von Ems ‘Barlaam und Josophat’[8] oder der genauso weitverbreitete ‘Spiegel menschlichen Heils’[9]. Der „Sündenfall“ spielt im Frauenhaus. Im

[5] Ebd., Vers 1073, 43.

[6] Vgl. Gerd Schwerhoff, Der blasphemische Spieler – zur Deutung eines Verhaltenstypus im späten Mittelalter und in der frühen Neuzeit. In: Ludica 1 (1995) 98-113; ders., Falsches Spiel. Zur kriminalhistorischen Auswertung der spätmittelalterlichen Nürnberger Achtbücher. In: Mitteilungen des Vereins für Geschichte der Stadt Nürnberg 82 (1995) 23-35.

[7] Wickram, Der verlorene Sohn, Vers 1031, 42.

[8] Rudolfs von Ems, Barlaam und Josophat, hrsg. von Franz Pfeiffer (Dichtungen des deutschen Mittelalters 3) Leipzig 1843 [Neudruck Berlin 1965] 107 f., Vers 4238 f.: *gên wîben üppeclîche / kêrte er alsô gar den muot*, vgl. Charlotte Naegler, Studien zu ‘Barlaam und Josaphat’ von Rudolf von Ems, Diss. Karlsruhe 1972, 111 f.

[9] Manuela Niesner, Das ‘Speculum humanae salvationis’ der Stiftsbibliothek Kremsmünster. Edition der mittelhochdeutschen Versübersetzung und Studien zum Verhältnis von Bild und Text (Pictura et poesis 8) Köln 1995, 67 f., Speculum humanae salvationis. Kritische Ausgabe übersetzt von Jean Mielot (1448). Die Quellen des Speculums und seine Bedeutung in der Ikonographie besonders in der elsässischen

Rampenlicht stehen die Dirnen, ihre verführerischen Worte und ihre verfänglichen Gesten[10].

Junge Rebellen?

André Gides 'Le retour de l'enfant prodigue' (1907) vor Augen scheint das Gleichnis vom 'verlorenen Sohn' bis in die Neuzeit wenig an Aktualität verloren zu haben. Nur, die damit verbundenen erzieherischen Ansprüche und Werte haben sich im Verlauf der Jahrhunderte grundlegend gewandelt. Über Dank und Undank oder die mosaische Gehorsamspflicht zu referieren entspricht nicht mehr dem Zeitgeist, auch Wickrams Untertitel *allen jungen gesellen / darzů vatter vnd můter zu einer Warnung* verheißt seit Rousseaus 'Émile' (1762 erschienen) keinen Bestseller mehr. Doch das säkulare Weiterleben des Stoffes ist für unsere Belange nebensächlich.[11] Seinen rezeptionsgeschichtlichen Höhepunkt erlebte das biblische Gleichnis aus theologischen Gründen – die Frage, ob Gnade oder Buße am Werk sei – ohnehin erst im Zeitalter der Reformation[12]. Den moralischen Ingredienzen der Laster-Szene aber hatten weder Reformation noch Gegenreformation wesentlich Neues beizufügen.

Kunst des 15. Jahrhunderts 1, hrsg. von J. Lutz und P. Perdrizet. Leipzig 1907, 31 und 205 f. (Kap. XIV), vgl. auch Adrian und Joyce Lancester Wilson, A Medieval Mirror. Speculum humanae salvationis, 1324-1500. Berkeley-Los Angeles-London 1984, 168 f. – Zur zeitgenössischen Ikonographie vgl. unter anderem die Bildteppiche von Marburg (1400) und Nürnberg (um 1470): Betty Kurth, Die deutschen Bildteppiche des Mittelalters 1. Wien 1926, 269 f., und Bd. 3, Abb. 223 und 295 f., und dazu Willibald Witwitzky, Das Gleichnis vom verlorenen Sohn in der bildenden Kunst bis Rembrandt, Diss. Heidelberg 1930, 14-17, sowie Philippe Verdier, The Tapestry of the Prodigal Son. In: The Journal of the Walters Gallery 18 (1955) 9-58.

[10] *Grethe hure* etwa lädt den *vorlorn ßun* ein: *Wolde gy yw by my slapen leggenn / An mynen witten blancken arm, / Myn beddeken dat ys weck vnd warm? Dar hebben gy all ywes herten lust.* Bukard Waldis, Der verlorene Sohn, ein Fastnachtspiel, Halle/S. 1881, Vers 672-675, 27, vgl. Hugo Holstein, Das Drama vom verlorenen Sohn. Ein Beitrag zur Geschichte des Dramas. Halle/S. 1880, 10-25; Franz Spengler, Der verlorene Sohn im Drama des XVI. Jahrhunderts. Innsbruck 1888, 4-9; Adolf Schweckendiek, Bühnengeschichte des verlorenen Sohnes in Deutschland 1: 1527-1627 (Theatergeschichtliche Forschungen 40) Leipzig 1930, 39-46; Kurt Michel, Das Wesen des Reformationsdramas, entwickelt am Stoff des verlorenen Sohnes, Diss. Gießen 1934; John Lancester Riordan, The Status of the Burkard Waldis Studies. In: Modern Language Quarterly 2 (1941) 279-292; Th. C. van Stockum, Das Jedermann-Motiv und das Motiv des verlorenen Sohnes im niederländischen und im niederdeutschen Drama (Mededelingen der Koninklijke Nederlandse Akademie van Wetenschappen. Letterkunde. NR 21/7) 1958, 16-22.

[11] Vgl. dazu Werner Bretschneider, Die Parabel vom verlorenen Sohn. Das biblische Gleichnis in der Entwicklung der europäischen Literatur. Berlin 1978, 42-47.

[12] Barbara Haeger, The Prodigal Son in Sixteenth and Seventeenth-Century Netherlandish Art: Depictions of the Parable and the Evolution of Catholic Image. In: Simiolus 16 (1986), 128-138.

Ob diese spätmittelalterliche „Jungmännerwelt" wirklich so zügellos war, wie uns zeitlos anmutende Moralisten nahezulegen trachten, bleibe vorerst einmal dahin gestellt. Ob imaginiert oder real, Väter wie Stadtväter waren sich einig, daß es diese Zügellosigkeit einzuschränken, zu disziplinieren galt, aber behutsam, denn man war ja selbst einmal jung gewesen. Das rechte Maß zu finden, fiel nicht immer leicht. Warf Joseph, einer von Tobias' Freunden – um ein letztes Mal auf Wickrams Drama zurückzukommen – diesem nicht vor: *Wie wol im eben recht beschicht / Die weil er ihn hat also zogen / So bald er aus dem nest was gflogen / Můßt er zerschnitten hosen tragen / ein hemet mit eim guldin kragen / Ein tågen hing im bis auf derden / Das macht das solch gůt sünli werden*[13].

Erstaunlich einfallsreich gab man sich bei der Auswahl der Mittel: Der Erlaß von Sittenmandaten etwa mit dem Vermerk „schamper cleider", „schamlose Kleider"[14] war nur eine Spielart unter vielen anderen. Kompetitive Leibesübungen bei „Gesellenstechen", Prozessionen und „Jungmännerstuben" wie die Gesellschaft zum Laderan erfüllten den nostalgischen Erinnerungen des Frankfurter Patriziers Bernhard Rohrbach (†1482) nach zu urteilen durchaus denselben erzieherischen Zweck[15]. Doch über die variable Altersstruktur dieser „Einrichtungen" hat sich die Mediävistik, zumal die

---

[13] Wickram, Der verlorene Sohn, Vers 698-704, 30. – Zu Hose und Degen vgl. Heide Wunder, Wie wird man ein Mann? Befunde am Beginn der Neuzeit (15.-17. Jahrhundert). In: Was sind Frauen? Was sind Männer? Geschlechterkonstruktionen im historischen Wandel, hrsg. von Christiane Eifert u.a. Frankfurt/Main 1996, 122-155.

[14] Stadtarchiv Straßburg, Mandate und Ordnungen Bd. 2, f. 128r (vgl. J. Brucker, Straßburger Zunft- und Polizei-Verordnungen des 14. und 15. Jahrhunderts. Aus den Originalen des Stadtarchivs. Straßburg 1889, 293): *Als sich yetz begit, das ettlich mannes personen, die gots vorcht nit habent, vnerbere, schampere cleyder tragent, die oben tieff vßgeschnytten sient biß vff die schulteren oder vnden so kurtz, das sie jme vornan vnd hinden sin schame nit bedecken moͤgent mit anderer schentlicher vngestalt, das doch jn erberer personen ougen lesterlich zuͤ <hören> /sehen/ vnd nit zuͤ liden ist, darumb so habent vnser herren meister und rät vnd die xxj erkant, das menglich sollicher cleyder jn diser stat nit me tragen sol vnd das ein jeglicher sol sin cleydunge, es sy rock oder mantel zuͤ rihten zuͤ machen, das die zum mynesten ein halb vierteil ganze fur sin schame vnd oben vff ouch bedecke noch zymlicher gebuͤre, vnd wer hie wider tete, den wil man darumb stroffen ye noch gestalt der sachen vnd sollichs nyemans ubersehen noch faren lossen. Actum feria sexta Vdalrici anno etc. xciij*^{c}*. Proclamatum eodem die vff der Pfalzen.*

[15] Bernhard Rorbach's Liber gestorum. In: Frankfurter Chroniken und annalistische Aufzeichnungen des Mittelalters, bearbeitet von R. Froning (Quellen zur Frankfurter Geschichte 1) Frankfurt 1884, 181-223; vgl. Richard C. Trexler, Ritual in Florence: Adolescence and Salvation in the Renaissance. In: The Pursuit of Holiness in Late Medieval and Renaissance Religion. Papers from the University of Michigan Conference, hrsg. von Charles Trinkaus und Heiko A. Oberman (Studies in Medieval and Reformation Thought 10) Leiden 1974, 200-270, sowie Walter Schaufelberg, Der Wettkampf in der alten Eidgenossenschaft. Zur Kulturgeschichte des Sportes vom 13. bis ins 18. Jahrhundert, Bd. 1. Bern 1972, und H. G. Wackernagel, Kriegsbräuche in der mittelalterlichen Eidgenossenschaft. Basel 1934.

deutsche, bislang wenig Gedanken gemacht. Die „Generationenfrage“ steht bei ihr generell etwas im Abseits, klammern wir die volkskundlich inspirierten Arbeiten über die „Rügebräuche“ einmal aus[16]. Zu einer der wenigen Ausnahmen zählen August Nitschkes 'Junge Rebellen'. Im kämpferischen Geist der 68-Jahre beschwört Nitschke einen Generationenkonflikt, der über die Jahrhunderte hinweg, vom frühen Mittelalter bis in die Gegenwart, ungebrochen weiterwirkt[17]. Mit seiner „wilden“ Lektüre hagiographischer Konversionen steht der Autor auch nicht allein da[18]. Scharf kritisiert James A. Schultz, in hagiographischen Zeugnissen Spuren eines Generationenkonfliktes oder einer jugendlichen „Identitätsfindung“ zu suchen, sei anachronistisch, sie handelten von nichts anderem als von einer „irreconcilable tension between conflicting cultural ideal“[19]. Genauso skeptisch beäugt Ilana Krausman Ben-Amos die in (und durch) volkskundliche Arbeiten verbreitete These, es habe eine vormoderne Jugendkultur gegeben mit eigenen Werten, eigenem Kodex und eigenen Bräuchen[20]. Weder Fastnacht noch Charivari seien für und von

---

[16] Vgl. allgemein Barbara A. Hanawalt, Historical Descriptions and Prescriptions for Adolescence. In: Journal of Family History 17 (1992) 341-351; Michael Mitterauer, Sozialgeschichte der Jugend. Frankfurt/Main 1986; John R. Gillis, Geschichte der Jugend. Tradition und Wandel im Verhältnis der Altersgruppen und Generationen in Europa von der zweiten Hälfte des 18. Jahrhunderts bis zur Gegenwart. Weinheim u. a. 1980 [engl. 1974].

[17] August Nitschke, Junge Rebellen. Mittelalter, Neuzeit, Gegenwart: Kinder verändern die Welt. München 1985; vgl. auch Heinrich Feilzer, Jugend in der mittelalterlichen Ständegesellschaft. Ein Beitrag zum Problem der Generationen (Wiener Beiträge zur Theologie 36) Wien 1971, und Nicholas Orme, From Childhood to Chivalry: The Education of the English Kings and Aristocracy, 1066-1530. London 1984.

[18] Donald Weinstein und Rudolph M. Bell, Saints and Society: The Two Worlds of Western Christendom, 1000-1700. Chicago 1982, 58 f.; Michael Goodich, „Vita Perfecta“: The Ideal of Sainthood in the Thirteenth Century (Monographien zur Geschichte des Mittelalters 25) Stuttgart 1982, 100 und 208; ders., From Birth to Old Age. The Human Life Cycle in Medieval Thought, 1250-1350. New York 1989, 143-146.

[19] James A. Schultz, Medieval Adolescence: The Claims of History and the Silence of German Narrative. In: Speculum 66 (1991) 519-539, ähnlich skeptisch war im übrigen schon Kurt K. T. Wais, Das Vater-Sohn Motiv in der Dichtung bis 1880 (Stoff- und Motivgeschichte der deutschen Literatur 10) Leipzig 1931, 1-7.

[20] Robert Muchembled, La violence au village. Sociabilité et comportement populaires en Artois du XVe au XVIIe siècle. Turnhout 1989, 221-247; ders., Die Jugend und die Volkskultur im 15. Jahrhundert. In: Volkskultur des europäischen Spätmittelalters, hrsg. von Peter Dinzelbacher und Hans-Dieter Mück. Stuttgart 1987, 35-58; ders., Les jeunes, les jeux et la violence en Artois au XVIe siècle. In: Les jeux à la Renaissance. Actes du XXIIIe colloque international d'études humanistes. Tours – juillet 1980. Études réunies par Philippe Ariès et Jean-Claude Margolin. Paris 1982, 563-579; Jacques Rossiaud, Prostitution, sexualité, société dans les villes françaises du XVe siècle. In: Sexualités occidentales, hrsg. von Philippe Ariès und André Béjin (Communications 35) Paris 1982, 97-119. – Etwas vorsichtiger wertet Nathalie Zemon Davies, The Reasons of Misrule: Youth Groups and Charivaris in Sixteenth-Century France. In: Past and Present 50 (1971) 41-75.

Jugendlichen erschaffene „Institutionen" gewesen[21]. Daß junge Männer darin dennoch eine unübersehbare Rolle spielten, hinge – das Argument scheint plausibel – mit dem demographischen Übergewicht dieser Altersgruppe zusammen.

Hier kann es also nicht darum gehen, die Thesen eines überzeitlichen Generationenkonflikts oder einer spezifischen Jugend- bzw. Jungmännerkultur frisch aufzuwärmen. Gleichwohl läßt sich nicht übersehen, daß die jugendliche Männerwelt des späten Mittelalters eine ausgesprochen unruhige und zum Teil auch unverhohlen aggressive Bevölkerungsgruppe darstellt. Im Gegensatz noch zu Muchembled wägt die jüngere Devianzforschung vorsichtig ab[22]; von den aktenkundigen „Rändern" einer Gesellschaft läßt sich ohnehin nicht vorbehaltlos auf ihr „Zentrum" schließen. Zudem erteilen die eher spröden Bestandsaufnahmen der Gerichtsbücher normalerweise gerade keine Auskunft über die gesellschaftlichen Kernprobleme, die dem abweichenden Verhalten zugrunde liegen. Untersuchungen zur Altersstruktur bestimmter Konfliktsituationen – exemplarisch in Bernard Guenées Studie über die Fraktionen am Hof Karls VI. verwirklicht – sind leider noch zu selten[23].

Das Neben- und Miteinander der Generationen ist in den wenigsten Kulturen frei von Konflikten (Konflikt und Generationenkonflikt sind zwei unterschiedliche Sachverhalte). Schon Gottfried von Straßburg vertritt die Ansicht, *daz alter unde jugent / selten gehellent einer tugent*[24]. Nur die entsprechenden Reibungsfelder unterscheiden sich je nach Gesellschaft. Aus der Fülle möglicher Konfliktkonstellationen möchte ich im Folgenden nur einen, auf den ersten Blick vielleicht nebensächlichen Aspekt herausgreifen, nämlich die mit der Parabel vom verlorenen Sohn angesprochene Erbschaftsfrage, in der – wie im Rahmen dieses Tagungsbandes zu erwarten ist – materielle Kultur und Disziplinierung – zusammenfließen.

---

[21] Ilana Krausman Ben-Amos, Adolescence and Youth in Early Modern England. New Haven-London 1994, 182-207.

[22] U.a. Nicole Gonthier, Délinquance, justice et société dans le Lyonnais médiéval de la fin du XIIIe au début du XVIe siècle. Paris 1993, 136-146; dies., Cris de Haine et rites d'unité. La violence dans les villes, XIIIe-XVIe siècle. Turnhout 1992, 46-54; Claude Gauvard, „De grace especial". Crime, État et société en France à la fin du moyen âge 1. Paris 1991, 347-382; Gerd Schwerhoff, Köln im Kreuzverhör. Kriminalität, Herrschaft und Gesellschaft in einer frühneuzeitlichen Stadt. Bonn-Berlin 1991, 301-312; Katharina Simon-Muscheid, Gewalt und Ehre im spätmittelalterlichen Handwerk am Beispiel Basels. In: Zeitschrift für historische Forschung 18 (1991) 1-13; Susanna Burghartz, Leib, Ehre und Gut. Delinquenz in Zürich Ende des 14. Jahrhunderts. Zürich 1990, 97-100.

[23] Bernard Guenée, L'âge des personnes authentiques; ceux qui comptent dans la société médiévale sont-ils jeunes ou vieux? In: Prosopographie et genèse de l'État moderne. Actes de la table ronde organisée par le Centre National de la Recherche scientifique et l'École Normale Supérieure de jeunes filles. Paris, 22-23 octobre 1984, hrsg. von François Autrand. Paris 1986, 249-279.

[24] Gottfried von Straßburg, Tristan. Text und kritischer Apparat, hrsg. von Karl Marold. Berlin 1912 [überarbeitete Neuauflage Berlin 1969] 68, Vers 4507 f.

Erben und Enterben

Erbschaftsfragen waren längere Zeit ein beliebtes Spielfeld der Rechtsgeschichte[25]. Bald „kultur“-, bald „alltagsgeschichtliche“ Interessenschwerpunkte ließ die Geschichtsforschung aber früh (schon im letzten Jahrhundert) andere Wege einschlagen. Doch so richtig gelingen wollte ihr das Vorhaben bislang nie, Rechtsnormen und soziale Praktiken zu verbinden. Allzu häufig verliert sich die Testamentsforschung im Auszählen bestimmter Items (besonders beliebt sind die *ad pias causas*-Legate)[26]. Gerne vermeidet sie es auch, die zugegeben etwas störende Frage nach dem gesellschaftlichen Aussagegehalt ihrer Quellen zu stellen. Wer genau hinterläßt eigentlich ein Testament? Welche Rolle spielt das Moment Kinderlosigkeit (etwa auf das darin skizzierte Familienverständnis)? Läßt sich mit Testamenten wirklich „Frömmigkeitsgeschichte“ schreiben? Wo genau beginnt der vermeintlich freie „letzte Willen“ und wo setzen die „Pressionen“ des Stadtrechts ein? Daß man beim Auszählen gleichsam die erzieherischen, disziplinierenden Untertöne der Testamente überhört, ist nur eine logische Folge der gewählten Datenstruktur.

Die Familie Amerbach: Teil 1

Beginnen aber möchte ich nicht mit Nachlässen, sondern mit mütterlichen Mahnworten, die jedem geschichtlichen Wandel zu trotzen scheinen. In ihren

[25] Ohne jeden Anspruch auf Vollständigkeit vgl. etwa Henning Piper, Testament und Vergabung von Todes wegen im braunschweigischen Stadtrecht des 13. bis 17. Jahrhunderts (Braunschweiger Werkstücke 24) Braunschweig 1960; Günter Aders, Das Testamentsrecht der Stadt Köln im Mittelalter (Veröffentlichungen des Kölnischen Geschichtsvereins 8) Köln 1932; Roger Aubenas, Le testament en Provence dans l'ancient droit, Diss. Aix-en-Provence 1927; Otto Loening, Das Testament im Gebiet des Magdeburger Stadtrechts (Untersuchungen zur deutschen Staats- und Rechtsgeschichte 82) Breslau 1906; Max Gmür, Die Entwicklung der letztwilligen Verfügungen nach den Rechtsquellen des Kantons St. Gallen. Herisau 1894; Friedrich von Wyss, Die letztwilligen Verfügungen nach den schweizerischen Rechten der früheren Zeit. In: Zeitschrift für schweizerisches Recht 19 (1876) 68-160.

[26] Auf die moralischen Untertöne spielen knapp etwa an: Brigitte Klosterberg, Zur Ehre Gottes und zum Wohl der Familie – Kölner Testamente von Laien und Klerikern im Spätmittelalter (Kölner Schriften zur Geschichte und Kultur 22) Köln 1995, 221 f.; Johannes Schildhauer, Hansestädtischer Alltag. Untersuchungen auf der Grundlage der Stralsunder Bürgertestamente vom Anfang des 14. bis zum Ausgang des 16. Jahrhunderts (Abhandlungen zur Handels- und Sozialgeschichte 28) Weimar 1992, 109; ders., Zur Lebensweise und Kultur der hansestädtischen Bevölkerung auf der Grundlage der Stralsunder Bürgertestamente (Anfang 14. bis Ende 16. Jahrhundert). In: Wissenschaftliche Zeitschrift der Ernst-Moritz-Arndt-Universität Greifswald 30 (1981) 3-9; Paul Baur, Testament und Bürgerschaft: Alltagsleben und Sachkultur im spätmittelalterlichen Konstanz (Konstanzer Geschichts- und Rechtsquellen 31) Konstanz 1989, 214 f.; Thomas Weibel, Erbrecht und Familie. Fortbildung und Aufzeichnung des Erbrechts in der Stadt Zürich – vom Richtbrief zum Stadterbrecht von 1716. Zürich 1988, 104 ff.

zahlreichen Briefen an ihre fern von Basel weilenden Söhne Bruno, Basilius und den Nachzügler Bonifatius forderte Barbara Ortemberg (†1513), die Frau des berühmten Basler Buchdruckers Johann Amerbach (†1514), diese stets fürsorglich und inständig auf, sich nach „dem Willen ihres Vaters zu halten“, gehorsam, *fromklich vnd erlich* sowie – man bemerke – auch sparsam zu sein, fleißig zu studieren und schlechte Gesellschaft zu meiden! Niemand solle über ihre Söhne sagen können, es seien *boͦss bouben*[27]. Auch um das korrekte Äußere zeigte sich die Mutter besorgt: Sie sollten sich regelmäßig *hoͦupteren* und *hemderen weschen vnd súferen* lassen und wenn nötig auch neue Hemden kaufen[28]. Als sie 1505 von einem Bekannten, der unlängst in Paris gewesen war, vernehmen mußte, Basilius und sein Patrizierfreund Holzach *ligen den ganczen dag jn der tafernen jn des wirczhus vnd essen vnd werden druncken*, reagierte sie umgehend und heftiger als üblich. Sie warnte, der Vater sei ungehalten und nicht mehr bereit, Basilius' Eskapaden weiter hinzunehmen[29]. Über die Jahre hinweg bemühte sich Barbara unermüdlich darum, zwischen den beiden Parteien, einem zornigen Vater und ihren eigenwilligen Sprößlingen zu vermitteln. Mit kleinen Geschenken, die sie heimlich, ohne das Wissen ihres Mannes, nach Paris schickte, zeigte sie auch stets, daß sie, die Mutter, die Härte des Vaters nicht teilte.

Margreth, nach dem frühen Tod des ersten Amerbach Kindes die einzige Tochter der Familie, bereitete ihrer Mutter weit weniger Sorgen. Mit sieben Jahren hatten sie ihre Eltern zur Ausbildung und sittlichen Stärkung einem stadtnahen Kloster übergeben, die Herausgeber der Amerbach-Korrespondenz vermuten, es handle sich um den nahegelegenen Zisterzienserkonvent Engeltal bei Muttenz[30]. Margreth schrieb ihrer Mutter regelmäßig; Antwortschreiben sind keine überliefert. Vielleicht kam Barbara einfach häufiger zu Besuch. Der älteste Brief datiert von 1498, als das Mädchen gerade einmal acht Jahre alt war. Der Grund seines Schreibens war materieller Art. Es war Dezember; sie brauchte neue Winterkleidung: *zwen winter schů vnd soͦcklin dorin*. Auch ihr alter, blauer *goͦler* (Umlegekragen) sei ganz abgenutzt[31].

[27] Die Amerbachkorrespondenz I: 1481-1513, ed. Alfred Hartmann. Basel 1942, Nr. 137; Nr. 152; 159; 178; 204; 227; 245; 269; 281; 338; 368; 373; vgl. dazu die anregende Studie von Mathias Beer, Das Verhältnis zwischen Eltern und ihren jugendlichen Kindern im spätmittelalterlichen Nürnberg. In: Mitteilungen des Vereins für Geschichte der Stadt Nürnberg 77 (1990) 91-153.

[28] Ebd., Nr. 159, 147 f.

[29] Ebd., Nr. 281, 263 ff.; vgl. dazu ausführlicher Daniel Albrecht Fechter, Das Studienleben in Paris zu Anfang des XVI. Jahrhunderts. Nach Briefen einiger Basler, welche dasselbst studirten. In: Beiträge zur vaterländischen Geschichte 3 (1846) 147-179.

[30] Emil A. Erdin, Engental. In: Die Zisterzienser und Zisterzienserinnen etc. (Helvetia Sacra. Abteilung 3: Die Orden mit Benediktinerregel 3/2) Bern 1982, 608-611. – Amerbach war mit Leontorius, dem Beichtvater des Klosters, befreundet. Engental war einer der beliebtesten Frauenkonvente bei den Basler BürgerInnen.

[31] Bildwörterbuch der Kleidung und Rüstung, hrsg. von Harry Kühnel. Stuttgart 1992, 90.

Zudem wünschte sie sich ein *tick tochlin, das ich mög in der kilchen sin*[32]. Im nächsten Jahr bat sie erneut um ein neues *gölerli*, das alte habe nicht lange gehalten. Gleichzeitig beklagt sie sich bei ihrer Mutter, daß ihr Vater, obwohl er es ihr versprochen hatte, sie nicht besuchen kam. Dem Brief legte das Mädchen ein *húpsch gebett* bei. Barbara solle es in diesen heiligen Fastentagen – der Brief datiert vom März 1499 – beten. Die Bitte um Kleidungsstücke aller Art wiederholt sich in fast allen Briefen des Mädchens, verbunden mit innigen Grüßen an das Hausgesinde, ihre Patin, die Frauen der Gesellen ihres Vaters und später auch an ihre Lehrmeisterin. Margreths „Lebenswelt" war klein, bescheiden und fromm verglichen mit der „Lebenswelt" ihrer in Paris studierenden Brüder, anders auch ihre Bedürfnisse und Wünsche.

Wann genau Margreth das Kloster verließ, läßt sich nicht bestimmen. Als 1502 in Basel die Pest ausbrach, schickten sie ihre Eltern zusammen mit ihrem Brüderlein Bonifatius aufs Land – ein Indiz, daß sie inzwischen wieder in Basel, in ihrem Elternhaus, gelebt hatte. Der letzte Brief aus dem Pest-Exil datiert von Dezember 1502[33]. Im nächsten Jahr müssen die Geschwister wieder nach Basel zurückgekehrt sein. Um das Jahr 1505 schließlich – Margreth war nun 15 Jahre alt – lernte sie den Gewürzkrämer Jakob Rechberger kennen – eine folgenschwere Bekanntschaft. Denn ohne den Schritt zuvor mit ihrem Vater abgesprochen zu haben, heiratete sie den besagten Rechberger kurze Zeit später: eine echte „Romanze", wie der stürmische Liebesbrief offenbart, den ihr Rechberger Anfang Februar 1506 schickte.

Der alte Amerbach war einmal mehr über die eigensinnigen Wege erzürnt, die seine Kinder gegen seinen Willen einzuschlagen pflegten. Während er seinen Söhnen ihre Eskapaden letztlich aber immer verziehen hatte, zeigte er sich bei Margreth unnachgiebig. Rechbergers Brief nach zu urteilen beabsichtigte der alte Amerbach, seine Tochter zur Strafe ins Kloster zu stecken[34]. Als ihm dies gegen ihren Willen nicht gelang (und nach kanonischem Recht auch nicht gelingen konnte), zerrte er am 16. Februar 1506 seine Frau, seine Tochter und den unerwünschten Schwiegersohn vor Gericht und enterbte Margreth offiziell[35]. Mit ihrer „Winkelehe" war sie eindeutig zu weit gegangen[36].

---

32 Die Amerbachkorrespondenz, Nr. 87, 92 f.

33 Christian Wurstisen, Basler Chronik. Siebtes Buch. Basel 1580, 498, spricht von fünftausend Toten, vgl. Frank Hatje, Leben und Sterben im Zeitalter der Pest. Basel im 15. bis 17. Jahrhundert. Basel-Frankfurt/Main 1992, 171, und Heinrich Dormeier, Die Flucht vor der Pest als religiöses Problem. In: Laienfrömmigkeit im späten Mittelalter (Schriften des Historischen Kollegs. Kolloquien 20) München 1992, 331-397.

34 Die Amerbachkorrespondenz, Nr. 297, 281 f.

35 Wie der Ausgang der Leidensgeschichte der Anna von Ramstein zeigt: Kaspar Wirz, Regesten zur Schweizergeschichte aus den päpstlichen Archiven 1: 1447-1513. Bern 1911, Nr. 253, 94.

36 Susanna Burghartz, Geschlecht – Körper – Ehre. Überlegungen zur weiblichen Ehre in der Frühen Neuzeit am Beispiel der Basler Ehegerichtsprotokolle. In:

Norm und Praxis

Die Enterbung war ein gewaltiges, aber rechtlich approbiertes und zumindest in der Theorie weitverbreitetes Mittel, Kinder, die sich ohne Einwilligung ihrer Eltern oder Verwandten vermählten, zu bestrafen – nach Basler Recht, dem 'Blauen Buch' von 1450, sollte dies aber auch die einzige Möglichkeit sein, die „natürliche" Erbfolge außer Kraft zu setzen:[37]

> *Were ouch hynnanthin, nyemant ußgenommen, yemant sine kinde es sie knabe oder tochter aberwirbet, das es im ein ee glopt oder zer ee nympt, da sölìche knaben oder tochtere under zwenzig jaren alt werent, es sie denne mit vatter und mûter willen oder der nechsten frúnden willen, ob die kinde nit vatter oder mûter hettent, wirt das meister und rate oder vor gerichte zû klage bracht in jares friste dem nechsten nach dem vatter und mûter oder die nechsten frúnde, ob die kinde vatter und nit enthettent, das empfindent, sölich personen, die solichs getan und gehandelt haben, sollent nyemer gen Basel kommen one der kinden vatter und mûter willen oder der kinden nechsten frúnden als vor stat wissen und willen. Und sol ouch das kinde, das die ee also hingelopt hat, sin erbteil, das es von vatter und mûter zû erbe kommen mag, genzlich verlorn haben, es sie denne das vatter und mûter oder eins nach dez andern tode dem selben kinde sölich erbteil irs gûten willen wider geben und es benemmen, das es zû erbe in irem gût sölle gan*[38].

Von der zweiten Hälfte des 15. Jahrhunderts bis zum Beginn der Reformation enthalten die Akten des Basler Schultheißengerichts aber nur elf Belege[39]. Offenbar scheute man gewöhnlich davor zurück, ein derart drastisches Mittel zu benutzen, ungehorsame Kinder zu bestrafen[40]. Über die Gründe schweigen die Gerichtsquellen gewöhnlich. Der Gürtler Lienhard Ortenberg meinte lakonisch, seine Tochter Agnes habe ihn *swerlich erzurnet*[41]. Der Maurer Hans Retzer, Gutachter des Basler Fünfer- bzw. Baugerichts, und seine Frau Enneli gaben dem Gerichtsschreiber 1463 zu Protokoll, sie hätten einen Sohn namens Hans, *der sich /leider/ inmossen verwürckt, als ein gericht vilicht wol*

Verletzte Ehre, hrsg. von Klaus Schreiner und Gerd Schwerhoff. Köln-Wien 1995, 214-234; dies., Rechte Jungfrauen oder unverschämte Töchter? Zur weiblichen Ehre im 16. Jahrhundert. In: Frauengeschichte – Geschlechtergeschichte, hrsg. von Karin Hausen und Heide Wunder. Frankfurt/Main-New York 1992, 173-183.

[37] Gerhard Köbler, Das Familienrecht in der spätmittelalterlichen Stadt. In: Haus und Familie in der spätmittelalterlichen Stadt, hrsg. von Alfred Haverkamp (Städteforschung A/18) Köln-Wien 1984, 136-160, hier: 140, 145 f., 151.

[38] Johannes Schnell, Rechtsquellen von Basel. Stadt und Land. Erster Teil. Basel 1856, Nr. 143/i, 139; vgl. Hans-Rudolf Hagemann, Basler Rechtsleben im Mittelalter 2: Zivilrechtspflege. Basel-Frankfurt/Main 1987, 192 f.

[39] In drei Fällen handelt es sich allerdings um Geschwister.

[40] Kein einziges Beispiel findet Steven Epstein, Wills and Wealth in Medieval Genoa 1150-1250 (Harvard Historical Studies 103) Cambridge/Mass. 1984, 11.

[41] Staatsarchiv Basel-Stadt, Gerichtsarchiv B, Bd. 5, f. 185v/186r.

uernemen habe[42]. Ursprünglich stand vor dem Objekt *sun* das Adjektiv <*verlorenen*>. Was Hans d. J. genau verbrochen hatte, läßt sich dem Text nicht entlocken. Acht Jahre später enterbte derselbe Retzer, seine Frau war inwzischen gestorben, dann noch seine Tochter Enneli – auch dieses Mal verlor er keine überflüssigen Worte über seine Beweggründe[43]. Als Brida Hofstetterin 1487 offiziell den Oberwiler Schneider Lienhard Mecken und seine Kinder aus ihrer Erbfolge ausschloß, behauptete sie sogar trotzig, sie schulde niemanden eine Erklärung![44] Etwas gesprächiger gab sich Enneli Greschartin. Sie begründete ihren Entschluß, ihre jüngere Schwester Bärbel Stumpf zu enterben, *der ursachen halb, als sy einen elichen mann hät vnd von dem selben gangen sich zü einem anderen, der och ein elich wyb hat, gesetzt*[45]. Als Anna Struben 1456 ihrem zweiten Mann, dem Schlosser Hans Frowenberg, ihre Morgengabe aus erster Ehe vermachte, beklagte sie, ihre Kinder seien nicht „lieb" zu ihr gewesen, weshalb sie sich ihnen gegenüber in keiner Weise verpflichtet fühlte. Sie sei eine arme und kranke Frau und habe ihrem zweiten Mann fast nichts in die Ehe bringen können[46]. Etwas redseliger als die anderen gibt sich schließlich auch Eilse Göpfridin. Den Schöffen erklärte sie 1459, zwei Töchter zu haben. Die eine – sie nannte nicht einmal ihren Namen – wohne schon lange nicht mehr bei ihr. Nur Enneli, die andere, sei bei ihr geblieben und habe *sy mit irer arbeit begangen vnd /ir vil/ hantreichung getan*[47]. Eilse entschied unwiderruflich, ihrer ersten Tochter nichts zu hinterlassen. Enneli solle alles bekommen, was sie besitze, müsse sich aber wie bisher um sie kümmern. Ihre Besitzverhältnisse waren sehr bescheiden; ihr Vermögen umfaßte zum Zeitpunkt der Enterbung bzw. der „Erbeinsetzung" nur noch zwei kleine Betten, Kleider, Tüchlein sowie diversen Hausrat. 1455 waren Mutter und Tochter nämlich gezwungen gewe-

---

[42] Ebd., Bd. 8a, 42: *Jtem Hanns Reczer vnd Enneli, sin ewirtin, hand eroffnet, wie sy einen <verlorenen> sun habent, der sich /leider/ inmossen verwürckt, als ein gericht vilicht wol uernemen habe, genant Hanns Reczer, den sy enterben vnd irs gutes, so ir yedes nach tode uerlassen wirt, entseczen vnd nit wollten, dz im noch jemand von sinen wegen irs guts útzit werden sollte, entsaczten vnd enterbten in ouch, also offen in gerichte als mit vrteil vnd recht erteilt wart, dz sy das /wol/ tun mochten.*

[43] Ebd., Bd. 9, 228: *Do hat meister Hanns Reczer Ennelin Reczer sin tochter enterbet alles sinß gutz, so er hat vnd nach tod uerlassen wirt, vnnd wart mit vrteil erkannt, dz er dz wol thon moͤchte.*

[44] Ebd., Bd. 12, 117.

[45] Ebd., Bd. 9, 228.

[46] Ebd., Bd. 7, 195. Ihre Klage war nicht unbegründet, denn kurz nach dem Tod ihres Mannes setzten ihre Töchter Dorothea und Eva ihren Bruder Hans zu ihrem Erben ein, ohne auch nur ein Wort über ihre Mutter zu verlieren. Gewähr, daß es sich immer um dieselben Strubs handelt, bietet ihr, in allen Fertigungen erwähntes Haus zum Maulbeerbaum.

[47] Staatsarchiv Basel-Stadt, Gerichtsarchiv B, Bd. 8, f. 46r.

sen, den Augustinern ihr Haus am Leonhardsberg zu übergeben *von irer armut wegen, dz sie das huß nit me gebuwen noch gezinsen möchtent*[48].

Wie sich den wenigen überlieferten Enterbungen entnehmen läßt, bediente man sich ihrer also nicht nur bei „Winkelehen“, wie es das Stadtrecht vorsah, sondern benutzte sie zuweilen auch, um seinem Unmut und seiner Enttäuschung über treulose oder „mißratene“ Kinder (und Geschwister) Ausdruck zu verleihen. Zugleich läßt sich erkennen, daß die Rechtspraxis – auch dies sah der Gesetzestext keineswegs vor – deutlich zu Ungunsten der Töchter ausfiel (ohne Geschwister sieben zu eins). Die Söhne galten als Stammhalter, und das genealogische Prinzip stand über allem, anscheinend auch über dem sittlichen Wohlverhalten der jungen Männer. Seinen Söhnen gewährte man mehr Freiheiten als seinen Töchtern; an seine Söhne stellte man auch andere Anforderungen.

Daß mit anderen Ellen gemessen wurde, zeigt sich auch an der relativ hohen Zahl illegitimer Kinder, die in Testamenten, Schenkungen unter Lebenden (*donationes inter vivos*) oder „Erbeinsetzungen“ Erwähnung finden[49]. Mittels „Erbeinsetzungen“ ließ sich das Gewohnheitsrecht umgehen, das Illegitime von der natürlichen Erbfolge prinzipiell ausschloß[50]. Dies war rechtlich aber nur dann möglich, wenn keine ehelichen Kinder vorhanden waren. Söhne wie Väter bzw. Väter wie Söhne – für die hohe Zahl der Illegitimen waren selbstverständlich nicht nur die Söhne verantwortlich – sahen in ihren „natürlichen“ Kindern nichts Anrüchiges. Sollte sich eine betrogene Ehefrau beklagen, beschwichtigte man sie unter „Freundinnen“: *ir sechenn ouch, daz vil man hie sind, die iung frouwen haben vnnd danno b ůlen*[51]. Fast die Hälfte der Betroffenen waren auch „Wiederholungstäter“. Nur durfte niemand auf die „dumme“ Idee kommen, die meist aus ärmeren Verhältnissen stammenden Liebschaften zu heiraten. Töchter aus besserem Haus lassen sich keine nachweisen. Vermutlich auch weil es der eigenen Karriereplanung entgegen-kam, hielten sich die Söhne gewöhnlich an die ungeschriebenen Gesetze[52]. Zwar engagierten sich viele Väter über die

[48] Ebd., Bd. 7, 101. – Die Tochter versteuerte 1454 ein „Vermögen“ von 30 lb. Es wird allerdings nicht erwähnt, welcher Arbeit sie nachging. Nach dem Tod ihrer Mutter muß sie sich vermählt haben, blieb aber Zeit ihres Lebens kinderlos, wie sich ihrem „Testament“ vom 12. Januar 1482 entnehmen läßt.

[49] Neithard Bulst, Illegitime Kinder – viele oder wenige? Quantitative Aspekte der Illegitimität im spätmittelalterlichen Europa. In: Illegitimität im Spätmittelalter, hrsg. von Ludwig Schmugge und Béatrice Wiggenhauser (Schriften des Historischen Kollegs 29) München 1994, 21-40.

[50] G. Bückling, Die Rechtstellung [sic] der unehelichen Kinder im Mittelalter und in der heutigen Reformbewegung (Untersuchungen zur Deutschen Staats- und Rechtsgeschichte 129) Breslau 1920, 39-89.

[51] Staatsarchiv Basel-Stadt, Gerichtsarchiv O, Bd. 5: Proceß Ulmer contra Brand: 25. Oktober 1482, f. 13r.

[52] Was nicht ausschließt, daß zuweilen nicht doch „unstandesgemäß“ geheiratet wurde, wie das Beispiel des Metzgers Hans Bertschin zeigt, der (vermutlich in zweiter Ehe) die frühere Magd seines Bruders heiratete (davon erfahren wir über die späteren

rechtlichen Vorgaben hinaus für ihre illegitimen Sprößlinge, streckten ihnen, wenn nötig, Lehr- oder Reisegeld vor, bildeten sie bei sich aus oder setzten sie, falls sie kinderlos geblieben waren, zu ihren Universalerben ein[53]. Über die Mütter ihrer Kinder verloren sie, von einer Ausnahme abgesehen, aber keine Worte[54]. Diese blieben, wie ihre eigenen „Erbeinsetzungen" zeigen, häufig den Rest ihres Lebens ledig[55].

Die Familie Amerbach: Teil 2

Nun aber wieder zurück zu Margreth: Ihr Stern sollte alsbald wieder am väterlichen Himmel leuchten. Johann wollte vermutlich nur ein Zeichen setzen, beweisen, daß niemand ungestraft seine Autorität untergraben durfte. Darauf deutet das Faktum, daß er im Unterschied zu den übrigen Enterbungen umsichtig eine Vorbehaltsklausel einfügen ließ. Er sei willens, seinen Beschluß rückgängig zu machen, wenn seine Tochter ihn um Gnade bitte. Dies mußte auch bald darauf geschehen sein, denn noch im Oktober desselben Jahres ließ Bruder Bruno seiner Schwester Margreth durch Mutter Barbara herzliche Grüße ausrichten. Der Streit war beigelegt, Mutter und Tochter redeten wieder miteinander[56]. In seinem vermutlich eigens für seine Tochter auf deutsch geschriebenen Testament vom 13. Dezember 1513 – die amtliche

---

Rechtsstreitereien mit ihrer Schwägerin). Die Frage läßt sich mangels Eheverträgen leider nicht vertiefen (schriftliche „Eheabsprachen" traf man vorwiegend bei Zweitehen). „Unter seinem Stand" zu heiraten war bei Zweitehen eher möglich; vgl. dazu Martine Segalen, Mentalité populaire et remariage en Europe occidentale. In: Marriage and Remarriage in Populations of the Past, hrsg. von Jacques Dupâquier u.a. London u.a. 1981, 67-77, hier: 72.

[53] Lukas Rem widmete seinen illegitimen, vorehelich gezeugten Kindern sogar einen speziellen Eintrag mit dem Titel '*Gepurtt 5 meiner ledigen und geborнen kind, tails ir wessen*': Tagebuch des Lucas Rem aus den Jahren 1494-1541. Ein Beitrag zur Handelsgeschichte der Stadt Augsburg, hrsg. von B. Greiff (Sechsundzwanzigster Jahresbericht des historischen Kreis-Vereins im Regierungsbezirk von Schwaben und Neuburg für das Jahr 1860) Augsburg 1861, 64 f. – Alle fünf stammten von Margreth von der Borcht.

[54] Staatsarchiv Basel-Stadt, Gerichtsarchiv B, Bd. 5, f. 195v, Bd. 8, 196, Bd. 9, 263: 1450 schenkte der Schlosser Martin Virobent seinen zwei „natürlichen" Kindern und deren Mutter Margarete Langenöhrin/ösin von Zürich sein Haus zur Eiche in der St. Albansvorstadt am Kirchenweg. 1461 setzte er erstmals seinen Sohn zu seinem Erben, 1471, vermutlich kurz vor seinem Tod, seinen Sohn zusammen mit dessen Mutter. – Claude Grimmer, La femme et le bâtard. Amours illégitimes et secrètes dans l'ancienne France.Paris 1983, 150: „Les mères sont généralement déclarées inconnues. 80 p. 100 d'entre elles ne sont même pas mentionnées dans les testaments ou autres papiers."

[55] Ludwig Schmugge, Schleichwege zu Pfründe und Altar. Päpstliche Dispense vom Geburtsmakel (1449-1533). In: Historische Zeitschrift 257 (1993) 615-645, kommt bei 37.916 Dispensgesuchen auf folgendes Ergebnis: 87 Prozent der Frauen seien ledig, neun Prozent verheiratet, zwei Prozent seien Klosterfrauen gewesen und nur ein Prozent Witwen.

[56] Die Amerbachkorrespondenz, Nr. 322, 301.

Fassung ist auf lateinisch und um einiges länger –, hält Johannes auch gleich in der ersten Zeile fest: *Als ich myn dochter wil wider in seczen zu eynem erben vnd sie in secz, sol das gescheen vff dise meynung wie ernoch gescriben stot*[57]. Dabei erwähnte er auch – ohne das Datum zu präzisieren – daß er Margreths Mann vormals fünfhundert Gulden „vorgeschossen" habe. Um der Gerechtigkeit willen, aber auch um *spen* zu vermeiden, sollten auch seine Söhne im voraus, d. h. vor der eigentlichen Erbteilung, jeder fünfhundert Gulden erhalten.

Demselben Testament läßt sich entnehmen, daß inzwischen auch der Nachzügler Bonifatius seinem Vater einigen Kummer bereitete. Amerbach reagierte wiederum heftig, aber anders als bei seiner Tochter: Bonifatius, so die Vorbehaltsklausel, solle aus dem gemeinen Gut zusätzlich zu den fünfhundert Gulden noch weitere vierhundert Gulden erhalten, *dar zu bewegt mich sin jugendt vnd das er dester baß mőg studiren. Ob er aber nit studiren wolt vnd vagiren vnd bůbery noch gon, sol man im die 400 fl nit geben*[58]. Am Rand neben der Zeile mit der *bůbery* wird präzisiert: *oder eyn wipp genomen hette oder nemme on myn willen vnd wissen, die wil ich lebe, oder noch mym abgang on wissen vnd willen siner brůder vnd siner fruntschafft*. Amerbach verzichtete also darauf, seinem Jüngsten mit der Enterbungskeule zu drohen, nur das Studiengeld hing auf der Schwebe. Die Fehltritte seiner Söhne maß man offenkundig mit anderen Maßstäben als diejenigen der Töchter. Oder sollte der alte Mann die Härte, mit der er seiner Tochter begegnet war, später bereut haben?

Gehorsam, Willfährigkeit und Dienstbarkeit

Die Basler Erblasser bedienten sich in ihren letztwilligen Verfügungen wiederholt derartiger Vorbehaltsklauseln, um ihre Enkel, Neffen, Stiefkinder, Pflegekinder und andere (aber fast ausschließlich nur männlichen Geschlechts) zu einem frömmeren, ehrbaren Lebenswandel zu bewegen. Frauentestamenten sind Klauseln dieser Art weitgehend fremd. Ihre letztwilligen Verfügungen werden zu weiten Teilen von der Rhetorik der Dankbarkeit beherrscht[59]. Zu den energischen Moralisten zählte etwa der Patrizier Morand von Brunn, der in das angesehene Unternehmergeschlecht der Zscheckabürlis eingeheiratet hatte[60]. In seinem Testament von 1502 nennt er in der Rubrik der Personenlegate an verschiedenen Stellen seinen „Vetter" Franz von Brunn. Doch ließ er die entsprechenden Passagen immer wieder durchstreichen. Morand war sich

[57] Ebd., Nr. 491, 465.
[58] Ebd.
[59] Ausnahmen wie die reiche Krämerin Helena, die Witwe des Krämers Hans Altenbach, bestätigen die Regel (Staatsarchiv Basel-Stadt, Gerichtsarchiv B, Bd. 10, 203-209: 8. Juni 1478).
[60] Nach Paul Koelner (Die Zunft zum Schlůssel in Basel. Basel 1953, 278) war Franz der Sohn des Stephan von Brunn (†1496), der sich 1474 das Bürgerrecht auf dem Zug nach Héricourt verdient hatte (ebd. 263).

anscheinend unsicher, ob und wenn überhaupt, dann wie er seinen „Neffen“ beschenken sollte. Die Sache muß ihn wahrlich beschäftigt haben. Am Schluß fand er dann doch die richtige Plazierung und Formulierung:

> *da ist sin will vnnd meynung, daz von dem selben vberigen gut vor uß noch der gedachten siner eefrowen abgang vnnd, was er sy vberleben wurd, nach sinem tod, Frantzen von Brunn sinem vetter, so vere sich der erlich, fromtlich, redlich vnnd sin, iunckherr Morands willen haltet, volgen vnnd werden sollen 500 gulden*[61].

Benehme sich Franz, der offenbar unter Morands Mundgewalt stand, „ungebührlich“, dann hätte man ihm überhaupt nichts zu geben. Die Auflage mag formelhaft sein, doch war sie in diesem wie auch in anderen Fällen durchaus begründet. Franzens Lebenswandel ließ anscheinend seit längerem zu wünschen übrig. Er führte – so der Bericht von Buxtorf-Falkeisen, der sich auf inzwischen verlorengegangene Gerichtsakten stützt – ein Lotterleben, das dem literarischen Vorbild des ‘verlorenen Sohnes’ in nichts nachsteht: Er ergab sich dem Spiel, der Unzucht und der Völlerei und hatte sich, in der Logik der Sache, tief in Schulden gestürzt. Seine Geldnöte trieben ihn dazu, seinen Vater zu vergiften, um auf diese höchst ungewöhnliche Art und Weise schneller an das ersehnte Erbe zu gelangen[62]. Doch das Geld war schnell verpraßt. Bald darauf vergriff er sich am Silber der Safranzunft. Die Nachforschungen über den unerhörten Diebstahl förderten dann den Vatermord zu Tage. Im Jahr 1506 wurde Franz für Basler Verhältnisse ungewohnt spektakulär hingerichtet:

> *Ward auf ein Karren gesetzt, mit heißen Zangen pfetzt 6 Malen: 1) am Kornmarckt, 2) vor d. Geist, 3) am Vischmarkte, 4) an der Rheinbrucken, 5) wieder am Kornmarckt, 6) vor dem Spital. Ward darnach uff ein Rad gelegt beim Galgen; hat noch 5 Stund uff dem Rad gelebt*[63].

Mit Franz starb zugleich der letzte männliche Vertreter, der das Geschlecht derer von Brunn hätte fortsetzen können – ein reiches und angesehenes, aber

[61] Staatsarchiv Basel-Stadt, Gerichtsarchiv B, Bd. 15, f. 138r-145r: Samstag, den 25. Juni 1502.

[62] Sein Gehilfe war Jörg Linder, der Sohn des Tuchscherers Hans Linder, seinerseits dem Spiel ergeben: Koelner, Die Zunft zum Schlüssel 125 f: *Uff suntag noch sant Lucientag do haben mine heren zem Schlissel Jerg Linder gestraffet umb einen halben zentner wachs, umb daz er hat zem Himel* [Zunfthaus] *gespillet.*

[63] Buxtorf-Falkeisen, Baslerische Stadt- und Landgeschichten aus dem 16. Jahrhundert. Basel 1863, 8-11. Nur die Hinrichtung ist in den Basler Rechnungsbüchern verzeichnet, Prozeßakten scheint es keine mehr zu geben. – Konrad Stolles berichtet unter dem Titel ‘*Wye einer sinen vater er slug*’ zum Jahr 1497 ähnliches aus einem Dorf in der Nähe von Erfurt. Als man die Nachbarn vernahm, meinten diese, *fele mol von ome gehort, her hette gesprochen, her wolde synen vater sloe, so worde her herre vber das gutd.* Ja er selbst gestand dem Vogt von Erfurt: *der vater were ome hart gewest, dy muter were om weich gewest, vnnd hettes gethon vmme des gutes willen.* Seine Hinrichtung präsentiert sich noch spektakulärer als die des Franz von Brunn: Konrad Stolles Thüringisch-Erfurtische Chronik aus der Urschrift, hrsg. von Ludwig Friedrich Hesse (Bibliothek des litterarischen Vereins in Stuttgart 32) Stuttgart 1854, 204 f.

dennoch „junges" Basler Patriziergeschlecht, dessen ökonomischer Erfolg in Tuchhandel und Häuserspekulationen gründete. Das Geld seines kinderlosen Onkels hatte er nie zu Gesicht bekommen. Denn Morand starb erst 1513, sieben Jahre nach Franzens Hinrichtung. Der Tod seines „Vetters" veranlaßte ihn im übrigen nicht, sein Testament zu ändern.

Die Geschichte des Vatermordes ist von ehrwürdigem Alter und ein eigenes Kapitel, das ich hier nicht vertiefen kann[64]. Doch hinter demselben Akt stehen je nach Zeit recht unterschiedliche Beweggründe. In diesem Fall läßt sich das Motiv offenkundig nicht von der Erbschaftsfrage loslösen. Schenken wir der Moralistin Christine de Pizan Glauben, wünschten sich damals viele Söhne, ihre Väter lägen schon längst unter der Erde: „Ist der Vater reich, so sehnen sie seinen Tod herbei, um an seinen Besitz zu kommen. Oh, allein Gott weiß, wie viele Söhne großer Herren und reicher Männer auf den Tod ihrer Eltern warten, um in den Besitz von deren Ländereien und Vermögen zu gelangen!"[65] „Alte Narren" wie Tobias, die ihre Kinder im voraus ausbezahlten, waren überaus selten[66]. Für die meisten Söhne begann folglich erst nach dem väterlichen Tod die Zeit der ökonomischen Unabhängigkeit; in ratsfähigen Kreisen bedeutete dies mancherorts auch die Zeit der politischen Unabhängigkeit. Wie ungeduldig man diese herbeisehnte, zeigen die Wetten der Frankfurter Ratsherrensöhne:

> *Anno 1468 crastina ascensionis domini mit einem gelag so Arnold von Holzhůn uf der Farpforten bezalt uf ein taggut, daß, welcher unter inen, so damal zugegen, zuerst heurat, schöff oder burgermeister gewält würde, solte er bezalen*[67].

1471 und 1475 wiederholten sich ähnliche Wetten. Zwar waren inzwischen die meisten Jugendfreunde Rohrbachs (er selbst schon 1466) verheiratet. Aber ohne Amt und Würde fühlten sie sich dennoch nicht ganz als richtige Männer. Bernhard sollte das Ziel erst 1475, neun Jahre nach seiner Hochzeit, im Alter von 29 Jahren erreichen. Er mußte warten, bis sein älterer Bruder abgetreten war.

---

[64] Trifft die Einschätzung Otto Ranks zu (Das Inzestmotiv in Dichtung und Sage, 2. Aufl. Leipzig-Wien 1926, 313), dann war der Vatermord allerdings ein Thema, dem mittelalterliche Autoren lieber aus dem Weg gingen. Unter den zahlreichen Ödipus-Nachfolgern (Erhard Dorn, Der sündige Heilige in der Legende des Mittelalters [Medium Aevum 10] München 1967) der mittelalterlichen Legende, vollbrachte nur Judas die unheilvolle Tat, was bei seinem Strafregister ohnehin nicht ins Gewicht fällt.

[65] Christine de Pizan, Das Buch von der Stadt der Frauen, übers. von Margarete Zimmermann. München 1990, 143.

[66] Sebastian Brant, Das Narrenschiff, Kap. 90, hrsg. von Friedrich Zarncke. Darmstadt 1964, 86 f. und 433 f.

[67] Bernhard Rorbach's Liber gestorum 213; vgl. dazu Stanley Chojnacki, Measuring Adulthood: Adolescence and Gender in Renaissance Venice. In: Journal of Family History 17 (1992) 371-395; ders., Political Adulthood in Fifteenth-Century Venice. In: The American Historical Review 91 (1986) 791-810.

Zurück zu den Disziplinierungsklauseln: Morand von Brunn war, wie angedeutet, bei weitem nicht der einzige Basler Ratsherr, der sich testamentarisch gezwungen glaubte, erzieherisch zu wirken. Auch der alte Junggeselle Jakob Waltenheim verband seine ansehnlichen Geldlegate an die Junker Lienhard, Hermann und Balthasar Grieb, die Söhne seiner vestorbenen *můmen* Agnes Schillingin, mit dem Vorbehalt:

> *Och mit dem vnderscheid, ob die selben kind, einß oder me, sich vnerlich, vnzimlich vnd vngeburlichen halten wúrden, also das ein rat der statt Basel mit sampt anndern irn gesippten frunden misßfallen daran gewúnnen vnd nach dem sy deß von den selben minen herren den reten vnd irn gesippten frunden nach uswysung deß heilgen ewangelio eniest zwúret vnd zuvm dritten mal gewartit werdent vnd von irem misswandel nit abstond, also dan sollent deß oder der selben vergapten zweier hundert guldin wider vmm durch mine herren die redt beropt vnd on alle fúrwort an den Spital gegeben werden on aller menglichs widersprechen /als dz alles harnach baß versichert vnd versorgt werden sol/.*

Dreimal also sollten Rat und Verwandtschaft die jungen Männer zur Einsicht mahnen. Erst danach trat die Vorbehaltsklausel in Kraft. Denselben Modus wählte Waltenheim auch beim Legat an seinen „Vetter“, Junker Bernhard Schilling:

> *och mit allen den fúrworten als ob stat, wo er sich fúrohin annderß dann zimlich vnd geburlichen halten wúrd, da durch er selbs vnd sine gute frúnd verwissen vnd smach empfiengen vnd sich deß nit massen, nach dem er darvmm brúderlich gestrafft wúrd, das als dann die genanten ime /c/ vergapte 200 g och on alles mittel von im genommen vnd an <der spitäl als vor stat gegeben werden sollent> die Birß den armen siechen gegeben werden sollent.*

An letzter Stelle kam der alte Junggeselle auf die beiden „natürlichen“ Kinder seines verstorbenen „Vetters“ Hans Waltenheim d. J. zu sprechen. Die ihnen zugesprochenen Beträge waren vergleichsweise bescheiden: Antonius sollte nur hundert und seine Schwester Elisabeth sogar nur fünfzig Gulden erhalten. Um zu verhindern, daß das Geld, falls die beiden ohne Leibserben stürben, an den Fiskus fiel, schob er die entsprechende Sukzessionsklausel ein, schloß dann aber auch diesen Eintrag mit der Bemerkung:

> *Beschech aber, dz sich die selben kind, einß oder beide, vnerlich halten wurden, sol damit verhanndelt werden, wie vor stät, vnd die gab an die ellende herberg verfallen sin, deren werden vnd volgen on menglichs widersprechen.*

Die alten, fast alle kinderlosen Herren nahmen sich mit Vorzug ihrer männlichen Enkel, „Neffen“ und „Vettern“, kurz dem Mannesstamm an; Nichten hatten gewöhnlich das Nachsehen[68]. Doch häufig eben nur mit dem Vorbehalt,

---

[68] Häufiger erscheinen die Nichten als Empfängerinnen von Schenkungen und Personenlegaten, was aber grundlegend nichts an ihren Benachteiligungen ändert.

daß sich die Sprößlinge dementsprechend *erlich, zimlich vnd geburlichen* benähmen. Sie wußten meist genau weshalb. Es ging ihnen aber nicht allein um die Familienehre; sie vertraten auch die Ansicht, daß dem Lebenswandel der jungen Oberschichtsmänner Öffentlichkeitscharakter zukam, daß Ratsherrensöhne der übrigen Stadtjugend beispielhaft voranzugehen hatten.

Moralische Töne schlugen aber nicht nur würdige alte „Stadtväter" an. Auch das zünftige Handwerk bediente sich erzieherischer „Fürworte". Doch diese orientierten sich an Werten wie Gehorsam, Willfährigkeit und Dienstbarkeit, ja sogar vor dem Begriff *vndertenickeitt* schreckte man nicht zurück – im übrigen selbst diejenigen, die wie der Wechsler Mathis Eberler[69], der Unterschreiber Walter Baumgartner oder der Zürcher Hans Treiger in ihrer eigenen Jugend notorisch lasterhaft waren[70]. Als Treiger 1479 seinen „natürlichen" Sohn Peter zu seinem Universalerben erhob, sah er sich verpflichtet einzuschränken: *Doch behalt er im har inn vor, ob der knab wider sinen willen halten, das er machthabe, diese erbmachung gantz oder zemteil ze widerruffen*[71]. Wäre er selbst so willfährig gewesen, hätte es Peter wohl nicht gegeben.

Die Verlierer

Der Erfolg dieser merkwürdigen Disziplinierungsmaßnahmen läßt sich kaum einschätzen: Geld besticht, aber nicht jeden. Dessenungeachtet nahmen die bald kleineren, bald größeren Erbschaften und Schenkungen in der Lebensplanung junger, nach Autonomie strebender Männer, wie Thomas Platters Jugenderinnerungen zeigen, einen zentralen Platz ein, einen Platz, der letztlich auch den Erziehungsklauseln ein anderes Gewicht verleiht[72]. Die Erbschaftsfrage beschäftigte die meisten Autobiographen der Zeit, im Positiven, wie im Negativen, so auch den Berner Ludwig von Diesbach. Seine Söhne sollten ihn – ein in den Gerichtsakten häufiger belegter Fall – 1514 wegen

---

[69] Mathis Eberler war Vater von fünf unehelichen Kindern vgl. August Burckhardt, Die Eberler genannt Grünenzweig. In: Basler Zeitschrift für Geschichte und Altertumskunde 4 (1904/05) 246-276.

[70] Staatsarchiv Basel-Stadt, Gerichtsarchiv B, Bd. 10, 465-470. Im Urkundenbuch der Stadt Basel (Bd. 8, bearb. durch Rudolf Thommen. Basel 1901, Nr. 169, 134: 27. August 1461) belegt ist die Aufhebung einer früher von Baumgartner geschworenen Urfehde. Die Gründe werden nicht genannt, auch nicht als 1458 seine Frau Ursula, eine Basler Bürgerin, vor dem Rheinfelder Gericht gegen ihn klagte: Die Urkunden des Stadtarchivs Rheinfelden, hrsg. von Friedrich Emil Welti (Aargauer Urkunden 3) Aarau 1933, Nr. 327, 128. – Das Basler Dokument bezeichnet ihn als Stadtschreiber von Rheinfelden, in den Rheinfelder Urkunden wird er als solcher nirgends erwähnt.

[71] Staatsarchiv Basel-Stadt, Gerichtsarchiv B, Bd. 10, 383.

[72] Thomas Platter, Hirtenknabe, Handwerker, Humanist. Die Selbstbiographie 1499 bis 1582, bearbeitet von Heinrich Boos. Nördlingen 1989, 49, 57, 59 f.

nicht erfüllten Erbansprüchen vor das örtliche Schultheißengericht zerren[73]. Bitter bemerkte der alte Mann in seinem Lebensrückblick: „Item, danach, als ich die zwei Jahre gedient hatte und heimkehrte, begannen die Söhne aus erster Ehe, die ich von der von Ringoltingen hatte, aufzubegehren und nachzuforschen, und unterstanden sich, von mir ihr mütterliches Erbe zu fordern; ach Gott, das hatte ich ihnen vor langer Zeit sehr wohl ausgerichtet und bezahlt ... Sie fingen einen derart schweren Rechtshandel mit mir und meiner lieben Gemahlin an, mit vielen groben, ungerechten Worten, Argumenten und Hinweisen und Verleumdungen, daß sich alle Menschen unser erbarmten."[74]

Johannes Butzbach beklagt gleich auf den ersten Seiten seines Wanderbüchleins, daß sein Vater „bis auf den heutigen Tag" das Testament seiner Mutter nie „ausgerichtet" habe. Daß er auf diese Art vermutlich selbst um seinen Erbteil kam, erwähnte der Klosterbruder in seinem Rückblick allerdings nicht[75]. Zu den Verlierern zählte auch Burkard Zink. In seiner Jugend brachte man ihn gleich zweimal um die Möglichkeit, mittels Erbschaft ein kleines Startkapital zusammenzubringen: *und was ich solt han von müeterlich erbguets wegen, das hett mein vater und ander meine freund alles meiner schwester geben ...*[76] Man glaubte ihn bei seinem Onkel, dem Pfarrer von Rieg, bei dem er sich zu Studienzwecken einquartiert hatte, gut „versorgt". Doch durch diesen erfuhr Zink, selbstverschuldet, seine zweite herbe Enttäuschung. Zink widersetzte sich dessen Wunsch, aus ihm einen Geistlichen zu machen und ihn auf die hohe Schule nach Wien zu schicken. Über den Eigensinn des Neffen erzürnt, hinterließ er ihm rein gar nichts[77]. Auch die Eheschließung mit Elisabeth, der Magd seines Herren Jos Kramer, war kaum dazu angetan, Zinks finanzielle Engpässe zu beheben. Sie stammte aus armen Verhältnissen und habe ihm *nicht mer dann ain klain pettlin und ain küelin und sunst klain arm dinglach, als pfannen etc.* in die Ehe gebracht, *was alles nit zehen £ wert*[78]. Da er seinen Herrn *nit ratgefragt* habe, als er sich verehelichte, verlor er zusätzlich noch (aber nur vorübergehend) dessen Gunst. Genauso arm wie Zinks erste

---

[73] Urs Martin Zahnd, Die autobiographischen Aufzeichnungen Ludwig von Diesbachs. Studien zur spätmittelalterlichen Selbstdarstellung im oberdeutschen und schweizerischen Raume. Bern 1986, 415 f.

[74] Ebd. 111.

[75] Johannes Butzbach, Odeporicon, aus dem Lateinischen übertragen und mit einem Nachwort versehen von Andreas Beriger. Zürich 1993, 22.

[76] Chronik des Burkard Zink. In: Die Chroniken der schwäbischen Städte 5/2: Augsburg. Göttingen 1866, 124, vgl. u.a. Martin Kintzinger, Lehrplan und Lebenslauf. Der gebildete Bürger im Mittelalter. In: Vormoderne Lebensläufe – erziehungshistorisch betrachtet, hrsg. von Rudolf W. Keck und Erhard Wiersing (Beiträge zur historischen Kulturforschung 12) Köln-Weimar-Wien 1994, 219-242; Ursula Peters, Literatur in der Stadt. Studien zu den sozialen Voraussetzungen und kulturellen Organisationsformen städtischer Literatur im 13. und 14. Jahrhundert. Tübingen 1983, 26 f.

[77] Ebd. 123 f.

[78] Chronik des Burkard Zink 128.

Frau war auch seine zweite. Ihr früherer Mann habe ihr nichts als Schulden hinterlassen[79]. Über die Mitgift seiner dritten Frau, einer Krämerstochter, schweigt Zink – vermutlich weil sie nicht ganz so mittellos gewesen war wie die beiden andern; dies ließ sich schlecht mit seinem Image als *self made man* vereinen.

Die Gewinner

Doch wenden wir uns abschließend noch kurz den „Glückspilzen" zu, den gehorsamen, fleißigen und dienstbaren „Söhnen". Weil sein Geselle, Künzli Grellinger, sich stets *gevolgig, dienstlich vnd gehorsam* gezeigt habe, vermachte ihm sein ehemaliger Lehrmeister, der Gerber Hans Stahel, seinen gesamten Besitz, liegendes wie fahrendes Gut[80]. Daß Künzli auch Sohn seiner Schwester war, erwähnte Stahel eher beiläufig. Die Verwandtschaftsbanden dürften seinen folgenschweren Entschluß aber maßgeblich erleichtert haben. Der Metzger Heinrich Bamnach entschied sich für sein Pflegekind Agnes Holstein, weil dieses, so begründete er seine Wahl, sich die ganzen Jahre über stets nach seinem Willen gehalten habe[81]. Der Metzger Heinrich Wirz, genannt Langmesser, bedankte sich auf dieselbe Weise bei seinem Knecht Lienhard Wüst, der *im gůte zyt gedient*, Tugend, Freundschaft und Treue erwiesen habe[82]. Auch der Messerschmied Berthold Murer und seine Frau Enneli vermachten ihrem „Vetter", den sie gemeinsam groß gezogen hatten, mangels eigener Kinder ihr gesamtes Vermögen, die Schmiedewerkstatt inbegriffen, doch mit der Auflage, er habe diese in Ehren zu halten[83]. Wiederum ein Metzger, Martin Fäßlin, vermachte seinem „natürlichen" Sohn Peter testamentarisch seine Fleischbank[84], seine Waage, seine Gewichte, sein Fleischmesser und alles *geschirr, so zu metziger hantwerk gehört*. Seinem zweiten illegitimen Sohn Hans, der das Schusterhandwerk ergriffen hatte, übergab er zum Ausgleich u. a. einen Garten, einen Rebacker und bloßes Gelände in der Äschenvorstadt. Die beiden Söhne erhielten zusätzlich noch sein Haus zum Scharben im Leonhardskirchspiel, im Basler Metzgerquartier[85]. Margreth Strubin, die Gemahlin des Lohnherren Konrad Held d. Ä., setzte ihren Stiefsohn zum Erben – auch sie mit der Begründung, er habe ihr *vil*

79 Ebd. 138.

80 Staatsarchiv Basel-Stadt, Gerichtsarchiv B, Bd. 8, f. 15r/v.

81 Ebd., Bd. 10, 111.

82 Ebd., Bd. 10, 142.

83 Ebd., Bd. 7, 31.

84 Die Basler Fleischbänke waren Erbgut; vgl. Paul Koelner, Die Metzgerzunft zu Basel. Basel 1948, 11-16, sowie Katharina Simon-Muscheid, Basler Handwerkszünfte im Spätmittelalter. Zunftinterne Strukturen und innerstädtische Konflikte. Bern u.a. 1988, 97-128.

85 Staatsarchiv Basel-Stadt, Gerichtsarchiv B, Bd. 8a, 29 f.

zucht, ere, lieb vnd fruntlicher diensten darzu getruwe, gehorsami vnd güten willen bewist[86].

Aus der Logik des städtischen Erbrechts ergibt sich, daß in den Basler Nachlässen gewöhnlich wenig von leiblichen Söhnen und Töchtern die Rede ist. Ausnahmen bestätigen die Regel: Magdalena von Zell beteuerte vor Gericht, sie sei eine arme Frau und können ihrem Sohn Martin *leider nit vil ze statten kommen*. Doch unlängst habe sie von ihren Eltern das Haus zum Salmen am Kornmarkt geerbt. Nun sei ihr Sohn Martin *schier erwachsen vnd ein gůte zyt ze schule gelegen* ..., und damit er weiterhin der *lere* nachziehen könne, schenkte sie ihm dann das besagte Haus[87]. Die Reihe der Einzelbeispiele gehorsamer Söhne und Töchter ließe sich hundertfach fortsetzen; aber ich will die Geduld meiner Leser nicht strapazieren.

Fazit

Die wenigen Beispiele sollten anschaulich genug gezeigt haben, wie wichtig es für eine erfolgreiche Lebensplanung war, vom Ersparten seiner Eltern oder Verwandten auf die eine oder andere Weise profitieren zu können. Den Kürzeren zog man, wenn man, wie unsere Autobiographien zeigen, erstgeborenes, halbbürtiges Kind aus erster Ehe war. Doch generalisieren sollte man in diesem Punkt besser nicht[88]. Ob mit oder ohne *spen*, um der Urkundensprache treu zu bleiben, Erbschaften, kleine wie große, bildeten so etwas wie einen „Generationenvertrag", aber im umgekehrten Sinn. Denn im Mittelpunkt stand hier die Zukunft der Jungen. Sorgsam wachten die Alten über den Inhalt bzw. die Pflichten dieses Vertrags und gaben damit unmißverständlich zu erkennen, bei wem die Entscheidungsgewalt lag. Das Recht bevorzugte in seinen Grundzügen seine Schöpfer: Alter ging Jugend stets vor. In Erbschaftsfragen war der rechtliche Rahmen zwar ausgesprochen eng – die natürliche Erbfolge stand über allem –, aber die schmalen Freiräume nutzten die Alten lange vor der Reformation fleißig, um mit den magischen Formeln Gehorsam, Dienstbarkeit und Tugend ihren Vorstellung eines frommen und ehrenhaften Lebenswandels Gehör zu verschaffen.[89]

---

[86] Ebd., Bd. 10, 103 f.

[87] Ebd., Bd. 8, f. 30r.

[88] Vgl. Stephan Collins, British Stepfamily Relationships, 1500-1800. In: Journal of Family History 16 (1991) 331-344 (seine Studie beruht auf autobiographischen Zeugnissen).

[89] In Anspielung an Steven Ozment, When Fathers Ruled. Family Life in Reformation Europe. Cambridge-London 1983, 132 ff.

JAMES R. PALMITESSA

THE *DIFFUSION* OR *SOCIAL DISCIPLINING* OF MATERIAL CULTURE? THE CASE OF THE NEW CITY OF PRAGUE IN THE AGE OF RUDOLF II[1]

During the sixteenth century, as the Reformation brought about a revolution in society, politics, and religion, Central European cities also experienced a transformation of a different kind. The widespread proliferation of Renaissance features of art and architecture brought about a silent transformation of the material culture of house, street and neighborhood, as the late medieval city became the Renaissance city.

This transformation in material culture was not a separate development but rather intimately connected to political, social and religious change. To explain the dynamic of these changes a diffusion model is most commonly put forth. According to this model, city dwellers adopted styles and modes of the royal court and the nobility as a way to compete or compensate for loss of status and prestige in the changing socio-economic and political environment brought on by the centralization of power.[2] In 1969, Gerhard Oestreich introduced the concept of social disciplining, describing a process which accompanied the rise of the absolutist state, by which people became obedient, pious, and diligent subjects.[3] More recently, the concept has been further developed to embrace the Confessional Age as well.[4]

[1] My participation in this conference was supported by a grant from the American Council of Learned Societies with funds provided by the Gladys Krieble Delmas Foundation. I would like to thank the *Institut für Realienkunde des Mittelalters und der frühen Neuzeit* for the invitation to participate in the conference, and the members of the Institute and conference participants for their comments, criticisms and insight, at the conference and in their earlier work; especially Gerhard Jaritz, Hans-Werner Goetz, and Martin Dinges.

[2] Bernd Roeck, *Lebenswelt und Kultur des Bürgertums in der frühen Neuzeit* (München, 1991), pp. 90, 95, 11, 113-15; Thomas DaCosta Kaufmann, *Court, Cloister, and City: The Art and Culture of Central Europe 1450–1800* (Chicago, 1995); Wolfgang Braunfels, *Die Kunst im Heiligen Römischen Reich Deutscher Nation,* 5 Bände (München, 1979-85).

[3] Gerhard Oestreich, *Geist und Gestalt des frühmodernen Staates* (Berlin, 1969).

[4] Heinz Schilling, "Die Konfessionalisierung im Reich. Religiöser und gesellschaftlicher Wandel in Deutschland zwischen 1555 und 1620," *Historische Zeitschrift* 246 (1988): 1-45; Wolfgang Reinhard, "Zwang zur Konfessionalisierung? Prolegomena

How useful are the concepts diffusion and social disciplining in understanding the appropriation of Renaissance art and architecture by burghers and other city dwellers in Prague in the late sixteenth and early seventeenth centuries?

* * *

During the sixteenth century, Prague underwent a transformation from a small town on the eastern border of the Holy Roman Empire to the largest city in all of central and eastern Europe, an important Habsburg residence, and a major center of late Renaissance culture. This transformation was initiated by the residence in the city beginning in 1547 of Archduke Ferdinand, the son and viceroy in Bohemia of Ferdinand I (who had been elected first Habsburg King of Bohemia in 1527); and culminated in 1583 with the arrival of Emperor Rudolf II and the imperial court from Vienna (where they remained until 1612).[5]

In reality, until the late eighteenth century, Prague was not one but a complex of four legally independent and economically linked cities [see figure 1]: the Castle Hill and Small Side on the left bank of the Vltava river, the site of the royal castle and noble palaces; and the Old and New Cities, the traditional center of commercial and artisanal life, below the Castle Hill on the right bank of the Vltava.[6] In addition to its structural complexity, Prague in the sixteenth century was bilingual and multi-confessional, with native German and Czech speakers, Catholics, Lutherans, Calvinists, Utraquists and the Bohemian Brethren (the latter two being descendants of the Hussites), and the largest urban Jewish population in Central Europe.

An international array of scholars has devoted special attention to the artistic, intellectual and cultural achievements at the imperial court of Rudolf II;[7] especially, to Rudolf's *Kunstkammer,* the largest art and

---

zu einer Theorie des konfessionellen Zeitalters," *Archiv für Reformationsgeschichte* 68 (1977): 226-252; R. Po-chia Hsia, *Social Discipline in the Reformation: Central Europe 1550–1750* (London & New York, 1989).

[5] On Prague during this period see R. J. W. Evans, *Rudolf II and his World. A Study in Intellectual History 1576–1612* (Oxford, 1973); Josef Janáček, *Rudolf II. a jeho doba* [Rudolf II and his Age] (Praha, 1987), pp. 206-221; 345-365; Václav Vladivoj Tomek, *Dějepis Města Prahy* [The History of Prague,] tom. 8-12 (Praha, 1883-1901)

[6] The Castle Hill was elevated to the status of an autonomous city in 1591 by Emperor Rudolf II.

[7] R. J. W. Evans' *Rudolf II and his World* was one of the first works in any language to draw attention to the court of Rudolf II as a major cultural center of its day, and was seminal in drawing together under a common banner research in a number of different fields. See Eliška Fučíková, Hrsg., *Prag um 1600. Beiträge zur Kunst und Kultur am Hofe Rudolf II.* (Freven, 1988); Eliška Fučíková, B. Bukovinská & I.

curiosity collection of its day, which contained the works by the sophisticated group of artists which Rudolf assembled at the Prague court.[8] Scholars have also pointed to a number of innovations in noble palaces and in the homes of burghers and other city dwellers – as evidence – of the Habsburg court's central, almost dominant role in the cities' society, politics, and culture. These innovations include Renaissance-style windows, portals, gables, loggias, and facades decorated with fashionable Italian geometric patterns (or *sgrafitti).* Interiors were decorated with portraits and expensive furniture, such as upholstered chairs, intricately enlayed wooden armoires, tables, chests, and writing tables. Furniture, in turn, stored jewelry embellished with rare stones, gold and silver dishware, Venetian and other expensive glass, and objects from nature and the exotic.[9]

The widespread distribution of these innovations among different elements of Prague society has been viewed as the primary manifestation of a fundamental transformation in the material culture of home and neighborhood which accompanied the transformation of Prague, as a whole, into a Habsburg residential city.[10] One scholar has even talked about a symbiosis which took place during the sixteenth century between the material cultures of the different landscapes of the four cities.[11]

According to this diffusion model as it pertains to Prague, Renaissance and other innovative styles and modes were first transmitted from Italy to Bohemia via the Hungarian court of Matthias Corvinus. At that time Václav Jagellon, then King of Bohemia, was also elected King of Hungary. King Václav became acquainted in Buda with the Renaissance art of his predecessor (i.e. Corvinus), and introduced these styles at the Prague court. During the course of the sixteenth century, the early Habsburg rulers of Bohemia – Ferdinand I, Maximilian II, and Rudolf II –

Muchka, *Umění na dvoře Rudolfa II.* [Art at the Court of Rudolf II] (Praha, 1988); Karl Vocelka, *Rudolf II. und seine Zeit* (Köln & Wien, 1984).

[8] Thomas DaCosta Kaufmann, "Remarks on the Collections of Rudolf II: The Kunstkammer as a Form of *Representatio," Art Journal* (Fall, 1978): 22-28; "From Mastery of the World to Mastery of Nature. The Kunstkammer, Politics and Science," chapter seven of *The Mastery of Nature. Aspects of Science, and Humanism in the Renaissance* (Princeton, 1993); Eliška Fučíková, "The Collection of Rudolf II in Prague. Cabinet of Curiosities or Scientific Museum," *The Origins of Museums: The Cabinet of Curiousities in Sixteenth- and Seventeenth Century Europe,* eds. O. Impey & A. MacGregor (Oxford, 1985).

[9] Ferdinand Seibt, Hrsg., *Renaissance in Böhmen. Geschichte, Wissenschaft, Architektur, Plastik, Malerei, Kunstwerk* (München, 1985); E. Fučíková et al., *Umění na dvoře Rudolfa II* [see note 7]; Eva Šamánková, *Architektura české renesance* [Czech Renaissance Architecture] (Praha, 1961).

[10] Ibid.

[11] Karl Hetteš, "O hmotné kultuře pražských měst 16. věku," [About the Material Culture of the City of Prague in the 16th Century] *Kniha o Praze* (1964): 197-214.

intensively patronized and cultivated these styles, and they, subsequently, were passed on or diffused to the nobility and then to burghers.[12] The culmination of this diffusion process was "Rudolfine Prague," an exciting and dynamic late-Renaissance city which experienced under the imperial court a brief though potent cultural flowering on the eve of Europe's most devastating war of the pre-modern age, the Thirty Years War.

The magnificence of "Rudolfine Prague" has proved seductive, both to foreigners who migrated there in the sixteenth century, as well as to Czech scholars who saw in the cosmopolitan Prague of 1600 a scholarly refuge from the normalized Prague of the 1970s and 1980s. The allure of the city during this time has contributed, in large part, I believe, to the acceptance of a number of generalizations and, to some extent, exaggerations of the impact of the Habsburg court's influence in the city; in particular, to a too-ready acceptance of the model of diffusion of material culture.

While there is much known about the art and architecture of the castle complex and noble palaces – that is where the primary focus of research has been – there exists no comparable picture of art and cultural innovations associated with burgher homes to support the diffusion model. For art associated with noble palaces, for example, much of the material culture has survived. We also know much about its function. Beyond mere accumulations of the valuable, we know that objects in royal and noble collections were collected, organized and displayed in banquet halls, silver chambers and libraries, representing a new approach to material culture.[13] For burgher homes, nothing close to this picture exists. The argument for cultural diffusion to burgher homes has been based mostly on anecdotal, incomplete, and insufficient evidence: descriptions of Prague by foreign visitors;[14] the appearance of Renaissance elements on a few surviving

---

[12] On the transmission of the Renaissance across national cultural boundaries, see Jan Bialostocki, *The Art of the Renaissance in Eastern Europe. Hungary. Bohemia, Poland* (Ithaca, 1976).

[13] Collections of art, nature and the exotic have become a major topic of research in the last fifteen years. Two studies which I have found to offer fruitful ways of understanding the art collections of city dwellers in the period are: Krzystof Pomian, *Collectors and Curiosities. Paris and Venice, 1500–1800,* trans. Elizabeth Wiles-Porter (Cambridge, 1990); and Elisabeth Scheicher, *Die Kunst und Wunderkammern der Habsburger* (Wien, München & Zürich, 1979). See also O. Impey & A. MacGregor, *The Origins of Museums: The Cabinet of Curiousities in Sixteenth- and Seventeenth Century Europe* (Oxford, 1985); and Thomas DaCosta Kaufmann, "The Kunstkammer, Politics and Science," in *The Mastery of Nature* [See note 8].

[14] *Fugger-Zeitungen. Ungedruckte Briefe an Hans Fugger aus den Jahren 1568–1605,* Hrsg. Von V. Klarwill (Wien, Leipzig, München, 1923); *Pierre Bergeron, Jacques Esprinchard, François de Bassonpierre. Tři francouzští kavalíři v rudolfinské Praze* [Pierre Bergeon, Jacques Esprinchard, François de Bassonpierre. Three French

buildings, and in panoramas and broadsheets of the period;[15] and from studies of the distribution of a few cultural objects, such as books and paintings, in probate inventories and other manuscript sources.[16]

* * *

I have undertaken, as part of a larger project, a study of the extent to which the Habsburg court served as a force for change in the material culture of one small section of Prague.[17] The study and this discussion draws on an extensive reconstruction of one section of the New City of Prague based on an in-depth computer analysis of written sources – including probate inventories, civic wills, marriage contracts, building disputes and house-price series – corresponding to this area of the city.[18]

Cavaliers in Rudolfine Prague] (Praha, 1989); *Fynes Morison, John Taylor. Cesta do Čech* [Fynes Morison, John Taylor, Travels to Bohemia] (Praha, 1977).

[15] Such as the panorama of 1606 printed by the imperial engraver, Aegidius Sadeler: Odeon reprint 15/961/VI (1979). See figure 2 for detail.

[16] The most systematic and critical analysis of manuscript sources of this period has been carried out by Jiří Pešek and had appeared in numerous periodical studies. For a summary of this work, see Jiří Pešek, *Měšťanská Vzdělanost a Kultura v předbělohorských Čechách 1547–1620 (Všední dny kulturního života)* [Bourgeois Education and Culture in Pre-White Mountain Bohemia 1547–1611 (Aspects of Daily Cultural Life)] (Praha, 1993). On the interpretation based on these bodies of sources, see: E. Fučíková, "Praha v době vlády Rudolfa II." [Prague during the Reign of Rudolf II,] in *Umění na dvoře Rudolfa II.* [see note 7], pp. 29-59; Josef Janáček, *Rudolf II. a jeho doba* [see note 5], pp. 206-221, 345-365.

[17] James R. Palmitessa, *Material Culture and Daily Life in the New City of Prague in the Age of Rudolf II*, Medium Aevum Quotidianum, Sonderband VI (Krems 1997).

[18] The core of this reconstruction is a critical analysis of four overlapping bodies of sources – (1) Building and property dispute cases before the Six-Man Council of the New City of Prague, an office of communal government, between 1547–1611: *Archiv Hlavního Města Prahy* [Archive of the Capital City of Prague – henceforth AMP] 2149, 2150 & 521. Of the total number of cases (seventy-four), thirty-one correspond to houses located within a two-block radius of the Horse Market; the remaining to those immediately beyond. (2) Probate inventories of fifty-six individuals corresponding to forty-six households in the New City spanning the period 1577–1627; fourteen of which were subjects of dispute cases, the remaining of houses adjacent or almost adjacent to houses corresponding to these cases. Inventories were drawn form AMP 1208, 1209, 1210, 1211, 1211, 1212, 1213 & 1214. (3) House Owner & Price Series compiled by the State Office of Landmark Preservation *(Státní ústav pro rekonstrukci památkových měst a objektů* – henceforth SÚRPMO) in Prague: SÚRPMO pasport domů čp 35-II, 35, 747-751, 773-777, 782-785, 792, 832, 890, 891 (unpublished typewritten manuscripts); čp 633-636-II, čp 97-704, 793-95, 822-838, 897-904, 1045-50, 1073-77 (handwritten notes). (4) Civic Wills (AMP 2207-2210) and Marriage Contracts (AMP 2146). For a master list of sources, individuals, houses, and their locations, see Palmitessa, *Material Culture and Daily Life in the New City of Prague* [see note 17], pp. 190-192.

The study rests on the following assumptions:

First, even though the physical structures and artifacts have not survived, salient aspects of material culture can be reconstructed from an analysis of written sources; the most important being probate inventories. Prague inventories of this period are especially rich. They embrace all sorts of objects from the low to the high and are extremely detailed in terms of typology and location.[19]

Second, while the study of the distribution of individual objects of high culture, as has been done, is useful, this alone does not sufficiently explain or support the diffusion process. Such an approach supports only the diffusion of objects; not the reasons, mentality and motivations of city dwellers who adopted them. Many of the studies using Prague inventories widely extrapolate social meaning from these sources, without critically considering the problematic issues of what the sources actually record; that is, they do not question what has been termed the *Realitätsgehalt* of the sources.[20]

To approach an understanding of how city dwellers conceptualized and responded to the innovations introduced by the court, it is important to go beyond a study of the distribution of individual objects of high culture and art, and examine the full range of innovations within the larger setting of the material culture of the burgher house. It is important to look at the context where people and objects interacted, what has been described as the nexus of person, object and situation.[21] One way to capture this nexus of person-object-situation is to examine the setting and organization of art objects. Elisabeth Scheicher has underscored the importance of setting and organization in her study of the *Kunstkammer*.[22]

---

[19] On Prague inventories as archival sources, see Jiří Pešek, "Pražské knihy kšaftů a inventářů. Příspěvek k jejich struktuře a vývoji v době předbělohorské" [Prague Books of Inventories & Civic Wills. Contribution to their Structure and Development in the Pre-White Mountain Period,] *Pražský sborník historický* 15 (1982): 63-92.

[20] Gerhard Jaritz, "Mittelalterliche Realienkunde: Quellenbefund und Quelleninterpretation," *Erforschung von Alltag und Sachkultur des Mittelalters. Methode–Ziel–Verwirklichung,* Sb. Ak. Wien, phil.-hist. Kl. 470 (Wien, 1986), p. 33-44.

[21] Gerhard Jaritz, "Mittelalterliche Realienkunde" [See note 20]. See also Hans-Werner Goetz, "Vorstellungsgeschichte: Menschliche Vorstellungen und Meinungen als Dimension der Vergangenheit. Bermerkungen zu einem jüngeren Arbeitsfeld der Geschichtswissenschaft als Beitrag zu einer Methodik der Quellenauswertung," *Archiv für Kulturgeschichte* 61, Heft 9 (1979): 253-271; "Geschichte des mittelalterlichen Alltags," *Mensch und Objekt in Mittelalter und früher Neuzeit. Leben–Alltag–Kultur,* Sb. Ak. Wien, phil.-hist. Kl. 568 (Wien, 1990), p. 67-101.

[22] Elisabeth Scheicher, *Die Kunst und Wunderkammern der Habsburger* [see note 13].

The organization of Emperor Rudolf's *Kunstkammer* has been a major issue of debate within the art historical scholarship.[23] Setting and organization should be considered vital factors in understanding art in burgher homes as well.[24]

* * *

The area selected for study [Figures 1 & 2] is a section of the New City of Prague comprised of the lower end of the Horse Market (today's Václavské náměstí – Wenceslaus Square – Wenzelsplatz), the church and cloister of Mary of the Snow, part of Široká Street (which means Broad Street, today Jungmannová Street), and *Na příkopě* ("In the Moat"), the thoroughfare located just outside the walls of the Old City.[25] The area was chosen solely on the basis of the number and variety of available sources.

This was a diverse, mixed-use area, inhabited by artisans, merchants, and members of the lower nobility, rich and poor; it represents just one of many urban sub-sections of Prague. Široká Street was the traditional metal-working district of the city. The Horse Market was a multi-purpose market where horse traders, producers of small leather goods, swordsmiths, confectioners, and bakers worked and traded.[26]

Czech speakers predominated in this area, though many residents also possessed some proficiency in German.[27]

This area of the city has strong historical associations with the Hussite Revolution of a century and a half earlier. The Church and Cloister of Mary of the Snow was the site of the sermons of the radical "preacher of the poor," Jan Želivský, who headed the march in July 1419 to the New City Hall which led to the defenestration of magistrates and

[23] Thomas DaCosta Kaufmann, "Remarks on the Collection of Rudolf II," *Art Journal* 38 (Fall 1978) & Eliška Fučíková, "The Collection of Rudolf II in Prague," *The Origins of Museum* [see note 8].

[24] See Ruth-E. Mohrmann, *Alltagswelt im Land Braunschweig,* 1. Band (Münster, 1990), p. 25.

[25] On the New City, see Vilém Lorenc, *Nové Město pražské* [The New City of Prague] (Praha, 1973).

[26] SÚRPMO unpublished typewritten manuscripts and handwritten sources [see note 18]; Luboš Lancinger, "Z místopisu Nového Města Pražského v 15.–19. století. Na příkopě II" [On the Topography of the New City of Prague from the 15th–19th century. Na příkopě II,] *Pražský sborník historický*. See also Zikmund Winter, *Řemeslníctvo a Živnosti XVI. věku v Čechách* [Crafts and Trade in 16th Century Czechia] (Praha, 1909), p. 727.

[27] This is based on the language of books in households as indicated in probate inventories. Of all the households for which there is indication of the language of books in possession, all but one had Czech-language books. Half of all the households had books in both Czech and German.

initiated the radical phase of the Hussite Revolution.[28] The church and cloister were fully destroyed during the revolution and remained so throughout the sixteenth century.

Some of the householders were descendants of the moderate Hussite ruling elite who came to power at the end of the revolution. If they carried on the Hussite traditions of their immediate ancestors and were, thus, Utraquist, they would have been members of one of the two parishes of the New City, both Utraquist, whose jurisdictions intersected the Horse Market.[29] Yet in the fluid confessional situation of the second half of the sixteenth century, it is difficult to make any definitive statements about the confessional affiliation of the inhabitants.[30] Books of residents of this section of the city show that many had contact with Utraquist, Lutheran, and Calvinist teachings.[31]

None of the houses that once stood in the sixteenth century in this area of the city – or for that matter anywhere else in the New City – have survived. The houses that stood there in the sixteenth century dated back to the mid-fourteenth century when the New City was founded or sometime thereafter. Most were constructed of stone which was quarried outside the city. One house configuration type which was common in the New City was the large market house of two or three stories with a large courtyard in the center.[32] [See figure 4].

---

[28] Howard Kaminsky, "The Prague Insurrection of 30 July 1419," *Medievalia et Humanistica* XVII (1966): 106-126.

[29] By the mid-fifteenth century, the Hussite movement had divided into a radical branch – the Taborites, named after the city its members founded in Southern Bohemia (Tábor) – and a more moderate branch, the Utraquists, named after the Hussite demand for communion "in both kinds," in Latin *sub utraque specie.* On confession as a factor of social and political development after the Hussite Revolution, see Winfried Eberhard, *Konfessionsbildung und Stände in Böhmen 1478–1530* (München, 1981); *Monarchie und Widerstand. Zur ständischen Oppositionsbildung im Herrschaftssystem Ferdinands I. in Böhmen* (München, 1985). On religious jurisdictions in the New City of Prague, see Vilém Lorenc, *Nové Město pražské* [see note 25], pp. 59-73, 91-134; Vladimír Waage, "Městský pozemkový majetek a postranní právo kláštera Panny Marie Sněžné" [Urban Property and Extra-Territorial Law of the Cloister of Mary of the Snow,] Diplomová práce, Filozofická fakulta Univerzity Karlovy v Praze, Katedra archivnictví, 1978.

[30] See Josef Válka, "Tolerance či koexistence? (K povaze soužití různých náboženských vyznání v českých zemích v 15. až 17 století" [Tolerance or Coexistence? Some Thoughts Concerning the Coexisting of Different Religious Confessions in the Bohemian Lands from the 15th to the 18th centuries], *Studia comeniana et historica* 18, číslo 35 (1988): 63-75.

[31] Almost half (48%) of all books had titles dealing with religious themes. See discussion of individual collections in James R. Palmitessa, "House, Home & Neighborhood" [note 17], pp. 225-227; 400-402.

[32] Vilém Lorenc, *Nové Město pražské* [see note 25], pp. 102-7.

For this section of the city, it has been possible to identify and collect many different types of sources – probate inventories, civic wills, marriage contracts and building disputes – and link them through house ownership lists provided by the State Office for Landmark Preservation *(Státní ústav pro rekonstrukci památkových měst a objektů)* with individual people and exact locations (i.e. parcels) in the city [See figure 2]. A computer data base was set up to record probate inventories of fifty-six individuals corresponding to forty-six adjacent or semi-adjacent houses in this area of the New City between the years 1577–1627. For these houses, the data base records every object in the house and the location of the objects within the house. A separate data base was set up for the building disputes, civic wills, marriage contracts and as much other additional information available for the individuals and structures involved: house prices, length of residence in the house, number of families and residents in the house, confessional affiliations, etc. This reconstruction provides an in-depth, realistic picture of the material and spatial worlds of a section of a sixteenth-century city; an antidote to nostalgic notions of "a world we have lost".

* * *

How did residents of this section of the city living belong the castle respond to the new innovations introduced by the Habsburg court and the Bohemian nobility located up on the Castle Hill and the Small Side?

In terms of types of cultural innovations, residents of this section of Prague – overall – participated in the larger transformation of material culture going on in the city. For nearly every other house on the lower Horse Market, building disputes document an interior or exterior structural change, such as the widening of windows, the installation of window frames, construction of eaves, outside loggias, and vaulted ceilings.[33] Probate inventories show that a handful of burgher houses contained pieces of exceptional furniture, mostly tables constructed out of expensive materials such as marble, or designed in new shapes.[34] Ten of the fifty-six households studied had pieces designated as "writing desks," an innovation associated with the Renaissance.[35] More than a third of the households in this section of the city had paintings (a higher figure than

[33] James Palmitessa, *Material Culture and Daily Life in the New City of Prague* [see note 17], pp. 83-86, 144-145.

[34] Description of furniture is provided for less than 15% of all pieces. Of 291 tables, 5 were marble, one was decorated with garnets and one was a pull-out table. Of the smaller tables, two had non-rectangular tops, one was oblong.

[35] Seventeen desks were found in 10 of 56 households.

the 20% which has been estimated for the New City as a whole).[36] A few boasted more than modest-size painting collections.[37] The most popular genre was the classic Renaissance portrait, the subject usually being the house owner or a relative In three households there were portraits of Emperor Rudolf II, though probably none was of such a high quality as the famous portrait done by Hans von Aachen for the emperor himself.[38] Many burgher houses also had maps and panoramas, almost all with Bohemian or Austrian themes.[39] Residents of this section of the city also accumulated artisanal work of exceptional quality such as ornate dishware in gold and silver, gold and silver jewelry decorated with precious stones, and clocks.[40]

An important difference between art in New City burgher homes and in palaces on the Castle Hill and the Small Side was in the composition and range of innovations. While many households in the New City adopted one or a few innovations, few adopted a wide range. A hierarchy of choice can be identified: books and exceptional dishware represent the most common innovations chosen (identified in 68% and 64% of the New City households, respectively), followed by architectural renovations (approximately 50%), general art objects (46%), jewelry (43%), and pictures (38%).[41]

Where art and cultural innovations in New City households most notably differed from those on the Castle Hill and the Small Side were in their setting and organization. Unlike the renovated facades we often associate with Renaissance houses today which give us the impression of the adoption of the Renaissance as a total cultural system, building disputes show us that New City residents adopted Renaissance architectural features in a piecemeal approach. For example, residents installed only a few stylish windows, leaving others the same; or built Renaissance gables on top of leaky, dilapidated roofs.

In contrast to the picture galleries, libraries and silver chambers of the nobles, the setting of art within New City burgher homes was not in

---

[36] 204 pictures in 21 households (38%). The figure of 20% for the New City as a whole is from Jirí Pešek, "Inwestycje kulturalajne miesyczan praskich przed 1620 r. stan I wyniki badan nad inwentarzami spadkowymi i testamenami" [Cultural Investments of Prague Burghers before 1620. The State and Development of Research of Probate Inventories and Civic Wills] (Warszawa, 1990), pp. 335-342.

[37] Four households contained over 25 pictures; the remaining less than 10.

[38] Almost all of the pictures which indicated genre were portraits. For a photograph of Hans von Aachen's portrait of Emperor Rudolf II, see Eliška Fučíková et al., *Umění na dvoře Rudolfa II.* [see note 7], p. 15.

[39] 4 of 56 households (7%).

[40] James R. Palmitessa, *Material Culture and Daily Life in the New City of Prague* [see note 17], pp. 93-97, 158-161.

[41] James R. Palmitessa, *Material Culture and Daily Life in the New City of Prague* [see note 17], pp. 108-109, 150-161.

rooms specially allocated for their display but in rooms which had multiple functions. The largest picture collections in this area of the city were distributed among three to five locations of a house, none of which can be classified as a painting gallery. (In over a third of all locations where pictures were located, beds were also found.)[42]

A few residents accumulated sizable book collections, but in only two of the fifty-six households studied can a library or study be identified.[43] Books and exceptional artisanal work, such as jewelry and dishware in gold and silver, were not only distributed among a few multi-functional locations of the house, but also stored in a multifunctional fashion; that is, in chests and armoires mixed together with art objects of different types as well as with quite ordinary items such as work tools, everyday bed linen, etc.[44]

I would argue that the limited composition, multi-functional setting and organization of art and cultural innovations in New City burgher homes point to a model of cultural change going on in the cities of Prague in the sixteenth century which can best be characterized as appropriation rather than mere diffusion; and that this appropriation was part of a larger, complex acculturation process which was introduced by the arrival of the Habsburgs on the Castle Hill. Is social disciplining a more useful concept for understanding this appropriation?

Let us consider a few examples. For most city residents, the style of appropriation can be described as apish copying and pretension, and is identified by the limited number of innovations which were distributed or stored in no recognizable pattern.

Martin Masopust, a city councilor who lived on the Horse Market and who did not have any direct ties to noble and royal/imperial circles, changed all the windows of his house in the late sixteenth century. [See figure 3]. At the same time, however, the limited art he possessed was distributed among three different locations of the house, none of which can be classified as representational in character.[45] For example, two of his portraits hung in a ground floor room which was furnished only with assorted clay pots and two scissors.[46]

---

[42] 12 of 31 or 39%.

[43] *Pokojík,* (location 26) in Anna Žlutická z Bernarečku's "new structure" *(nové stavení),* an addition to the main house (AMP 1212.8a ff.); *kancelář* (location 1) in the house of Simeon Polidor z Baubinus (AMP 1214.187a ff.).

[44] Of general art objects, 84% were stored in a piece of furniture, none exclusively. Of pieces of exceptional dishware, 75% were stored, in only 9% of these cases were they stored exclusively. Of books, 74% were stored, only half exclusively. Of jewelry, 72% were stored, all of them along with other items.

[45] Masopust was the only resident of this section of the Horse Market who did not have German books in his collection.

[46] *Druhá svietnice* (location 2); AMP 1210.95b ff.

To only four out of fifty-six individuals studied – three rentier-merchants (one of whom was a city councilor) and one artisan/city councilor – can an intensified style of appropriation be attributed, which perhaps can be classified as evidence for social disciplining. This style of appropriation can be characterized by a new mode of collecting and display which is identified not just by new types and a broad range of innovations, but also by their distinctive setting and organization.

The appropriation of a broad range of innovations can be seen in the two-story, thirty-room house on Široká Street of Brikcí Zvonař z Cinperku, a master bellmaker and New city councilor. [Figure 4] Brikcí had ties to the imperial court and noble circles as well as to neighborhood institutions. His grandfather made a bell for Habsburg King Ferdinand I and Brikcí did the same for the Rosenbergs, Bohemia's leading noble family. Brikcí was also a member of the literary society at St. Henry and a parishioner at St. Stephen, the two Utraquist parish churches of the New City.[47] [See figure 3] A "large room on the first floor" was furnished with "a canopied bed with green curtains, two tables, a desk containing armor, a wash basin, a candlestick, some artisanal tools, a picture of Emperor Rudolf, a veduta of Vienna and a map of Hungary."[48] Another room located nearby contained "three pictures, including those of Saints Václav and Adalbert [patron saints of Bohemia – the inventory using the German name for the latter]; a desk containing a debt register, books, a seal confirming Brikcí's status as a titled burgher, a two coats of arms; a box; a small chest containing tools; a mirror; a gun; two small bells; and dishware."[49] The first room, a combination bedroom/art chamber, is representative of a setting found in all exceptional households and, to a lesser extent, in others as well. The second room served possibly as a type of office to receive guests or clients in the house owner's capacities as artisan or councilor.

A third exceptional setting of art found in houses in this section of the city was a room with distinctive representational character which served as a sitting or living room-type location, but not another major function such as an office or bedroom. Such a setting, however, was identified in only two households whose owners were rentier-merchants holding estate offices. One setting was in the house of Anna Žlutická z Bernarečku and Jiřík Švík z Lukonos which was located on the Horse Market across the street from the house of Martin Masopust. Jiřík's father,

---

[47] Zikmund Winter, "Zvonařové z Cinperku" [The Zvonař Family of Cinperg,] *Památky archaeologické a místopisné* (1896–1897): 444-9; Karel Navrátil, *Paměti hlavního kostela farního , fary, a školy Sv. Jindřicha a Sv. Kunhuty v Novém Meště Pražském* [Records of the Main Parish Church, House and School of St. Henry and Kunhuta in the New City of Prague] (Praha, 1869).

[48] *Velká svietnice nahoře* (location 1); AMP 1211.182a ff.

[49] *Velká svietnice* (location 30); AMP 1211.182a ff.

Daniel Švík z Lukonos, was a member of the estate court *(Soud nejvyších Purkrabství pražského)* and royal judge *(rychtář)* in the New City from 1581–84. Anna's father, Mataus Žlutický z Bernarečku, served at least one term as a burghomaster *(primátor)* and followed Daniel Švík z Lukonos as royal judge from 1584–86.[50] The "small room" was decorated with "twenty-three large and small pictures, two tapestries, two large tables, two small tables, a chest of books, two candlesticks, a saltbox, some dishware and guns."[51]

I believe that these examples demonstrate that the appropriation of new styles and modes in art and architecture by residents of the New City should be seen as a highly ambivalent form of compensation and competition which can be related as much to values and motives rooted in the neighborhood as it was to ones introduced by noble and royal/imperial circles. Only the two households with representational rooms can be considered examples of individuals competing with imperial/royal and noble circles. But in the case of Martin Masopust, exemplary of most residents of the New City, it makes more sense to understand his wholesale installation of Renaissance windows in his home as a means, through pretension, to compete with his neighbors and peers in the New City – on which they would have the greatest impact – than as a symbol of competition with noble palaces or compensation for loss of status and prestige. The case of Brikcí Zvonař z Cimperku, an individual with strong ties both in the cities as well as on Castle Hill and beyond, is much more complicated. His office retreat with maps and pictures with Habsburg themes represented much more than a copying of styles to reassert his status among his peers, or simple competition with nobles on Castle Hill and the Small Side. His style of appropriation was all at once conspicuous consumption, pretension, and a close association with the Habsburg cause.[52]

* * *

The area of the New City of Prague around the Horse Market, just one of many sections of the city, underwent a transformation in the sixteenth century which was initiated and influenced by Renaissance innovations introduced by royal/imperial and noble circles on Castle Hill and the Small

---

[50] František Roubík, "Kralovští rychtáři v pražských i jiných městech v letech 1547 až 1783" [Royal Judges in the Prague Cities and other Bohemian Cities from 1547–1783,] *Sborník príšpěvků v dějinám hlavního města Prahy* VI (1930), p. 350; AMP 2146.241b.

[51] *Malý pokoj* (location 3); AMP 1212.8a ff.

[52] Compare with Gerard l'E. Turner, "The Cabinet of Experimental Philosophy," *The Origins of Museums* [see note 8], 214-222.

Side. But this did not bring about an assimilation of material culture of home and neighborhood into a larger, unified Renaissance-style city. Residents of the New City adopted many of these innovations, but on their own terms, retaining much of the traditional character and identity of their home and street landscapes.

Social disciplining would seem to represent a more sophisticated model of these changes than diffusion, though it too does not adequately explain the complex and interrelated ways city dwellers responded to Renaissance innovations; at least in the sense of "disciplining," the attribute most commonly associated with the concept. If, however, we accept social disciplining in a broader sense, embracing both "self-disciplining" as well as a "disciplining", than it can be a useful concept. In late sixteenth century Prague, the disciplining and self-disciplining of cultural models presents itself as a dynamic, multi-faceted process. First, this process did not just operate in one direction, namely from top to bottom (both socially and geographically), but involved a horizontal component as well; rooted in relations between neighbors of the same social standing. Second, it was not an all-or-none process, but one of appropriation, in terms of composition, setting and organization of innovations.

Lastly, a close look at the appropriation of Renaissance styles and modes by city dwellers sheds interesting light on the character of the period as a whole.[53] Earlier historians of the Czech nationalist school saw White Mountain as one of the great watershed events in the history of Bohemia. It was a low point because it marked the subordination of the Czech lands lead to forced integration into the Habsburg realm. Today, we have a more differentiated view of the Battle of White Mountain; we still see it as an important turning point, but we recognize that an important consolidation of Habsburg power was taking place decades before the battle.[54] The case of the New City of Prague suggests that the appropriation of Renaissance styles and modes was not just a reflection but an integral part of a larger process of acculturation. In this process, Renaissance styles and modes served as a medium, and the burgher house as a focal point, around which different elements of Prague society, a half-century before the Battle of White Mountain, could respond and accommodate to the challenges of Habsburg rule.

---

[53] See Josef Válka, "Předbělohorská kultura a společnost" [Pre-White Mountain Culture and Society,] *Studia comeniana et historica* 31 (1986): 5-25.

[54] Josef Polišenský, *War and Society in Europe, 1618–1648* (Cambridge, 1978).

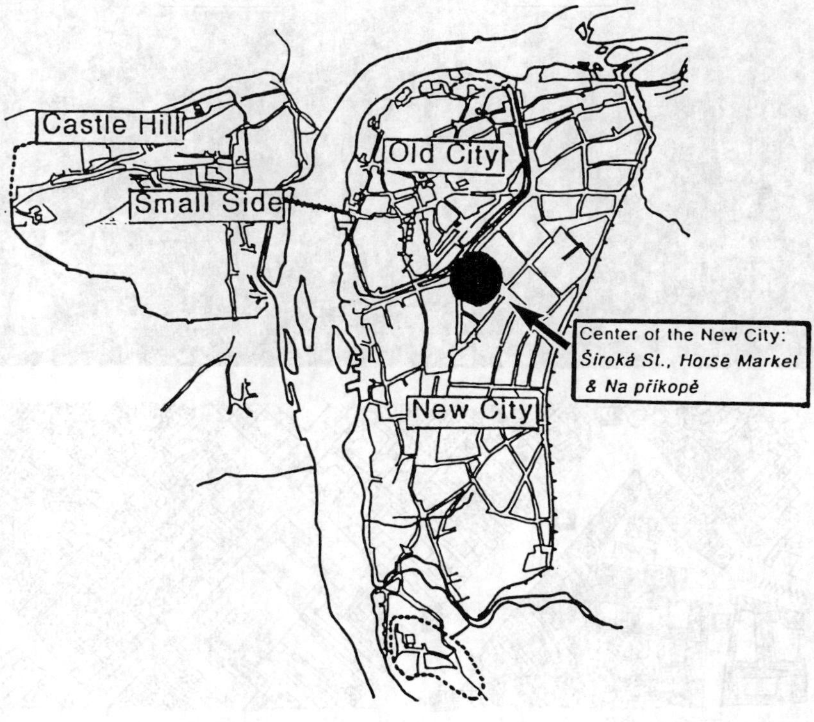

Figure 1: The Royal Cities of Prague
with location of Area of Study
[Source: Schematic plan adapted from plan in Vilém Lorenc, Nové Města pražské (Praha, 1973), by Václav Fred Chvátal]

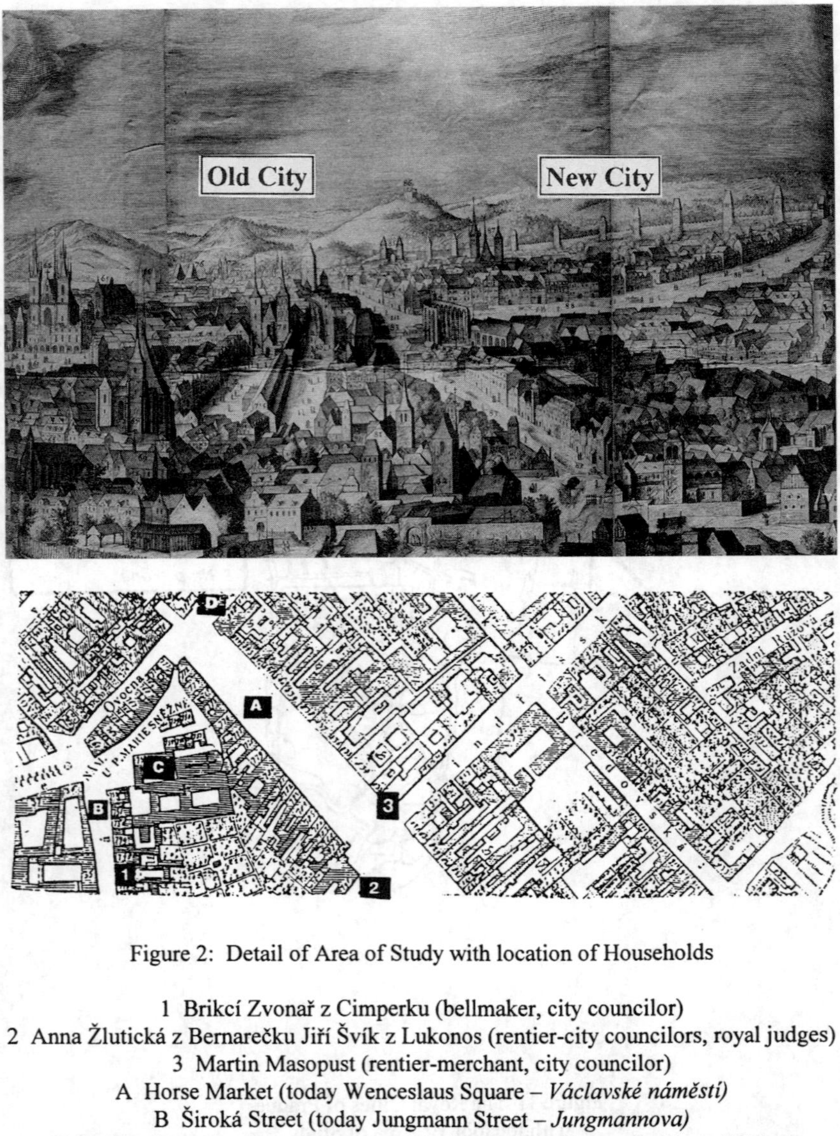

Figure 2: Detail of Area of Study with location of Households

1 Brikcí Zvonař z Cimperku (bellmaker, city councilor)
2 Anna Žlutická z Bernarečku Jiří Švík z Lukonos (rentier-city councilors, royal judges)
3 Martin Masopust (rentier-merchant, city councilor)
A Horse Market (today Wenceslaus Square – *Václavské náměstí)*
B Široká Street (today Jungmann Street – *Jungmannova)*
C Ruins of the Church and Cloister of St. Mary of the Snow *(P. Marie Sněžné)*
D *Na příkopě* ("In the Moat")

[Source: Engraving is a detail of panorama by Aegidius Sadeler (1606) from Odeon reprint 15/961/VI (1979); Map is detail from Jüttner plan (1815) reprinted from Václav Líva, *Pražská města, Berní rula* (Praha: Archivaly země české z prostředků ministerstvu školství a věd, 1949).]

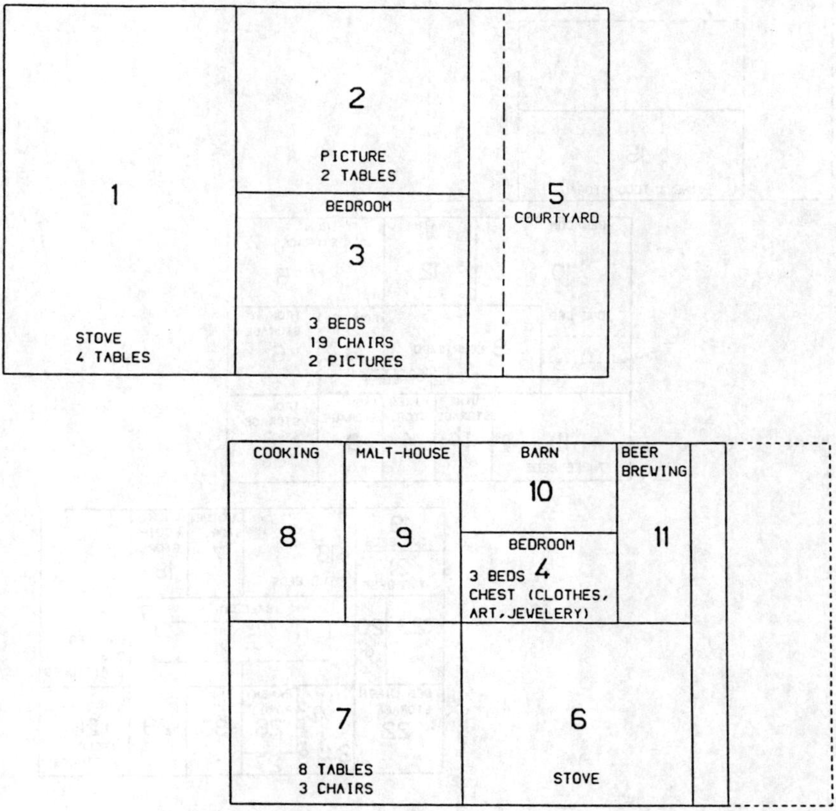

Figure 3: Structural-Functional Plan of Rentier Agricultural Household of Martin Masopust (City Councilor), Horse Market, New City of Prague

Top: Ground floor
Bottom: First floor

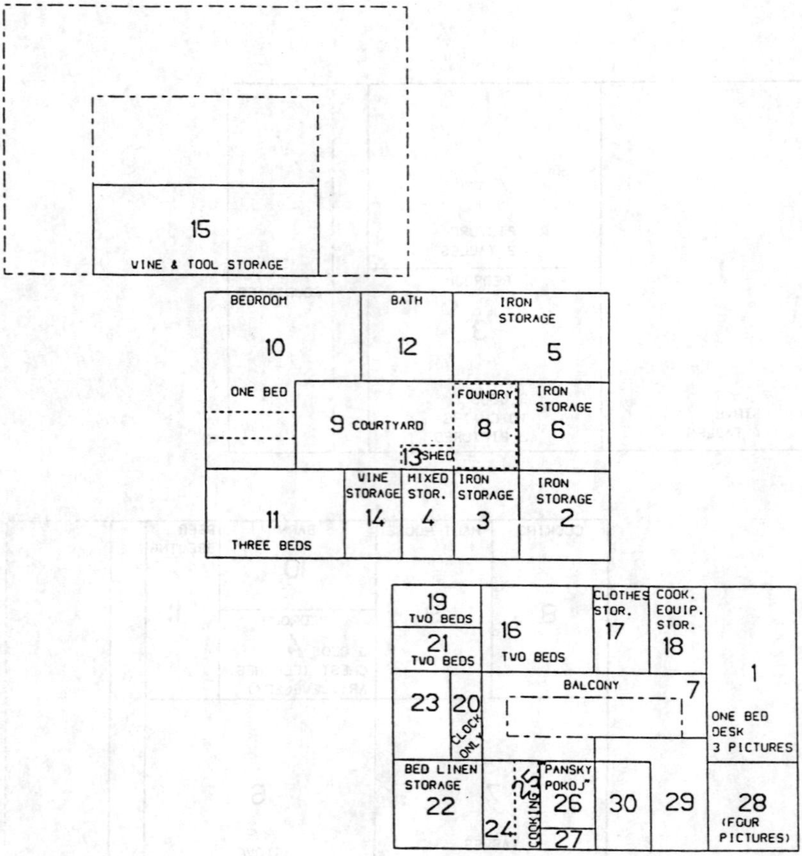

Figure 4: Structural-Functional Plan of Household of Brikcí Zvonař z Cimperku (Bellmaker, City Councilor), Široká Street, New City of Prague

23 – Two tables, chest with bed linen, riding equipment
24 – Chest belonging to wife
27 – One bed, books & art
29 – Bench, children's dishware
30 – Desk, books, art (eight pictures)

Top: Basement floor
Middle: Ground floor
Bottom: First floor

KIRILL LEVINSON

REGLEMENTIERUNG DES VIKTUALIENHANDELS IN BAMBERG UND DIE SOZIALDISZIPLINIERUNG

Die Studie, welche diesem Beitrag zugrunde liegt, basiert auf Mandaten, die im Namen der Bischöfe von Bamberg in den Jahren von 1574 bis 1651 erlassen wurden und die sich auf den Lebensmittelhandel im Bistum Bamberg beziehen.

Zwei Vorbemerkungen seien gemacht. Weil wir nicht ohne weiteres feststellen können, welchen Beitrag zur Verfassung eines Mandats der jeweilige Bischof persönlich leistete und welche Angestellten der bischöflichen Kanzlei sich an der Konzipierung maßgeblich beteiligten, sehe ich den Herrscher und seinen Verwaltungsstab in Gestalt des Rats und der Kanzlei als ein Ganzes an und gebrauche zu seiner Bezeichnung das Wort "Obrigkeit". Wenn im folgenden aus stilistischen Gründen das gleiche Subjekt gelegentlich beim Namen oder als "der Bischof", "der Gesetzgeber" bzw. "der Landesherr" genannt wird, so ist damit in der Regel nur seine juristische Person gemeint. Das Wort "Obrigkeit" empfiehlt sich aus folgenden Gründen: zum einen weil es am wenigsten personifizierend wirkt – denn es geht weniger um die Politik jedes einzelnen Bischofs als vielmehr um die Beziehungen zwischen den Beherrschenden und Beherrschten, zwischen der Obrigkeit als Instanz und den Untertanen als ihrem Gegenüber; zum anderen ist die Wortwahl meines Erachtens auch insofern gerechtfertigt, als sich das Wort "Obrigkeit" im Quellentext als Selbstbezeichnung des Gesetzgebers wiederfindet.

Die ausgewertete Sammlung der Abschriften von Mandaten, die den Lebensmittelhandel im Bistum reglementieren, befindet sich im Bamberger Stadtarchiv. Sie wurde vermutlich am Ende des 17. Jahrhunderts als Codex angelegt[1]. Über ihre Vollständigkeit besteht keine Klarheit, aber die Tatsache, daß in ihr auch absolut identische Texte in der Regel ungekürzt wiedergegeben sind, spricht dafür, daß der Kopist alle vorhandenen Vorlagen gewissenhaft erfaßte. Einmal weist er in der Anmerkung auf zwei Mandate hin, die von ihrem Inhalt her einem bereits dargestellten gleich sind und

[1] Die Seitenzahlen werden hier in runden Klammern nach der Paginierung in diesem Codex angegeben, obwohl sie teilweise lückenhaft ist; daher kommen Nummern wie 43a, 43b und 43c vor. Quellenzitate, in denen die Schreibweise des Originals beibehalten ist, werden in Kursivschrift wiedergegeben.

deswegen nicht kopiert wurden. In manchen Mandaten trifft man auf Erwähnungen anderer, vom selben Bischof früher erlassener einschlägiger Verordnungen, die in diesem Codex leider fehlen. Wie aber im folgenden klar werden soll, können diese vermutlichen Lücken den repräsentativen Wert der untersuchten Textreihe kaum erheblich beeinträchtigen. Insgesamt wurden dreizehn Mandate ausgewertet.

Zur Quellenbasis sei noch bemerkt, daß sie bewußt auf die Normativtexte beschränkt wurde, denn m. E. ermöglichen diese an sich schon eine Analyse und plausible Schlußfolgerungen, wobei ich mir natürlich auch über die Grenzen ihrer Aussagekraft sowie über die notwendige Vorsicht im Umgang mit dieser Quellengattung vollkommen im Klaren bin.

Bei der Auswertung der Mandate wurden folgende vier Fragen berücksichtigt, die auf die eine oder andere Weise mit dem Thema Disziplinierung zusammenhängen.

1) Zu wem spricht die Obrigkeit, d. h. an wen wendet sie sich mit ihren Texten, für wen sind ihre Anweisungen gedacht?

2) Worauf beziehen sich die Verordnungen, d. h. welche Arten menschlicher Tätigkeit sollen sie regulieren? Dabei werden diese Arten nicht mit Begriffen wie "Handel", "Handwerk", "Markthaltung" u. dgl. erfaßt, sondern es wird vielmehr unterschieden zwischen Wirtschaftsaktivität *per se* und dem Verhalten im Rahmen der Dialog-Beziehung zwischen Obrigkeit und Untertanen.

3) Welche Begründungen einer Anordnung sind zu erkennen? Damit sind aufschlußreiche Andeutungen auf Vorstellungen zur sozialen Funktion und Legitimation von Macht zu erkennen.

4) Mit welchen Mitteln hoffte die Obrigkeit die Einhaltung der gesetzten Normen sowie die praktische Umsetzung derselben zu gewährleisten?

I

In den ersten vier Mandaten der ausgewerteten Reihe, die in den Jahren 1574, 1578, 1582 und 1588 von unterschiedlichen Bischöfen erlassen wurden, argumentiert die Obrigkeit allgemein. Der Herrscher entbietet seine Gnade *allen und jeden ... Untertanen, geistlichen und weltlichen* (1, 5, 9, 15). Diese Formel bleibt unverändert, vermutlich auch in der Verordnung von 1593, welche zwar im Codex fehlt, aber – glaubt man der Anmerkung des Kopisten – "gleichen Inhalts" (13) sein soll.

Danach ändert sich das Muster. Im Mandat von 1594 wendet sich der neue Bischof, der außerdem Dompropst zu Würzburg war, an *alle /.../ und jede /.../ unser/e/ Haupt- und Ambtleute, Pfleger, Schultheissen, Verweser, Vögte, Richter, Burgermeister, Gemeinden und andere unsere und unsers Stifts Untertanen, in was Wirden, Stand oder Wesen die seindt, Gaistlich oder*

Weltlich (19). Es werden somit zuerst alle diejenigen genannt, denen die Durchsetzung der obrigkeitlichen Verordnungen obliegt, und nicht jene, zu deren Wohl sie gedacht sind. Weiter unten im Text dieses Mandats kommt zwar noch einmal die Formel *unsere Untertanen und Beamten* vor (20), sie weicht dann aber einer solchen mit umgekehrter Wortfolge; hinfort ist nur noch von *unseren Beamten und Untertanen* die Rede.

In weiteren Mandaten wird dann die obige Arenga fast unverändert wiederholt. Vielfach und zunehmend sind in ihnen Anweisungen enthalten, die gleichsam nicht für alle, sondern ausschließlich für die Vertreter der Kontrollinstanz gedacht sind, d. h. für die Beamten. Es ist sogar von Geheimagenten und -aktionen die Rede. Da solche auf den ersten Blick vertrauliche und behördenintern wirkende Anweisungen jedoch zur allgemeinen Kenntnisnahme veröffentlicht wurden, handelt es sich dabei anscheinend eher um eine Anspielung auf so etwas wie *arcana imperii*, die der Gesetzgebung zusätzliche Imponierkraft verleihen sollten.

Auf die erste Frage ergibt sich daher folgende Antwort: Zwischen die Obrigkeit und ihr ursprünglich unmittelbares Gegenüber, d. h. die Einwohner des Stiftes und der Stadt Bamberg, tritt in den Gesetzgebungstexten um die Wende zum 17. Jahrhundert eine zusätzliche Instanz, nämlich das Beamtentum. Freilich waren diese Staatsdiener schon viel früher von Bedeutung, aber erst jetzt nahmen sie diesen Platz auch im symbolischen Schema der Beziehungen zwischen Herrschenden und Beherrschten ein, was auf die wachsende Rolle der Staatsstrukturen nicht nur im realen Leben, sondern auch im Weltbild der Gesellschaft schließen läßt. Innerhalb des ausgewerteten Corpus taucht das Wort "Beamte" im Mandat von 1594 erstmals auf (20). Im Folgenden beschäftigt sich der Gesetzgeber immer wieder mit dem Durchsetzungspersonal.

II

Obwohl der normative Charakter der ausgewerteten Quellen großteils nur einseitige und begrenzte Einblicke in die regelnden Eingriffe des Gesetzgebers erlaubt, kann man dennoch manches darüber erfahren, wie er sich die Realisierung derselben vorstellt. Dies ist mitunter nicht weniger aufschlußreich als jenes Bild, das die Reaktionen der Untertanen oder außenstehender Betrachter repräsentiert.

Eine mehr oder weniger ausführliche Darstellung der Lage, welche die Obrigkeit dazu bewogen hatte, regulierend und reglementierend auf die wirtschaftlichen Abläufe einzuwirken, geht in den Mandaten für gewöhnlich dem jeweiligen Verbot oder Gebot voraus. Die frühen Texte sind in dieser Hinsicht nicht besonders ergiebig, beinhalten sie doch lediglich Anweisungen zum Kauf und Verkauf von *Kuchenspeiß*. Damit die Preise durch die Machenschaften von Vorkäufern und Fragnern nicht allzu hoch stiegen, sollte an den Märkten ein Zeichen in Form eines Banners gehißt werden; solange es nicht niedergelassen war, d. h. bis 12 Uhr, dürften Großeinkäufe weder durchgeführt noch vereinbart werden.

Diese Verordnung wurde aber anscheinend nicht beachtet. So heißt es im folgenden Mandat, daß sich der Gesetzgeber veranlaßt sah, sie zu wiederholen und etwas später aus dem gleichen Grund noch einmal zu erneuern. In dem 1582 erlassenen dritten Mandat kommt dann zum erstenmal das Wortpaar "Gehorsam–Ungehorsam" vor. Dies bringt eine neue Note mit ein, die im Diskurs der späteren Rechtssätze von großer Bedeutung sein wird. Bei der Schilderung der Lage spricht der Autor hier von "vielen eigennützigen und gemeiner Wohlfahrt schädlichen Unter- und Vorkäufern", die den bischöflichen Verboten nicht den *schuldigen gebürenden Gehorsam* leisten, sondern *mit vorsetzlichem Ungehorsam* dagegen handeln (9f, 25, 43).

Im Mandat von 1594 wird der Tatbestand folgendermaßen geschildert: *... /wir/ befinden ... das von etlichen ungehorsamen, eigennützigen, gewinsüchtigen* /sc. Personen/, ... *unsern Mandaten und gemeinen Wesen und Nutz zuwider, merklichen Abbruch und nachteil, auch uns an Zollen, und andern Gerechtigkeiten, zu gefahr die Victualien ... aus unserm Stift an frembde Ort in grosser und solcher Anzahl verfürt, und also ersteigert wirdt, das schier uff freyen Märkten dergleichen nit mehr gebracht wirdt, und do was dahinkumpt, jn unerhörten wert muß gekaufft werden ...* (20f). War also zuvor nur vom Vorkauf die Rede, so ist nun die Ausfuhr der Lebensmittel als Kern des Übels angeführt.

Ein zweites Argument kommt noch dazu: Der Bischof hatte erfahren, daß *viel der unsern* (d. h. der Einwohner) ... *sich zu mehrerm jrem vortheil, uns aber zu abbruch unserer zöll, und anderer gerechtigkeiten, und dem gemeinen Man zu endlichem verderben, die heimdückische Pracktiken, gleich wol jren Pflichten zu entgegen, uben, die Buttern heimblichen hin unnd wider einkauffen unnd bestellen, ja auch dazu andere gleicher art Leut gebrauchen, und damit sie es nur uns zu ungehorsamb und veracht durchbringen, jren finants suchen und werben mögen, aus unserm Stift, in fremde Obrigkeit verschaffen, daselbsten zu Wasser und Landt uff und einladen, und erst von dannen zu ungelegenen Zeitten nach den Mercken, dahin sie es vermeint, füren lassen* (21).

Wie man sieht, geht es hier nicht nur, ja sogar nicht so sehr um eine unfaire Handelstaktik der auf Marktkonjunktur spekulierenden Butterhändler. Vielmehr entrüstet sich der Landesherr darüber, daß sie "ihren Pflichten entgegen" handeln; er ist überzeugt, daß sie nur ihm zum Trotz "ihren *finants* suchen und werben". Die Tätigkeit dieser Leute sieht er als gegen sich gerichtet an, wobei nicht nur sein fiskales Interesse "an Zöllen und anderen Gerechtigkeiten" beeinträchtigt, sondern auch seine Autorität als Obrigkeit unterminiert wird. Dies will der Bischof *länger nicht verstatten noch nachsehen.*

Die Beschreibungen dessen, was die Obrigkeit als einen *verderblichen Finantz* und *heimtückische Praktiken* beklagt und verbietet, vermehren sich von Mandat zu Mandat. Einmal geht es um Vorkauf und/oder Ausfuhr von Butter, einmal von Vieh, am häufigsten aber wird gleich eine Reihe von Artikeln genannt, die man bei den Bauern am Markt kauft oder gar bei ihnen zu Hause, und dann entweder auf dem Markt um einen höheren Preis verkauft oder aus dem Bistum ausführt[2]. Die Transaktionen im Viehhandel werden besonders eindrucksvoll dargestellt: Man führe es, wie der Bischof im Jahre 1622 informiert wurde, *groß und klein, faist und Mager, geschlachtet und lebendig, bei tag und Nacht* aus dem Bistum aus, *wo nicht ganz, jedoch halb-, viertel- und stucksweiß in Vässer geschlagen* (43a, 43c). Dreißig Jahre später wird berichtet, daß *fremde Metzger und Viehhändler das beste Vieh haufenweise auf den Häusern und Ställen hinwegkaufen und verführen, hingegen das magere und schlechte darin stehen lassen* (75).

Manchmal, so das Mandat von 1651, schließen Butterscharer, Höckner und Fragner mit den Bürgern, Bauern und anderen Einwohnern *gewisse Pact* darüber, wie teuer sie ihre *Unschlicht, Ayer, Schmalz, Gänß, Hüner und dergleichen Victualien* anbieten sollen, nachdem das Zeichen gefallen sei, und dies *nur zu dem End, damit die Verkauffer mit dem Verkauffen an sich halten und sie, die Vorkauffere, jhre/*n/ *unziemblichen gewinnsichtigen, dem gemeinen Wesen sehr nachtheiligen Privat Nutzen haben mögen* (75). Anscheinend brachten solche Pakte auch den Verkäufern der Waren gewisse Vorteile, sonst hätten sie sich nicht freiwillig darauf eingelassen. Es ist nämlich nirgends davon die Rede, daß die Bauern dazu gezwungen würden, Geschäfte mit Vorkäufern einzugehen.

Die steigende Vielfalt der geschilderten Praktiken kann zweierlei gedeutet werden. Sie kann die Evolution der tatsächlich ausgeübten Geschäfte widerspiegeln, und dann wäre daraus zu erkennen, wie sich die Fragner, Unterkäufer, Resträger, Butterscharer und Höker den aktuellen wirtschaftlichen und rechtlichen Umständen anpaßten. Andernfalls wäre anzunehmen, daß es nicht der Stand der Dinge war, der sich änderte, sondern der Kenntnisstand des Gesetzgebers. Vielleicht wurde die Regierung über das Tun ihrer Untertanen erst nach und nach aufgeklärt. Dafür sprechen Schaltsätze wie *so sehen wir aus gehabter und eingezogener erkundigung* oder *nachdem unß glaubwürdiger Bericht eingelangt* u. dgl. m. Höchstwahrscheinlich war aber vielfach beides der Fall, wie das folgende Beispiel zeigt: *Und weiln eine zeit hero, als uns vor/ge/kommen, der mehrer theil diser heckhen und pfragner sich zur ungepür understanden, den baursleuthen, so*

[2] Vom Standpunkt der Sachkulturforschung könnte diese Liste und ihr Wandel an sich von Interesse sein. Am häufigsten wird Butter erwähnt, ihr folgen Schmalz, Fisch, Vieh, Eier, Getreide, Hühner, Käse, Gänse, Tauben, Enten, Vögel, Krebse, Wildbret, Fleisch und Obst. Gelegentlich werden auch andere *specificierte Victualien* aufgeführt.

ihre Victualia zu failem Markt bringen wollen, uff offner strassen, an der gassen, jn Wirtsheusern, oder sonsten underwegs, ehe wann sie die gewönliche Marktstatt erreichen, auffzuwartten, entgegenzulauffen, dieselben aufzufangen und also sich jhres aigennützigen verbottnen vorkauffs durch solche mittel zu gebrauchen ... usw. (35f)

Auf Grund der Mandate können wir zumindest hypothetisch und annähernd die Verbreitung von geschilderten Delikten einschätzen. In den Texten wird immer wieder betont, daß *nicht wenige* oder *viele* das verbotene Geschäft betreiben. Freilich wäre dies auch als eine rhetorische Floskel zu erklären. Die bischöflichen Verbote sollten auf *Manns- oder Weibspersonen, Geistlich oder Weltlich, eingesessen oder Fremde* (25) Anwendung finden. 1622 erschien ein Mandat, in dem der Gesetzgeber lamentierte, daß *nicht wenige, und zwar, wie wir uns lassen berichten, soliche Personen, welche andre davon abhalten und straffen sollten, mit des ganzen Lands Schaden und Nachteil* /sich/ *bereichern* (43a-b). Damit werden Beamte gemeint, von denen weiter unten die Rede sein wird.

III

Die Erlassung des Mandats von 1574 wird damit begründet, daß *unser vorfarn nottwendigem Mandat nicht nachgegangen* wurde, *darumben wir dann, sonderlichen bey jtziger teüern geschwinden zeit, dasselb zu uerneüern geursacht* (1f). Etwas ausführlicher argumentiert wird in dem vom Bischof Martin 1582 unterzeichneten Mandat, wo es heißt, *dieweiln es gemeinem nutz zum besten vermainnt, demselben solt schuldiger gebürender gehorsam sein gelaist worden ... Jedoch* /wird/ *von villenn aigennutzigen unnd gemeiner Wolfardt schedlichen Unndter- und Vorkaufflern mit vorsetzlichem Unngehorsam dawidergehanndlet unnd gebardt. Dieweillen unns aber, alß der Obrigkeit, hirin ein einsehen, unnd mehr auf gemeinen und vieler, alß etlicher gewinnsüchtiger nutz, vleissig acht und auffsicht zu haben, obliegt, alß sindt Wir obberurdte unsere Mandata widerumb zu verneuern unnd ausgehen zu lassen, nicht unzeitlich verursacht wordenn* (10).

Eine ausführlichere Darstellung der einzelnen Begründungen erscheint insofern entbehrlich, als bei allen untersuchten Mandaten im wesentlichen zwei Gründe für deren Erlaß angeführt werden: nämlich erstens, daß früheren Verordnungen nicht "nachgelebt" werde, und zweitens, daß der Bischof "seines obrigkeitlichen Amts halb" für das Wohlergehen seiner lieben getreuen Untertanen, um den "gemeinen Nutz" also, sorge. Es wird alle zwei bis fünf Jahre darauf hingewiesen, daß eine Teuerung durch die Tätigkeit der eigennützigen ungehorsamen Vorkäufer ausgelöst worden sei, die "dem gemeinen Manne zum endlichen Verderben" die Lebensmittel außer Landes führten oder vorkauften. Und *da deme durch andere Mittel nit abgewehrt* (27) werden könne, sieht sich die Obrigkeit veranlaßt, regulierend und reglementierend einzugreifen.

Die Konstanz der Argumentationsmuster zeugt meines Erachtens von ihrem rituellen Charakter und ihrer grundsätzlichen Unabhängigkeit von der aktuellen Wirtschaftskonjunktur. Die eigentliche Funktion der Beschwörungen der gemeinen Wohlfahrt in den Satzungen besteht eher darin, daß sie das regelnde Eingreifen der Obrigkeiten in jene Lebensbereiche rechtfertigen sollten, die gewohnheitsmäßig ihrer Kompetenz nicht unterlagen. Im Rahmen der traditionalen Herrschaft fehlt Max Weber zufolge der Gedanke, daß man Regeln für das Handeln, welche den Charakter von Recht besitzen, als Normen absichtlich schaffen könne; die Geltungsgrundlage der traditionalen Herrschaft beruht auf Normen, welche nicht als Produkte menschlichen Willens oder als Satzungen angesehen werden, sondern transsubjektiven, sakralen Ursprungs sind. Es ist also höchst bezeichnend für den Diskurs des werdenden modernen Staates im 16.–17. Jahrhundert, daß sich der Gesetzgeber jetzt nur auf sein obrigkeitliches Amt beruft und nicht auf gutes altes Recht bzw. auf eine Vollmacht, die ihm vom Kaiser delegiert ist. Er schafft das Recht selbst und bedarf dazu keiner Legitimation, außer den Anspruch auf die Rolle des fürsorgenden Vaters. Kraft der Reichspolizeiordnungen von 1530, 1548 und 1577 waren die Landesherren befugt, durch eigene Rechtssetzung die Bestimmungen des Reichsrechts für ihre Territorien zu mindern oder sogar aufzuheben; d.h. sie konnten das, was sie unter Ordnungsangelegenheiten verstehen wollten, selbst regeln[3]. Die Handha-

---

[3] Vgl. etwa die *Der Römischen Keyserlichen Maiestat reformirte vnd gebesserte Policey Ordnung* ... von 1577, hier zitiert nach der Mainzer Ausgabe von 1579, fol. 13'-14, XV. *Titul*: *Von etlichen Articuln / darinn den Obrigkaiten / Ordnung fürzunemmen befohlen würde: Dieweil wir aber bedacht / daß in allen solchen Puncten / ein gemeine beständige / richtige Ordnung / vngleicheit der Landt / auch derselben gebräuch / gewohnheit / vnd sitten halben / vnd dann von deß wegen / daß Speiß vnd tranck in einem Landt / in zimmlichem / in dem andern aber / in viel einem höhern kauff ist / nit wol fürgenommen / vnd in das werck gebracht werden mög / sonder daß in solchem vnderschied / nach jedes Landts gelegenheit zu halten seyn wil / So haben wir für notwendig geacht / alle solche puncten der Obrigkait eines jeden orts zu befehlen.*

Demnach setzen / ordnen / vnd wöllen wir hiemit ernstlich gebietendt / daß Churfürsten / Fürsten vnd gemeine Ständt in allen vnd jeden obgemelten puncten / Articuln / vnd angezognen mängeln / in jren Obrigkaiten / Landen vnd Gebieten / nach gestalt / gelegenhait / vnd gebrauch derselben / gute erbare richtigkait / vnd bestendige ordnung vnd maaß / zu befürderung deß gemeinen nutzens / vnd zu abwendung vbermeßigs kostens / auch zu verhütung / vnd abstellung gefehrlichen betrugs / vnd anderer mängel / zum fürderlichsten / Nemblich in halber jarsfrist / den nechsten machen / den jhren verkünden / vnd in das werck bringen / darüber auch ernstlich / vnd festiglich halten / vnd die vngehorsamen straffen sollen / bey vermeidung einer Peen / Nemblich zwo Marck löttigs goldts / so ein jede Obrigkeit / so dem / wie obsteet nit nachkommen / oder zu geschehen verschaffen würde / sich auch deß verzugs

bung der *guten Policey* sowie die Festsetzung ihres Inhalts und ihrer Ausgestaltung war am Ende des 16. Jahrhunderts zur alleinigen Angelegenheit der Landesfürsten geworden, da diese Problematik auch vom Gewohnheitsrecht nicht abgedeckt wurde. Über das Strafrecht hinaus griffen die Territorialgewalten immer energischer und expansiver in die Bereiche des privaten und wirtschaftlichen Lebens ein. Die Berufung auf den "gemeinen Nutzen" war seit dem späten Mittelalter[4] allgegenwärtig und wurde zur "rechtlichen Hauptwaffe im Kampfe des werdenden Polizeistaates gegen die mittelalterliche Selbständigkeit und Selbstverwaltung der engeren Verbände"[5] sowie der einzelnen Wirtschaftsakteure.

IV

Die Kontrolle der Einhaltung von Mandaten wurde generell den *Hauptleuten, Schultheissen, Ambtleuten, Pflegern, Cästnern, Vögten, Richtern, Zehntrichtern und anderen Amtsverwesern* (passim) aufgetragen, ohne daß ihre Aufgaben näher spezifiziert worden wären.

Zur Strafe sollten die Verletzer laut der ersten beiden Mandate 10 Gulden zahlen, von welchen 1 Gulden dem Anzeiger zustand (3, 8, 12). Im dritten Mandat (1582) heißt es, daß die Höhe der Geldstrafe *nach Gelegenheit der Verbrechung* auch größer werden darf, und der Verletzer soll jetzt *noch darüber einer Leibsstraff gewerttig sein* (12). Bislang war dies die einzige Veränderung der Sanktion angesichts des Ungehorsams der Untertanen. Sie ist jedoch an sich schon ein Indiz dafür, daß die Obrigkeit nicht nur feststellte, daß ihre Mandate nicht die erhoffte Wirkung zeigten, sondern auch langsam erkannte, daß durch eine bloße Wiederholung der Verordnung ihrer Ineffizienz nicht abzuhelfen war. Es mußten effektivere Durchsetzungsmethoden ausgearbeitet werden.

Im Mandat von 1594 wird zum ersten Mal erläutert, wie genau dem *vorsetzlichen verderblichen Finants* ein Riegel vorgeschoben werden soll: Neben den an die Untertanen allgemein gerichteten Verfügungen, die den Kauf und Verkauf von Lebensmitteln außer auf den Märkten, sowie den Großankauf am Morgen, bevor die Flagge eingezogen ist, verbieten, wird hier (wie in allen nachfolgenden Mandaten) befohlen, daß *unsere Beambte hinfüro zu Wasser und Landt Uffacht haben und darzu geheime Leut*

---

bestendiglich nicht entschüldigen möcht / vnserem Kayserlichen Fiscal vnnachläßig zubezahlen pflichtig seyn soll.

[4] So hat der Bischof von Würzburg zwischen 1303 und 1323 ein Getreideausfuhrverbot erlassen, um auf diese Weise die noch vorhandenen Getreidevorräte für seine Untertanen zu sichern. Vgl. A. Wendehorst (Hrsg.), Tabula formarum curie episcopi. Das Formularbuch der Würzburger Bischofskanzlei von ca. 1324. Würzburg 1957, Nr. 65.

[5] Walther Merk, Der Begriff des gemeinen Besten in der deutschen Staats- und Rechtsentwicklung. Weimar 1934, 63.

bestellen sollen; do dergleichen Victualien ... durchgefürt würde, dieselben uffhalten, wo sie kaufft und geladen, erforschen, und do sie befinden, das sie von unsern underthanen nit uff failem Marck, sondern in Heusern kaufft, ohne unser oder unser Räht vorwissen, dahin sie es zu berichten wissen werden, nit passiren lassen, sonder/n/ bescheidts, wie es mit der straff zu halten, erwarten (20f). Außerdem sollen die Beamten *gute erkundigung uff diejenigen, so es seithero getrieben, machen, uns* (d. h. dem Bischof) *berichten, und was wir gegen sie für straff vornehmen werden, gewerttig sein...* (22). Die Bestimmung der Strafe bleibt also fortan der Obrigkeit selbst vorbehalten.

Das Mandat, das von Bischof Johann Philipps im Jahre 1599 erlassen wurde, unterscheidet sich vom vorhergehenden – sieht man von einigen wenigen rhetorischen Wendungen einmal ab – im wesentlichen nur dadurch, daß ihm ein praktischer Hinweis hinzugefügt wurde, der sich wiederum auf das Vorgehen der Beamten bezog. Die gesetzwidrig ausgeführten Waren, heißt es hier, müssen sie *als ein verfallen Guett einziehen, davon den halben Theil anhero zu unserer Hoffhaltung verschaffen, den einen vierten Theil für sich behalten, und den ubrigen vierten Theil dem jenigen, so es also erforscht und angezeigt, geben ...* . Sollte aber die Ware schon *hinweggeführt* und nicht mehr vorhanden sein, müssen sie *den Wert dafür halten* (26). Die Obrigkeit suchte auf diese Weise das Interesse der Vollzugsinstanz an der Durchsetzung des Ausfuhrverbots zu steigern, weil der Anreiz ein Zehntel der verhängten Strafe zu bekommen, bei den zur Spionage bestellten "geheimen Personen" offenbar nicht die erhoffte Wirkung zeigte.

Darüber hinaus wird nun der Geltungsbereich der Gesetzgebung erweitert: In Johann Philipps' zweitem Mandat, das weniger als ein Jahr später erscheint, wird das Verbot, Butter aus dem Bistum auszuführen, kurzerhand auf alle, egal ob *inlendisch oder außlendisch*, ausgedehnt, und es soll *jnn oder ausserhalb unsers Stiffts, es geschehe gleich wo es wolle* Geltung haben (28).

Ein nächster großer Schritt wurde unter dem Bischof Johann Gottfried getan, der auch Dompropst zu Würzburg war, später neben dem Bischofsamt zu Bamberg auch das zu Würzburg innehatte und außerdem Herzog von Franken war. Dieser erließ im Jahre 1610 ein Mandat, das sich vom Wortlaut her nur noch gering an all die früheren Fassungen anlehnte und selbst wiederum als Vorbild für weitere dienen sollte. Vom Inhalt her weist es aber viele Gemeinsamkeiten mit den oben geschilderten sieben Verordnungen auf. Die Neuerungen weisen in die schon angedeutete Richtung hin: Der Gesetzgeber zeigt sich besorgt, weil, wie *die tegliche Erfahrung* bezeugt, die *wolversehene/n/ Verordtnungen, sowoln von unsern Beambten als underthanen wenig gehandthabt und gehalten, sondern jtziger zeit fast gar hindangesetzt werden* (31).

Durch dieses neue, "renovierte" Mandat sollten die Beamten, wenn bei jemandem außerhalb der gewöhnlichen Marktstatt erworbene Ware aufgedeckt wurde, diese *in arrest und verbott legen und ... entweder anhero in unsere Statt Bamberg, oder andere unsere nechstgelegene Stätt und flekhen auf failen Markt verschaffen* (33), und nicht, wie vorher, die Hälfte davon unter sich aufteilen. Es ist anzunehmen, daß diese Neuregelung durch Mißbräuche bei der Teilung des beschlagnahmten Guts hervorgerufen wurde.

So oft und so streng die Obrigkeit den Vorkauf von Viktualien auch beklagte und verbot, durften Lebensmittel dennoch vorgekauft werden. Obwohl grundsätzlich *keiner sich des fürkauffens oder Hekhens ... understehen, vielweniger passirt werden* sollte, durften die Vorkäufer gemäß des Mandats von 1610 *in geringer und gewisser anzall* und mit *gepürenden pflichten* weiterhin Viktualien anschaffen, vorausgesetzt, dies war ihnen *von unsern Beamten und in Stätten von unsern Burgermeistern und Rathe zuvorn wissentlich vergönnt und zugelassen* (34).

Gegen die Verletzer der Verordnungen sollte man jetzt *noch dazu mit ... Geldstrafe, andern zu einem abschew, unnachlessig verfahren*. Die Höhe der Strafe betrug grundsätzlich nach wie vor 10 Gulden, doch behielt sich der Gesetzgeber vor, sie *nach Gelegenheit des Verbrechens* zu ändern.

Zehn Jahre später, also 1620, wiederholte Johann Gottfried sein erstes Mandat mit wenigen Veränderungen. Unter anderem wurde ihm hinzugefügt, daß *in unserem ganzen Stift und fürstenthumb Bamberg alle und jede Raysttreger gentzlichen abgeschafft und* /keine mehr/ *geduldet werden*, so daß jeder seine Ware selber zum Markt bringen lassen sollte, aber *mit unserm* (d. h. des Bischofs) *Wissen allhier* bzw. mit Erlaubnis von Beamten und Bürgermeistern und Räten auf dem Lande und in den Städten ihre Tätigkeit weiterhin zugelassen war. Die Entscheidung lag von nun an somit bei der allerhöchsten Instanz, d. h. beim Gesetzgeber persönlich, wie es vorhin schon bezüglich der Strafhöhe vorgesehen worden war. Eine solche extreme Konzentration der Entscheidungsbefugnisse mag ein Akt der Verzweiflung gewesen sein, doch ist nicht zu übersehen, daß mithin, wenn auch wohl unbewußt, ein weiterer Schritt in Richtung Bürokratisierung gemacht wurde.

Die im dritten Mandat Johann Gottfrieds (1622) verankerten Maßnahmen gegen den *allenthalben eingerissenen hochschädlichen Vor- und Aufkauff allerhand Victualien, auch Verführung derselben* (43) tragen qualitativ gesehen großteils noch traditionellen Charakter: Den Beamten, zu denen sich der Bischof *eines mehreren und getreweren Fleiß, als bis daher gespürt worden*, versehe (43b), wird erneut *mit gleichem ernst* befohlen, *zu Wasser und Landt fleissige ufacht* zu haben und *zu solchem endt in geheimb Personen* zu bestellen, welche diejenigen, die *wider unser Verbott gehandelt, uffhalten und ohne unser oder unserer verordneten Stadthalter unnd Räte vorwissen ... nit passieren lassen* sollen (43b). Den Käufer sowie den Verkäufer erwartet jetzt eine Leibes- oder sogar Freiheitsstrafe. Die Beamten und der Anzeiger hingegen dürfen *umb ihres fleiß willen* den sechsten Teil des beschlagnahmten Guts ihr Eigen nennen (45). Falls aber jemand von ihnen *dergleichen verbottenen finanz* selbst betreibt, und *das geringste Stuck Viehe* aus dem Stift vorsätzlich oder durch Fahrlässigkeit ausführen läßt, soll er *mit ernst* gestraft und sein Amt *besser bestellt* werden (45f).

Wie man sieht, wird die Besorgnis der Obrigkeit um die Unzuverlässigkeit ihrer Diener immer größer; Personalprobleme treten auf den Plan. Zwar ist noch von keinen nur zur Überwachung eingestellten Beamten die Rede, und es wurde keine besondere Vollzugsbehörde geschaffen, bei der es sich um eine bürokratisch-selbstbezogene Einrichtung handelte, aber die einzelnen Amtsleute, denen die Kontrollfunktion anvertraut wurde, machen offenbar häufig von ihrer Stellung Gebrauch, und zwar zu ihrem eigenen Nutzen, ohne das gewünschte Ziel des Gesetzgebers zu beherzigen.

Das Mandat von 1649 stellt einen weiteren Schritt in Richtung "Überwachen und Strafen" dar. Zur besseren Einhaltung der obrigkeitlichen Verordnungen sollen von nun an *die Richter in den Immuniteten* (d. h. in den Gerichtskreisen außerhalb der Stadt Bamberg) *bei den Schief- und fuhrleüthen gut aufsehen haben, jhre schelch und wägen unvermerkhlicher dingen visitiren, und da Sie was verdächtliches finden, solches ohne respect der Persohnen hinwegnehmen* (59). Mit einer nicht näher bestimmten *gebührenden scharfen Strafe* droht der Gesetzgeber denjenigen Bürgern der Residenzstadt Bamberg, die unter dem Schein der Bedürftigkeit einem Ausländer Getreide oder sonst noch etwas verkaufen, oder solchen *verderblichen Leuten underschlaif geben*. Diese Verkäufer sollen auch durch die *traguner, so die strassen zu partiren, ufs genauiste verfolgt werdten* (59). Richtern und Militärs wird somit die Funktion der Detektive aufgetragen. Man ist versucht, dies als Geburtsstunde der modernen Kriminalpolizei anzusehen. Um Verallgemeinerungen solcher Tragweite zu machen, mangelt es jedoch an Material zur weiteren Entwicklung dieser Institution.

Melchior Ottos letztes Mandat stellt zwar großteils eine Wiederholung früherer dar, enthält aber auch einige Neuerungen, die für unsere Fragestellung nicht ohne Belang sind. Die obrigkeitlichen Reglementierungs- und Regulierungsansprüche werden noch umfassender, man könnte sogar sagen, daß sie den relativen Höhepunkt im Rahmen der untersuchten Reihe erreichen. Das Mandat ist umfangreicher als andere, denn alle früheren Verbote und Gebote werden hier wiederholt sowie neue hinzugefügt. Es wird u. a. den Einwohnern des Bistums grundsätzlich verboten, *das liebe Getraidt und andere Victualia* aus dem Land auszuführen, weil *hernacher unsere Arme Underthanen Mangel leyden müssen* (70f). Doch – wenn mit Vorwissen und Erlaubnis der Obrigkeiten ausgeübt – wird die Ausfuhr auch diesmal noch gestattet (73). Man kann sich leicht vorstellen, wie lukrativ diese Befugnis für jene Beamten, die sie innehatten, sein konnte.

Des weiteren dürfen die Einwohner auch ihr Vieh den ausländischen Metzgern und Viehhändlern, die sie zu Hause aufsuchen, nicht mehr verkaufen. Den einheimischen Metzgern hingegen wird nahegelegt, in ihren

Heimatstädten, Märkten, Flecken und Dörfern das gute Vieh bei den Einwohnern in den Häusern und Ställen zum Schlachten anzukaufen. Falls der potentielle Verkäufer sein Vieh "wider Billigkeit" um einen zu hohen Preis anbietet und nicht nachgeben will, sollen bischöfliche Beamte oder Bürgermeister und Rat "*gut fueg und Macht haben, solch Vieh nach billichen dingen mit zuziehung verständiger Leüth von Obrigkeit wegen zu schätzen*" (76f).

V

Die Entwicklung kann man summarisch folgendermaßen nachzeichnen: Innerhalb von 19 Jahren (1574 bis 1593) blieb das grundsätzliche Muster der Mandate unverändert; es wurden höchstens Details hinzugefügt oder man formulierte anders. Die Obrigkeit richtete ihre Gebote und Verbote unmittelbar an die Normadressaten, d. h. an die Untergebenen. Den Verletzern drohte sie mit Strafen, die langsam härter wurden. Obwohl mehrere Amtsverweser die Beachtung der Verordnungen gewährleisten sollten, war kein konkreter Mechanismus der Durchsetzung und Kontrolle in den Satzungen selbst verankert. Offenbar ging man davon aus, daß allen und jedem bekannt war, auf welche Art und Weise dies erfolgen sollte.

Das Bild änderte sich dann im Jahre 1594 mit dem Erlaß des einschlägigen Mandats von Veithardt, der nicht nur *Erwelter und bestettigter Bischoff zu Bamberg*, sondern auch Dompropst zu Würzburg war. Ob wegen dieser seiner doppelten Funktion, mit der eine weniger provinzielle Auffassung einhergegangen sein dürfte, oder aber deswegen, weil möglicherweise ein neuer Kanzler eingestellt wurde, unterscheidet sich die neue Verordnung von den vorherigen erheblich. Das betrifft nicht nur den Wortlaut – der Text wurde offensichtlich neu verfaßt – sondern vor allem den Inhalt, der m. E. von einer grundsätzlich neuen Einstellung der Obrigkeit zu ihren Untertanen und zu ihren Kompetenzen zeugt.

Außerdem ist auch ein terminologisches Novum zu beobachten: Wurde das Bistum vorher als *unser Stift, Landt und Gebiet* bezeichnet, so führt der Verfasser des neuen Mandats das Wort "Obrigkeit" in territorialer Bedeutung ein, indem er statt *fremde Orte fremde Obrigkeit* sagt (19f). Das Land und seine Regierung werden in einem einzigen Begriff erfaßt, wie es auch beim heute üblicheren Wort "Staat" der Fall ist. Es wird also nicht nur auf praktischer Ebene die Rolle der Zentralmacht erweitert, sondern die Obrigkeit schafft sich langsam auch eine Sprache, indem sie die Welt um sich herum in potestarischen Begriffen beschreibt.

Mit dem innovativen Mandat von Veithardt aus dem Jahr 1594 ist ein Durchbruch markiert, nach welchem die einschlägige Gesetzgebung innerhalb von 55 Jahren eine merkliche qualitative und auch quantitative Evolution in Richtung totale staatliche Kontrolle durchmacht.

Der "Schauplatz" der Verordnungen breitet sich über den Markt hinaus auf die anliegenden Gassen, Wirtshäuser, Landstraßen, Wasserwege, Anlegestellen und auf die Häuser und Viehställe von Bauern und Bürgern aus. Der Gesetzgeber schreckt schließlich nicht einmal vor den Grenzen seines Souveränitätsgebietes zurück und dehnt den Geltungsbereich seiner Rechtssätze kurzerhand auf alle, ungeachtet des Orts und der Hoheitszugehörigkeit, aus.

Die Ordnungen werden immer umfangreicher und ausführlicher. Versucht man die ausgewerteten dreizehn Mandate auf Verbots- bzw. Gebotsinhalt hin quantitativ zu untersuchen, so ergibt sich, daß die Anzahl der jeweils im Text enthaltenen Verbote im diachronen Vergleich nur geringermaßen ansteigt. Hingegen weist die Zahl der positiven Anweisungen, die entweder an die Bauern und Bürger, oder aber an die bischöflichen und städtischen Amtsleute gerichtet sind, ab 1594 eine steigende Tendenz auf. Abgesehen von zwei Fällen, bei denen es sich um Verordnungen handelt, die konkreten Einzelfragen wie Butter- und Viehhandel gewidmet sind, ist eine beträchtliche Zunahme der Zahl von Einzelgeboten in den Texten zu beobachten. Enthielten die ersten Mandate je ein Gebot (dem zwei Verbote gegenüberstanden), so zählt das fünfte Mandat schon zwei, das sechste drei, das siebente fünf, das zehnte sechs und das elfte sogar neun positive Anweisungen. Mit der Zeit umfassen die bischöflichen Rechtssätze immer neue und immer zahlreichere Fälle, die mehr oder weniger detailliert beschrieben werden. Die Obrigkeit tendiert unter Berufung auf den gemeinen Nutzen und das Wohl des kleinen Mannes dazu, möglichst viele typische Situationen ihrer Regulierung und Reglementierung zu unterwerfen.

Um noch einen letzten Beleg dafür anzuführen, sei auf das Mandat von 1649 zurückgekommen. Seinem Autor erscheint es offensichtlich nicht wie ein plötzlicher ungerechtfertigter Themenwechsel, wenn er im Anschluß an Inhalte wie Getreidevorkauf und Viehausfuhr über die Beachtung von Fest- und Feiertagen zu sprechen beginnt, die *schlecht gehalten werden.* Ins Detail gehend verordnet er, wann Läden und Werkstätten geöffnet werden dürften und mit welcher Strafe ein Verstoß geahndet werden sollte (60).

Diese Vermengung, die natürlich nur vom heutigen Standpunkt aus als solche erscheint, ist ein zusätzliches Indiz dafür, daß es der Obrigkeit in ihren Rechtssätzen letztendlich nicht um den "gemeinen Nutz" oder die "Wohlfahrt des gemeinen Mannes" ging, die durch wirtschaftliche Spekulationen beeinträchtigt würden, sondern um die Ordnung, deren Einhaltung in dieser Zeit langsam zur Hauptpflicht und Schuldigkeit der Untertanen werden sollte. Oberstes Ziel war es also, die selbständigen Akteure systematisch zum Gehorsam zu bringen und anzuhalten. Dies war mit positiven Mitteln kaum zu leisten, weil die Untertanen offenbar nicht einsahen, welche Vorteile ihnen die neuen Zustände bringen sollten. Also mußten sie durch repressive Maßnahmen “dressiert” werden. Einen bevorzugten Anlaß dafür boten Situationen, in denen traditionelle Sitten und Gebräuche den rationalen wirtschaftlichen Zielen zuwider liefen. Solche Situationen ergaben sich in Deutschland in der Umbruchszeit vor und nach dem Dreißigjährigen Krieg in allen Bereichen des sozialen und wirtschaftlichen Lebens sehr häufig.

Der Wunsch, aber auch der Wille nach Ordnung, Disziplin oder Zucht auf allen Gebieten des menschlichen Daseins drängte sich im 16. und 17. Jahrhundert in den Vordergrund. Die Vorstellung, daß nur durch massive regelnde Eingriffe in das Privatleben der Untertanen ein ruhiges, gesichertes und gerechtes Zusammenleben geschaffen werden konnte, erzeugte einen Geist bürokratischer Bevormundung und Vielregiererei: “Jeder sollte nach den Ideen der Regierung glücklich werden”[6].

Es ergibt sich die Frage, ob wir es bei den oben geschilderten Abläufen im frühneuzeitlichen Bamberg mit einem Fall von Sozialdisziplinierung im Sinne Gerhard Oestreichs zu tun haben.

Aus Oestreichs Sicht läßt sich der Prozeß der Rationalisierung und Disziplinierung folgendermaßen unterteilen: auf die Vorstufe der "Sozialregulierung", auf die erste Phase der Sozialdisziplinierung, die als "Stabsdisziplinierung" bezeichnet werden kann, und auf die letzte Stufe der "Fundamentaldisziplinierung"[7].

Dem zunehmenden Ordnungsschwund begegnen zuerst die städtischen, dann auch die territorialen Obrigkeiten mit einer Ausweitung ihrer Normproduktion, die zunächst scheinbar nur den Zweck verfolgt, die traditionalen Strukturen wieder herzustellen, dabei aber das wirtschaftliche, soziale, sittliche und moralische Verhalten immer stärker “gesetzten Ordnungen" unterwirft. Nicht zuletzt auf Grund dieser Edikte und ihrer Kontrolle bildete sich der *policey*liche Charakter der städtischen und staatlichen Herrschaft aus. Dabei handelt es sich aber noch durchaus um eine unsystematische und reaktive Ausdehnung der Normproduktion. So zieht es Gerhard Oestreich vor, bezüglich der Phase, welche die ersten vier von den hier ausgewerteten Mandaten repräsentieren, von einer Vorstufe der Sozialdisziplinierung zu sprechen, die er als "Sozialregulierung" bezeichnet[8].

---

[6] Karl Theodor von Inama-Sternegg, Verwaltungslehre in Umrissen. Innsbruck 1870, 6.

[7] Gisela Felhofer, Die Produktion des disziplinierten Menschen. Wien 1987, 24.

[8] Gerhard Oestreich, Policey und Prudentia civilis in der barocken Gesellschaft von Stadt und Staat. In: ders., Strukturprobleme der frühen Neuzeit. Ausgewählte Aufsätze, hrsg. von Brigitta Oestreich. Berlin 1980, 369, 371; vgl. auch Felhofer 24; Stefan Breuer, Sozialdisziplinierung. Probleme und Problemverlagerung eines Konzeptes bei Max Weber, Gerhard Oestreich und Michel Foucault. In: Soziale Sicherheit und

Um politische Macht auf festem Grunde zu errichten, mußten nach Gerhard Oestreich die Staatsträger des neuzeitlichen Machtstaates, Fürst, Beamtentum und Heer, von einer ethischen Grundgesinnung, von der römischen Wertlehre, erfüllt sein, sie mußten die stoischen Gebote der Pflichterfüllung, der Selbstbeherrschung, der Mäßigung, der Enthaltsamkeit und der *pietas*, aber auch die kämpferische Moral der *Constantia*, ihre Lebensenergie und Seelenstärke, kurz eine sittlich-rationalgebundene Dynamik lebendig verkörpern. Da sich diese erste Phase der Sozialdisziplinierung im späten 16. und frühen 17. Jahrhundert vor allem auf den Stab des Herrschers erstreckt, wird sie deshalb von Gerhard Oestreich als "Stabsdisziplinierung" bezeichnet.[9]

Allem Anschein nach stellen die hier untersuchten Quellen Zeugnisse dieser beiden ersten Stufen des von Oestreich beschriebenen Vorgangs dar. Allerdings sehen die Ergebnisse nicht ganz so aus wie in seinem theoretischen Schema. Aus der Perspektive des Disziplinierungskonzeptes gesehen wurde die Obrigkeit in Bamberg im untersuchten Zeitraum mit zweierlei Problemen konfrontiert: Erstens vermochte sie den Untertanen den "*schuldigen Gehorsam*" nicht abzugewinnen, auch wenn sie diesen zur Einsicht in den gemeinen Nutzen stilisierte, mit immer härteren Strafen drohte und immer neue Überwachungsmethoden einsetzte. Die häufige Wiederholung, Erneuerung und Modifizierung der einschlägigen Rechtssätze zeugen nicht zuletzt davon, daß die Untertanen vielfach (wenn nicht überwiegend) nicht willig waren, ihr Verhalten entsprechend dem Willen des Gesetzgebers zu ändern. Zweitens hatte die Obrigkeit es mit einem ziemlich unvollkommenen Umsetzungsmechanismus für ihre Regulierungsansprüche zu tun. Erst mit der Zeit erkannte sie, daß sie nicht nur die Untertanen, sondern auch selbst die Beamten in Hinsicht auf ihren Fleiß in Handhabung der Mandate überschätzt hatte. Zunächst trachtete sie danach, die Beamten durch materiellen Gewinn zu motivieren. Da sich dies als zwecklos erwiesen hatte, ging sie zu einer anderen Strategie über, indem sie die Kompetenzen der Beamten auf unterer Ebene teilweise einschränkte und zugunsten der Zentralbehörden oder aber des Landesherrn persönlich umverteilte. Die erhoffte Wirkung wurde dadurch aber kaum erzielt.

Als Fazit läßt sich feststellen, daß selbst das Ziel der Primärdisziplinierung sowohl der Untertanen als auch des Verwaltungsstabs in Bamberg zumindest in der Arena des Lebensmittelhandels im Laufe von gut fünfundsiebzig Jahren nicht erreicht zu sein scheint. Es könnte zwar der Einspruch erhoben werden, der Lebensmittelvorkauf und -schmuggel sei in dieser Hinsicht nicht repräsentativ genug, wurde er doch aller Wahrscheinlichkeit nach nur von Einzelnen betrieben. Aber bekanntlich gab es

---

soziale Disziplinierung; hrsg. von Christoph Sachße und Florian Tennstedt. Frankfurt/ Main 1986, 53.

[9] Felhofer 27; vgl. auch Breuer 54 f.

etwa bei Hochzeits- und Taufordnungen, die alle betrafen, ähnliche Probleme[10].

Auf die Frage, warum die Disziplinaransprüche nicht umgesetzt werden konnten, habe ich keine erschöpfende Antwort. Doch findet sich bereits bei den Urhebern der Sozialdisziplinierungstheorie der Hinweis auf eine der möglichen Erklärungen. Max Weber sagte seinerzeit, daß, solange die Arbeiter im Besitz der Betriebsmittel sind, zwar partielle Disziplinierungsprozesse in Kloster, Kaserne und Kirche denkbar seien, nicht aber jene Umstellung der gesamten gesellschaftlichen Organisation auf "Rationalität", wie sie für das "Umsichgreifen der Disziplinierung" erforderlich ist. Die Regulierungs- und Disziplinierungsbemühungen der Obrigkeiten bei der Bevölkerung scheiterten an jener "relativen Selbständigkeit des Handwerkers oder Hausindustriellen, des grundherrlichen Bauern ..., /die/ darauf beruhte, daß er selbst Eigentümer der Werkzeuge, der Vorräte, der Geldmittel ... war"[11]. Und die hierarchische Abhängigkeit (ergo: Disziplinierbarkeit) des staatlichen Beamten beruht nach Weber darauf, daß "jene für den Betrieb und die ökonomische Existenz unentbehrlichen Werkzeuge, Vorräte und Geldmittel in der Verfügungsgewalt ... des politischen Herrn konzentriert sind ...". Diese entscheidende ökonomische Grundlage, d. h. die Trennung von sachlichen Verwaltungsmitteln und Geldmitteln in der öffentlichen Verwaltung, welche Max Weber zufolge für die Ausbildung des modernen Beamtentums und des modernen Staatsbetriebs überhaupt unabdingbar war, fehlte offensichtlich in der Wirklichkeit von Bamberg im untersuchten Zeitraum weitestgehend. Die Kontrolltätigkeit bedurfte damals nämlich keiner besonderen "sachlichen Verwaltungsmittel, Werkzeuge und Vorräte"; außerdem konnte die "Trennung" der Beamten von den durch ihre Hände fließenden Gütern und Geldern nie gewährleistet werden.

Insofern wage ich den Schluß, daß man in Bezug auf den geschilderten Zeitraum eher von steigenden Disziplinarbemühungen der Bamberger Obrigkeit als von einem real fortschreitenden Prozeß der Sozialregulierung und Stabsdisziplinierung sprechen kann.

Dabei fand m. E. ein anderer Vorgang sehr wohl statt. Gerhard Oestreich selbst bemerkte an einer Stelle: "... die Notwendigkeit der Regulierungen in Stadt und Land verführte zur Regulierungssucht; dem Sozialisationsprozeß ging ein Vermachtungsprozeß zur Seite"[12]. Oestreich ging allerdings nicht ausführlicher darauf ein. Ich hoffe aber gezeigt zu haben, wie die Obrigkeit in ihrem jahrzehntelangen Kampf gegen den

---

[10] Zu ähnlichen Entwicklungen in Brandenburg vgl. Reinhard Popp, Disziplinierung durch Polizeirecht: Die Tauf- und Hochzeitsordnungen für die Stadt Leutershausen in der Neuzeit, Diss. Regensburg 1995, bes. 84-86.

[11] Max Weber, Gesammelte Politische Schriften, 3. Aufl. Tübingen 1971, 321 f.

[12] Oestreich 369.

verderblichen Vorkauff der Kuchenspeiß nach und nach den Weg der Bürokratisierung, den Weg zum Behördenstaat also, einschlug, um ihn weiter zu gehen, ungeachtet dessen, ob sie auf diesem Wege wirklich die ideale *gute Policey* förderte. Schon früh wurde die Problematik der Durchsetzung der obrigkeitlichen Bestimmungen angesprochen, die auf die Beschäftigung mit dem Überwachungsapparat als primäres Anliegen der Obrigkeit hinauslief. In dieser Hinsicht sind die Wörter "Polizeistaat", "Obrigkeitsstaat" und "Behördenstaat" Synonyme. Die Verstaatlichung wurde wenn nicht zum Selbstzweck, so doch zum unabänderlichen Nebeneffekt aller Neuregelungen. Nach Gerhard Oestreich summierten sich alle Disziplinierungsprozesse erst im 18. Jahrhundert "zu einem gewaltigen Vermachtungsprozeß", der die Grundstrukturen des politischen, gesellschaftlichen und geistigen Lebens tiefgreifend veränderte, indem er sie auf eine Zentralinstanz hinordnete. Die hier untersuchten Bamberger Quellen zeigen hingegen, wie die angesprochene "Vermachtung" bzw. Zentralisierung schon viel früher langsam Wirklichkeit werden konnte, ohne daß die Mentalität und die Einstellungen der Betroffenen dermaßen verändert worden wären, daß man von einem ebenso erfolgreichen Fortschritt der Disziplinierung sprechen könnte.

MICHAEL TOCH

MIT DER HAND AUF DER THORA: DISZIPLINIERUNG ALS INTERNES UND EXTERNES PROBLEM IN DEN JÜDISCHEN GEMEINDEN DES SPÄTMITTELALTERS*

Das Problem der Disziplinierung der jüdischen Bevölkerung des Mittelalters ist ein mehrschichtiges: Es betrifft Juden als Einzelne in Bezug auf ihre eigene Gemeinschaft, andererseits Juden als Einzelne und Kollektiv in Bezug auf die christliche Mehrheitsgesellschaft und deren Herrschaftsträger. Wenn wir uns auf den engeren Begriff Disziplinierung beschränken, also auf die Durchsetzung gesellschaftlich anerkannter Normen, haben wir immer noch ein riesiges Feld vor uns, dessen wissenschaftliche Beackerung seit langem die Forschung bewegt, wenngleich unter anderen Begriffen wie Gemeindeorganisation und jüdisches Recht einerseits, Judenrecht der Obrigkeiten und christlich-jüdisches Verhältnis andererseits[1]. Sobald jedoch auf den Aspekt der Sachkultur abgehoben wird, erweist sich die immense Literatur als unergiebig. Die Realienkunde hat, mit einigen Ausnahmen[2], bis jetzt nur

* Ich danke der Fritz-von-Thyssen Stiftung (Köln), die meine Arbeiten zur Geschichte der deutschen Juden im Mittelalter mit Sach-, Personal- und Reisehilfe unterstützt hat.

[1] Eine Übersicht zur aktuellen Forschung und deren Tendenzen bei M. Toch, Die Juden im mittelalterlichen Reich (Oldenbourg Enzyklopädie deutscher Geschichte) München 1998.

[2] Untersucht wurden Buchwesen, Siegelkunde, Kleiderordnungen, und die aus Kunstwerken erschließbaren Komplexe der Stereotypen- und Stigmenbildung. S. z. B. M. Beit-Arie, The Makings of the Medieval Hebrew Book. Jerusalem 1993; ders., Ideals versus Reality: Scribal Prescriptions in Sefer Hasidim and Contemporary Scribal Practices in Franco-German Manuscripts. In: G. Sed-Rajna (Hrsg.), Rashi 1040-1990, Paris 1993, 559-566; A.-D. von den Brincken, Rheinische Judensiegel im Spätmittelalter. In: AfD 9/10 (1963/4) 415-425; M. Keil, Ein Regensburger Judensiegel des 13. Jahrhunderts. In: Aschkenas 1 (1991) 135-150; R. Jütte, Stigma-Symbole. Kleidung als identitätsstiftendes Merkmal bei spätmittelalterlichen Randgruppen (Juden, Dirnen, Aussätzige, Bettler). In: Saeculum 44 (1993) 65-89; B. Blumenkranz, Juden und Judentum in der mittelalterlichen Kunst. Stuttgart 1965; I. Shachar, The *Judensau*. A medieval anti-Jewish motif and its history. London 1974; Th. Metzger, Jüdisches Leben im Mittelalter. Nach illuminierten Handschriften vom 13.-16. Jahrhundert. Würzburg 1983; R. Mellinkoff, Outcasts. Signs of Otherness in Northern European Art of the Late Middle Ages, 2 Bde. Berkeley 1993; H. Schreckenberg, Die Juden in der mittelalterlichen Kunst Europas. Göttingen 1996.

wenig zur Erforschung der jüdischen Geschichte beigetragen. Im Sinne eines etwas strengeren Verständnisses von Realienkunde möchten wir uns mit zwei konkreten, greifbaren Aspekten beschäftigen. Der eine ist ein zentraler Ort der Disziplinierung, die Synagoge. Der zweite betrifft einige bei Akten der Disziplinierung gebrauchte Objekte, die Schweinshaut und das Schwurformular, die stellvertretend für den Komplex des "Judeneides" stehen. Zu beiden Aspekten schöpfen wir aus dem umfangreichen Quellenmaterial der *Germania Judaica* III, mit deren Fertigstellung nunmehr einigermaßen gesicherte Aussagen zu allen möglichen Streitfragen der jüdischen Geschichte im Reich des Spätmittelalters möglich sind[3]. Es wird ergänzt aus neueren richtungsweisenden Studien zu Zürich und dem nunmehr erschlossenen, sehr detaillierten spätmittelalterlichen Quellenmaterial aus Frankfurt am Main[4].

Interne Disziplinierung: die Synagoge

Die jüdische Gesellschaft war zwar sozial geschichtet, in ihrer ethischen Grundausrichtung jedoch solidarisch angelegt: "ganz Israel ist füreinander verantwortlich". Am klarsten kommen solch existentiell zwingende Denk- und Handlungsformen in der Gemeinde zum Ausdruck[5]. Die autonome lokale Gemeinde mit ihren Institutionen der Selbstverwaltung ist eine im Dialog mit der christlichen Kommune entstandene Schöpfung des aschkenasischen Mittelalters, mit ersten Ansätzen bereits im 10./11. Jahrhundert, einer institutionellen Entfaltung und zunehmender Festigung im 12. Jahrhundert, die bis zur Definierung als "heilige Gemeinde" reichte[6]. Im 13. Jahrhundert steht die lokale Gemeinde mit ihren Aufgaben und Institutionen fertig da. Die Erschütterungen des Spätmittelalters haben dann ihre Funktionsfähigkeit und den inneren Zusammenhalt schwer beeinträchtigt, wie noch zu zeigen ist.

---

[3] Germania Judaica III: 1350-1519. Teilband 1, hrsg. v. A. Maimon und Y. Guggenheim. Tübingen 1987, Teilband 2, hrsg. v. A. Maimon, M. Breuer und Y. Guggenheim. Tübingen 1995, Teilband 3, hrsg. v. M. Breuer und Y. Guggenheim. Tübingen 1997. Ich danke den Herausgebern, die mir noch vor der Veröffentlichung große Teile des dritten Teilbandes zu Verfügung gestellt haben.

[4] S. unten Anm. 7.

[5] Das folgende nach Toch, Die Juden im mittelalterlichen Reich, dort auch die relevante Literatur.

[6] Zur Frage der gegenseitigen Beeinflussungen von jüdischer und christlicher Gemeinde zeichnet sich ein neuer Konsens ab: I. Yuval, Heilige Städte, heilige Gemeinden: Mainz als das Jerusalem Deutschlands. In: R. Jütte und A. Kustermann (Hrsg.), Jüdische Gemeinden und Organisationsformen von der Antike bis zur Gegenwart. Wien 1996, 91-101; A. Haverkamp, "Concivilitas" von Christen und Juden in Aschkenas. In: ebd. 103-136.

Die jüdische Gemeinde sah sich von ihrem Selbstverständnis und der Minderheitssituation her mit den verschiedensten Aufgaben konfrontiert. Aus der Notwendigkeit der Vertretung gegenüber einer Obrigkeit, die Duldung und Schutz von der regelmäßigen Steuerleistung abhängig machte, wie auch aus dem Wunsch nach gerechter Lastenverteilung, ergab sich als eine der frühesten Aufgaben die Steuerumlage, und damit das Erfordernis, dem Einzelnen den Willen der Mehrheit aufzuzwingen. Die Diskussion darum, erschließbar aus den Stellungnahmen der Gelehrten, kreiste zuerst um den zulässigen Modus der Beschlußfassung (Einstimmigkeit oder Mehrheit). Als im 13. Jahrhundert das letztere Verfahren akzeptiert wurde, erhob sich das Problem der Bestimmung einer legitimen Mehrheit, was nach einigem Schwanken gegen den bis dahin vorherrschenden Leitgedanken der "*sanior pars*" zugunsten der Zahlenmehrheit entschieden wurde. Es festigte sich auch die Vertretung der Gesamtheit durch gewählte Repräsentanten, der "Judenrat" im Munde der christlichen Umgebung, auf Hebräisch die "Guten der Stadt", "Großen", "Ehrbaren", "Wichtigen". Von der christlichen Herrschaft erhielten sie gegen regelmäßige Steuerleistung und Wahrung der Ordnung die innere Autorität legitimiert, gelegentlich auch konkrete Unterstützung bei der Zwangsanwendung gegen Widerspenstige. Als im Spätmittelalter viele Obrigkeiten dazu übergingen, die Aufenthaltsberechtigung von alljährlich neu ausgehandelten individuellen Schutzbriefen abhängig zu machen, entfiel der zentrale Aspekt der Steuergemeinschaft, was entscheidend zur Schwächung der Gemeindeautorität beitrug.

Ein wichtiger Aufgabenkreis war die Verantwortung für die Einrichtungen und Funktionsträger, die für ein Leben nach den religiösen Geboten und rituellen Vorschriften unabdingbar waren. Zu den wichtigsten Einrichtungen gehört die Synagoge für das öffentliche Gebet, die aber auch in einem Privathaus untergebracht sein konnte; ein Friedhof; und das rituelle Bad. Vom Gemeindepersonal finden sich, oft in Personalunion, beinahe überall Vorsänger, Synagogendiener und Schächter, in größeren Gemeinden weitere Funktionsträger untergeordneten Ranges[7]. Eine schöne Beschreibung der Aufgaben der Gemeinde brachte im 13. Jahrhundert R. Meir ben Baruch von Rothenburg: "Man muß einen Vorstand wählen, die Vorbeter aussuchen, Wohlfahrtseinrichtungen schaffen, deren Verwalter ernennen, für die Erbauung der Synagoge sorgen, ein Haus für die

[7] M. Toch, Geldleiher und sonst nichts? Zur wirtschaftlichen Tätigkeit der Juden im deutschen Sprachraum des Spätmittelalters. In: Tel Aviver Jahrbuch für deutsche Geschichte 22 (1993) 117-126. Ergänzend dazu nunmehr die Frankfurter Quellen: D. Andernacht (Hrsg.), Regesten zur Geschichte der Juden in der Reichsstadt Frankfurt am Main von 1401-1519. Hannover 1996, Nr. 3431, 3448, 3538.

Abhaltung von Hochzeiten und für die Gemeindeangestellten erwerben und für alle Bedürfnisse der Gemeinde sorgen"[8].

Eine weitere zentrale Aufgabe war die interne Konfliktregelung und Zivilrechtspflege, besonders des religiös wie materiell bedeutungsvollen Heirats- und Scheidungsrechtes. Konkret hieß das Errichtung und Unterhalt lokaler Gerichtshöfe, als deren Vorsitzer immer Gelehrte wirkten. Die interne Rechtspflege wird von der Forschung im Gegensatz zum "Judenrecht" der christlichen Obrigkeiten als "jüdisches Recht" bezeichnet. In der biblisch-talmudischen Tradition standen ihr grundsätzliche Rechtsanschauungen, prozedurale Regeln und auch Sanktionen für Übertretungen bereit: Körperstrafen, Geldstrafen und Konfiszierung von Eigentum, vor allem jedoch der Bann (*Cherem*), der den Betroffenen aus der Gemeinschaft ausschloß, ihm verbot, am öffentlichen Gebet teilzunehmen, die Gemeindeeinrichtungen zu benutzen, und Kontakte jeglicher Art zu den Gemeindemitgliedern zu unterhalten. Über die Verhängung des Bannes wurden auch andere Gemeinden unterrichtet. Im Extremfall scheute man nicht vor der Anrufung der christlichen Obrigkeit zurück. Sonst war in internen Streitfällen der Gang zu nichtjüdischen Gerichten zwar streng verpönt, keineswegs jedoch unüblich. Die Aufrechterhaltung der Normkonformität und Gemeinschaftsdisziplin war insgesamt ein schwieriges und nicht immer erfolgreich gelöstes Problem. Die Wirksamkeit der internen Disziplinierung war ja nur so lange gegeben, wie der einzelne in der lokalen jüdischen Gruppe verharrte, sie beruhte weit mehr auf der freiwilligen Identifizierung mit der Gemeinschaft als auf deren Machtmittel. Mit der allgemeinen Verunsicherung der jüdischen Lebensumstände im Spätmittelalter konnte auch der Anspruch auf ein internes Rechtsmonopol nicht mehr aufrecht erhalten werden.

Diese allgemeinen Aussagen sollen nunmehr am Beispiel einer Gemeinde in Krise konkretisiert werden. Wir folgen dazu den richtungsweisenden Studien von Susanna Burghartz und Yakov Guggenheim zu Zürich[9]. Nach der blutigen Verfolgung von 1349, die die erste Zürcher Gemeinde fast vollkommen auslöschte[10], werden wieder 1354 Juden am Orte erwähnt. Zu einer Gemeinde haben sie sich offen-

---

[8] Zitiert bei S. Spitzer, Die jüdische Gemeinde im Mittelalter: Institutionen, Kompetenzen und Aufgaben. In: Kairos n.s. 21 (1979) 48-59, hier 56.

[9] S. Burghartz, Disziplinierung oder Konfliktregelung? Zur Funktion städtischer Gerichte im Spätmittelalter: Das Zürcher Ratsgericht. In: ZHF 16 (1989) 385-407, bes. 403 f.; dies., Leib, Ehre und Gut. Delinquenz in Zürich Ende des 14. Jahrhunderts. Zürich 1990; dies., Juden – eine Minderheit vor Gericht (Zürich 1378-1436). In: S. Burghartz u.a. (Hrsg.), Spannungen und Widersprüche. Gedenkschrift für František Graus. Sigmaringen 1992, 229-44; Y. Guggenheim, Zürich. In: Germania Judaica III, 1726-1751.

[10] Germania Judaica II: Von 1238 bis zur Mitte des 14. Jahrhunderts, hrsg. v. Z. Avneri. Tübingen 1968, 947.

sichtlich erst Ende der 70er Jahre konstituiert. Sie mieteten erneut die noch bestehende alte Synagoge, kauften einen neuen Platz für den Friedhof, da der alte vom Hochwasser zerstört war, und gaben sich Satzungen. Sie bestimmten u. a., daß sie Streitigkeiten bis zu 5 Pfund Pfennigen unter sich in der Synagoge richten; wer bei diesen Gerichtssitzungen, an denen offensichtlich alle Gemeindemitglieder teilnehmen sollten, fehlte, zahlte 5 Schilling Buße; wer abends oder morgens nicht zum Gebet in die Synagoge kam, zahlte pro Absenz 4 Pfennige. Je zwei Juden wurden jeden Monat dazu gewählt, die fälligen Bußen an der Synagogenwand mit Kreide anzuschreiben und sie von den Schuldigen einzuziehen. Jedoch, in diesen Jahren funktionierten die innerjüdische Konfliktregelung, Disziplinierung und Steuererhebung schlecht, eigentlich gar nicht, da einige führende Familien untereinander schwer zerstritten waren. Die Konflikte eskalierten von Verbalinjurien über Verleumdung bei der Obrigkeit, Schlägereien und Messerstechereien bis zu Morddrohungen. 1384 erreichten sie einen Höhepunkt, als eines Abends der *bös Vifli* heimlich einen Kinderleichnam in die Synagoge bringen ließ, was von dem für die Synagoge Verantwortlichen *kurz Smaria* entdeckt wurde und diesem einen großen Schrecken einjagte (was wohl Zweck der Übung war). Dies war das klassische Szenario für eine Ritualmordanklage, die diesmal jedoch vermieden werden konnte. Auch andere weniger schwerwiegende Konflikte wurden in der Synagoge ausgetragen, zumeist im Rahmen des Gottesdienstes. Die Ehrverletzungen, mit denen man hier einen Gegner treffen konnte, waren deshalb so wirksam, weil sie vor Publikum stattfanden: Behinderung beim Totengebet (*Kaddisch*) im Trauerjahr; die Verfluchung des Vorsingers durch den zur Thora Aufgerufenen, nachdem der Vorsinger schon über den Aufgerufenen den traditionellen Segen gesprochen hatte[11]; die Niederlegung des Gemeindegebetes zur Erzwingung des Rechtsganges am Feiertag, an welchem dieses sonst gängige Ritual nicht gestattet war[12]. Die Streitigkeiten blieben nicht auf die Stadt beschränkt. Den Bann, den zwei Zürcher Juden über ihre hiesigen Gegner verhängen ließen, verkündeten sie 1381 auch bei den benachbarten Judenschaften, mit denen enge Beziehungen bestanden, in Schaffhausen und Konstanz, vielleicht auch in Basel. Angemerkt sei ausdrücklich, daß die zahlreichen Konflikte innerhalb der Judenschaft von einem beschränkten Personenkreis, weniger als der Hälfte der etwa 20 ansässigen Familien, getragen wurden. Diese beeinflußten jedoch den Rest der Gemeinde so schwerwiegend, daß ein Zusammenbruch der inneren

---

[11] Diese Affäre ist als Textprobe ins Neudeutsche übersetzt und abgedruckt bei Burghartz, Disziplinierung 402 f.

[12] Zu dieser Einrichtung siehe A. Grossman, The Origins and Essence of the Custom of "Stopping the Service". In: S. Ettinger et alii (Hrsg.), Milet. Everyman's University Studies in Jewish History and Culture I. Tel Aviv 1983, 199-219 (hebr.).

Solidarität und damit des gesamten hergebrachten Disziplinierungssystems konstatiert werden muß. Das Vakuum rief nach Einmischung einer externen Autorität, die natürlich der Zürcher Rat darstellte. Er legte nicht nur, wie bisher, *ad hoc* einzelne Konflikte bei, sondern griff in die Organisation der Gemeinde ein. 1382 erlaubte er den Juden, die den Friedhof finanziert hatten, die Glaubensgenossen, die sich weigerten, ihren Beitrag zu leisten, vom Begräbnis auszuschließen, bis sie sich fügten. Sogar in den Streit um das Ehrenamt des Vorsingens an den Festtagen, den häufigsten Anlaß zu Reibungen in der Gemeinschaft, griff der Rat ein und bestimmte bei Strafandrohung von 200 fl. im Übertretungsfall, wer wann vorbeten solle. 1383 verbot er die kurz zuvor erfolgte oder angedrohte Sezession eines Teiles der Judenschaft und verordnete für alle die Gemeindesynagoge zum alleinigen Gebetshaus. Außerdem erneuerte der Rat eine ältere Verordnung, daß bei extrem hoher Strafe von 200 Mark Silber kein Jude einen andern vor ein auswärtiges jüdisches Gericht laden oder dort gegen ein Zürcher Ratsurteil appellieren dürfe. Erlaubt war weiterhin das freiwillige Schiedsgericht vor der Gemeinde oder vor einem auswärtigen jüdischen Gericht sowie die Rechtsnachfrage des Zürcher Gerichtes bei einem auswärtigen Rabbiner. Basel, Rothenburg/Tauber und Worms sind in diesen Jahren als Sitz auswärtiger Rabbiner oder jüdischer Gerichte bezeugt, die die Zürcher Juden in ihren Konflikten angingen.

Was lernen wir aus dem negativen Beispiel, aus diesen zerütteten Verhältnissen, die in vergleichbarer Schärfe auch anderswo bestanden[13], zum realienkundlichen Aspekt der jüdischen Gemeinde? Die Synagoge stellte den Standort und Rahmen für interne Disziplinierungsmaßnahmen dar, diese schlossen sowohl negative Aspekte der Zwangsanwendung wie auch positive der Zuteilung von Prestige und Status ein. Die öffentliche Selbstdarstellung der jüdischen Gesellschaft fand in der Synagoge und ihren Annexen statt, im Gebetsraum der Männer und in der "Frauenschul", in der "Vorschul", das ist der Nartex vor dem Eingang, und am "Schulhof". In diesem Komplex wurden sämtliche "*rites de passage*" des jüdischen Lebenszyklus[14] abgewickelt: die Zeremonien der Namensgebung (*Hole-*

[13] Informationen zu grundsätzlich ähnlichen Einrichtungen, Funktionen und Problemen liegen, wenn auch nicht immer vollständig, aus zahlreichen weiteren Orten vor. Siehe in Kürze Germania Judaica III, Teilband 3, Eintrag "Gemeinde". Eine Darstellung des Problems der Gemeindeautorität nach innerjüdischen Quellen bei E. Zimmer, Harmony and Discord. An Analysis of the Decline of Jewish Self-Government in 15th Century Central Europe. New York 1970. Für das folgende bin ich wiederum Yakov Guggenheims unveröffentlichter Studie zur Synagoge verpflichtet.

[14] Eine zusammenfassende Darstellung der jüdischen Volkskunde steht noch aus. Für die ältere Forschung vgl. H. Pollack, Jewish Folkways in Germanic Lands, 1648-1806. Cambridge, Mass. 1971. Für neuere Forschungstendenzen s. zum Mittelalter I. Ta-Shema, Ashkenazi Jewry in the Eleventh Century: Life and Literature. In: Ashkenaz. The German Jewish Heritage, hrsg. v. G. Hirshler. New York 1988, 23-56; ders., Early

kreisch) und Beschneidung (*Brit*), die Einschulung des fünfjährigen Kindes[15], die im Spätmittelalter das Einschulungsritual ablösende *Bar-Mitzva*, die Heiratszeremonie[16], die ritualisierte Tröstung der Trauernden nach der Friedhofsbeerdigung, zuletzt das ein Jahr lang als Teil der Synagogenliturgie rezitierte Totengebet (*Kaddisch*)[17]. An und in der Synagoge kristallisierte sich Prestige und ein sichtbares Maß der Ehrbarkeit: durch den im Liturgiezyklus gegebenen Aufruf zum Vorbeten; durch Ehrenämter; durch die räumliche Zuordnung der Synagogenplätze; durch den öffentlichen Verkauf von religiösen Pflichten, etwa die Versorgung mit Lichtöl und Kiddusch-Wein; durch Sachspenden mit Spenderinschrift. Die Synagoge war Umschlagplatz für Kommunikation, wenn am Sabbatmorgen nach dem Gottesdienst Neuigkeiten aus aller Welt ausgetauscht wurden. Die Synagoge war bevorzugter Austragungsort innergemeindlicher Konflikte, wobei besonders das "Aufhalten/Niederlegen des Gebets" (*Ikuv Tfila*) als althergebrachtes Mittel des Protestes gegen wirkliches oder vermeintliches Unrecht diente[18]. Am Tor der Synagoge wurden auch hebräische Achtbriefe gegen fremde Juden angeheftet[19]. Das jüdische Gericht tagte vor bzw. in der Synagoge, die auch Ort der öffentlichen Buße war. Hier wurden gerichtlich auferlegte Körperstrafen, aber auch die selbst auferlegte rituelle Selbstkasteiung durch Schläge vor Neujahr- und Versöhnungstag öffentlich ausgeführt, man kann auch sagen aufgeführt. Die Synagoge war also der "public space" der Juden par excellence.

Externe Disziplinierung: der Judeneid

Wie schon aus dem Zürcher Muster ersichtlich, war dieser öffentliche Raum jedoch nicht hermetisch abgeschirmt, sondern für Übergänge durch-

---

Franco-German Ritual and Custom. Jerusalem 1992 (hebr.). Zur Frühneuzeit s. C. Daxelmüller, Organizational Forms of Jewish Popular Culture since the Middle Ages. In: R. Po-Chia Hsia und H. Lehmann (Hrsg.), In and Out of the Ghetto. Jewish-Gentile Relations in Late Medieval and Early Modern Germany. Cambridge 1995, 29-48. Für weitere neue Studien s. unten, Anm. 15-18.

[15] Dazu nunmehr richtungsweisend I. Marcus, Rituals of Childhood. Jewish Acculturation in Medieval Europe. New Haven-London 1996.

[16] Dazu E. Cohen und E. Horowitz, In Search of the Sacred: Jews, Christians, and Rituals of Marriage in the Later Middle Ages. In: JMedRenSt 20 (1990) 224-249.

[17] Zur Trauer in der jüdischen Kultur s. nunmehr S. A. Goldberg, Crossing the Jabbok. Illness and Death in Ashkenazi Judaism in Sixteenth- through Nineteenth-Century Prague. Los Angeles 1995.

[18] Zu dieser Einrichtung siehe A. Grossman, The Origins and Essence of the Custom of "Stopping the Service". In: S. Ettinger et alii (Hrsg.), Milet. Everyman's University Studies in Jewish History and Culture I. Tel Aviv 1983, 199-219 (hebr.).

[19] S. z.B. in Frankfurt/M.: Andernacht Nr. 350 (Achterklärung gegen die Juden von Miltenberg und einen Juden zu Klingenberg).

lässig. Dazu einige weitere, beinahe willkürlich aus dem Quellenmaterial herausgegriffene Beispiele: In Straßburg wurde 1316 eine Ausgabe der Stadt von 16 Pfg für "Wein in der Synagoge" verbucht[20]. Nicht nur Juden haben Bannbriefe an die Synagogentüre geschlagen, sondern auch Boten des Königs, die damit den königlichen Bann (zumeist wegen Nichtbezahlung von Steuern) öffentlich verkündeten[21], wie überhaupt Gebote und Verbote der christlichen Obrigkeiten und Gerichte am Synagogentor angebracht bzw. in der Synagoge verlesen wurden[22]. Als sich eine Ratsobrigkeit in Nürnberg 1489 genaue Informationen über die in der Stadt weilenden Juden verschaffen wollte, sandte sie den Ratsbüttel am Sabbat in die Synagoge, um dort beim Gebet die Personalien feststellen zu lassen[23]. Das Sabbatgebet besuchte auch Kurfürst Philipp von der Pfalz 1495 mit seinem Sohn Ludwig in der Wormser Synagoge[24]. Im Anschluß daran gebot er seinen Edlen und Dienern, die Juden "ungeirret" zu lassen. Aber auch das: 1447 wurde in Göttingen ein Vertrag zwischen den Handwerksgesellen und den Juden geschlossen, wonach die ersteren gegen etwa 5 Liter Wein von jedem Juden darauf verzichteten, alljährlich zur Fastnacht durch die jüdischen Häuser und die Synagoge zu ziehen[25]. Die Synagoge war für Christen mehrdeutig: ein zu erkundender fremdartiger Ort ebenso wie das natürliche Feld obrigkeitlichen Handelns. Die Synagoge war aber auch, und hier gehen wir einen Schritt weiter, für den Judenhaß die "Synagoge des Satans", an sie wurden Beschuldigungen von Ritualmord und Hostienschändung fixiert[26].

Der *genius loci* mag diese Mehrdeutigkeit konkretisieren. Im 1416 niedergeschriebenen sogenannten "Kleinen Kremser Judeneid" wird festgelegt, daß der schwörende Jude beim Sprechen der Eidformel den Türring der Synagoge erfassen soll[27]. Die gleiche Situation ist in einer Liegnitzer Handschriftenminiatur von 1386 dargestellt[28]. Die Zeremonie

[20] Germania Judaica II, Eintrag Straßburg 801.

[21] Andernacht Nr. 761 (Frankfurt); Nr. 909 (Mainz).

[22] Vgl. z.B. aus der reichen Überlieferung von Frankfurt/M.: Andernacht Nr. 1097, 1191, 1644, 2779, 2868, 2946, 3165, 3209, 3279, 3307, 3330, 3368, 3419, 3471, 3521, 3604, 3606, 3624-5, 3656, 3678, 3693, 3744, 3779, 3847, 3929, 4079.

[23] M. Toch, Die soziale und demographische Struktur der jüdischen Gemeinde Nürnbergs im Jahre 1489. In: J. Schneider (Hrsg.), Wirtschaftskräfte und Wirtschaftswege. Festschrift für Hermann Kellenbenz V. Stuttgart 1981, 79-91.

[24] Germania Judaica III, Teilband 3, Eintrag Kurpfalz.

[25] Germania Judaica III, Eintrag Göttingen 447.

[26] J. Trachtenberg, The Devil and the Jews. The Medieval Conception of the Jew and its Relation to Modern Antisemitism. Philadelphia 1943/1983, 113, 121, 210, 214.

[27] Germania Judaica III, 678 f.; H. Voltelini, Der Wiener und Kremser Judeneid. In: MittVGWien 12 (1932) 64-70.

[28] G. Kisch, Studien zur Geschichte des Judeneides im Mittelalter. In: ders., Forschungen zur Rechts- und Sozialgeschichte der Juden in Deutschland während des Mittelalters nebst Bibliographien. Sigmaringen 1978, 139, Anm. 7.

des Judeneides war also hier, wie an vielen anderen Orten[29], an den Standort Synagoge gebunden. Dieser erklärt sich aus der internen Disziplinierungsfunktion, die aus der besonderen Heiligkeit des Ortes bzw. den darin aufbewahrten Schriften wie auch aus der Öffentlichkeitsfunktion konstruiert ist. Weiters: Dem Kremser Judeneid fehlte die Formel der Selbstverfluchung, und seine Zeremonie war frei von erniedrigendem Beiwerk. Wohl deswegen forderten die Kremser Stadtbürger von ihrem Herzog die Einführung des härteren Wiener Eides. Mit dieser doppelten Frontstellung, jüdisches Heiligtum hier, christliches Mißtrauen da, beides an einem Ort, wo Juden und Christen in einem öffentlichen, mit religiös-rechtlichen Assoziationen geladenen Ritual zusammenkommen, sind wir im Dickicht des Problemes "Judeneid".

"Judeneide sind von christlichen Amtspersonen aufgesetzte Eideszeremonien und Eidesformulare, die gewährleisten sollten, daß die durch den Schwur bekräftigte Aussage eines Juden der Wahrheit entsprach. Das juristische Problem lag vor allem darin, daß der Schwörende einen Gott zum Zeugen aufrief und oft einen heiligen Gegenstand berühren sollte, deren Heiligkeit für den christlichen Richter und die christliche Gegenpartei nicht gegeben war."[30] Der hauptsächliche Zugang zum Problem war die längste Zeit über ein rechtshistorischer, wie ihn Guido Kisch verkörperte[31]. Ergänzt wurde er von philologischer Seite, so etwa durch den gerade zitierten Walter Röll[32]. Beide Zugänge haben die Aufmerksamkeit auf seitenlange Schwurformulare, bluttriefende Schweinshäute und andere den Juden zutiefst erniedrigende Ausgestaltungen des Schwurzeremoniells gelenkt. Diese Dimension des Extremen und Sensationellen verstellt den Blick auf die Tatsache, daß der Judeneid gerade im Spätmittelalter eine gänzlich alltägliche Sache war, die sich zwangsweise aus der ungemein hohen Quote von Gerichtsfällen zwischen Juden und Christen ergab[33]. Diese Alltäglichkeit ist Ausgangs-

[29] Überliefert ist ein solcher Standort vor oder in der Synagoge an 24 von 77 Orten, aus denen für das Spätmittelalter überhaupt Informationen zum Judeneid vorliegen. Andere Standorte sind ganz selten: Germania Judaica III, passim. Ähnlich auf Grund der normativen Rechtsquellen: Kisch, Studien 151 f., 160. Zu den relevanten Stellen in den Rechsbüchern s. ders., Jewry-Law in Medieval Germany. Laws and Court Decisions Concerning Jews. New York 1949, . 67, 72, 98, 120, 132, 134 Anm. 17, 140, 159, 179, 199.

[30] W. Röll, Zu den Judeneiden an der Schwelle zur Neuzeit. In: A. Haverkamp (Hrsg.), Zur Geschichte der Juden im Deutschland des späten Mittelalters und der frühen Neuzeit. Stuttgart 1981, 163-204, hier 164.

[31] Kisch, Studien 137-84; zusätzlich ders., The Jews in Medieval Germany. A Study of Their Legal and Social Status. Chicago 1949/New York 1970, 275-87.

[32] Röll.

[33] Gerichtsbücher wurden bisher meist nur zur Erforschung des wirtschaftlichen Aspekts ausgewertet. Eine Liste der überlieferten Quellen dieser Art bei M. Toch, Die

punkt für die folgenden Erwägungen, mit denen wir eine mehrschichtige Interpretation des Judeneids vorschlagen wollen[34].

1436 bat ein Nürnberger Jude einen auswärtigen Junker, seine Aussage gegenüber dem Rat zu bestätigen, *weil man auf unser Juden wort lützel gibt und glawbens hat*[35]. Die zuweilen unglaublich detailreiche Ausgestaltung des Judeneides kann auf einer ersten Ebene der Analyse als Ergebnis dieses tiefen, im Laufe des Spätmittelalters immer stärker ausgeprägten Mißtrauens verstanden werden. Daraus ergeben sich die komplizierten Maßnahmen zur Nachprüfung, etwa ob das Buch, worauf geschworen wird, tatsächlich der in hebräischen Lettern geschriebene Pentateuch sei. Zum Nachweis wurde zuweilen ein besonderer Nebeneid gefordert oder die Anwesenheit eines jüdischen Gelehrten bemüht, der selbst wieder schwören mußte. Wie problematisch der "Judeneid" im christlichen Bewußtsein war, zeigt die Auskunft, die sich der Frankfurter Rat 1506 unter Anwendung der Folter von einem inhaftierten Juden holte[36]. Er ließ sich bestätigen, daß jüdische Eide in Prozessen mit Christen, ja auch bei Zeugenaussagen in Prozessen wider Juden fragwürdig seien, daß Juden vor Eidleistung die Erlaubnis des Rabbiners einzuholen hätten, daß jüdische Eide nichtig seien, wenn der Jude seine Hand nicht auf die Zehn Gebote lege.

Ein solcher Argwohn konnte auch zu Zwecken der Disziplinierung dienen. Ein Beispiel sind die in der zweiten Hälfte des 15. Jahrhunderts um sich greifenden Bemühungen, die nunmehr als soziale Gefahr empfundene jüdische Geldleihe einzuschränken und zu kontrollieren. Wie die Untersuchung der Verhältnisse in Nürnberg ergeben hat, wurde diese Kontrolle über eine Reihe von Neuerungen im Gerichtswesen abgewickelt, die allesamt eine Erschwerung des Rechtswegs bedeuteten[37]. Sie mündeten in die Nürnberger Stadtrechtsreformation von 1479, deren Judeneid jedoch so lang und kompliziert war, daß er im Gerichtsverfahren keine Anwendung finden konnte[38]. In den zwanzig Jahren, die den Nürnberger Juden noch bis zu ihrer Austreibung verblieben, haben sie sich mit diesem institutionell verhärteten Mißtrauen herumschlagen müssen, ein mühse-

spätmittelalterliche Wirtschaft. In: M. Breuer und J. Guggenheim (Hrsg.), Germania Judaica III, Teilband 3, Anm. 64.

[34] Einiges vom folgenden stützt sich auf die Arbeit meines ehemaligen Schülers J. Ziegler, Reflections on the Jewry Oath in the Middle Ages. In: D. Wood (Hrsg.), Christianity and Judaism. London 1992, 209-20.

[35] HSTANürnberg, Briefbuch des Rates 12, fol. 151r; M. Toch, Nürnberg. In: Germania Judaica III, 1031, Anm. 205.

[36] Andernacht Nr. 3489.

[37] Toch, Nürnberg 1009 f.; ders., *umb gemeyns nutz und nottdurfft willen.* Obrigkeitliches und jurisdiktionelles Denken bei der Austreibung der Nürnberger Juden 1498/99. In: ZHF 11 (1984) 1-21.

[38] Toch, Nürnberg 1012; Röll 192-95; Text: Kisch, Studien 181-184.

liges Geschäft, das zu immer neuen obrigkeitlichen Eingriffen in ganz lapale Rechtshändel führte. Nach der Austreibung blieb es den Stadtbürgern erspart, sich mit ihrem selbstgeschaffenen Golem auseinandersetzen zu müssen. Dies war dem Reichskammergericht überlassen, das 1538 wortgenau das römisch-rechtlich elegante Nürnberger Formular übernahm, welches damit bis zur Aufhebung des Judeneids im 19. Jahrhundert formale Gültigkeit besaß[39].

Wenden wir uns einem noch älteren und markanteren Kennzeichen der im Judeneid verborgenen Ambivalenz zwischen Zweckmäßigkeit und Unzweckmäßigkeit zu, der Ausgestaltung des Schwurzeremoniells. Am bekanntesten ist die im Schwabenspiegel[40] und späteren Manuskripten und Drucken des Sachsenspiegels[41] geforderte Schweinshaut, auf der der schwörende Jude zu stehen habe. Nach einer späten Sachsenspiegel-Version sollte die Haut von einer Sau stammen, die in den letzten 14 Tagen Junge gehabt hat und die entlang des Rückens so aufgeschnitten sein sollte, daß der Schwörende auf den Zitzen stehen konnte[42]. Derivate des Schwabenspiegel-Eides finden sich im Spätmittelalter in Frankfurt/Main, Neuhaus (Böhmen), Nürnberg, Sobernheim, Trier und Würzburg, eine Variante in Braunschweig (barfuß auf einer in Lammblut getränkten Haut stehen)[43]. Die in Breslau erhobene Forderung nach entblößtem Kopf und Nennung des vollen Gottesnamen (*Schem hamefurasch*)[44] mag ebenfalls als eine jener Schikanen gelten, die sich nach Kisch "psychologisch nur mit der aus Haß geborenen Absicht erklären lassen, daß ein möglichst ehrkränkendes und degradierendes Ritual ersonnen und angewendet werden sollte"[45]. Die konkrete Anwendung dieser sonderbaren und abstoßenden Elemente in der Rechtspraxis wurde in der Forschung als selbstverständlich angenommen,

---

[39] Röll 186. Enddatum ist die Verkündung der Zivilprozeßordnung für das Deutsche Reich am 30.1.1877.

[40] Text: Kisch, Jewry-Law 61-63. Zum Judeneid in den Rechtsbüchern ist nunmehr angekündigt C. Magin, *wann die verfluchten juden vil pezzer recht habent*: Der Status der Juden in spätmittelalterlichen deutschen Rechtsbüchern. Köln-Wien 1999 (im Druck).

[41] Text: Kisch, Jewry-Law 51-53 (Augsburg 1516).

[42] Text: Kisch, Jewry-Law 51.

[43] Germania Judaica III, diese Ortseinträge. Die Lammhaut in Braunschweig geht auf das Meissener Rechtsbuch (1357-1387) zurück: Kisch, Jewry-Law 87. Dieses wiederum mag auf die Ziegenhaut in einem lateinischen Judeneid des 12. Jahrhunderts zurückzuführen sein: V. Zimmermann, Die Entwicklung des Judeneids. Frankfurt/Main 1973, 38-43.

[44] Germania Judaica III, Eintrag Breslau.

[45] Kisch, Studien 164.

Stimmen des Dissens wurden, zu Unrecht wie wir meinen, beiseite geschoben[46].

Die Germania Judaica III, das Handbuch der historischen Stätten der Juden im spätmittelalterlichen Reich, nennt nunmehr 77 Orte, unter ihnen fast alle wichtigeren Städte, aus denen Nachrichten zum Judeneid überliefert sind[47]. Schweinshäute oder ähnliches werden, wie oben bemerkt, allein an acht Orten erwähnt. Gehen wir sie der Reihe nach durch. Schon die Urmutter aller Schweinshäute erscheint im Schwabenspiegel nur in der längeren Fassung, wogegen das gleiche Rechtsbuch auch eine kürzere Eidesfassung ohne Sauhaut hat[48]. Auch in Braunschweig bestand neben der langen Formel mit der von Lammblut getränkten Haut eine weitere knappe Version, offenbar ohne Beiwerk. In Breslau gab es zusätzlich zu der knapp vor oder nach der Vertreibung von 1453 erwähnten entwürdigenden Bestimmung ein weiteres am Ort verfaßtes Rechtsbuch ohne sie. In Frankfurt am Main bestanden 3 verschiedene Eidformulare, zwei ohne Schweinshaut, eines mit. Im böhmischen Neuhaus findet sich der Schweinehaut-Passus allein in einer privaten Abhandlung des Stadtschreibers. In den zahlreichen Nürnberger Judeneidsformularen erscheint die Schweinshaut nur als Zusatz einer einzigen Fassung des späteren 14. Jahrhunderts, in folgender bezeichnender Formulierung: *Item ist zu bedencken, ob man sie in vollfürung irer aide nach inhalt des Sachsenspiegels damit besweren wolle, das sie mit parfüssen füssen auf einer sweinshaut sweren*[49]. Der aus Sobernheim überlieferte Eid stammt nach paläographischem Befund von ca. 1490, wogegen der letzte Aufenthalt eines Juden hier 1456 belegt ist. Die Trierer Schweinshaut findet sich nur als Teil einer Schwabenspiegel-Fassung. Auch in Würzburg gab es zwei Eidesformulare, ein langes mit und ein kurzes ohne Sauhaut.

In der Regel lagen also Parallelfassungen vor. Das gilt auch für jene etwas zahlreicheren Formulare, die zwar auf die Schweinshaut verzichten, sich dennoch in langwierigen Aufhäufungen von Selbstverfluchungen ergehen[50]. Daraus ist zu folgern, daß die komplizierten und erniedrigenden

[46] Kisch, Studien 161-165 und Anm. 94 gegen F. Baer, Die Juden im christlichen Spanien I. Berlin 1929, 1031, Anm. 3, der auf die moralische Entrüstung hingewiesen hatte, mit der die Forschung des 19. Jahrhunderts den Judeneid betrachtete. Dies war natürlich ein Seitenhieb gegen die polemisch-aufklärerische Tendenz, in der auch Kisch stand. Zu Baer s. D. N. Myers, Re-Inventing the Jewish Past: European Jewish Intellectuals and the Zionist Return to History. Oxford 1995, 109-128.

[47] Frühere Studien des Problems waren weniger vollständig. Bei Zimmermann, Die Entwicklung, werden 43 mittelalterliche Texte behandelt, bei Röll sind es insgesamt zehn.

[48] Kisch, Jews 279.

[49] Text: Kisch, Studien 180.

[50] Z.B. Germania Judaica, Eintrag Bayreuth. Anm. 25.

Formeln des Judeneides keine tatsächlich stattgefundenen Schwurzeremonien beschreiben oder normieren, sondern eine andere Funktion besaßen. Sie gehörten, wie schon ein zeitgenössischer Glossator bemerkte[51], in den Bereich der Phantasie, in einen rabiat antijüdischen Diskurs, dessen Eckpfeiler Ritualmord und Hostienschändung, mit dem Teufel verbündete, nach Salpeter stinkende und menstruierende Juden waren[52]. Seine Aufgabe ist innerchristlich, sie bezieht sich auf Juden nur in ihrer Eigenschaft als Objekte für die Projektion von Aggressionen, Schuldgefühlen und Ängsten.

Zum tagtäglichen Gerichtsgebrauch dienten die kürzeren, einfacheren und weniger anstößigen Fassungen. Sie sind zahlreich in Formel- und Rechtsbüchern erhalten[53], zusätzlich aber, und das ist von Bedeutung, auch in Gerichtsurkunden, die konkrete Fälle festhalten[54]. Sie bezeugen eine tatsächlich abgehaltene, zumeist von Erniedrigung und Ausschmückung freie Zeremonie, die nach zeitgenössischen Maßstäben funktional war und als solche auch keinen jüdischen Widerstand erregte[55]. Wenn wir also nach konkreten Disziplinierungsmaßnahmen der christlichen Obrigkeit gegenüber der jüdischen Minderheit fragen, nach Mitteln zur Erzwingung von Normkonformität zwischen zwei Gesellschaften, deren Normen als grundverschieden galten, so lassen sie sich in diesen einfacheren Judeneiden erkennen. Sie erfüllten eine wichtige Aufgabe der Integration von jüdischem und christlichem Recht, denn funktionsfähig konnte der Judeneid nur sein, wenn er tragende Elemente der internen jüdischen Rechtsordnung in einen nichtjüdischen Rechtsakt einbaute. Das ist natürlich vor allem mit dem Gebrauch hebräischer Bibelwendungen und Rechtsbegriffe im deutschsprachigen Schwurtext gegeben[56], aber auch mit den realienkundlichen Aspekten der Abhaltung des Rechtsaktes innerhalb des jüdischen "public space" und der Verwendung der hebräischen Thorarolle. Dabei wurden interne jüdische Vorstellungen externalisiert, ebenso christliche Ansichten durch Juden internalisiert. Solche Querverbindungen korrigieren die geläufige Vorstellung einer beinahe totalen kulturellen Barriere zwischen beiden Gruppen. Um nochmals auf Zürich zurückzukommen, aus dessen reichen Gerichtsakten eine hochwichtige, leider in einer Fußnote versteckte

---

[51] Zitiert bei Kisch, Studien 161.

[52] Die klassische Darstellung dieses Diskurses bei Trachtenberg. Weitere Literatur unten, Anm. 58.

[53] Germania Judaica III, Einträge Amberg, Anm. 18; Augsburg, Anm. 203; Babenhausen, Anm. 25; Bamberg, Anm. 97.

[54] Germania Judaica III, Einträge Amöneburg, Anm. 2; Basel, Anm. 106.

[55] Ziegler, bes. 218-220.

[56] Der Nachweis der Übernahme bei R. Schmidt-Wiegand, Eid und Gelöbnis, Formel und Formular im mittelalterlichen Recht. In: P. Classen (Hrsg.), Recht und Schrift im Mittelalter (VuF XXIII) Sigmaringen 1977, 84-89, bes. 89.

Bestätigung dieser Einsicht gewonnen wurde: "Auch beachtete das Ratsgericht durchaus das innerjüdische Recht, hielt dessen Satzungen für die Juden für verbindlich und bemühte sich, sie in seinen Entscheidungen, die Streitigkeiten zwischen Juden betrafen, zu berücksichtigen. Die Juden ihrerseits bemühten sich, die gruppenspezifischen Aspekte ihrer Konflikte den christlichen Richtern verständlich zu machen und in deren Wertsysteme zu 'übersetzen', was schon daher nicht allzu schwierig war, da auch die Juden sich durchaus an den Koordinaten 'Ehre' und 'Schande' orientierten."[57]

Als weiteres Ergebnis ist zu bedenken, daß Disziplinierung ein zweischneidiges Schwert sein konnte. Im innerjüdischen Kontext von Zürich war es der Zusammenbruch der Normen gesellschaftlichen Verhaltens, der die hergebrachten internen Disziplinierungsmaßnahmen zum Scheitern verurteilte. Die gleichen Techniken der sozialen Kontrolle blieben dagegen zur gleichen Zeit an anderen Orten wirksam. Was das christlich-jüdische Verhältnis betrifft, so ist entgegen einer heute starken Strömung in der Forschung zu betonen, daß nicht alles dem Leitgedanken der feindseligen Stereotypisierung zuzuordnen ist[58]. Judeneid war nicht immer und überall gleich Judeneid, nicht jedes Eindringen in die Synagoge war ein Pogrom. Und dennoch, Ambivalenz auch hier: Der funktionale Diskurs bediente sich des gleichen Vokabulars wie der übergeordnete antijüdische Diskurs, der Übergang von einem zum anderen war ein rascher, Disziplinierung konnte in Diskriminierung, Recht in Unrecht umschlagen. Auch hier bestehen Querverbindungen zwischen dem Imaginären und dem Konkreten, zwischen Mentalitätsgeschichte und Realienkunde: Die Errichtung des hermetisch abgeschlossenen Ghettos in Frankfurt am Main im Jahre 1462[59] hat einen Wechsel auch in den Feldern des "öffentlichen Raumes" der Juden mit sich gebracht, ablesbar an der

[57] Burghartz, Leib 196 f.; Guggenheim, Zürich 1742, Anm. 91. Eine abweichende Meinung zur Parallele zwischen christlichen und jüdischen Ehrbegriffen bei R. Jütte, Ehre und Ehrverlust im spätmittelalterlichen und frühneuzeitlichen Judentum. In: K. Schreiner-G. Schwerhoff (Hrsg.), Verletzte Ehre. Ehrkonflikte in Gesellschaften des Mittelalters und der Frühen Neuzeit. Köln-Weimar-Wien 1995, 144-165, hier 162-164.

[58] Z.B. R. W. Frey, Ritualmordlüge und Judenhaß in der Volkskultur des Spätmittelalters. In: P. Dinzelbacher und H. Mück (Hrsg.),Volkskultur des europäischen Spätmittelalters. Stuttgart 1987, 177-197; ders., Das Bild des Judentums in der deutschen Literatur des Mittelalters. In: K. Grözinger (Hrsg.), Judentum im deutschen Sprachraum. Frankfurt/Main 1991, 36-59; R. Po-Chia Hsia, The Usurious Jew: Economic Structure and Religious Representations in an Anti-Semitic Discourse. In: ders. und Lehmann, In and Out of the Ghetto 161-176; G. Mentgen, Der Würfelzoll und andere antijüdische Schikanen in Mittelalter und früher Neuzeit. In: ZHF 22 (1995) 1-48.

[59] Dazu detailliert F. Backhaus, Die Einrichtung eines Ghettos für die Frankfurter Juden im Jahre 1462. In: HessJbLG 39 (1989) 59-86.

Tatsache, daß Schreiben nicht wie früher "innen", an der Synagogentür, sondern nunmehr "außen", an der "Judenpforte" angeschlagen werden[60]. Die Welt der Juden wird für Christen zunehmend unzugänglich[61].

[60] Andernacht Nr. 2861, 3546.

[61] Zu den internen sozialen und kulturellen Konsequenzen dieser Entwicklung s. J. Katz, Tradition and Crisis. Jewish Society at the End of the Middle Ages. Jerusalem 1958 (hebr.), engl. Übers. New York 1961, Neuübers. New York 1993.

CLAUDE GAUVARD

DISCIPLINER LA VIOLENCE DANS LE ROYAUME DE FRANCE AUX XIVE ET XVE SIÈCLES : UNE AFFAIRE D'ETAT ?[1]

L'historiographie politique traditionnelle, largement enracinée dans l'idée que l'Etat parfait doit exercer le monopole de la justice et que le respect de l'ordre en découle, mesure l'efficacité du pouvoir à la façon dont il réussit à discipliner la violence, en particulier au sein de l'aristocratie. Dans cette perspective, les études sur la France des XIVe et XVe siècles, comme d'ailleurs sur l'Angleterre à la même époque, concluent à un échec au moins partiel, et par conséquent à l'inefficacité de l'Etat médiéval pour maintenir l'ordre public. Les raisons données tiennent à une administration insuffisante en nombre et en qualité et, en particulier pour l'Angleterre, à la force du *bastard feudalism,* dont les conséquences sur l'ordre public sont moins bien connues dans le domaine français, malgré les travaux de Peter Lewis et de R. W. Kaeuper[2]. Dans le royaume de France, la guerre de Cent ans vient compliquer le problème et bien des historiens supposent qu'elle a accru les effets de la violence et contribué à perturber l'ordre[3]. L'idée reste donc ancrée que la violence règne de façon endémique et que l'Etat ne la discipline pas puisqu'il ne réussit pas à punir ses auteurs. En Angleterre, deux études récentes viennent de nuancer ce point de vue. Edward Powell

[1] Cette étude doit beaucoup aux travaux et aux réflexions stimulantes des étudiants qui ont entrepris une maîtrise ou une thèse d'Histoire du Moyen Age sous ma direction à l'Université de Paris-I. Qu'ils en soient ici remerciés.

[2] La bibliographie sur les rapports entre l'Etat et la justice est recensée par B. Guenée, *L'Occident. aux XIVe et XVe siècles, Les Etats,* Paris, 1991, col. Nlle Clio, nlle éd. Sur le lien entre la violence, l'aristocratie et le *bastard feudalism* en France, P. Lewis, "Of Breton "alliances" and other matters", dans *War, Literature and Politics in the Late Middle Ages*, C. T. Allmand ed., Liverpool, 1976, p. 122-143 et R. W. Kaeuper, *War, Justice and Public Order. England and France in the Later Middle Ages,* New York, 1988, trad. française, *Guerre, Justice et Ordre public. L'Angleterre et la France à la fin du Moyen Age,* Paris, Aubier, 1994. Voir aussi *"The origins of the Modern State in Europe, 13th to 18th Century , The Heritage of the Pre-Industrial European State"*, W. Blockmans, J. Borges de Macedo et J. P. Genet ed., Lisboa, 1996 et les travaux accomplis sous la direction de A. Padoa Schioppa, *Legislation and Justice*, à paraître.

[3] E. Cohen, "The Hundred Years' War and Crime in Paris, 1332 – 1488", dans *The Civilization of Crime, Violence in Town and Country since the Middle Ages,* E. A. Johnson and E. H. Monkkonen, ed., Urbana and Chicago, 1996, p. 109-124.

a montré comment, à un échelon local choisi dans la région de Leicester, les cours royales pratiquent une politique de conciliation plutôt que de coercition, ce qui permet au roi de s'attacher des fidélités et il en déduit que la justice du roi négocie plutôt qu'elle ne punit ; ce n'est donc pas à l'aune des châtiments qu'il faut chercher l'ordre[4]. La région de l'East Anglia fournit ses arguments à Philippa C. Maddern. Les cours de justice y sont moins des lieux où la violence est punie par les juges que des prétoires où, subtilement, s'esquisse une hiérarchie de la violence et où s'exprime la distinction entre une violence licite et une violence illicite, sous le contrôle de la loi[5]. En ce qui concerne le royaume de France à la fin du Moyen Age, j'ai moi-même tenté de montrer que la violence obéissait à un code de l'honneur largement partagé par la société et par le pouvoir, si bien que la violence pouvait être considérée comme un "beau fait" quand elle était commise selon certaines règles et dans certaines circonstances[6]. Il devient alors évident que la notion d'ordre public au cours des deux derniers siècles du Moyen Age, et sans doute jusques dans l'époque moderne, doit être considérée avec un oeil neuf[7]. L'ordre public n'est-il pas, malgré les discours du pouvoir et de l'Eglise sur la paix, moins important aux yeux du roi et des élites qui peuplent les cours royales, que les valeurs d'honneur et de fidélité ? Et l'ordre public, à cette époque, ne consiste-t-il pas finalement à faire respecter ces valeurs partagées par le corps social, si bien qu'une certaine forme de violence reste inhérente au fonctionnement de la société et de l'Etat? Mais ne s'esquisse-t-il pas aussi, de façon plus ou moins larvée, un reclassement dans la reconnaissance de ces valeurs d'honneur que justifie la violence, en tenant compte de la hiérarchie sociale sur laquelle la société française de la fin du Moyen Age reste fondée ?

En théorie, face à la violence, des bornes sont fixées qu'il ne faut pas franchir. La violence contre laquelle s'élève l'Etat tient en ces mots qui appartiennent au vocabulaire des ordonnances et des juges au Parlement, c'est-à-dire au législatif et à la pratique judiciaire : "exces et attemptas". Il s'agit bien, pour le pouvoir, de définir un comportement qui outrepasse la

---

[4] E. Powell, *Kingship, Law and Society : Criminal Justice in the Reign of Henri V*, New York, 1989.

[5] P. C. Maddern, *Violence and Social Order : East Anglia, 1422 – 1442*, Oxford, 1992. Le point de vue de E. Powell et celui de P. C. Maddern sont largement discutés par Bryce Lyon et R. W. Kaeuper qui doutent de l'efficacité de tels règlements et pensent qu'il ne faut pas étendre ces cas particuliers à l'ensemble du royaume d'Angleterre, *The American Historial Review*, 1991, p. 1183-1184 et 1994, p. 217-218.

[6] C. Gauvard, *"De grace especial". Crime, Etat et Société en France à la fin du Moyen Age*, 2 vol., Paris, Publications de la Sorbonne, 1991, et compte-rendu par A. Guerreau, "L'honneur blessé", *Annales, E. S. C.*, 1993, p. 227-233.

[7] Sur ce point, voir les études sur la justice réunies par Y.-M. Bercé et A. Soman, *BEC*, 153 (1995).

norme, qui désormais l'enfreint, et qui fait entrer l'individu dans le champ du délit. Ainsi se définit, en creux, une voie moyenne de comportements "normaux". Le problème consiste donc à saisir quelle est l'importance et quel est l'impact de ces condamnations. A l'origine, elles sont nécessairement individuelles et ponctuelles, mais, à long terme, peut-on saisir leur effet sur l'opinion et opèrent-elles des transformations des comportements collectifs ? La réussite d'une telle entreprise repose en grande partie sur les moyens dont dispose le pouvoir pour ramener ainsi ses sujets à la norme. Poser ces questions revient à s'interroger sur les résultats que le pouvoir royal et ses officiers ont pu obtenir, tout en ne perdant pas de vue les buts que les uns et les autres se sont réellement fixés.

Enfin, la politique menée par le pouvoir se pose en termes sociaux. La violence des nobles est-elle perçue et condamnée comme celle des non-nobles, même si le discours de condamnation de la violence qui est adressé par le pouvoir semble s'étendre uniformément à tous ? La fréquence des rébellions face aux impôts, le peuple impliqué dans la guerre pour venir en armes défendre les forteresses font peur. La perception de ces événements a certainement joué un rôle dans la définition d'une nouvelle hiérarchie de la violence. Celle-ci ne serait plus seulement fondée sur le respect d'un code valable pour toutes les couches sociales comme l'était le code de l'honneur et dont le pouvoir se chargeait de définir le respect en désignant la bonne et la mauvaise violence. En faisant craindre la violence du peuple plus que celle des privilégiés, le pouvoir tendrait à désigner une hiérarchie de la violence fondée sur les origines sociales, si bien que les actes de bonne violence seraient réservés aux seuls privilégiés, contribuant ainsi à une meilleure définition de la noblesse. C'est en ces termes que se pose, me semble-t-il, le problème de la discipline de la violence du point de vue de l'Etat, en France à la fin du Moyen Age.

Les moyens qui semblent mis en oeuvre par le pouvoir pour discipliner la violence sont très divers. Pour s'en tenir au pénal qui permet de saisir les infractions à la norme, j'en retiendrai trois, les ordonnances de justice et de police, les asseurements et les lettres de grâce, en essayant de discuter leur application pour tenter enfin de discerner les traces d'une acculturation du pénal.

Dans une synthèse récente, Albert Rigaudière a bien montré que, depuis le règne de saint Louis, le souverain légifère clairement et de façon répétée dans le domaine de la police dont la compétence est alors intimement mêlée à celle du gouvernement et de la justice[8]. C'est ainsi qu'à l'extrême fin du règne de Louis XI, en 1482, le roi institue encore un

---

[8] A. Rigaudière, "Les ordonnances de police en France à la fin du Moyen Age", *Policey im Europa der Frühen Neuzeit*, dir. M. Stolleis, Frankfurt am Main, 1996, p. 97-161.

capitaine à Châtellerault pour qu'il ait "la principale autorité et connaissance de notre justice et police dudit lieu"[9]. Le but de ces ordonnances, tel qu'il apparaît dans les préambules, se cristallise autour de quatre mots-clés que sont la "justice", le "gouvernement", l'"ordre" et la "police", et cela dans le but d'assurer la "paix et la tranquillité", en agissant "pour le bien de la chose publique". L'acte législatif semble donc bien être l'aspect le plus visible de la volonté qu'a l'Etat de discipliner la violence et il paraît nécessaire d'examiner de plus près le contenu de cette affirmation.

Parmi les actes législatifs royaux, les ordonnances de réforme occupent une place particulièrement importante puisque, par un jeu ritualisé de remise en question du système administratif, elles contribuent à fonder le pouvoir judiciaire du roi et à justifier l'existence des institutions et des offices qui en ont la délégation, tels le Parlement, les baillis et sénéchaux, ainsi que les sergents. Ces ordonnances de réforme, nées avec le règne de saint Louis, sont répétées de façon presque stéréotypée entre 1303 et 1413, c'est-à-dire pendant un siècle, jusqu'à la grande ordonnance cabochienne qui est le fruit du mouvement réformateur parisien et représente l'apogée des idées démocratiques[10]. Ces ordonnances peuvent être interprétées comme des concessions que le roi fait aux privilégiés, et d'une certaine façon comme un recul du pouvoir central. Elles se présentent en effet comme de vastes enquêtes judiciaires prises à la suite d'une *clamor*, un terme emprunté au vocabulaire judiciaire, selon une initiative qui vient des nobles, des clercs et plus rarement du peuple. Bref, l'ordonnance de réforme est le fruit de la requête, et son contenu tient du compromis que le roi passe avec ses interlocuteurs. Est-elle pour autant un signe de faiblesse ? En fait, il importe de bien saisir que l'ordonnance de réforme est prise par le roi "ayant Dieu devant les yeux" et, le plus souvent, lors de temps forts du calendrier religieux, comme le Carême. L'ordonnance de réforme permet alors au roi de fonder et de faire passer dans les faits la mission que Dieu lui confère et, au terme du texte législatif, d'imposer son ordre après avoir purifié les organismes de l'Etat qui sont soigneusement énumérés. Le roi ne se dépouille pas de son pouvoir au profit des privilégiés qui sont à l'origine de la requête, au contraire. Il le magnifie en montrant que, pour ordonner, il a besoin de tous

[9] Cité par A. Rigaudière, "Les ordonnances de police...", p. 102.

[10] C. Gauvard, "Ordonnance de réforme et pouvoir législatif en France au XIVe siècle (1303 – 1413), dans A. Gouron et A. Rigaudière, *Renaissance du pouvoir législatif et genèse de l'Etat,* Montpellier, 1988, p. 89-98. Sur les origines des ordonnances de réforme au XIIIe siècle, voir L. Carolus-Barré, "La grande ordonnance de 1254 sur la réforme de l'administration et la police du royaume", dans *Septième centenaire de la mort de Saint Louis, Actes des colloques de Royaumont et de Paris (21 – 27 mai 1970)*, L. Carolus-Barré éd., p. 85-96, et J. Le Goff, *Saint Louis*, Paris, 1996, p. 216-228.

et qu'il ne peut gouverner que dans l'unanimité. Par leur nature, ces textes réformateurs créent donc une complicité fondamentale et nécessaire entre le roi de France et ses sujets. La paix, la défense de la coutume et de la loi, la prospérité du pays et des hommes deviennent le désir de tous et le but poursuivi en commun. Les ordonnances de réforme constituent un discours qui, au terme d'une contestation rituelle, recrée l'ordre établi et fait désormais participer l'ensemble des sujets aux intérêts de la chose publique. Leur aspect coercitif est finalement secondaire.

Plus concrètes sont les ordonnances relatives à la police, au sens moderne du terme, qui confèrent des pouvoirs étendus aux officiers chargés du maintien de l'ordre. L'exemple le plus prestigieux est celui du prévôt de Paris, dont le pouvoir est de plus en plus clairement défini en même temps qu'il est étendu. Dès 1368, le prévôt de Paris est appelé "commissaire et général réformateur sur le fait de la police de nostre bonne ville et mestier de Paris"[11]. Ce titre lui est reconnu de façon presqu'officielle dans une plaidoirie au Parlement de Paris au début du XVe siècle[12]. Depuis 1389, les pouvoirs du prévôt portent sur l'ensemble du royaume, au moins pour les cas criminels. Cette mesure prise par les Marmousets se révèle efficace puisque le *Registre criminel du Châtelet* conserve la trace de procès à l'encontre de grands criminels qui ne sont pas exclusivement parisiens mais viennent de l'ensemble du royaume[13]. Le prétexte donné à cette extension des pouvoirs du prévôt est clair : il faut agir contre les grands criminels qui perturbent le royaume et sèment la violence, commettant des "excès" et "attentas". Ainsi, en 1447, le roi Charles VII délègue au prévôt de Paris, Robert d'Estouteville, les pouvoirs pour

> "informer contre plusieurs larrons, mendiants, espieurs de chemins, ravisseurs de femmes, violeurs d'églises, tireurs à l'oye, joueurs de faulx dez, trompeurs, faulx monnayeurs, malfaicteurs et autres associez, recepteurs et complices"[14].

La décision d'accroître la coercition est incontestablement prise à la demande d'une partie de l'opinion plus ou moins manipulée par la peur du crime et par la divagation de criminels inconnus. Des réformateurs généraux sont aussi institués au cours du XIVe siècle pour poursuivre les délits et surveiller les officiers en place. Leur action est mal connue, mais

---

11 N. De La Mare, *Traité de la police,* 4 vol., Paris, 1729, t. 4, p. 663.

12 Archives Nationales (cité par la suite AN), X2a 17, fol. 2v, février 1411. Sur l'évolution du pouvoir donné au prévôt de Paris, voir C. Gauvard, *"De grace especial"*..., p. 232-233 et 270-281.

13 *Registre criminel du Châtelet de Paris du 6 septembre 1389 au 18 mai 1392,* H. Duplès-Agier éd., 2 vol., Paris, 1861 et 1864.

14 *Ordonnances des roys de France de la troisième race,* E. de Laurière éd., 22 vol., Paris, 1723 – 1849, t. 12, p. 509, 6 octobre 1447.

les rares témoignages que nous ayons les montrent prompts à dresser des échafauds et à inciter le bourreau nouvellement nommé à aiguiser sa doloire[15]. Incontestablement, les réformateurs sont des adeptes de la coercition, comme le montre d'ailleurs le temps des Marmousets, temps fort de la construction de l'Etat entre 1389 et 1392. Des ordonnances au contenu spécifique viennent compléter ces mesures législatives de portée générale. Pour notre propos, elles concernent essentiellement la guerre privée et le port d'armes. La réglementation royale de la guerre privée trouve ses racines dans l'ordonnance de saint Louis en 1258, qui a fait l'objet de nombreuses répétitions au cours du XIVe siècle[16]. L'infraction de port d'armes, qui lui étroitement liée, prend aussi son origine sous saint Louis, dès 1245, dans la Quarantaine le Roi, puis dans l'ordonnance de 1265 qui défend aux particuliers de porter habituellement les armes ; d'ailleurs, en 1311, une même ordonnance réunit les deux délits auxquels s'ajoute la défense de procéder à des tournois ; des textes d'application suivent qui insistent sur le fait que les infractions de port d'armes relèvent exclusivement de la justice du roi[17]. A en juger par la répétition de ces ordonnances, la préoccupation de l'Etat naissant, aux XIVe et XVe siècles, semblerait bien de discipliner la violence pour l'ensemble des sujets et pour l'ensemble du royaume. Les nobles sont, pour la première fois, englobés dans le désir de paix qui semble animer le pouvoir législatif de la royauté. La violence qui est ainsi définie n'est plus seulement celle que provoquent les grands crimes qui enfreignaient la paix de Dieu depuis le XIe siècle, mais aussi, plus clairement que par le passé, celle qui résulte de l'homicide, c'est-à-dire des conséquences logiques de la vengeance et des actions privées qui en résultent[18].

---

[15] Il en est ainsi de maître Jean Des Barres et de maître Aubry de Trie dans les bailliages de Meaux et de Melun en 1384, AN, X2a 10, fol. 183-186, août 1384.

[16] *Ordonnances des roys de France....*, t.1, p. 84, reprise en 1296, *ibid.*, p. 328-329. Les ordonnances contre les guerres privées au XIVe siècle sont recensées par R. Cazelles, "La réglementation royale de la guerre privée de saint Louis à Charles V et la précarité des ordonnances", *Revue historique de droit français et étranger,* 38 (1960), p. 530-548.).

[17] *Ordonnances des roys de France ...*, t. 1, p. 56-58, p. 493, décembre 1311 et p. 509-510, décembre 1312 ; E. Boutaric, *Actes du Parlement de Paris, 1254 – 1328,* 2 vol., Paris, 1863 et 1866, Registre des *Olim*, t. 1, 261.

[18] La différence s'impose avec la paix de Dieu et la paix du roi, mais le vocabulaire employé pour fustiger la violence reste très largement tributaire de stéréotypes empruntés à un lointain passé, et en particulier à la *pax ecclesiastica*, E. Magnou-Nortier, "The Enemies of the Peace : Reflections on a Vocabulary", 500 – 1100, dans *The Peace of God. Social and Religious Response in France around the Year 1000,* T. Head and R. Landes ed., Ithaca-London, 1992. En ce qui concerne la vengeance, elle restait exclue de la paix de Dieu, quoique la paix de Dieu ait pu contribuer à renforcer la loi séculière, H. W. Goetz, "Protection of the Church, Defense

Essayons d'analyser plus avant l'application de ces textes législatifs. Deux remarques s'imposent. La première, la plus visible, tient à ce que le souverain peut lui-même définir des exceptions à la norme. C'est ainsi qu'en 1273, le bailli de Bourges reçoit l'ordre de ne pas empêcher le comte de Sancerre de juger ceux qui, dans ses terres, violeraient les ordonnances sur le port d'armes[19]. D'ailleurs, en 1315, après les ligues nobiliaires, le roi n'hésite pas à autoriser les nobles à pratiquer la guerre privée "quant leur plaira, et que puissent guerroier et contregagier... en la maniere que ils en ont usé et acoustumé ancienement"[20]. Le principe selon lequel les guerres privées sont interdites pendant la guerre du roi peut donc souffrir de larges entorses comme en témoignent les textes de la Chancellerie. Le droit à la violence est, incontestablement, une revendication noble que le roi tente de sanctionner, mais aussi de négocier. Cependant, au moins dans le domaine théorique, un large pas est franchi car le droit à la violence entre dans le domaine des privilèges que le souverain est susceptible d'accorder. En second lieu, le roi prend ses décisions, qu'elles soient positives ou négatives, après l'intervention de requérants, et par conséquent de façon ponctuelle. Raymond Cazelles l'a parfaitement montré à propos des ordonnances prises pour limiter les guerres privées dans la première moitié du XIVe siècle[21]. Il resterait à savoir quelles sont ces pressions, et en particulier quel est le poids des clercs et des réformateurs dans ces décisions, autrement dit quels sont les fers de lance de la lutte contre les guerres privées et la prohibition du port d'armes. Il est certain que les clercs de l'entourage du roi, et plus généralement les réformateurs dont beaucoup, clercs ou laïcs, appartiennent au réseau nobiliaire, ont été prépondérants, mais les enjeux politiques qui sont en cause dépassent le cadre de cette étude[22]. Contentons-nous de constater que les textes législatifs confient au roi et à ses officiers le soin de définir, aux yeux de tous, le caractère licite ou illicite d'une violence dont l'autorisation peut désormais être concédée comme un privilège.

En écho aux ordonnances royales, les textes judiciaires extraits des archives du Parlement criminel témoignent du souci qu'ont les juges royaux d'affirmer le monopole du roi en matière de définition de la

---

of the Law, and Reform : On the Purposes and Character of the Peace of God, 989-1038", *ibid.*, p. 259-279, en particulier p. 272. Sur les distinctions entre ces crimes à la fin du Moyen Age, C. Gau-vard, *"De grace especial ..."*, chapitres 5, 17 et 18.

19 E. Boutaric, *Actes du Parlement de Paris...*, t. 1, n°1926. Autres exemples *ibid.*, t. 2, n°4934 et 6623. Je remercie S. Virapin, qui a entrepris une recherche sur le port d'armes à la fin du Moyen Age, des références qu'elle m'a communiquées.

20 *Ordonnances des roys de France...*, t. 1, p. 557.

21 R. Cazelles, "La réglementation royale...", cité *supra*, n.16.

22 Voir M. T. Caron, *Noblesse et pouvoir royal en France, XIIIe – XVIe siècle*, Paris, 1994.

violence. Au cours des XIVe et XVe siècles, les plaidoiries du Parlement criminel font état des débordements que provoquent les guerres privées et les ports d'armes. Leur souci est de montrer que ces actions sont illicites parce qu'elles vont contre les ordres du roi et que seul le roi en a le règlement. Ces deux idées sont mêlées dès la fin du XIIIe siècle. En 1270, le sénéchal royal de Carcassonne donne les clés de l'argumentation qui prévaut pendant les deux derniers siècles du Moyen Age. Il doit régler un homicide avec port d'armes commis par trois hommes sur un chemin dont le résultat est d'enfreindre la paix : "*quod predicti dictum homicidium, pacem frangendo, fecerant in camino publico, et cognicio et punitio pacis fracte spectet in hac terra ad dominum regem Francie et non ad alium*"[23]. Un siècle plus tard, le procureur du roi affirme que "toutes voies de fait et de guerre sont defendues sur peine de perdicion de corps et de bien, mesmement durans les guerres du roy", allusion au fait que les guerres privées étaient en principe strictement interdites pendant la guerre du roi contre les Anglais[24]. La crainte est grande aussi, à cette époque, que la guerre privée puisse dégénérer en émeute, en *monopolia*[25].

Les plaidoiries ont donc au moins deux conséquences. La première est de préciser le contenu des infractions qu'énumèrent les textes législatifs. C'est ainsi que, par exemple, s'esquisse peu à peu une définition du port d'armes pour lequel "fault que y ait coadjudicion des gens jusques a six ou sept de propos deliberé et en chemin public" tandis qu'apparaît le contenu des armes "invasibles"[26]. La seconde consiste à rapporter au roi la connaissance de cas privilégiés qui, de ce fait, deviennent des cas royaux. La liste, encore réduite au début du XIVe siècle, tend à s'élargir et à s'imposer pour être appliquée, en principe, de façon automatique[27]. Parmi ceux-ci se trouvent les ruptures d'asseurement et de sauvegarde, les ports d'armes ainsi que les actions illicites effectuées sur les chemins publics. Ces cas doivent relever de la justice du roi. Une série de procès s'ensuit. Ils

---

[23] Dom Cl. Devic et Dom J. Vaisette, *Histoire générale du Languedoc avec des notes et des pièces justificatives,* 12 vol. , Toulouse, 1885-1889, t. 8, col. 1705-1706, n°537.

[24] AN, X2a 12, fol. 153, août 1392.

[25] Par exemple AN, X2a 13, fol. 275v-277, février 1399.

[26] AN, X2a 32, fol. 113, juillet 1462. Cette définition, en étant plus coercitive, diffère légèrement de celle que donne Jean Boutillier dans *La Somme rural* à la fin du XIVe siècle, qui fixe à dix personnes en armes la condition du délit, Jean Boutillier, *Le Grand Coutumier et Practique du droit civil et canon observé en France...cy devant imprimé soubs le nom de la Somme rural,* L. Charondas de Caron éd., Paris, 1621, livre II, parag. 1, "Des ports d'armes". Bel exemple d'armes "invasibles" que sont "javelines, espieus et autres batons invasibles" dans AN, X2a 28, fol. 373, 1461.

[27] E. Perrot, *Les cas royaux. Origine et développement de la théorie aux XIIIe et XIVe siècles,* Paris, 1910.

opposent la juridiction royale aux juridictions seigneuriales ou urbaines, voire aux juridictions ecclésiastiques car les clercs ne peuvent normalement y échapper. Ainsi, au milieu du XVe siècle, un conflit de juridiction oppose les prévôt et jurés de Tournai au bailli royal à propos d'un cas d'homicide perpétré par les frères de Vallebossart. Le procureur du roi soutient le bailli car "les cas ont esté fait a port d'armes dont la cognoissance en appartient au roy, lequel usant de son droit en a cogneu"[28]. On peut bien penser que cet effort pour définir le port d'armes n'a pas été immédiatement suivi d'effet, d'autant que les nobles constituent encore, au milieu du XVe siècle, les trois quarts des auteurs de cette infraction. Le droit au port d'armes est l'objet d'âpres joutes d'avocats qui, pour la partie adverse, évoquent la coutume locale. Au début du XVe siècle, Baudrain du Hamel, qui a organisé plusieurs guerres privées et qui, à Saint-Quentin, a fini par tuer le sire de Chivres qui était en la garde du roi, argue pour sa défense que

> "selon la coutume du pais, se aucune personne est batu ou mutilé sens deffiances et apres il tue cellui qui l'a mutilé ou aucun de son lignage apres VII jours ensuivant, il ne commect point cas criminel ne sont il doit estre puni corporelment"[29].

La coutume locale tente, en vain, de résister à la vision d'unité que véhicule le cas royal et qu'irrigue la notion de chemin public. Baudrain du Hamel le paye de sa vie mais il est l'un des rares initiateurs des guerres privées à être pendu sur décision du Parlement de Paris. Car il y a loin de la discussion sur le cas, à sa définition verbale, et enfin à l'application des peines.

En effet, le Parlement de Paris, au criminel, ne condamne guère à mort et donne plutôt des sentences interlocutoires que des sentences définitives[30]. Les homicides l'intéressent en priorité, ce qui pourrait être le signe que la violence est effectivement le premier pôle sur lequel se cristallise la justice. Néanmoins, les problèmes concernant les biens, et en particulier le vol, sont soigneusement traités. Si par ailleurs on songe que le Parlement s'occupe beaucoup plus largement du civil que du criminel, il est bien évident que dans l'ensemble des cas traités par la Cour, les

---

[28] AN, X2a 28, fol. 99, 1456. Sur le cas des clercs, voir l'exemple que je donne pour le début du XVe siècle, sous la prévôté de Guillaume de Tignonville, C. Gauvard, "Les humanistes français et la justice sous le règne de Charles VI", dans *Pratiques de la culture écrite en France au XVe siècle,* E. Ornato et N. Pons ed, Louvain-la-Neuve, 1995, p. 217-244.

[29] AN, X2a 12, fol. 180v, août 1393. Mais le contenu de la coutume de Picardie est rejeté par arrêt du Parlement, le 20 décembre 1393, comme *abusivam, injustam et corruptelam*, AN, X2a 13, fol. 22-23v, M. Boulet, *Questiones Johanni Galli,* Paris, 1944, quest. 312.

[30] C. Gauvard, *"De grace especial"*..., chap. 1.

problèmes d'héritages, de dettes et de propriété l'emportent nettement sur les problèmes relatifs à la violence[31]. En matière d'homicide, le Parlement ne se montre pas plus sévère que pour les autres crimes. Certes la série des accords passés avec l'autorisation du Parlement montre que les crimes de sang ne font plus guère l'objet d'une transaction au cours du XVe siècle, mais les condamnations à mort pour homicide sont rares[32]. La Cour affirme "que toutes voies de fait et de guerre sont defendues sur peine de perdicion de corps et de biens, mesmement durans les guerres du roy" et elle condamne peu et, si condamnation à mort il y a, elle peut être adoucie par un supplice considéré comme moins infamant que la pendaison, par exemple la noyade[33]. C'est la raison pour laquelle l'"arrest du Baudrain" devient un cas de jurisprudence, fait notable recueilli par les contemporains, tel l'avocat Jean Le Coq[34]. Il est probable que cet arrêt, suivi de l'exécution capitale décidée trois ans après le début du procès, a été aussi important et peut-être plus important pour donner un coup de frein aux guerres privées que les ordonnances d'interdiction maintes fois répétées.

Quel but poursuit le Parlement de Paris ? Un tiers au moins de la population concernée par les plaidoiries est noble, ce qui fait de cette cour de justice le lieu de résonance des intérêts des privilégiés, mais aussi un lieu de dialogue entre le roi et la noblesse. Une large part des procès est aussi consacrée aux problèmes de juridiction entre la justice laïque et la justice ecclésiastique, si bien que les clercs sont ici confrontés au pouvoir, et dans la plus grande partie des cas pour répondre de cas de violences. Le but du Parlement est clair. Il consiste à dire quelles sont les limites que les sujets du roi, et en particulier les nobles et les clercs, ne doivent pas enfreindre, sans pour autant condamner entièrement la violence qui reste un beau fait, comme en témoignent les amendes honorables qui peuvent

---

[31] Sur l'ampleur des problèmes traités au Parlement, F. Aubert, *Histoire du Parlement de Paris de l'origine à François Ier (1250 – 1551)*, 2 vol., Paris, 1894 et G. Ducoudray, *Les origines du Parlement de Paris et la justice aux XIIIe et XIVe siècles*, Paris, 1902.

[32] C. Gauvard, "La justice pénale du roi de France à la fin du Moyen Age", dans *Le pénal dans tous ses Etats. Justice, Etats et sociétés en Europe (XIIe-XXe s.)*, X. Rousseaux et R. Lévy, éd., Bruxelles, 1997, p. 81-112.

[33] Robert de Vertaing, complice de Baudrain du Hamel, obtient d'être noyé, AN, X2a 13, fol. 143, mai 1396.

[34] AN, X 2a 13, fol. 19v-24, 20 décembre 1393 et 140v, 27 mai 1396 qui contient en marge la mention de l'exécution. Cas retenu par Jean Le Coq, M. Boulet, *Questiones Johanni Galli ...*, quest. 364 et *supra*, n. 29. J'ai retrouvé l'arrêt de Baudrain du Hamel cité trois fois, quelques mois après la condamnation, deux ans plus tard, et enfin dix ans après la fin de l'affaire, AN, X2a 12, fol. 311, août 1396 ; *ibid.*, fol. 372, janvier 1398 ; AN, X2a 14, fol. 298v-300v, janvier 1406, publié dans C. Gauvard, "Les humanistes français et la justice sous le règne de Charles VI"..., en particulier p. 239-244.

être exigées par la Cour comme réparation du crime[35]. En ce qui concerne la guerre privée qui, au Parlement concerne les nobles dans plus de deux tiers des cas, les "exces" sont condamnés, en particulier quand ils font glisser de la "guerre d'amis" à la guerre professionnelle. Dès la fin du XIVe siècle, le Parlement discute l'usage de mercenaires sous la forme de bannis ou de tueurs à gages. Baudrain du Hamel a eu le tort de s'entourer de "pluseurs bannis de ce royaume" tandis que d'autres recrutent des "bateurs a loyers"[36]. Idéalement, la guerre privée ne doit donc opposer que des "amis", "parents", "serviteurs et familiers" et, à ce niveau, il est de leur droit et de leur devoir d'intervenir, par exemple pour venger un adultère où leur action se justifie encore *de jure* au milieu du XVe siècle[37]. Le Parlement peut aussi critiquer les actions incontrôlées d'une violence débridée, menée "inhumainement", dont les débordements en actes cruels ne s'expliquent que par les excès de la haine[38]. En fait, le procureur du roi ne dénonce pas l'existence de la guerre privée. Il conçoit que la "haine" existe et qu'elle éclate en actes vengeurs, mais il dénonce ses perversions où le noble aspect de la vengeance perd de sa pureté. Le pouvoir encadre donc le droit qu'ont les nobles de se venger, mais il ne l'interdit pas. Au contraire, il dit la voie d'une violence belle et bonne et les plaidoiries comme les arrêts permettent finalement aux nobles de trouver dans la loi du roi les justifications d'une violence licite.

Si les nobles conservent ainsi des privilèges de violence, les clercs s'en trouvent désormais exclus. Les clercs sont parmi les premiers à être dénoncés pour des actes violents avec port d'armes accompagnés de violence sexuelle. Ils utilisent une arme militaire, badelaire ou épée dans la moitié des cas recensés pendant le règne de Charles VI, soit presqu'autant que les nobles, tel cet hospitalier qui est décrit comme un "homme

---

[35] C. Gauvard, "Réflexions sur l'amende honorable à la fin du Moyen Age", table-ronde *Les rituels judiciaires au Moyen Age*, Paris-I, 3 décembre 1996, à paraître, Cahiers du Léopard d'Or.

[36] AN, X2a 12, fol. 178v, août 1393. On condamne aussi ceux qui sont considérés comme *satellites* , AN, X2a 16, fol. 25, 1410.

[37] AN, X2a 28, fol. 258, 1459.

[38] Par exemple dans ce cas où les gens de Loys de Prie "descendirent a pie...et mesme l'un d'eulx tenant un espieu duquel il frapa la gorge dudit Brilhac pour lui cuider coper, lui fendirent la teste d'espees jusques au cervelé et lui donnerent pluseurs autres coups et firent pluseurs plaies, le traynerent par les cheveulx, disant qu'ilz le menroient audit seigneur de Prie mort ou vif", *ibid.,* fol.371v, 1461. Le Parlement peut aussi condamner le viol réel ou fictif qui accompagne les guerres privées en traînant la femme sur un fumier pour la deshonorer, AN, X2a 14, 146v-150v, novembre 1403 et X2a 25, fol. 67v, 8 juillet 1449.

rigoreux, rioteux et bateur de gens"[39]. Ils dégainent au hasard des rencontres : "il faut que nous nous battions ensemble", disent-ils de façon assez spontanée. Jusqu'à la fin du XVe siècle, les procès qui sont consacrés aux clercs ne donnent pas une meilleure image de leur comportement. Dans des portraits hauts en couleurs, ils sont présentés comme des "coupe gorge" qui ajoutent l'homicide au viol, sans compter le vol[40]. Les plaisoiries insistent largement sur leur violence inhumaine qui ne les fait pas hésiter à tuer, même des enfants[41]. Le Parlement contribue à définir leur statut au cours des nombreux conflits de juridiction qui occupent les juges[42]. On y dénonce le clerc qui a usurpé des lettres de tonsure, et plus généralement celui qui a choisi le statut de clerc uniquement pour en retirer quelques privilèges. Les clercs doivent se reconnaître à l'habit, à la tenue morale, et surtout ils ne doivent pas porter d'armes et, à plus forte raison, pratiquer la violence. Ces interdictions ou ces critiques portent en creux l'idée que les clercs doivent être très différents des laïcs, suite logique des reclassements qu'opère le corps social sur ce thème depuis le haut Moyen Age. Aux XIVe et XVe siècles, ces règles ont pénétré dans l'opinion au point d'être revendiquées par elle, et elles témoignent d'une exigence spirituelle accrue. La société donne aux clercs une place qui les exclut d'une violence qu'ils ne doivent pas transgresser. On peut donc dire que les plaidoiries au Parlement contribuent largement à fixer le corps social en définissant justement les droits de chacun à la violence. Aux nobles la violence licite, aux clercs la paix propice à la prière.

Qu'en est-il des non-nobles ? Parmi eux, une place particulière doit être faite aux officiers. Il s'agit moins de leur propre violence que de celle qui est commise à leur égard et qui entre pour une large part dans la définition de l'office et du service du roi : le phénomène est maintenant bien connu[43]. Cette forme de violence débouche tout naturellement sur la

---

[39] Chiffre obtenu d'après les lettres de rémission du règne de Charles VI, C. Gauvard, *"De grace especial"...*, p. 392-400. AN, JJ 155, pièce 100, mai 1400, lettre adressée au bailli de Touraine.

[40] Au milieu du XVe siècle, parmi une centaine de crimes commis par les clercs et examinés au Parlement, les crimes contre les biens constituent environ 35% des cas, soit autant que les crimes contre les personnes parmi lesquels on compte 11% de cas de viol et de rapt.

[41] X2a 28, fol. 345v : "il apperceut ledit enfant vers le bois de Vincennes, qui incontinant s'adreça audit enfant, tira son cousteau dont frapa trois coups contre la gorge dudit enfant et finablement lui coupa la gorge, que ce fait roula l'enfant du pié en une cave, mist des pierres par dessus, le despouilla et geta sa jaquete en une vuigne". Autres exemples dans C. Gauvard, *"De grace especial"...*, p. 392-400 et *supra*, n. 38.

[42] Exemples dans R. Génestal, *Le Privilegium fori en France du décret de Gratien à la fin du XIVe siècle,* 2 vol., Paris, 1921-1924.

[43] Sur la définition générale de l'office, F. Autrand, "Offices et officiers royaux en France sous Charles VI", *Revue Historique,* 242 (1969), p. 285-338. B. Guenée,

violence faite au roi et à la lèse-majesté qui ne nous concerne pas ici. Quant au peuple a-t-il, lui aussi, une place reconnue dans l'exercice de la violence ? Son écho arrive difficilement jusqu'au Parlement et il faut recourir à d'autres sources comme les lettres de rémission pour entendre sa voix. La justice du roi critique la violence commise par les non-nobles si elle est gauchie par le "guet apensé". La préméditation en matière d'homicide est alors condamnée. Au Parlement, ces problèmes sont surtout évoqués lors des contestations de lettres de rémission qui, selon les années, occupent de 5 à 10% des cas. En 1465, un procès entre Jean Houssoye et Bertrand David résume bien le point de vue des avocats sur les homicides commis par les roturiers et les rémissions qui peuvent leur être accordées à tort. En 1469, une lettre de rémission a été donnée par Louis XI alors qu'il y a eu tentative de meurtre avec préméditation pour voler argent et pourceaux. La partie adverse

> "dit que ladite remission est incivile et desraisonnable par ce s'estoient associés ensemble et avoit le defendeur baillé la plus grande partie de l'argent, neantmoins partie adverse s'efforça le tuer et apres l'a desrobé en commectant murtre et larrecin et par les ordonnances faictes par le roi Jehan est dict que pour murtre commis de guet apensé ne sera donné remission"[44].

Le rappel de l'ordonnance de réforme du 3 mars 1357, intéressant en soi, confirme que la lettre de rémission pour homicide est en train d'évoluer à la fin du XVe siècle pour ne plus être accordée qu'en cas de légitime défense[45]. Mais l'évolution est loin d'être linéaire, même si elle va, effectivement, dans le sens d'une condamnation de la préméditation[46]. Surtout, on ne voit guère apparaître au Parlement de critiques des homicides fondés sur un beau fait, signe que leur règlement n'a pas donné

Tribunaux et gens de justice dans le bailliage de Senlis à la fin du Moyen Age (vers 1380 – vers 1550), Paris, 1963 et C. Gauvard, "Les officiers royaux et l'opinion publique en France à la fin du Moyen Age," *Histoire comparée de l'administration (IVe – XVIIIe siècles), Actes du 14e colloque historique franco-allemand (Tours 1977),* München, 1980, p. 583-593.

[44] AN, X2a 35, fol. 151v, mars 1469. Autre exemple de rappel de l'ordonnance de Jean le Bon du 3 mars 1357, *ibid.* , fol. 158v, avril 1469 : "et par ordonnance royale est dit que a remission donnee pour cas de guet apensé ne doit estre obtemperé et seront punies partie adverse comme homicides".

[45] Sur cette évolution, C. Gauvard, *"De grace especial"...*, chap. 18 et 20 ; R. Muchembled, *Violence et société : comportements et mentalités populaires en Artois (1400-1660)*, 3 vol., Paris, 1985, thèse dactylographiée, Paris-I. Texte de l'ordonnance du 3 mars 1357 dans *Ordonnances des rois de France...*, t. 3, p. 128.

[46] C. Gauvard, "De la théorie à la pratique : justice et miséricorde en France pendant le règne de Charles VI", *Revue des Langues Romanes, Christine de Pizan,* 92-2 (1988), p. 317-325. A la fin de la période, en 1483, la mort commise de "guet apensé" est clairement devenue un cas irrémissible, AN, X2a 49, fol. 31v, décembre 1483.

lieu à des contestations fondamentales. Or, comme nous le savons, ces homicides continuent d'exister dans les populations ordinaires où ils constituent la plus grande partie des crimes remis par le roi. Le peuple peut et doit, en effet, pratiquer la vengeance dans certaines conditions et le roi accorde sa rémission aux homicides qui en résultent[47]. En revanche, aux yeux des juges du Parlement, ce droit à la vengeance ne recouvre pas exactement la guerre privée qui, au XVe siècle, est devenue le privilège exclusif des nobles. Les non-nobles n'y participent qu'en force d'appoint. Ainsi, la vengeance régulée selon le code de l'honneur est acceptée par tous, y compris par les juges et, à travers eux, par le roi.

Au total, les juges du Parlement s'intéressent peu aux populations ordinaires. Parmi les gens du peuple, ils dissertent plutôt sur le monde des marges, faux mendiants et vagabonds, ruffians dont la violence est sévèrement condamnée et qui servent de boucs émissaires à l'ensemble du corps social. Les mendiants qui hantent Paris au milieu du XVe siècle et que la rumeur accuse d'enlever les petits enfants en sont un bon exemple[48]. Le langage de la Cour contribue donc à développer l'idée que la violence illicite existe plutôt aux marges du monde social, monde inquiétant peuplé de criminels inconnus qui choisissent l'ombre des forêts ou de la nuit pour agir. Leur nombre est infime, mais leur action fait peur. Cette délimitation de la violence illicite sur la tête d'un tout petit nombre justifie à elle seule le maintien d'une violence licite qui a le droit et peut-être même le devoir d'animer la vengeance, même chez les non-nobles.

Ces réflexions qu'inspire l'étude des plaidoiries et des arrêts au Parlement de Paris sont largement confirmées par celle du Registre du Châtelet de la période des Marmousets. Ce registre de cas notables montre très bien quelles sont les obsessions du prévôt de Paris, Jean de Folleville, dont nous avons vu que les pouvoirs étaient élargis. A un moment où les homicides commis au cours d'une rixe sont largement prioritaires dans le royaume, ce que confirme le registre des écrous du Châtelet à la fin du XVe siècle ainsi que les lettres de rémission, le clerc du prévôt n'en retient aucun comme cas exemplaire, signe que ces faits sont normaux et qu'ils n'ont pas été punis de mort. En fait, le prévôt condamne en priorité le vol puisque 66% des condamnés sont des voleurs, dans le but évident de défendre la propriété[49]. Mais ces voleurs sont aussi très souvent des

---

[47] C. Gauvard, "*De grace especial*"..., chap. 17.

[48] C'est le cas des événements qui agitent Paris en 1449, *Journal d'un bourgeois de Paris, 1405 – 1449,* A. Tuetey éd., Paris, 1881, p. 390 et AN, X2a 25, fol. 34v-36v, mars 1449 et B. Geremek, *Les marginaux parisiens aux XIVe et XVe siècles,* Paris, 1976, p. 234-235, n. 184.

[49] Chiffres extraits de B. Geremek, *Les marginaux parisiens...,* p. 59. On ne peut pas pour autant en déduire que ces chiffres sont représentatifs de la criminalité parisienne, C. Gauvard, "La criminalité parisienne à la fin du Moyen Age : une

meurtriers et des ruffians si bien qu'ils sont condamnés comme "larrons" plutôt que comme simples voleurs. Pour s'en tenir aux formes de la violence, le prévôt retient le cas des hommes d'armes qui, tel Mérigot Marchès, ont outrepassé les règles de la guerre juste[50]. Il s'occupe aussi des serviteurs qui ont pu tuer leurs maîtres après l'avoir dérobé, afin de montrer la valeur exemplaire de la peine dans le cas d'une désobéissance qui prend ici la forme de la trahison ; enfin un cas est consacré aux femmes qui ont tué leur mari[51]. Il s'agit bien, comme au Parlement, de cerner les frontières des différents statuts sociaux, de dégager un groupe de criminels que la société souhaite expulser parce qu'ils bafouent ses valeurs les plus sacrées quand elles touchent à tous les aspects de la reproduction sociale. En réalité, on possède la preuve que des cas semblables, traités au Châtelet au même moment, n'étaient pas obligatoirement suivis de la peine de mort puisque les auteurs de vols avec récidive peuvent aussi obtenir des lettres de rémission[52]. Mais dans ce registre du Châtelet qui ne retient que des cas considérés comme exemplaires, la démonstration fait mouche : une certaine forme de violence peut être sanctionnée par la peine de mort. En revanche, de l'honneur blessé qui conduit à une vengeance licite pour les nobles comme pour les non-nobles, il n'est pas plus question qu'au Parlement. Il s'agit bien là d'une forme de violence non seulement licite, mais nécessaire à la survie du code social.

Néanmoins, l'une des nouveautés consiste en ce que les règlements de violence se rapportent désormais au roi et à la loi dont le roi est le garant. Il en est ainsi, pour commencer, des cas définis par les ordonnances. Par exemple, les asseurements dont le roi peut punir l'infraction, occupent une grande place dans les règlements judiciaires et, au cours du XVe siècle, ils tendent à se transformer en sauvegarde royale. L'asseurement devient un moyen de discipliner la violence dont le souverain garantit l'efficacité. A l'origine, l'asseurement est un acte privé au cours duquel un homme et sa parenté promettent par serment de ne pas agresser celui qu'il considère comme leur ennemi et avec lequel, pour des raisons diverses, ils sont en "haine mortelle". Il faut donc éviter de "machiner a batre a tuer" et l'asseurement est un moyen de stopper la vengeance. Dans certaines villes du Nord, l'asseurement est devenu, au

---

criminalité ordinaire ?", dans *Villes, bonnes villes, cités et capitales, mélanges offerts à B. Chevalier,* Tours, 1989, p. 361-270 ; *id.,* "Les sources judiciaires de la fin du Moyen Age peuvent-elles permettre une approche statistique du crime ?", dans *Commerce, finances et société (XIe – XVIe siècles),* P. Contamine, T. Dutour et B. Schnerb, éd., Paris, 1993, p. 469-488.

[50] *Registre criminel du Châtelet...*, t. 2, p. 177-213.

[51] *Ibid.,* t. 1, p. 254-264 et t. 2, p. 27-43.

[52] C. Gauvard, "Grâce et exécution capitale : les deux visages de la justice royale française à la fin du Moyen Age", *BEC,* 153 (1995), p. 275-290.

XIIIe siècle, un acte public passé devant les juridictions urbaines[53]. Faute d'une étude d'ensemble sur la question, on a longtemps cru que l'asseurement avait disparu à la fin du Moyen Age[54]. En fait sa pratique reste vivante comme le montrent les asseurements passés devant la cour de Parlement "selon la coutume de France" ou *"ad usus et consuetudines nostre Curie supradicte"*, ainsi que les ruptures d'asseurement dont témoignent les lettres de rémission[55]. Les tribunaux de bailliage pouvaient aussi recevoir des asseurements. Cette décision est facilitée par les ordonnances de Jean le Bon au milieu du XIVe siècle, disant que "lorsqu'on vouloit avoir un asseurement de quelqu'un on le faisoit assigner devant le juge afin qu'il le donnast"[56]. Le lien de l'asseurement avec la loi n'exclut pas le respect du rituel qui reste nécessaire pour que l'asseurement soit "bon et loyal"[57]. Ces asseurements peuvent être unilatéraux ou bilatéraux, impliquer seulement l'individu ou englober sa parenté. Jusqu'à la fin du XVe siècle, on peut s'asseurer de soi et "des siens"[58]. Aux XIVe et XVe siècles, les ruptures d'asseurement deviennent des cas privilégiés ou cas royaux. L'infraction est considérée comme une trahison par serment enfreint, mais aussi comme un acte commis contre le roi. En effet, elle se rapporte à la "royale majesté" qui se trouve lésée par les actions de violence illicite et par la rupture d'un serment qu'elle a garanti, ainsi que l'exprime Louis X en 1315 :

> "C'est assavoir que la royale majesté est entendue es cas qui de droit ou d'ancienne coutume, peuvent et doivent appartenir a souverain prince et a nul autre"[59].

Un exemple de contestation d'une lettre de rémission au Parlement de Paris, en avril 1469, peut nous éclairer sur ce point. Henri de Huys le jeune et Servais Gormant dit Servillon le jeune requièrent l'entérinement d'une

---

53 Aucune étude n'est venue remplacer ou compléter pour cette période celle de G. Espinas, "Les guerres familiales dans la commune de Douai aux XIe et XIIIe siècles, les trêves et les paix", *Nouvelle Revue Historique de Droit Français et Etranger,* 23 (1899), p. 415-473.

54 P. Dubois, *Les asseurements au XIIIe siècle dans nos villes du Nord. Recherches sur le droit de vengeance,* Paris, 1900 et J. Boca, *La justice criminelle de l'échevinage d'Abbeville au Moyen Age, 1184 – 1516,* Paris, 1930.

55 Exemples cités dans C. Gauvard, *"De grace especial"...,* p. 779-786

56 *Ordonnances des rois de France,* t. 3, p. 264 et 403.

57 C. Gauvard, "Cuisine et paix en France à la fin du Moyen Age", dans *Commensalité et convivialité à travers les âges,* M. Aurell, O. Dumoulin et F. Thélamon éd., Rouen, 1992, p. 325-334.

58 Par exemple AN, X2a 21, fol. 41, janvier 1426 ; X2a 28, fol. 22, 1456 : "Messire Guy Quieret, chevalier, a asseuré de lui et des siens, Michiel Enredey, demourant en ceste ville de Paris, en la rue Saint Jacques, aux us et coutumes de France".

59 Cité par J. Imbert, *La peine de mort*, Paris, 1972, p. 74-75.

lettre de rémission qu'ils ont obtenue de la Chancellerie, mais Jehan Chaboteau et le procureur du roi s'y opposent car il y a eu tentative de meurtre malgré l'asseurement, aggravée par une préméditation qui prend ici les allures d'une "machination et trahison" qui a duré six mois[60]. L'arrêt interlocutoire de l'affaire est particulièrement intéressant car l'avocat, pour le procureur du roi, se réfère à l'asseurement qui a été passé devant la Cour et dont il a conservé trace dans la mémoire car "fut donné en septembre par les parties, en presence de lui, des presidens de ceans". Il en déduit que les lettres de rémission sont

> "inciviles et desraisonnables et requiert veu l'asseurement enfreint que lesdits demandeurs soient punis de pugnicion criminelle telle que sera advisé par la Court et a faire amende honorable au Roy, et chascun d'eulx pour amende prouffitable en V livres et a tenir prison".

La punition concerne bien au premier chef le roi dont l'honneur a été lésé. L'évolution de l'asseurement à la fin du XVe siècle confirme l'impact croissant du roi. En effet, à côté de l'asseurement au sens strict, dont l'usage tend peut-être à diminuer, les sujets cherchent à obtenir un sauf-conduit ou une sauvegarde royale. Ce sont aussi des pratiques anciennes qui se généralisent. Le sauf-conduit est le moins fréquent[61]. Il peut être utilisé pour protéger le demandeur de toutes les actions belligérantes que pourrait entreprendre son opposant ou défendeur pendant la durée du procès[62]. Dans d'autres cas, il est requis par le demandeur pour la poursuite de l'action judiciaire, signe qu'il existe entre les deux parties une importante agressivité. En plus d'amendes honorable et profitable, le demandeur peut alors requérir d'"estre mis ou saufconduit de la Court"[63].

La protection royale s'étend aussi par l'intermédiaire de la sauvegarde. Celle-ci porte sur la personne et sur les biens. Elle s'adresse à certains individus, en premier lieu aux officiers royaux lorsqu'ils exercent leurs fonctions, mais aussi aux établissements religieux, notamment de fondation royale, et à certaines communautés villageoises. C'est ainsi qu'aux frontières du royaume, ces sauvegardes se trouvent particulièrement développées, ce qui permet aux populations éventuellement menacées par les hommes d'armes ou par les ennemis du roi d'appeler directement au Parlement[64]. D'autres individus peuvent obtenir la sauvegarde royale, en

---

[60] AN, X2a 35, fol. 158-159, cité *supra* n. 44.

[61] Au milieu du XVe siècle, ils concernent moins de 6% des affaires.

[62] Par exemple, AN, X2a 28, fol. 213, 1458.

[63] *Ibid.*, fol. 366, 1461.

[64] Voir les cas cités aussi bien à l'est du royaume, à Neufchâteau face aux prétentions du duc de Lorraine, qu'à l'ouest, dans la zone des Marches, particulièrement convoitée, C. Gauvard, "L'opinion publique aux confins des Etats et des Principautés au début du XVe siècle", dans *Les Principautés au Moyen Age, Actes du IVe Congrès de la*

particulier quiconque fait appel à la justice du roi peut être dans la sauvegarde royale pendant la durée de son procès. Ainsi, au milieu du XVe siècle, Macé Sabart, possesseur de moulins près d'Orléans, est en procès devant le bailli de Montargis contre les foulons et jurés d'Orléans, et il se met en la sauvegarde royale

> "pour ce que les foulons menaçoient l'appellant, il prit sauvegarde du roy, la fit notifier, ce nonobstant les foulons et s'aucun espierent sur le chemin l'appelant..."[65]

Cet exemple montre que la sauvegarde royale est loin d'être toujours efficace et, à cette même époque, près de 7% des cas traités au Parlement concernent des bris de sauvegarde. Néanmoins, la lettre de sauvegarde est devenue un acte de Chancellerie parfaitement typé dont l'usage se vulgarise, et les individus qui en bénéficient se familiarisent avec les pannonceaux fleurdelysés qui indiquent, visuellement, qu'ils sont sous la protection du roi. En bénéficiant de ce privilège, ces individus deviennent des sujets, en ce sens qu'ils commencent à se sentir unis par un lien direct avec le roi et qu'ils ont suffisamment confiance en la protection royale pour ne pas hésiter à y recourir. Quant à la violation de sauvegarde, elle est devenue une violence faite à l'honneur du roi et elle est très clairement rangée parmi les violences illicites. Par le contrôle de l'asseurement et par le développement de la sauvegarde, peu à peu le roi freine le désir éventuel de transformer la vengeance en vendetta. Il s'impose donc comme un protecteur contre la violence.

La rémission est un autre moyen pour affirmer le contrôle de la violence, peut-être le plus important de ceux utilisés par la royauté. La série des lettres de rémission du roi de France montre que sa justice retenue est aussi efficace, à cette époque, que sa justice déléguée. Rédigées par la Chancellerie royale depuis le début du XIVe siècle, les lettres de grâce par lesquelles le roi arrête le cours de la justice et restitue le criminel à sa bonne renommée et à ses biens portent sur tous les crimes, y compris sur ceux qui sont considérés comme irrémissibles[66]. Mais, pour ces cas qui traitent d'une violence illicite parce qu'elle touche aux valeurs sacrées de la société, le pardon royal s'alourdit d'un grand nombre de considérations. Il est difficile de pardonner ces crimes graves que condamne l'ensemble du corps social. En revanche la plupart des crimes remis – 57% pendant le règne de Charles VI – portent sur des homicides commis au cours d'une rixe, à la suite d'un engagement d'honneur. En fait, les lettres de rémission traitent essentiellement de la violence qui est considérée comme licite par l'ensemble du corps social, et le roi lui-même partage en grande partie cet

---

Société des Historiens Médiévistes de l'Enseignement Supérieur Public, Bordeaux 1973, Bordeaux, 1979, p. 127-152.

[65] AN, X2a 28, fol. 325, 1460.

[66] C. Gauvard, *"De grace especial"*..., chap. 2.

avis comme le montre la structure même des lettres de rémission. En cas d'homicide commis pour défendre un honneur blessé, le pardon est facile : la déclinaison d'identité du coupable est légère, la description du crime est rapide, les formules de pardon sont écourtées[67]. Il n'en reste pas moins qu'une lettre de rémission est devenue nécessaire pour excuser l'homicide qui vient d'être commis, même s'il s'agit d'un beau fait, et que la grâce est un moyen pour le pouvoir d'affirmer son autorité sur les crimes de sang.

Cette façon de discipliner la violence n'a pas été évidente. Si la lettre de rémission n'était pas devenue nécessaire pour ce type de crime, l'homicide pour l'honneur serait pratiquement inconnu des historiens. En effet, les chroniques ne considèrent pas l'homicide comme un fait divers puisqu'il est normal de laver l'affront fait à l'honneur, et cela dans toutes les couches de la société. La justice légale comporte aussi peu de témoignages, car le règlement de ce type d'homicide se faisait le plus souvent oralement et rituellement, par transaction entre les parties. En France, l'homicide entre finalement très tard dans le champ du pénal et la lettre de rémission est le principal moyen de cerner comment la mort d'homme est, à cette époque, considérée comme un crime[68]. La grâce royale est donc dotée d'une force paradoxale puisqu'elle accorde le pardon en même temps qu'elle oblige à confesser le crime. Dans ces conditions, il importe de savoir à quel champ sociologique le roi s'adresse. Dans la première moitié du XIVe siècle, les requérants sont en majorité des nobles mais, peu à peu, leur place décline au profit des non-nobles qui constituent la masse des bénéficiaires à partir du règne de Jean le Bon, au moment où le nombre de lettres commence une inflation galopante[69]. Néanmoins, les nobles ayant obtenu une lettre de rémission restent toujours surreprésentés par rapport à leur nombre dans la société. Dans un premier temps, la lettre de rémission est bien considérée comme une faveur accordée à des privilégiés, puis elle se vulgarise. Tout se passe comme si la lettre suivait les progrès de la sujétion. C'est-à-dire que la sujétion concerne au premier chef les nobles, puis elle s'étend progressivement à l'ensemble du corps social dont tous les membres sont tenus d'avouer leur crime. C'est dire aussi que les progrès de la sujétion sont liés à la discipline de la violence. En effet, le criminel est tenu de confesser son crime et, par l'alchimie du rituel écrit que suit la

[67] *Ibid.*, particulièrement chap. 18.

[68] C. Gauvard, "L'homicide au Moyen Age est-il un crime ? Honneur et violence en France à la fin du Moyen Age," *Traverse,* 1995, 1, p. 59-69.

[69] Près de 65% des lettres de rémission octroyées entre 1304 et 1314 le sont à des nobles, 45% entre 1314 et 1350, 10 à 15% sous les règnes de Jean le Bon et de Charles V, puis 9% sous le règne de Charles VI. Rappelons que les lettres de rémission représentent 53 800 actes inégalement répartis entre 1304 et 1568, M. François, "Notes sur les lettres de rémission transcrites dans les registres du Trésor des Chartes," *Bibliothèque de l'Ecole des Chartes,* 103 (1942), p. 317-324.

lettre, de se transformer en "requérant" ou en "suppliant" comme il le précise lui-même. Le "pauvre" des lettres est un pécheur qui requiert "humblement" le roi. Ce sont là des formes de discipline à un moment où l'aveu est rare[70]. Incontestablement, la lettre de rémission est le prolongement, au sein de l'Etat, des principes édictés par le concile de Latran IV en 1215 pour mieux définir les obligations de la confession. Mais, répétons-le, le crime d'honneur se trouve absous, et en même temps il est justifié par le pouvoir. La discipline de la violence ne supprime pas encore les ressorts fondamentaux des comportements qui placent l'honneur et la vengeance au coeur des valeurs sociales. Il s'agit seulement de leur donner un certain nombre de règles pour éviter les débordements, de définir en quelque sorte une vengeance permise.

La lettre de rémission est d'autant plus importante pour discipliner de la violence qu'elle oblige les parties à faire la paix. La façon dont la rémission émerge de l'absolution dans la première moitié du XIVe siècle, montre bien comment la grâce royale suit la paix à partie avec composition[71]. Par la suite, le fait de s'être accordé avec la partie adverse avant d'avoir demandé la grâce, reste une circonstance favorable pour l'obtenir[72]. Mais, le fait de s'être déjà accordé, qui était quasiment impératif dans la première moitié du XIVe siècle, devient moins fréquent : de l'accord évoqué dans plus de la moitié des cas au milieu du XIVe siècle, on passe à 6% des cas sous le règne de Charles VI[73]. Tout se passe comme si la lettre de rémission avait acquis suffisamment d'autorité pour devenir un moyen de précipiter une paix qui suit presqu'automatiquement la grâce royale. Le roi est devenu, de ce fait, le maître de la paix entre les parties. Certes, une clause prévoit que la lettre de rémission ne peut être valable que si "satisfaction" est faite à la partie adverse "tant civilement", mais cette réparation n'est plus un handicap car elle assure la réussite de l'accord[74]. Les contestations pour lettres de rémission "subreptices" dont nous avons vu l'importance au Parlement, portent moins sur un accord qui

---

[70] *L'aveu, Antiquité et Moyen Age. Actes de la table ronde organisée par l'Ecole française de Rome avec le concours du CNRS et de l'Université de Trieste, Rome 1984,* Rome, 1986.

[71] P. Texier, *La rémission au XIVe siècle*, Thèse de droit, Limoges, 1990, dactylographiée ; id., "La rémission au XIVe siècle : significations et fonctions", dans *La faute, la répression et le pardon, Actes du 107e Congrès National des Sciences savantes, Brest 1982, Bulletin Philologique et Historique jusqu'en 1610,* t. 1, Paris, 1984, p. 193-205.

[72] C. Gauvard, *"De grace especial"...,* p. 776-777 et p.780.

[73] P. Texier, *La rémission...*, p. 314 et suiv.

[74] Y. Bongert, "Rétribution et réparation dans l'Ancien droit français", *Mémoires de la Société pour l'Histoire du Droit et des Institutions des anciens pays bourguignons, comtois et romands,* 45 (1988), p. 59-107.

n'aurait pas pu aboutir en raison des exigences financières de la partie adverse que sur la contestation de la rémission elle-même en raison du type de crime qui a été commis. En fait, le roi se moule parfaitement dans le système des paix à partie et il devient, en exerçant la justice retenue, un arbitre supérieur et incontournable pour régler la violence. Le règlement de la violence licite ou illicite passe bien entre ses mains.

La comparaison entre les différentes mesures, législatives ou judiciaires, qui ont été prises pour réduire la violence fait apparaître une incontestable volonté de négocier plutôt que de punir et il apparaît clairement que les nobles constituent le premier groupe social concerné. La comparaison entre les ordonnances prises contre les guerres privées et contre le port d'armes et les lettres de rémission émises dans la première moitié du XIVe siècle qui sont autant d'exceptions aux mesures législatives, permet de déceler à leur égard un ensemble de décisions qui, malgré leur apparente contradiction, se révèlent finalement assez homogènes. Ces mesures concernent essentiellement les nobles du Sud-Ouest du royaume. Entre 1303 et 1327, des lettres de rémission ou d'absolution sont prises à l'initiative d'Alphonse d'Espagne, gouverneur pour le roi, dans le contexte de la guerre de Gascogne[75]. En 1339, le roi autorise les guerres privées dans le duché d'Aquitaine par une ordonnance qui date du gouvernement de Jean de Luxembourg en Languedoc et qu'il convient de rapprocher d'autres mesures dont le but est essentiellement politique : rallier au roi de France les nobles du Sud-Ouest au moment de la guerre contre le roi d'Angleterre[76]. Rémissions, donations, commissions d'enquête et confirmations de privilèges sont autant de moyens pour tenter de s'attacher les nobles et éviter qu'ils ne basculent vers l'ennemi. Une rémission générale est accordée le 23 janvier 1339 à tous les nobles d'Aquitaine qui avaient tenu le parti des ennemis et qui s'étaient ralliés au roi. Les lettres individuelles suivent le même schéma. Avant 1350 et pour ces régions, la moitié des destinataires sont des nobles. En général, ils ont commis des actes de violence contre des non-nobles, qu'il s'agisse de paysans ou de monastères, au cours de guerres privées qui s'accompagnent de pillages et meurtres. Leur action se fait *per violentiam* ou *violenter*. Un

[75] AN, JJ 65a, pièce 2, août 1326, sénéchaussée de Périgord, confirmée par le roi en février 1328 (pillage des biens de l'abbé de Moissac par plusieurs nobles) ; JJ66, pièce 10, septembre 1326, sénéchaussée de Toulouse, confirmée en août 1329 : il s'agit d'une confirmation d'absolution qui avait été prise pour deux nobles coupables d'homicide à la demande du comte de Perdiacene qui servait le roi en ses guerres; *ibid.*, pièce 31, septembre 1326, sénéchaussée de Toulouse, confirmée en août 1329 (sauvegarde enfreinte). Sur le contexte général de ces relations, voir *France du Nord, France du Midi, contracts et influences réciproques. Actes du 96ème Congrès national des Sociétés savantes (Toulouse, 1971)*, t. 1, Paris, 1978.

[76] Sur ce point voir R. Cazelles, "La réglementation...", cité *supra* n. 16 et P. Texier, *La rémission...*, p. 126 et suiv., et p.308 et suiv.

phénomène du même type peut être observé entre 1356 et 1360, cette fois en faveur des nobles normands, pour se garder des alliances qu'ils peuvent passer avec le roi de Navarre. C'est la raison pour laquelle, en termes de rémission, la Normandie peut apparaître à cette période comme la première région du royaume pour la criminalité noble[77]. Non seulement à Pontoise le roi a fait "bonne paix et accort", le 21 août 1359, et il a permis à 300 des partisans navarrais d'obtenir l'annulation des poursuites et la restitution des biens confisqués, mais il pardonne individuellement un grand nombre de nobles pour leur "rebellion tant en armes qu'en chevauchee" ainsi que les violences commises au cours de la guerre. La lutte contre la violence souffre donc d'entorses qui montrent les priorités du roi de France. Son but est clair : il convient de récompenser ceux qui le servent ou qui pourront le servir au prix du maintien de la violence. Au XVe siècle, la situation n'a guère évolué. Pour s'attacher des fidèles dans le royaume de Bourges, Charles VII ferme les yeux sur les violences où les actes de brigandage des hommes d'armes se mêlent aux guerres privées. Ces violences ont beau rendre les déplacements périlleux, la cour du Parlement de Poitiers se contente d'interroger sur les excès qui sont commis, de défendre de "proceder par voie de fait", sans mener une véritable action coercitive[78].

Pour R. W. Kaeuper, "le problème essentiel que posaient les nobles à l'ordre public ... était la pratique des guerres privées"[79]. Cette affirmation doit être nuancée pour la France de la fin du Moyen Age, dans la mesure où les règlements ne sont pas homogènes et qu'ils ne sont certainement pas coercitifs. Les décisions royales relatives à ces problèmes d'ordre public sont le résultat de négociations le plus souvent ponctuelles, individuelles même, prises sous l'impulsion de requérants, parce que le roi est au premier chef intéressé par la création de liens personnels avec les nobles plus que par le maintien de l'ordre. Parfois un serment accompagne la rémission. On promet, éventuellement en jurant sur les Evangiles, d'"être bon, vrai et loyal obeissant de notre dit seigneur"[80]. Ainsi se crée, entre le roi et le noble repenti et remis un lien d'amour et d'obéissance. Quel meilleur exemple que celui de Guillaume de Pélisson qui, passé aux Anglais, a

---

[77] Entre 1356 et 1360, les lettres de rémission accordées aux nobles normands constituent 42% des lettres accordées aux nobles contre 34% pour le Nord, 18% pour l'Ile de France et 6% pour le Centre, C. Latouche, *Les nobles dans les lettres de rémission de la première moitié du XIVe siècle,* mémoire de maîtrise, Université de Paris-I, 1996, dactylographié, p. 53-54.

[78] Nombreux témoignages dans AN, X2a 18 à 21. Pour l'étude du contexte politique, R. G. Little, *The "Parlement" of Poitiers. War, Government and Politics in France, 1418 – 1436,* London, 1984.

[79] R. W. Kaeuper, *Guerre, justice et ordre public... op. cit. supra*, n. 1, p. 221-251.

[80] Par exemple AN, JJ 90, pièce n°257 et 240, août 1359 et janvier 1360.

commis "plusieurs grandes roberies, pilleries, mutries et homicides, efforcements de femmes, boutements de feux et tous les autres exces, deliz, crimes et malefices que gens d'armes ont accoustumé de faire contre leurs ennemiz en commectant crime de lese majesté", mais qui désormais est devenu "bons et loyaux François", d'où la rémission qui le conforte dans sa résolution[81]. Le roi attend bien des nobles la loyauté plutôt que l'ordre.

Peut-on saisir les effets d'une politique que caractérise la souplesse et qui, d'une certaine façon, continue à faire la louange de la violence commise dans les règles de l'honneur ? La question devrait prendre en compte bien d'autres actions menées en faveur de la paix, en particulier par l'Eglise au même moment sous la forme des sermons, des prières pour la paix ou des processions. Je me contenterai donc d'esquisser quelques pistes de recherches.

La première concerne l'impact des ordonnances royales dans l'opinion. Même si ces ordonnances ont été, comme nous l'avons vu, largement écornées dans leur application, elles véhiculent un discours que le cri public colporte jusqu'aux frontières du royaume. Les préambules qui comportent de véritables prières pour la paix sont certes stéréotypés: mais de leur répétition sort la transformation des esprits. Surtout, ces ordonnances rendent toujours la condamnation et la dénonciation possibles. "Nul ne peut ignorer la décision royale" devient le prélude de l'adage "nul n'est censé ignorer la loi", et cette expression justifie bien des interventions. A la fin du XVe siècle, le registre des écrous du Châtelet montre que les sergents justifient leurs interventions par la stricte application des ordonnances[82]. Le contenu des ordonnances est aussi intériorisé par les sujets comme le montre cet exemple du début du XVe siècle : face au prévôt de Chauny venu l'attaquer, un simple laboureur peut se défendre du meurtre qu'il commet en arguant que son agresseur était arrivé avec ses compagnons

> "armez, garniz d'espees, dagues, ars, sayettes et autres armes invasibles et defendues"[83].

Les échos des ordonnances contre le port d'armes sont inscrits en creux dans cette affirmation qui ne craint pas de faire appel à l'ordre royal qui a été enfreint. Une certaine complicité se crée entre le sujet et le pouvoir. Le contenu des ordonnances prises contre la violence permet alors d'alimenter les dénonciations de ceux qu'on veut exclure, dénonciations qui se servent de la loi avec laquelle désormais l'ensemble du corps social a la possibilité

---

[81] AN, JJ 86, pièce 394, septembre 1358. D'autres exemples dans *La France Anglaise au Moyen Age, Actes du 111e Congrès National des Sociétés savantes, (Poitiers 1986), Section hist. médiévale et philologique*, t. 1, Paris, 1988.

[82] AN, Y 5266, par exemple fol. 2v, fol. 41, où les personnes écrouées ont été trouvées de nuit, avec port d'armes "quy est contre les criz et ordonnances".

[83] AN, JJ 160, pièce 172, Chauny, lettre adressée au bailli de Vermanois.

de jouer. Un homme peut avoir passé une transaction avec les parents de sa victime, il est toujours menacé d'être dénoncé "par hayne ou accusation d'aucun haineux"[84]. Il est très significatif de saisir quels types de crimes sont ainsi dénoncés. Ce sont moins les faits de violence licite, les crimes commis pour l'honneur, que ceux qui ont enfreint les valeurs sacrées ou qui ont perverti l'honneur en recourant à des attaques viles, sans défi, voire à des tueurs à gages. Dans les lettres de rémission, l'adversaire prend l'allure de celui qui, ayant enfreint les lois de la vengeance, commet son attaque dans des conditions outrées, selon les "exces et attentas" dénoncés par les ordonnances ou par les plaidoiries. Ces indications correspondent donc à ce que nous avons vu des délimitations de la violence par la loi mais les principes sont intériorisés au point de servir d'idéal pour les comportements. On ne doit pas agir d'"aguet apensé" ; on ne doit pas non plus, sous peine de totale perversion, ressembler aux hommes d'armes car les effets de la guerre du dehors sont soigneusement distingués des règles de la guerre du dedans, c'est-à-dire des lois de la vengeance[85]. Les règles de la vengeance licite se trouvent ainsi explicitées pour être mieux contrôlées.

Les sanctions pénales sont aussi devenues des références qui alimentent les sanctions privées que sont les injures. Les allusions peuvent être très générales, telle celle qui porte sur le mot "larron", écho des condamnations à mort qui les visent et qui les marquent d'infamie. Au milieu du XVe siècle, cet homme explique sa colère en disant que son adversaire l'a "souventefoiz provoqué a ire" en lui disant "plusieurs grandes injures et atroces de lui en l'appelant larron"[86]. D'autres expressions du même type entrent dans le corps de l'injure verbale en faisant référence à celui qui a été "banni" ou "excommunié"[87]. Des précédents judiciaires, réels ou supposés, peuvent venir alimenter la dénonciation. Les marques d'infamie, tel l'essorillement, sont des indices

---

[84] AN, JJ 169, pièce 82, février 1416, Le Dézert, lettre adressée au bailli de Cotentin.

[85] Exemples dans C. Gauvard, *"De grace especial..."*, chap. 17 et dans C. Petit-Dutaillis, *Documents nouveaux sur les moeurs populaires et le droit de vengeance dans les Pays-Bas au XVe siècle*, Paris, 1908.

[86] AN, X2a 24, fol. 151v, janvier 1447. Autre exemple d'injure étayée par une référence criminelle précise à Paris, AN 5266, fol 45v, 25 juillet 1488, "pour ce que aujourduy, euls estant a la place de la poissonnerie a Petit Pont lediz Olivier luy a dit publiquement presens plusieurs personnes quil estoit larron et que aultreffoiz il l'a trouvé sur la riviere de nuyt deschargeant du bois estant en une nasselle et le menoit et portoit en sa maison".

[87] Exemples pour le règne de Charles VI dans C. Gauvard, *"De grace especial..."*, chap. 16. Même profil au XVe siècle, AN, X2a 24, fol. 104, janvier 1446 : "dit que Husson est homme de mauvaise vie et excommunié et a ceste cause est exillé de son pais".

clairs en cas de vol. Mais, à la suite d'une migration récente, les voisins peuvent aussi supposer qu'il y a eu meurtre. Chacun sait que cet homme

> "autreffoiz fut banni du païs de Flandres pour son mauvais gouvernement, et est homme qui pour une pinte de vin eust dit ce que l'en eust voulu et estoit homme de petite vie...et si est homme infame"[88].

Ces dénonciations ne sont pas seulement le fait des petites communautés où tout le monde se connaît. On les trouve dans les villes, y compris jusqu'à Paris. On fouille le passé judiciaire : Celui-là aurait tué un homme à une centaine de kilomètres de la ville, ce qui explique son arrivée récente ; celui-ci aurait fui la Lorraine où il aurait commis des crimes avant de venir s'installer à Reims où il connaît une ascension sociale qui provoque bien des envies. Dénoncé, torturé, il n'avoue rien et, paradoxalement, c'est la justice du roi qui le sauve de la haine de ses concitoyens en le déclarant innocent[89]. Il n'en reste pas moins que les "malveillants" peuvent jouer de l'arsenal que leur offre le pénal, ce qui est le signe d'une acculturation judiciaire efficace. N'exagérons pas cependant ces dénonciations qui ne dépassent pas 10% des cas dans les lettres de rémission du règne de Charles VI. Elles sont encore limitées, en particulier par le jeu réciproque des parentèles. La force des solidarités qui se coalisent autour de celui qui est dénoncé peut se retourner contre le dénonciateur ; un équilibre existe entre les parties adverses, entre les "haineux" et les "bienveillants" si bien que les forces se neutralisent. Il peut donc être plus prudent de se taire. Enfin, les communautés peuvent tout simplement choisir le silence pour échapper à un pouvoir judiciaire dont elles se méfient.

Les réflexions sur le pénal sont pourtant devenues un phénomène d'opinion. La façon dont sont perçus les désordres qu'entraînent les gens d'armes est tout à fait significative. L'homme d'armes ou celui qui a fréquenté les hommes d'armes est le premier concerné par la condamnation de la violence : il fait peur et il a la réputation d'être "cruel"[90]. Au cours de la période, le stéréotype de l'homme d'armes évolue. A côté des violences colportées depuis le début du Moyen Age, cristallisées sur les boutemens de feu, le sacrilège, le meurtre et le viol, on voit apparaître les violences que les hommes d'armes commettent contre les enfants, victimes innocentes. Ils sont rôtis à la broche ou étouffés dans des huches ; pis

---

[88] AN, X2a 24, fol. 218-219, janvier 1448. Autres exemples dans C. Gauvard, *"De grace especial"...*, chap. 18, p. 881-889.

[89] AN, Y 5266, fol. 29v, juillet 1488, Paris ; Archives municipales de Reims, R137, 12 septembre 1391-17 décembre 1392.

[90] AN, X2a 25, fol. 141, janvier 1451 : "dit que partie adverse est bien merveilleux homme et prend sur ses voisins et oultre leur gré de leurs bien tout a son plaisir et est fort craint au pais parce qu'il a suivy les guerres et est fort grant de corps" ; *ibid.*, fol. 152, mars 1451, "toute sa vie a esté homme de guerre et cruel".

même, ils sont tués avant que de naître[91]. Les effets de la guerre de Cent ans sont très sensibles ici dans la mesure où le conflit a permis de dresser un portrait stéréotypé des hommes d'armes. Pourtant, dans les faits, ils constituent une minorité de meurtriers. Mais ils n'apparaissent pas comme des criminels ordinaires, sans doute parce qu'ils sont habitués à la violence qui est leur métier et parce que leurs actions vont à l'encontre des ordres du roi. Elles relèvent de la violence absolue, celle qui, débridée, conduit à l'anti-civilisation et où le criminel, comparé à un loup, devient le dévoreur de l'innocence. A cette violence commise contre les hommes correspond d'ailleurs celle qui est commise contre Dieu. Le blasphème entre dans le stéréotype de l'homme d'armes au cours du XVe siècle, et il est acquis dans les sources judiciaires comme dans les traités politiques à la fin du XVe siècle[92]. De ces crimes hauts en couleurs, retenons l'idée que la société, en accord avec la loi, définit de plus en plus clairement la différence entre les populations civiles et les populations militaires. Les décisions de Charles VII de créer une armée de métier à partir de 1440 vont dans le même sens ; elles précisent un statut. Mais elles ont été préparées par cette longue transformation de l'opinion. Les chefs de guerre qui ont servi dans l'armée du roi et qui, ensuite se font chefs de bandes, tiennent de la caricature. Il convient, en effet, de montrer à tous l'usurpation qu'ils osent accomplir en les mettant au ban de la société. Les cas abondent au milieu du XVe siècle, au moment où s'opèrent les reclassements au sein de l'armée et que se prépare la paix sociale[93]. L'homme d'armes mène une "guerre mortelle aux subgiez du roy" et tous doivent s'en défendre. Converser avec les gens d'armes devient alors dangereux pour la renommée de l'homme tranquille[94].

Le résultat de cette acculturation du pénal est assez sensible pour que le fait d'être innocent entre désormais dans la définition de l'honneur. Les lettres de rémission résument cette exigence en précisant que le

---

91 Sur l'évolution de ce stéréotype pendant le haut Moyen Age, voir E. Magnou-Nortier, "The Enemies of the Peace...", cit. *supra,* n. 18.

92 C. Beaune, "La rumeur dans le *journal* du bourgeois de Paris", dans *La circulation des nouvelles au Moyen Age, XXIVe Colloque de la Société des Historiens Médiévistes de l'Enseignement Supérieur Public,* Paris-Rome, 1994, p. 191-203 et C. Gauvard, "Rumeurs et stéréotypes à la fin du Moyen Age", *ibid*., p. 157-177.

93 Par exemple AN, X2a 24, fol. 254, juillet 1448 pour Savary de Beaulieu dans la région de Saint-Omer, qui "estoit le plus grant larron du pais, et en fut faicte ladicte chanson "gardez vous de Savary" ; AN, X2a 28, fol. 61-61v, 1456, pour Henri Dorlyer et sa bande de "larrons" qui "espioient les chemins et prenoient toutes gens qui rencontroient et faisoient guerre en toutes façons" sévissait en Champagne jusqu'au jour où l'une de ses victimes, blessée, s'échappa et se vengea en le faisant mourir.

94 Par exemple AN, X2a 32, fol. 230, mai 1463: Le mauvais clerc n'est plus seulement celui qui porte des vêtements dissolus, qui fréquente les tavernes et les filles, c'est celui qui "se transporte par les tavernes ou il couche avec gens d'armes".

requérant "n'a jamais esté convaincu d'aucun vilain blasme ou reprouche". A l'inverse, la quête de la récidive et sa condamnation deviennent une obsession des juges. De l'*habitus* qui se dégage, on glisse vers la définition d'un état qui se perçoit dès l'enfance. Le sujet "rioteux" s'oppose au sujet "paisible"[95]. La violence et la paix deviennent un état qui, par l'accoutumance, se révèle irréversible. On désigne celui qui est "coustumier de batre gens", que l'entourage considère comme "noiseux", qui s'est "toujours meslé de noises et debatz" ; certains peuvent même en faire leur métier et ils sont alors dénoncés comme "bateurs a loyer". Enfin la violence extrême fait du coupable un "merveilleux homme"[96]. La réprobation est si vive que celui qui est "coustumier d'user de voyes de fait" est aussi décrit comme un mauvais chrétien et la partie adverse peut aller jusqu'à glisser vers des accusations graves, telle la sorcellerie[97]. L'homme est alors déclaré "mauvais" et, haï de ses semblables, il est *quasi in opprobrum* de tous"[98]. A l'inverse, l'homme qui quiert la paix est décrit comme un

> "homme doux et paisible, bien vivant, conversant et frequentant avec ses voisins et congnoissances"[99].

Ces affirmations et ces condamnations sont autant de coups de boutoir à l'encontre de la violence, mais aussi de la vengeance. Incontestablement, la vengeance est limitée dans son déploiement. Les sujets savent désormais que, pour se venger, ils ne doivent pas faire appel à d'autres personnes qu'à leurs amis auxquels ils sont liés par l'"amour naturel". Cet amour naturel est souvent évoqué par le Parlement comme par la Chancellerie, sans être pour autant clairement défini comme dans certains coutumiers à la même époque[100]. C'est ainsi que le meurtre de l'amant par l'époux trompé et par les parents de l'épouse prête à discussion. Au milieu du XVe siècle, le procureur du roi prétend que seul le mari peut se venger directement, à

---

[95] Voir les exemples dans C. Gauvard, *"De grace especial"...*, chap. 19, p. 866-874.

[96] AN, X2a 32, fol. 183, février 1462.

[97] Par exemple AN, X2a 24, fol. 237, mai 1448 : "Dit que messire Martin (de Rolat) est tres mauvais chrestien, coutumier de user de voye de fait, opprimer gens d'Eglise, mener vie dissolue et user de simonie...Et dit que ledit Martin a une forme d'ymage qu'il fait appeler Mahommet et le adoure comme Dieu..."

[98] *Ibid.* , fol. 132v, juillet 1446.

[99] AN, JJ 208, pièce 155, février 1481, Bressuire, lettre adressée au sénéchal de Poitou.

[100] Par exemple *Le Vieux coutumier de Poitou* réduit l'intervention au degré de cousin germain, tit. LXIX, parag. 755, cité par Y. Bongert, "Solidarité familiale et procédure criminelle au Moyen Age : la procédure ordinaire au XIVe siècle", dans *Mélanges offerts à J. Dauvillier,* Paris, 1979, p. 99-116.

condition que son rival *sit vilis persona*[101]. Le déclin de la vengeance accompagne donc le lent cheminement de la responsabilité individuelle en matière criminelle. Par ailleurs, le contrevengement est en grande partie stoppé, en particulier comme nous l'avons vu par la lettre de rémission qui impose la paix, mais aussi par la poursuite en justice. D'une certaine façon, la poursuite que les amis mènent en justice, soit par le biais du procès, soit par celui de la lettre de rémission, remplace la guerre privée qu'ils auraient pu entreprendre. Bien des plaidoiries doivent être entendues alors comme des joutes oratoires dont le but est de restituer l'honneur de ceux qui s'estiment lésés. Echos des palabres anciennes, elles aboutissent à un accord de fait, sans qu'il y ait pour autant besoin d'un arrêt définitif. Dans ces conditions, les arrêts interlocutoires du Parlement de Paris ne sont pas le signe d'un échec de la justice ou celui de son inefficacité. Elles traduisent l'adaptation de la Cour aux besoins de proclamer les valeurs sociales. La violence verbale est un succédané de la violence de fait.

Jusqu'où s'étend cette discipline des moeurs? Plusieurs nuances s'imposent. Elles sont, en premier lieu, d'ordre géographique. Des transactions privées se poursuivent en dehors de la Cour, en particulier dans les régions du royaume qui ne sont pas attirées au premier chef par les résolutions qu'offre la justice déléguée ou retenue. En effet, l'ensemble du royaume n'est pas tenu dans les rets de la justice de façon homogène. Le Parlement de Paris comme la Chancellerie pour les lettres de rémission ont un ressort limité et appliquent leur autorité essentiellement en langue d'oïl[102]. Avant l'effort que fournissent Charles VII puis Louis XI pour créer des parlements en province, la situation reste bloquée. Quant aux lettres de rémission, le lien personnel qu'elle créent avec le roi interdit qu'elles soient décentralisées. Et, quand elles le sont par la création des petites chancelleries en 1477, elles perdent, dans ce cadre local, une partie de leur puissance créatrice pour ne se limiter qu'aux homicides commis en état de légitime défense.

D'un point de vue social, une seconde limite s'impose. La discipline de la violence s'étend en principe à toutes les couches sociales et, à la fin du XVe siècle, la renommée des nobles peut aussi passer par leur relation à la paix; En témoigne cette altercation sur la noblesse qui oppose deux parties au Parlement. Les uns se disent

---

[101] AN, X2a 28, 259, 1459.

[102] F. Autrand, "Géographie administrative et propagande politique, le rôle des assignations du Parlement au XIVe et XVe siècles", *Histoire comparée de l'administration..., op. cit. supra,* n.42, p. 264-281. Quant à l'aire de la rémission, elle suit en partie les déplacements du roi, C. Gauvard, *"De grace especial"...,* chap. 2 et chap. 6, p. 243-248.

"nobles gens de noble et ancienne maison qui ont touiours bien et honnestement vescu sans jamais avoir estes actaints d'aucun villain cas, blasme ou reprouche"

et les autres ripostent qu'ils sont

"nobles gens de noble et ancienne maison et a eues ledit Milon plusieurs grans charges du feu roy, esquelles il s'est tousiours bien gouverné sans que aucun se soit plainct de luy"[103].

Le fait d'être sans reproche peut entrer désormais dans la définition de la noblesse. Les nobles doivent même pouvoir donner l'exemple de la paix, car "a ce qu'il est chevalier, tant moins est-il excusable"[104]. Les bourgeois se définissent aussi comme s'étant "tousiours tres bien gouverné sans avoir esté convaincu d'aucun crime[105]. Il y a donc loin des principes qui étaient le plus souvent encore évoqués au début du XVe siècle, selon lesquels il suffisait d'être noble et éventuellement bourgeois pour établir sa bonne renommée[106]. Des signes d'une référence au pénal se font jour : tous les groupes sociaux doivent partager l'honneur d'être innocents. Ce principe est-il pour autant parfaitement réaliste ? Les nobles, nous l'avons vu, ont été les premiers concernés par l'octroi des lettres de rémission et ils sont les plus nombreux à être représentés dans les procès du Parlement, signe éventuel de leur domestication. Mais les nobles prétendent avoir le droit plus que les autres d'agir par voie de fait, c'est-à-dire de ne venir que quand la violence est commise, voire d'échapper aux contraintes de la justice. A la fin du XIVe siècle, comme nous l'avons vu, Baudrain Du Hamel justifie son action par référence à la coutume de Picardie qui précise

"licitum et permissum notorie fuerat et erat inter nobiles via facti procedere"

ce que la cour condamne aussitôt pour être une coutume *abusam, injustam et corruptelam,* parce que contraire au droit divin[107]. A la fin du XVe siècle, ces arguments sont toujours utilisés par les nobles, signe que la noblesse entend bien conserver ses privilèges. On peut même penser que les nobles trouvent, par l'exercice de fait de la vengeance, un moyen de s'opposer aux non-nobles, et par conséquent de confisquer les valeurs apparentes de l'honneur à leur profit. A l'inverse, l'honneur des non-nobles tend à changer de sens et à se cristalliser sur l'usage de la paix qu'accompagne celui du pardon. Le bon sujet est celui qui sait réfréner son ire et pardonner. Il abandonne tout signe de démesure, condamne les excès

---

[103] AN, X2a 49, fol. 38-43v, décembre 1483.

[104] AN, X2a 24, fol. 23v, avril 1444.

[105] *Ibid.,* fol. 256v, juillet 1448.

[106] Exemples dans C. Gauvard, *"De grace especial"...,* chap. 14, p. 633-634 et chap. 16, p.742.

[107] AN, X2a 13, fol. 22v-23, décembre 1393, voir *supra* n. 28.

et ne peut être celui qui, "en venant avoit fait pluseurs riotes et avoit batu et navré plusieurs personnes, et ot plusieurs paroles malgracieuses et injurieuses a l'encontre d'un habitant dudit village"[108]. L'intériorisation des normes est telle qu'à la fin du XVe siècle, le procureur du roi ne se contente plus d'évoquer la désobéissance aux ordonnances ; face à un homicide assorti de port d'armes, il s'en rapporte aux fondements juridiques et philosophiques de l'équité et il tient comme argument que

> "selon droit et raison, toutes voyes de fait, port d'armes, forces publiques et violences sont prohibees tant en matiere proffanes que ecclesiastiques"[109].

L'emploi du mot "violence", peu fréquent en langue vernaculaire, montre bien que la voie de fait s'inscrit désormais nettement dans le champ d'une infraction qui heurte l'ensemble des comportements. En 1469, le procureur du roi affirme que

> "ceste ville de Paris est la ville capitale de ce royaume ou est la justice souveraine du royaume en laquelle chascun doit estre en tranquillité de sa personne et de ses biens"[110],

ce qui est une façon de montrer que le pouvoir ne se préoccupe pas seulement des infractions à la propriété, mais qu'il entend officiellement garantir la paix. Et, incontestablement, le Parlement comme la Chancellerie font figures de grands apaiseurs. Les sujets s'en remettent facilement à la Cour, y compris pour qu'elle fixe elle-même le poids des amendes honorables et profitables comme il est souvent dit à la fin des arrêts. C'est donc bien du côté de ces instances qu'il faut se tourner pour comprendre comment s'est disciplinée la violence. Leur rôle a été complexe. Il a consisté, lors de grandes joutes oratoires à classer le corps social en fonction même des raports que celui-ci pouvait entretenir avec la violence. Chaque statut social a ainsi trouvé sa place en reconnaissant les interdits qui lui étaient assignés. Ce classement s'est aussi accompagné de reclassements qui ont pu gommer la vivacité de l'honneur en atténuant la vengeance et en la réservant plutôt aux couches nobiliaires. Mais il reste, en creux, l'idée qu'une certaine violence est licite pour tous, quand l'agresseur est allé trop loin dans la provocation de l'honneur, si bien qu'à la fin du Moyen Age et très loin dans l'époque moderne, l'homicide reste l'une des réponses possible et pardonnée à l'honneur blessé[111].

---

108 AN, JJ 169, pièce 188, août 1416, lettre adressée au bailli de Saint-Pierre-le-Moûtier.

109 AN, X2a 49, fol. 120, février 1483.

110 AN, X2a 35, fol. 154v, avril 1469.

111 C'est ce que montre les travaux de N. et Y. Castan pour les régions de Languedoc jusqu'à la fin du XVIIIe siècles ainsi que ceux de H. Dingues pour le Bordelais.

Plus que de contrôler la violence ou d'imposer l'ordre pour laminer la violence, l'Etat des XIVe et XVe siècles s'est attaché à définir la différence entre une violence licite et une violence illicite. Le problème le plus difficile consistait à définir, au sein de l'exercice de l'honneur dont l'existence restait incontournable, ce qu'il était possible de laisser faire. Quand pouvait commencer le contrevengement de l'honneur blessé et jusqu'où pouvait-il être mené ? Quelles couches sociales avaient le droit de protécter à ce contrevengement ? Ces questions doivent être abordées en tenant compte de la dilatation de l'espace politique et social qui conduit désormais jusqu'aux frontières du royaume. En effet, les sujets du roi partagent désormais leur vie de relation entre deux espaces, celui du pays de connaissance et celui du royaume. Ils dominent traditionnellement le premier qui leur est familier et dans lequel ils savent depuis longtemps définir leur renommée, mener leur vengeance et négocier la paix avec leurs adversaires ; le second a besoin d'être construit pour trouver les moyens d'y maintenir la paix, d'autant plus que la guerre de Cent ans a pu apporter des excès de violence que véhiculent les hommes d'armes. Il a donc fallu que cette société des XIVe et XVe siècles invente, dans le cadre dilaté du royaume qui était devenu aussi le sien, comment maintenir la paix tout en préservant les valeurs qui restaient celles de la renommée construite dans le pays de connaissance. Les joutes des avocats dans les tribunaux royaux, la grâce du roi qui, symboliquement, assure le lien entre les deux espaces politiques et "remet" le suppliant dans son pays d'origine, sont devenus des moyens d'ajuster l'aspiration à la paix au maintien de l'honneur.

La solution n'est pas seulement venue d'ordres imposés par le pouvoir. Elle est le fruit de négociations et d'un gouvernement par la grâce plus que par la coercition. L'intériorisation des normes correspond aussi à une évolution sociale, politique et culturelle qui accompagne les bouleversements des XIVe et XVe siècles. Au sein de la société se dégagent ceux qui doivent être rejetés : les criminels inconnus, les hommes de guerre, les vagabonds de tout poil. Ils deviennent autant de boucs émissaires commodes contre lesquels les populations ordinaires peuvent facilement cristalliser leur haine en parfait accord avec la justice d'Etat. En même temps, surtout en pays de langue d'oïl, une hiérarchie s'opère lentement entre ceux qui doivent détenir et défendre les valeurs d'un honneur traditionnel fondé sur la vengeance – les nobles – et les autres, dont le point d'honneur repose de plus en plus nettement sur leur aptitude à la paix. Ainsi s'esquisse, au moins aux yeux des élites, une différence supplémentaire entre les nobles et les non-nobles. L'adoucissement des moeurs qui peut en résulter ne s'est propagé, ni par l'effet d'ordres venus d'en haut, ni par mimétisme avec les couches dominantes. Comment les rustres auraient-ils pu imiter les élites alors que, justement, les élites conservent des privilèges qui les placent encore à la pointe de la violence ?

La discipline des comportements s'est certainement construite de façon plus subtile que par des ordres tyranniques ou par une simple imitation de modèles imposés. Une minorité à qui étaient appliquées les peines, et en particulier la peine de mort, en a fait les frais. Désignés par le pouvoir et requérant l'unanimité des juges comme de la foule assemblée sur les lieux de l'exécution, ces condamnés à mort ont focalisé le dégoût de la violence illicite, telle qu'elle est définie de plus en plus clairement par les normes et acceptée par l'opinion. L'exécution a même pu les préserver du lynchage quand ils étaient accusés de violences sexuelles ou de crimes commis contre les enfants. Pour les autres, il suffisait le plus souvent des plaidoiries des avocats pour définir le bien et le mal tandis que les conflits ou les crimes se terminaient en négociations et, au pire, en amendes. Mais, en cette fin de Moyen Age, rien n'est achevé. Si la sujétion se construit effectivement dans le cadre du royaume, c'est encore dans l'espace local que les sujets du roi continuent à construire leur renommée et les non-nobles sont loin d'y avoir oublié les exigences de l'honneur. C'est là aussi qu'ils choisissent, de façon plus ou moins tacite, de désigner ou de cacher ceux qu'ils veulent expulser ou protéger des ingérences de la justice royale. La violence reste un jeu entre leurs mains et, dans un espace devenu à deux dimensions, elle se négocie finalement entre eux comme avec le pouvoir, en fonction de leurs intérêts.

GERTRUD BLASCHITZ

SPIEL UND DIDAXE*

Im Zentrum der folgenden Überlegungen stehen jene Spiele, zu welchen mittelalterliche Didaktiker häufig Stellung nehmen, nämlich die Glücksspiele. DAS Glücksspiel vor dem Aufkommen der Kartenspiele war demnach das Würfelspiel und auch (wenngleich nicht in diesem Ausmaß) das Wurfzabel- oder "*Trictrac*"-spiel. Die Untersuchung wird in drei Bereiche gegliedert.

In einem ersten Komplex werden "Spielestellen" aus der didaktischen Literatur, die *spil* thematisieren, analysiert. Diese repräsentieren jene Literaturstellen, die so manchen "Spieleforscher" veranlaßten, das gesamte Mittelalter als eine Epoche, in welcher "der Mensch" von "maßloser Spielwut" beherrscht gewesen wäre, zu klassifizieren. Es wird nicht nur der unmittelbare Kontext dieser Literaturzitate, sondern das Gesamtoeuvre des jeweiligen Autors, der Umfang der Stellungnahmen im Vergleich zum Ausmaß des gesamten Werkes berücksichtigt. Die didaktischen literarischen Quellen werden nach Gattungsimplikationen untersucht. Weiters wird erkundet, was die Didaktiker mit ihren Angriffen bezwecken; ob sie theologischen Traditionen folgen, oder ob sie auf aktuelle Entwicklungen reagieren.

Im zweiten Teil soll die Auswertungsmöglichkeit didaktischen Schrifttums für die mittelalterliche "Realität" untersucht und anderen literarischen Quellen gegenübergestellt werden. Im Mittelpunkt steht dabei die Frage, ob das Glücksspiel im 13. Jahrhundert tatsächlich als verdammenswerte Beschäftigung galt.

Im dritten, abschließenden Komplex wird versucht, die Stellung des Spieles in der mittelalterlichen Gesellschaft herauszuarbeiten. Sind die Spielverhältnisse und Spielregeln, die Einstellung zu Spielerglück ein Spiegelbild der Gesellschaft oder einzelner Bereiche?

* Die vorliegende Untersuchung beschränkt sich im wesentlichen auf das 13. Jahrhundert, eine Untersuchung zum Verhältnis von "Spiel und Didaxe" für das gesamte Spätmittelalter wird von der Verfasserin angestrebt.

Dichtung – Didaktik – Didaktiker – Publikum

Die Dichtung des Mittelalters ist in hohem Maße der antiken Poetik und antiken Dichtungen verpflichtet. Nachhaltig beeinflußt wurde die mittelalterliche Auffassung von der Aufgabe der Dichtung vom horazischen "*prodesse et delectare*", demzufolge die Dichtung eine Synthese zwischen Belehrung und Unterhaltung sein sollte. Zu dieser literarischen Tradition kam die alle Lebensbereiche beherrschende Religion des Christentums, der zufolge sich die mittelalterlichen Autoren der christlichen Lehr- und Erziehungsaufgabe verpflichtet fühlten[1]. Infolgedessen sah der mittelalterliche Dichter Sinn und Funktion seiner Tätigkeit und Werke darin, das Publikum im religiösen Sinne zu erziehen und zu unterhalten. Dichtung entsteht wie alle anderen Kunstwerke im Spannungsverhältnis von "Fiktion" und "Realität". Das Werk ersetzt und kopiert nicht die Realität, es stellt eine nach eigenen Gesetzen konstituierte Realität her: Es ist Fiktion von "Realität", dem Wortsinn nach quasi "künst"liche Realität. Besonders zutreffend ist dies für die Dichtung des Mittelalters. Die Fiktion ist jedoch weder willkürlich noch Selbstzweck der Dichtung. Sie bezieht Details aus der Wirklichkeit ein und wirkt in diese zurück. Die Fiktion transportiert also Ausschnitte aus der Realität und führt diese Realitätssplitter einer vom Autor beabsichtigten Sinn- und Wertbestimmung zu. Die in der Fiktion getroffene Auswahl aus der Realität steht in engem Zusammenhang mit dem Schöpfer eines solchen "Kunstwerkes": mit seiner Persönlichkeit, die geprägt ist von einer bestimmten sozialen, politischen und historischen Situation; mit ihm als "Künstler", der abhängig ist von Mäzenen und Rezipienten; mit ihm als Autor, der eine bestimmte Absicht verfolgt.

Für meine Fragestellung unterteile ich die mittelhochdeutsche Dichtung in zwei Gruppen:[2] in die, die mittelbar belehren will (höfische Epen, Heldenepik, lyrische Dichtungen, das geistliche Spiel); diesen poetischen Gattungen soll hier als zweite Gruppe die Lehrdichtung im engeren Sinne gegenübergestellt werden, eine in erster Linie der Belehrung verpflichtete Dichtung. Aus dem großen Spektrum der mittelalterlichen Lehrdichtung wurden lediglich Werke herangezogen, die den Ritterlehren und allgemeinen Lebenslehren zuzurechnen sind: der "Welsche Gast" des Thomasin von Zerklaere, Freidanks "Bescheidenheit", die Gedichte Reinmars von Zweter, die Kleindichtung "Die Spieler" des Strickers, "Der Jüngling" des Konrad von Haslau, "Der Renner" des Hugo von Trimberg.

---

[1] Vgl. dazu Bruno Boesch, Lehrhafte Literatur: Lehre in der Dichtung und Lehrdichtung im Mittelalter (Grundlagen der Germanistik 21) Berlin 1977; Bernhard Sowinski, Lehrhafte Dichtung des Mittelalters (Sammlung Metzler. Realien zur Literatur 103) Stuttgart 1971.

[2] Nach Boesch 7.

Das Charakteristikum der Lehrdichtung ruht darin, daß sie die Lebens- und Weltanschauung des Didaktikers und nur bis zu einem gewissen Grade die allgemeine Lebens- und Weltanschauung wiedergibt. Im Bemühen um Erziehung wird die "Realität" auf das dem Didaktiker Wesentliche eingeengt und derart vermittelt. Didaktische Dichtung zeigt eine durch das erzieherische Sendungsbewußtsein beeinträchtigte Sicht auf die Zeit; sie gibt derart gefiltert die Weltanschauung einer Epoche, ihrer Probleme, Sorgen, Nöte nur bedingt objektiv wieder. Der Bereich, in dem ein Didaktiker sich frei bewegen kann, ist folglich sehr beschränkt. Hier mußte er seine Meisterschaft entfalten, wenn er gehört oder gelesen werden wollte. Zu den Kunstfertigkeiten[3], die ein Didaktiker beherrschen sollte, zählten Typisierung, Verallgemeinerung und Kontrastierung. Da die Belehrung meist durch Darstellung des Negativen erfolgt, mußte er auch die Stilmittel Übertreibung und Verzerrung einsetzen können. Wie die übrige mittelhochdeutsche Literatur lebt die Lehrdichtung von tradierten Stoffen. Die Aufgabe des Dichters ist es nun, mit den Topoi und den Realitätssplittern, die er seiner Zeit entnimmt, eine Fiktion zu schaffen, die beim Publikum "ankommt".

Diese Gattungsimplikationen müssen bei der Interpretation von didaktischer Dichtung berücksichtigt werden. Der Dichter will kein "Sittenbild" malen, er will nicht die "Realität" wiedergeben, sondern er will mit den ihm zur Verfügung stehenden Mitteln der Didaxe zum positiven Handeln anleiten und auffordern.

Didaktiker und ihr Publikum

Thomasin von Zerklaere war romanischsprachiger Friulaner adeliger Herkunft, der 1215/16 eine Verhaltenslehre für deutsche Adelige schrieb[4]. Er war Kanoniker am Hofe des Patriarchen von Aquileia Wolfger von Erla. Der "Welsche Gast"[5] entstand kurz nach Beendigung des IV. Laterankonzils, an welchem Wolfger von Erla teilnahm, und das eine tiefgreifende Reform der Kirche zum Ziel hatte. Thomasin kann mit größter Wahrscheinlichkeit als das Sprachrohr des Patriarchen Wolfger angesehen werden, als Kirchenmann popularisierte er die kirchlichen Reformideen für den weltlichen Adel.

[3] Helga Schüppert, Spätmittelalterliche Didaktik als Quelle für mittelalterliches Alltagsleben? In: Adelige Sachkultur des Spätmittelalters (Veröffentlichungen des Instituts für mittelalterliche Realienkunde Österreichs 5 = Sb. Ak. Wien, phil.-hist. Kl. 400) Wien 1982, 215-257, hier 236-239.

[4] Christoph Cormeau, Art. "Thomasin von Zerklaere". In: Die deutsche Literatur des Mittelalters: Verfasserlexikon 9, hrsg. von Burghart Wachinger und Gundolf Keil. Berlin-New York 1993 ff., Sp. 896-902, hier Sp. 896f.

[5] Thomasin von Zerklaere, Der welsche Gast 1 und 4, hrsg. von F. W. Kries (Göppinger Arbeiten zur Germanistik 425) Göppingen 1984.

Über Freidanks[6] Herkunft gibt es nur Mutmaßungen; *communis opinio* ist jetzt, daß er ein *clericus* ohne Weihen gewesen sei (*vagus, magister, meister*). Die "Bescheidenheit"[7] (d.h. "Urteilskraft") dürfte um 1230 entstanden sein. Freidank will mit seiner Spruchsammlung seinen Mitmenschen "Bescheid" geben, er bietet Lebenshilfe und Anleitung für ein gottgefälliges Leben; seine Spruchdichtung ist religiös geprägte Weltweisheit.

Über Reinmar von Zweter[8] gibt es keinerlei archivalische Zeugnisse. Er war adelig und wirkte als Berufsdichter im zweiten Viertel des 13. Jahrhunderts. Er befand sich etwa sechs Jahre am Hofe König Wenzels I. von Böhmen, und vielleicht auch am Hofe Kaiser Friedrichs II. Reinmars Gönner und die Adressaten seiner Gedichte fanden sich demnach im hohen und höchsten Adel. Reinmar war Laie. Er verfügte über ordentliche Kenntnisse, aber sie überstiegen nicht das, "was man aus Predigt und Umgang mit Literatur wie Freidank, Thomasin und ähnlichen sich selbst erwerben konnte."[9] Reinmars Werk[10] umfaßt um die 250 Spruchstrophen, die weitestgehend in einem Ton verfaßt sind, und religiöse Sprüche, Minnesprüche (Frauenschelte, Minneklage, Tugendlehre für Frauen), Herrenlehre und politische Sprüche beinhalten. Sein Werk zeichnet reiche Überlieferung aus.

Als Schaffenszeit des Strickers[11] werden allgemein die Jahrzehnte zwischen 1220 und 1250 angenommen, Österreich gilt als Ort seines länger andauernden oder ständigen Aufenthaltes, wahrscheinlich wirkte er auch am Wiener Hofe Herzog Friedrichs II. Über seinen Stand macht er selbst Angaben, aus seinem Werk kann erschlossen werden, daß er das Leben eines Fahrenden führte. Sein Oeuvre beweist eine umfassende Bildung. Als Auftraggeber und Publikum können landesfürstliche, adelige und klerikale Kreise angenommen werden. Auffällig ist sein religiöses Engagement. Es wird vermutet, daß der Stricker einen Teil seiner Dichtung

---

[6] Friedrich Neumann, Art. "Freidank". In: Die deutsche Literatur des Mittelalters: Verfasserlexikon 2, hrsg. von Kurt Ruh und Gundolf Keil. Berlin-New York 1979, Sp. 897-903, hier Sp. 897f.

[7] Fridankes Bescheidenheit, hrsg. von B.E. Bezzenberger. Halle 1872.

[8] Horst Brunner, Art. Reinmar von Zweter. In: Die deutsche Literatur des Mittelalters: Verfasserlexikon 7, hrsg. von Kurt Ruh und Gundolf Keil. Berlin-New York 1989, Sp. 1198-1207, hier Sp. 1198ff.; Joachim Heinzle, Geschichte der deutschen Literatur von den Anfängen bis zum Beginn der Neuzeit 2/2: Vom hohen zum späten Mittelalter. Königstein 1984, 39.

[9] Boesch 55.

[10] Die Gedichte Reinmars von Zweter, hrsg. von Gustav Roethe. Leipzig 1887. Einleitung.

[11] Karl-Ernst Geith, Elke Ekena-Best und Hans-Joachim Ziegeler, Art. "Der Stricker". In: Die deutsche Literatur des Mittelalters: Verfasserlexikon 9, hrsg. von Burghart Wachinger und Gundolf Keil. Berlin-New York 1993 ff., Sp. 417-449, hier Sp. 417ff.

im Auftrag geistlicher Institutionen, wahrscheinlich von Bettelorden, schuf.

Auch das Leben des Konrad von Haslau[12] ist urkundlich nicht bezeugt. Von Konrad ist nur ein Werk überliefert: "Der Jüngling"[13] entstand um 1280. Konrad war fahrender Literat, der (wie man dem "Jüngling" entnehmen kann) zumindest zeitweise als Erzieher in adeligen Häusern tätig war. Als sein Publikum sind aber auch Bürgerliche denkbar. Um 1300 wenden sich die Spruchdichter vermehrt den städtischen Bewohnern zu[14]. Eine Ursache für diese Zuwendung liegt sicherlich im Erstarken des Bürgertums sowie im zünftischen Zusammenschluß der Bürger. Die Zünfte waren ursprünglich vor allem religiöse Gemeinschaften, die die Laienunterweisung durch Predigt und Spruchdichtung förderten. – Die Verbreitung des "Jünglings" war gering, es existiert nur eine vollständige Handschrift sowie ein Auszug.

Hugo von Trimberg[15] (1230/40 – 1313) entstammte einem Rittergeschlecht. Er lebte in Bamberg als *magister* und *rector scolarum* (d. i. weltlicher Vertreter des geistlichen Domscholastikus) am St. Gangolfsstift. Die Arbeit am "Renner"[16] wurde nach 1290 begonnen. Das Werk zeichnet große Nachwirkung aus. "Der Renner" gehört zu den meist überlieferten mittelhochdeutschen Dichtungen.

spil in der didaktischen Dichtung

Der "Welsche Gast" des Thomasin von Zerklaere ist "höfische Anstands- und Tugendlehre, allgemeine Moraltheologie und philosophisch-naturwissenschaftliche Enzyklopädie in einem"[17]. Er wurde für den deutschen Adel, für *vrůme ritter, gůte vrowen und wise pfaffen* (15349f) im Winter 1215/16 verfaßt. Das Werk ist in zehn Bücher geteilt. In der "Vorrede" legt der Dichter seinen Bildungsoptimismus dar: Tugend ist erlernbar, denn

[12] Hans-Friedrich Rosenfeld, Art. "Konrad von Haslau". In: Die deutsche Literatur des Mittelalters: Verfasserlexikon 5, hrsg. von Kurt Ruh. Berlin-New York 1978 ff., Sp. 194-198, hier Sp. 194 f.; Heinzle 29.

[13] Konrad von Haslau, Der Jüngling. Nach der Heidelberger Hs. Cpg. 341 mit den Lesarten der Leipziger Hs. 946 und der Kalocsaer Hs. (Cod. Bodmer 72), hrsg. von Walter Tauber (Altdeutsche Textbibliothek 97) Tübingen 1984.

[14] Kurt Franz, Studien zur Soziologie des Spruchdichters in Deutschland im späten 13. Jahrhundert (Göppinger Arbeiten zur Germanistik 111) Göppingen 1974, 146-155.

[15] Günther Schweikle, Art. "Hugo von Trimberg". In: Die deutsche Literatur des Mittelalters: Verfasserlexikon 4, hrsg. von Kurt Ruh und Gundolf Keil. Berlin-New York 1983, Sp. 268-282.

[16] Hugo von Trimberg, Der Renner, hrsg. von Gustav Ehrismann (Deutsche Neudrucke, Reihe: Texte des Mittelalters) Tübingen 1908, Ndr. Berlin 1970.

[17] Fritz Peter Knapp, Die Literatur des Früh- und Hohmittelalters (Geschichte der Literatur in Österreich 1) Graz 1994, 334.

Tugend ist Wissen. Durch das Aufzeigen von Tugenden und Lastern in der Dichtung hätten die Menschen jeden Alters ein geeignetes "Vademecum" für ihr Leben zur Hand. Der Kampf der Tugenden und Laster leitet programmatisch das Buch ein[18]. Der Autor führt in den einzelnen Kapiteln die Tugenden und Laster und das aus ihnen resultierende Verhalten umfänglich aus. Die *maze* (die sittliche Mäßigung, das Maßhalten) überragt als ethisches Grundprinzip alle anderen Tugenden, *staete* (Beständigkeit) und *unstaete* (Wankelmut) werden als Grundlage aller guten und schlechten Eigenschaften bezeichnet.

Thomasin nimmt an zwei Stellen seiner Ritterlehre ausführlich zu *spil* Stellung. Von den rund 14800 Versen umfassen beide "Spielstellen" nur 24 (Buch 1) und 12 Verse (Buch 3).

Buch 1, welches zur Hauptsache der Erziehung der Heranwachsenden gewidmet ist, lehrt höfisches Verhalten: Selbstdisziplin und Umgangsformen am Hof, bei Tisch und in Gesellschaft. In Vers 1299-1323 bezieht Thomasin das Spiel in seine Lehre mit ein. Ausführlich, 1299-1314, legt er die Gefahren unbedachter und unbeherrschter Wortwahl beim Spiel dar: (*Swer sich an rede bewarn wil,/ der sol sich hůten vor dem spil,/ daz uns vil bőse rede bringet/ und wider schőne zůht ringet./*). Spiel könne zum Verlust der *staete* (*constantia*) führen, wodurch auch bei kleinen Verlusten zu befürchten sei, daß der Jugendliche *sich mit rede schenden vil* (sich mit Rede schade), bei gravierenden Verlusten aber derart die Contenance verlieren könnte, daß er am liebsten seine Worte ungehört machen wolle (*hiet er verloren swaz er hat,/ er mőhte dannoch gern haben rat,/daz er niht enseite, daz er seit:/ daz machet groziu unsteticheit./*). Erst die Verse 1315 bis 1322 befassen sich mit dem Gewinnspiel, das als Einfluß des Lasters *avaritia* bezeichnet wird; *invidia* und *ira* sind auch mit im Spiel. Bei der dazugehörigen Illustration der Handschriften G und A, die möglicherweise auf den Archetypus zurückgehen[19] (Abb. 1), werden zwei Spieler am *Trictrac*-Brett dargestellt. Die Illustration trägt den Titel *Der spilere und sin geselle*. Dem rechts vom Spielbrett sitzenden Verlierer sind die Laster *girde* (*avaritia*) und *zorn* (*ira*) zugeordnet. Der Verlierer ist im Begriff, auf Anraten der *girde* (*avaritia*) seinen Rock einzusetzen. Ihm gegenüber sitzt sein Geselle, der Gewinner, dem die Allegorie "Recht" beisteht. Der linke Spieler ist ein Gewinner in ethischer Hinsicht. Er verkörpert die Tugenden *maze* (die sittliche Mäßigung), *staete* (Beständigkeit) und *zuht* (Wohlgezogenheit, feine Sitte), da er offenbar auf das "Recht" Acht gibt, die Ratschläge des "Rechtes" befolgt. Der Verlierer

---

[18] Der Tugend- und Lasterkampf wird in sechs Bildern illustriert: Bild 4 zeigt den Kampf der Tugend gegen die Untugend, Bild 5 den der *stette* gegen *unstette*, in Bild 6 kämpft *mazze* gegen *unmazze*, Bild 7 verdeutlicht den Streit von "Recht" gegen "Unrecht", Bild 8 den der *milte* gegen *erge*.

[19] von Kries 2, Anm. zu Abb. 16.

wurde von den Illustratoren der Handschriften G und A gänzlich nackt dargestellt, also auch ohne Unterbekleidung; der Verlierer ist *nudus*, d.h. er ist ehrlos, ohne Schutz der Gesellschaft, der er angehört. Diese Darstellung verdeutlicht den Tugendverlust infolge der negativen Auswirkungen seines Verhaltens. Der Verlierer verliert, weil er in unsinnigem Gewinnstreben auf *avaritia* und *ira* hört. Der Tugendverlust wird durch den Kleiderverlust symbolisiert. Das Bild weist im Verhältnis zum Text ein Informationsplus auf, da augenfällig dargestellt ist, daß das Spiel an sich nicht verwerflich ist. Der Mensch, der das Spiel mit Maß und als Form der (höfischen) Geselligkeit betreibt, hat auch das Recht auf seiner Seite. Jener Mensch aber, der im Spiel (wie auch sonst im Leben) sein Handeln von Lastern beherrschen läßt, ist zu verurteilen, soll außerhalb der (höfischen) Gemeinschaft stehen, soll ihres Schutzes entbehren[20].

In Buch 3 wird die *unstaete* an den Themenbereichen *richtuom* (Reichtum), *herschaft* (Herrschaft), *maht* (Macht), *name* (Ansehen), *adel* (Adel) und *gelust* (Freude, Vergnügen, Begierde, Gelüste) eingehend abgehandelt. Unter *gelust* werden Spielen, Essen, Trinken und Liebe abgehandelt. In dieser zweiten Stellungnahme zum Spiel (4575-96) geht es um Selbstdisziplinierung des höfischen Menschen: Nur der, der sich bemüht, seine Begierden zu bekämpfen (Begierde zum Spiel, zum Essen und zum Trinken, zu den Frauen) ist edel. Der Mensch solle sich bewußt sein, daß mit der Befriedigung der Gelüste große Freude einhergeht, daß aber bei Verlust (oder bei Entzug im Fall der anderen Gelüste) großer Kummer und Leid entstehen könnten. Die Illustration (Abb. 2) zeigt drei Personen auf einer Bank sitzen, zwischen denen ein Spielbrett mit drei Würfeln liegt. Rechts vom Spielbrett sitzen zwei Personen in ruhiger Gelassenheit, sie werden als *die gewinner* bezeichnet. Obgleich sie auch Spieler sind, werden sie vom Illustrator positiv dargestellt. Sie dürfen sich über den derangierten Verlierer mokieren: *Sich wie er sich roufet* (Sieh, wie er sich die Haare ausreißt) steht auf dem Spruchband eines der beiden "Gewinner". Links vom Spielbrett sitzt der Verlierer, der als *spiler* gekennzeichnet wird, *We ich tor und blinter* (Oh weh, ich blinder Narr) sagt sein Spruchband. Der *spiler*, der infolge mangelnder Selbstdisziplinierung nicht das richtige Maß im Spiel gefunden hatte, sitzt heftig gestikulierend und sich raufend in der *bruoch* (Unterhose) auf der Bank. Er versinnbildlicht einen Menschen, der sich der *unstaete* in Verkennung der wahren Werte hingegeben hat und nun an der *tristitia* zu leiden hat. Der Spieler erlitt einen moralischen Verlust, weder im Text noch im Bild

[20] Der hier illustrierte Kleiderverlust hat meines Erachtens eine Entsprechung im "Schutzmantelmotiv", einem in der mittelhochdeutschen Literatur gängigen Topos. Vgl. dazu etwa: Das Rolandslied des Pfaffen Konrad, hrsg. von Carl Wesle, 3. Aufl. von Peter Wapnewski (Altdeutsche Textbibliothek 69) Tübingen 1985, Vers 1453 und Vers 2207.

wird ein ökonomischer Schaden angedeutet. Die Gewinner, auch Spieler, verkörpern beinahe die gesamte Palette der höfischen Tugenden: die *zuht*, denn sie bewährten sich in Selbstzucht durch Maßhaltenkönnen (*maze*); infolge ihrer *staete* waren sie weise genug, rechtzeitig, solange die Glückssträhne anhielt, aufzuhören, daher sind sie offensichtlich im Besitz des höfischen *hohen muot*, des seelischen Hochgestimmtseins und der Freude. Thematisiert wird in Bild und Text der Tugend- und Ehrverlust infolge mangelnder Selbstdisziplinierung.

Im Prinzip hat Thomasin nichts gegen das Spiel einzuwenden, es sollte jedoch mit *staete* und *maze* in ethischer und pekuniärer Hinsicht betrieben werden (785: *dem spilaer tut das spielen baz,/ swenne er niht hat, wizzet daz*, dem Spieler tut das Spielen besser, wenn er nichts [einzusetzen] hat). Thomasin akzeptiert das Spiel um des Spielens willen, das als Zeitvertreib ohne Fanatismus, als Bestandteil der Geselligkeit betrieben wird. In diesen Punkten stimmen Thomasin und Freidank völlig überein, denn auch Freidank ist absolut nicht gegen das Spiel an sich, er kritisiert lediglich die negativen Begleiterscheinungen, die hemmungslose, blinde und rücksichtslose Spiel- und Gewinnbegierde mit sich bringen: 48,15: *ichn spriche niht, dazz ieman tuo,/ da hoert doch manc untriuwe zuo* (in Paraphrase: Ich sage nicht, man soll es unterlassen, hüten aber soll man sich vor den negativen Begleiterscheinungen).

Wie Thomasin fokusiert Freidank seine Warnung vor dem Spiel auf die verbalen Entgleisungen infolge eines Streites (48,13f): *Von spile hebt sich manege zit/ fluoch, zorn, schelten, sweren, strit* (Spiel bringt Verfluchung, Beleidigung, Blasphemie, Meineid und Streit). Freidank warnt also in erster Linie vor den "Wortsünden", die eine Gefahr für eifrige Spieler darstellen. Freidanks Formulierung findet sich dann in ähnlicher Form quasi als Topos bei Reinmar von Zweter, Hugo von Trimberg und Sebastian Brant[21]. Auch die Feststellung, daß Spiel *kündekeit* (List, Verschlagenheit) lehre, wird in der spätmittelalterlichen Didaktik übernommen[22]. Freidank seinerseits konnte die Aussage über die schädlichen Auswirkungen des Umgangs mit Weib, Wein und Würfel – *Irriu wip, zern unde spil/ diu machent tumber liute vil./* (Dirnen, prassen und Spiel werden so manchem zum Verhängnis) (48,9f) und *Würfel,/ huore, vederspil,/ hant diu triuwe, derst niht vil./* (Würfel, Huren und Jagdvögel sind untreu) (48,19f) – in ähnlicher Formulierung bei Thomasin vorfinden; als Topos zeigt sich diese Trias in der lateinsprachigen Literatur[23]. Durch ihn scheint sie Eingang in die deutschsprachige Dichtung gefunden zu haben. In der

[21] Reinmar, besonders Gedicht 107; Der Renner, besonders die Verse 9370, 9392, 10146; Sebastian Brant, Das Narrenschiff, hrsg. von Manfred Lemmer (Neudrucke deutscher Literaturwerke, N.F.5) Tübingen 1986, "Von Spylern", 199-202.

[22] Vgl. dazu etwa "Der Renner", Vers 11237.

[23] Vgl. dazu Freidank, Anm. zu 48,9.

Lehrdichtung wurde sie eifrig rezipiert. Freidank betont den ökonomischen und moralischen Aspekt des Spieles für den Spieler und für die Gesellschaft: *Spil tuot genuogen liuten leit,/...* (48,21) und *Durch wip und spiles liebe/ wirt manic man ze diebe.* (Das Spiel bringt vielen Leid... Lockere Weiber und Spiel machen manchen Mann zum Dieb) (48,11f).

Von den etwa 4700 Versen, die sich mit der rechten Haltung zu Gott, der kritischen Haltung zur Welt, zu Besitz, Macht und Ehre, der Kontrastierung von Tugenden und Lastern, Weisheit und Torheit beschäftigen[24], werden ca. 18 Verse dem Spiel gewidmet.

Aus den Stellen und aus dem gesamten Zusammenhang läßt sich nicht interpretieren, welche Zielgruppe Freidank bei seiner Stellungnahme vor Augen hatte; die Zeilen stehen zwischen zwei Abschnitten, von denen der vorangehende das Thema "Diebstahl", der folgende den Bereich "Herr und Knecht" abhandelt.

Relativ unabhängig von dieser literarischen Tradition geht Reinmar von Zweter mit dem Thema "Spiel" um. In seiner "Herrenlehre", die an die 70 Strophen umfaßt, widmet er zwei Strophen zur Gänze und zwei Strophen teilweise dem *spil*. Er dürfte mehr von der Predigt beeinflußt gewesen sein, denn zwei längere Passagen seiner "Würfelgedichte" finden beinahe wörtliche Entsprechung in den Predigten Bertholds von Regensburg[25].

Das Thema "Spiel" erfährt bei Reinmar eine deutliche Bereicherung in Umfang und Intensität.

Gedicht 107 ist eine Kompilation überkommener Topoi aus der bisherigen Lehrdichtung, aus der zeitgenössischen Predigt und Passagen unbekannter Herkunft. Reinmar allegorisiert das Spiel und beginnt mit: *O we dir, spil, wie boese ein amt*! (Würfelspielen – welch' schändliche Betätigung!)[26]. Einen neuen Gedanken bringt Reinmar in der zweiten Zeile dieses Gedichtes: *mich wundert, daz sich din niht al diu werlt gemeine schamt* (mich wundert, daß sich deiner nicht die ganze Welt schämt)[27]; die Fortsetzung mit *unt doch so manic man von dir verlorn hat sele unde lip* (wo doch so mancher deinetwegen Seele und Leib verlor) sowie *Din wirt*

---

[24] Sowinski 97 f.

[25] Berthold von Regensburg, Vollständige Ausgabe seiner Predigten 1, hrsg. von Franz Pfeiffer. Wien 1862, 14 f.

[26] Vgl. dazu Gedicht 114,5: *schiltes ambet* sowie Wolfram von Eschenbach, Parzival hrsg. von Albert Leitzmann (Altdeutsche Textbibliothek 12) Tübingen 1961, 115,11: *schildes ambet ist min art*.

[27] Sie tut es offenbar nicht, denn mit dieser Wendung leitet Peter Suchenwirt etwa 100 Jahre später sein "Würfelgedicht" ein: *Ach, würffels Spil, du schnödes Ampt,/ Wellich edels hertz sich dein nit schambt,/ Das hatt nit clůger synne./*" (Ach Würfelspiel, du verächtliches Amt. Ein Herz, das sich deiner nicht schämt, hat unedle Gesinnung.) Liederbuch der Clara Hätzlerin, hrsg. von Carl Haltaus (Deutsche Neudrucke, Reihe: Texte des Mittelalters) Berlin 1966, 203 ff.

getiuret lützel ieman selten,/ du prüevest roup, mort, liegen, stelen, schelten (du stiftest an zu Raub, Mord, Lüge, Diebstahl, Blasphemie) ist eine Passage, die eine Entsprechung in einer Predigt Bertholds von Regensburg findet[28]. Eine weitere Neuerung ist der Gedanke des Mitleidens der betroffenen Ehefrau (*wip*) in der sechsten Zeile dieses Gedichtes. Reinmar bringt den Teufel ins Spiel ein: *du braeht dem tievel manegen man:* (du bringst dem Teufel so manchen Mann) und bekennt treuherzig, daß er das Spiel meide, seit ihm dies bewußt sei. Der Dichter und Didaktiker beabsichtigt mit dieser Sentenz als Vorbild bei seinem Publikum den Willen zur Selbsterziehung anzuziehen. Berthold von Regensburg ermahnt die gläubigen Zuhörer seiner Predigt "Von den siben Planeten" mit einer ähnlichen Wendung zum Kampf gegen Untugenden[29].

In Gedicht 108 bietet Reinmar die schon von Freidank bekannte Dreier-Formel "Weib, Wein und Würfel", die ihr Unheil auf rückhaltlose Männer ausüben. Es ist bemerkenswert, daß Reinmar den Würfel aus dieser Dreier-Formel heraushebt, indem er ihn in seiner Gefährlichkeit über Wein und Weib stellt: *...Dannoch weiz ich ein wunderlichez twingen,/ daz wunderlicher ist ob allen dingen:/ daz einem toten würfelbeine/ ein lebende man herze unde muot/ so gerlich undertaenic tuot,/ deiz im benimt sinne unde witze all eine./* (...Ich kenne ein weiteres erstaunliches Bezwingen, das wirklich sehr verwunderlich ist, nämlich die Macht, die ein totes Würfelbein auf eines lebenden Mannes Herz und Hirn auszuüben imstande ist, indem sie sich diese untertänig macht und so dem Mann gänzlich den Verstand raubt). Der Dichter akzentuiert die dem Würfel innewohnende dämonische Kraft, der der Mensch machtlos ausgeliefert sei.

In Gedicht 109 steigert Reinmar die Dämonisierung des "toten Beines" in eine Verteufelung; das Würfelspiel bezeichnet er als eine Schöpfung des Teufels. Er teilt die geistliche Deutung der Würfelzahlen mit, die ein aufmerksamer Laie ebenfalls in Predigten hören konnte[30]. *Der tiuvel schuof daz würfelspil/ dar umbe daz er selen vil da mit gewinnen wil:/ daz esse er hat gemachet dar uf daz ein Got gewaltec ist./ Der himel in sinen handen stat/ unt diu erde, dar uf er daz tus gemachet hat;/ die drien uf die drie namen, die er hat der süeze waere Crist./ Daz quater daz worht er mit grozen listen/ uf die namen der vier Ewangelisten;/ den zinken uf des menschen sinne,/ wie der die vünve mache cranc;/ daz ses,*

[28] Berthold von Regensburg: *wan ez geschiht manic tusent sünde von würfelspil, die sus niemer geschaehen: manic tusent lip unde sele werdent verlorn, die sus niemer würden verlorn, ... Da kumt von mort unde diepstal, nit, zorn unde haz unde trakheit an gotes dienste*. (1, 14 f.).

[29] Berthold von Regensburg: *So du topeln oder spiln wellest, so strit eht wider...Pfi...du bist sigelos worden; des kumest du niemer in das riche unsers herren, ...* (1, 54 f.).

[30] Roethe 193.

wie er sehs wochen lanc/ die vasten uns mit topel angewinne. (Mit der Erfindung der Zahlen 1-6 auf dem Würfel wollte der Teufel Gott, Himmel und Erde, die Hl. Dreifaltigkeit, die 4 Evangelisten, die fünf Sinne des Menschen und das sechswöchige Fasten verspotten[31]. Die symbolische Ausdeutung der Würfelzahlen findet sich in der Folge öfter in der didaktischen Literatur, so etwa bei Michael Beheim, Hugo von Trimberg und Meister Ingold[32].

In Gedicht 110 verflucht Reinmar die Erfindung des Würfelspieles. Der Teufel hätte das Würfelspiel im Kampf um die menschliche Seele ersonnen, denn der Spieler sei ein sicherer Kandidat für die Hölle.

Die bisher angeführten Invektiven gegen das Würfelspiel nahmen im Verhältnis zum Gesamtvolumen der jeweiligen Werke einen relativ geringen Umfang ein. Eine völlig andere Situation sehen wir im "Jüngling", einer Erziehungsschrift des Konrad von Haslau für junge Landadelige[33]. Von den 1264 Versen widmet der *magezoge* (Erzieher) 160 Verse dem schändlichen Spiel im Wirtshaus. Dem Treiben in der Taverne wird die Geselligkeit am Hofe gegenübergestellt. Konrads Dichtung ist Anleitung zur Rittererziehung einschließlich der ritterlichen Fertigkeiten, aber auch eine Einführung in gutes Benehmen und Tischzucht. Ehe er aber zur Darstellung eigener Beobachtung kommt, führt er eine ganze Reihe übernommener Topoi und rhetorischer Wendungen aus seinem Wissensschatz an. Er leitet die "Spielpassage" ein, indem er seinem Erziehungsoptimismus Ausdruck verleiht: Wüßte ein Spieler über die negativen Folgen seines Tuns wirklich Bescheid, er würde sein Spiel zumindest einschränken, er spielte nicht so maßlos (295ff). Menschen, die der Spiellust nachgeben, mangle es an *stete* (302). Die Charakterisierung des Verlierers scheint in der Nachfolge Thomasins und Freidanks gestaltet zu sein (318-331). Das Spiel wird wie bei Reinmar allegorisiert (329-349). Konrad stellt mit seiner Schmähung des Würfelspiels alles bis dahin Geschriebene in den Schatten.

Die "Würfelinvektiven" wurden durch ihn enorm bereichert: Neu ist das Argument der Zeitverschwendung (*er verspilt sine beste zit*), der Hinweis auf die Unterlassung der Werke der Barmherzigkeit (*manger daz dem wurfel git,/ des er durch got ungerne enpere,/*), der Gedanke, daß ein Verlierer unwürdig Geld ausborgen müsse, daß er dabei Scham, Spott und Strafen erleide (316ff); weiters der Aspekt, daß der fanatische Spieler die Gunst guter Freunde und der Damen verliere (332 und 345), daß sein

[31] Vgl. Walter Tauber, Das Würfelspiel im Mittelalter und in der frühen Neuzeit (Europäische Hochschulschriften 1/959) Frankfurt-Bern-New York 1987, 56.

[32] Ebd. 57 ff.

[33] Vgl. dazu Gertrud Blaschitz, Lehrhafte Dichtung als Quelle für mittelalterliche Realienkunde: "Der Jüngling" des Konrad von Haslau und der "magezoge". In: Medium Aevum Quotidianum 28 (1994) 14-38.

Verhalten seine Heiratschancen stark beeinträchtigte (337), und daß Spielgewinne zurückgezahlt werden müßten.

Einen absoluten Höhepunkt in der "Geschichte des Würfelspiels" stellt Konrads außergewöhnlich engagierte Schilderung der Geselligkeit in der Taverne dar, wo neben dem Würfel- oder *topelspil* (286-449) auch "*Trictrac*" oder Wurfzabel (533f) getrieben wird: Der Wirt stellt den Tisch und das Licht zur Verfügung, der spielfreudige Edelmann trifft dort seine Gesellen; sie alle müssen, wenn sie den Wirt nicht verärgern wollen, dessen Wein konsumieren (368ff). Eine großartige Bereicherung erfuhr die "Würfelspielforschung" durch Konrads Ausführungen über die beim Würfelspiel anwesenden Personen, die vom Spieler auf Entlohnung zählen durften: Ein Würfelverleiher (falls der Spieler seiner bedarf), ein Schiedsrichter und ein *pfantner*, ein Mann, dessen Aufgabe es ist, dem Gewinner den vor Spielbeginn vereinbarten Gewinn auszuhändigen[34].

Von großem Interesse ist Konrads Schilderung vom Umgang mit dem Würfel; sie ist ein Beleg für den Versuch, den Spielerfolg zu beeinflussen:[35] Der Würfel wird bei Hoffnung auf Glück mit beschwörenden Worten gegrüßt, man verneigt sich vor ihm; bei Gewinn wird er geküßt, geherzt, gelobt, wie ein Wettläufer gepflegt; man läßt ihn im Scherz wie einen Fisch über den Tisch schnellen oder wie einen Hasen hüpfen[36]. Der Verlierer aber rächt sich an dem Würfel, indem er ihn mit den Füßen tritt, mit der bloßen Hand schlägt, ihm die Augen aussticht, oder versucht, ihn zu zerbeißen (410-440). Obgleich Konrad von derartig furchtloser Behandlung des Würfels berichtet, zeichnet er ihn doch auch als Wesen, das auf die Spieler dämonische Wirkung ausübt (*da bringet in der wurfel zu./*), der sie sich nicht entziehen können. Schließlich bringe das Spiel jeden Spieler um Gottes Huld.

Die anschauliche, teilweise "realistisch" anmutende Stellungnahme zum Würfelspiel vermittelt den Eindruck einer Erzählung, infolge eigener

---

[34] Gertrud Blaschitz, Das Würfelspiel im Hoch- und Spätmittelalter unter besonderer Berücksichtigung der Würfelszenen in der Oldenburger Bilderhandschrift des Sachsenspiegels. In: Der sassen speyghel. Sachsenspiegel – Recht – Alltag 2 (Archäolo-gische Mitteilungen aus Nordwestdeutschland, Beiheft 10) Oldenburg 1995, 307-323.

[35] Vgl. Tauber 32 f.

[36] Die Stelle (Jüngling Vers 413) *mit twerhen sprungen als einen hasen* könnte eine Anspielung auf die Kontroverse zwischen Wolfram von Eschenbach und Gottfried von Straßburg darstellen. Vgl. dazu das Bild vom *schellegen hasen* im Prolog von Wolframs "Parzival" (I, 15-19) und Gottfrieds Polemik gegen *des hasen gesellen* in "Tristan und Isolde" 4636f. Außerdem könnte dieser "Hase" auf Hasard mhd. *has(e)hart* (Würfelspiel, Glück, Unglück) hindeuten, das im 13. Jahrhundert aus dem Französischen, afr. *hasart* (Würfelspiel, guter oder schlechter Wurf), entlehnt wurde. Vgl. dazu Eberhard Nellmann, Dichtung ein Würfelspiel? Zu "Parzival" 2,13 und "Tristan" 4639. In: Zeitschrift für deutsches Altertum und deutsche Literatur 123 (1994) 458-466. Art. "Hasard". In: Etymologisches Wörterbuch des Deutschen. Berlin 1995.

Erfahrung. Das Werk Konrads zeichnet ein geschärfter Blick auf die Folgen von Spielverlusten aus. In seiner Schmähung des Würfelspiels sind der ökonomische und moralische Schaden etwa gleich gewichtet.

Der "Renner"[37] des Hugo von Trimberg ist in sechs Distinktionen geteilt, die die einzelnen Hauptlaster und die daraus resultierenden Sünden anführen und am Beispiel einzelner Stände oder Personengruppen aufzeigen. Hugo von Trimberg ist bemüht, die wichtigsten Heilswahrheiten über Sündenfall, Erlösung, Tod, Jüngstes Gericht, Verdammnis und ewiges Leben an seine Leser weiterzugeben. Die offensichtliche Absicht des Autors ist die moralische Erziehung am negativen Beispiel. Von den etwa 24700 Versen behandeln ungefähr 200 das Würfel- und das Wurfzabel-Spiel.

In der "*Tertia Distinctio*", in welcher *gula* (Schlemmerei, Genußsucht, Gefräßigkeit) erschöpfend beschrieben wird, geht Hugo auf die verderblichen Folgen dieses Hauptlasters ein. Sämtliche mit der Verfressenheit und der Trunksucht einhergehenden Erscheinungen werden umfangreich verwünscht, wobei auch die Geistlichkeit nicht verschont wird. In diesem Kapitel geht Hugo mit etwa 500 Versen auf die verderblichen Folgen verschiedener Spiele ein. Seine Begründung für die Zuordnung zu *gula* leitet die Abhandlung *Von dem fraze* (Gefräßigkeit, Schlemmerei) ein (9430-9439): *Fraz, luoder*[38] *und spil/ Machent tummer liute vil,/ Vnd unkiusche, diu ouch ir gespil/ Je was und muoz immer sin:/ Wenne mete, bier und guoter win/ Und alle tage mit voller spise/ Machent vil manic herze unwise,/* (Verfressenheit, Luderleben und Spiel machen viele Menschen zu Narren, und Unkeuschheit gehört und gehörte auch immer dazu. Denn Met, Bier, guter Wein, täglich reichliches Essen verderben viele Gemüter). Der Invektive gegen das Würfelspiel geht die Stereotype voraus, das Spiel sei Ursache für *Diube, meineide und mort,/ Untriuwe, lügen und boesiu wort* (Diebstahl, Meineid, Todschlag, Untreue, Lügen und Wortsünden) (1125ff) sowie die resignierende Feststellung, daß dennoch manche Zeitgenossen, durch Beeinflussung des Teufels, dieses als *kurzwile* (Unterhaltung und Vergnügen) (11264) bezeichneten. Je ein Abschnitt ist dem Würfel- und dem *Trictrac*-Spiel gewidmet.

In den Erzählungen *Ein mere von einem luoderer* (11287-1438) steht Hugo stark unter dem Einfluß Freidanks und dessen Einstellung zum Spiel. Freidanks *Irriu wip, zern unde spil/ diu machent tumber liute vil* (48,9f) leitet als Motto dieses *mere* (11285f) ein. Freidank war für Hugo

---

[37] Sowinski 88 f.

[38] *luoder* bedeutete in der klassischen mittelhochdeutschen Periode "Lockspeise für Falken", erfuhr jedoch im Spätmittelalter einen Bedeutungswandel, der sich über "Verlockung" zu "Verlockung durch das Weib" hin entwickelte. Ein *luoderaere* ist demnach ein Mann, der ein lockeres Leben führt, der sich den Verlockungen des Lebens ohne Selbstdisziplinierung hingibt. (Art. "Luder". In: Etymologisches Wörterbuch).

zweifellos eine wichtige Autorität, denn er arbeitet in dieser Erzählung hauptsächlich den Zusammenhang von *spil* und *boesiu wort* heraus. Wieder sind es die Wortsünden, die vorzugsweise hervorgehoben werden. Wie Konrad von Haslau meint er, der Gewinn müsse zurückerstattet werden. Spiel um Geld ist eine Folge des Hauptlasters *avaritia*. Der gesamte Passus ist eine instruktive Variation von Freidank-Gedanken, Hugo bereichert seine Quelle durch zwei interessante Perspektiven: Der Würfel wird höchst anregend personifiziert: Eine Allegorisierung des Würfels hatten auch Reinmar und Konrad vorgenommen, aber Hugo geht einen Schritt weiter. Obgleich auch er Fortuna nicht *expressis verbis* nennt, zeichnet er das Würfelspiel als von der heidnischen Glücksgöttin beherrscht. Er beklagt, daß unter ihrem Einfluß, das Stückchen Bein zur Dreifaltigkeit (*beininen driveltikeit*), zum Götzen werde. Diese Dreifaltigkeit sei blind, dennoch knieten die Spieler vor ihr, und dienten ihr, Gott und alle Tugenden vergessend, ihr Glück im Zufall suchend. Hätte der Spieler Gott ebenso gedient wie Fortuna, würde sich Gott der Seele des reuigen Sünders erbarmen. – Ein Novum in der deutschsprachigen Lehrdichtung ist die Anwesenheit des Teufels beim Spiel. Hugo bringt einen faszinierenden Monolog des Teufels, der satanische Freude am Treiben der Spieler hat (11357-11374).

Das *mere* gegen das "Luderleben" beschließt eine Ablehnung des "Kegelspiels" (11405-11438). Hugo befindet das Spiel als eine weitere Albernheit und karikiert die Kegelspieler mit ähnlich scharfer Ironie wie wenige Zeilen vorher die Würfelspieler.

Dem *mere von einem luoderer* folgt eine geharnischte Ablehnung des *Trictrac*- oder Wurfzabel-Spiels: Im Artikel *Von wurfzabel* (11439-11484) werden die sozialen Probleme, die aus Spielverlusten resultieren können, beim Namen genannt. Auch das Gedicht *Von wurfzabel* bietet informative Details: Für die Spielforschung ist von Interesse (wenn auch nicht neu), daß Hugo Wurfzabel als "Herrenspiel" tituliert. Für die Sprach- und Wortgeschichte ist aufschlußreich, wie Hugo mit dem Begriff "Hasard" spielt: In einer Würfelspielmetapher läßt er einen unberechenbaren Hasen seine Haken schlagen: *Von dises hasen tücke/ Hat maniger blozen rücke,/ Von dises hasen liebe/ Wirt maniger ze einem diebe,/ Des selben hasen unstetikeit/ Machet schande, mort und herzeleit:/ Des vellet von sinen sachen/ Manic sele in sünden lachen./* (Durch die Tücke dieses Hasen, hat mancher einen nackten Rücken, wegen der Liebe zu diesem Hasen, wird mancher zum Diebe, dieses Hasen Unberechenbarkeit bringt Schande, Mord und Herzeleid, so manche Seele fällt seinetwegen in den Sündenpfuhl)[39].

Hugos Belehrungseifer wendet sich in der *Tertia distincito* gegen weitere menschliche Torheiten im Erscheinungsbild des Spieles. Er lehnt

---

[39] Vgl. Anm. 36.

Ritterspiele (Tjoste, Buhurte und Turniere 11567-11650) und sportlichen Wettkampf (Steinewerfen 11651-11676) ab. Wie der Würfelspieler (11342f) setze auch der Teilnehmer an derartigen Veranstaltungen *lip, sele, er und guot*[40] (die höchsten menschlichen Güter) aufs Spiel. Der Moralist Hugo von Trimberg lehnt Vergnügen und Zeitvertreib prinzipiell ab, weil der Ausübende durch derartige Ablenkungen zu sehr in weltliche Angelegenheiten verstrickt und von Andacht abgehalten werde. – Etwa zur gleichen Zeit entstand im Auftrag der Herren Manesse aus Begeisterung für höfische Kunst und Kultur die "Große Heidelberger Liederhandschrift". Die der Liedersammlung beigegebenen ganzseitigen Miniaturen sind Darstellungen der Minnesänger. Eine beträchtliche Anzahl der Bilder stellen die ritterlichen Minnesänger bei den von Hugo von Trimberg inkriminierten Ritterspielen dar[41].

Diese demonstrative Aufzählung zeigte, daß die Didaktiker sich aus ökonomischen, moralischen und sozialen Gründen veranlaßt sahen, gegen das Würfelspiel zu argumentieren. Nicht der finanzielle Schaden, der den Spieler und seine Familie in den Ruin führen kann, ist für die Moralisten im Vordergrund, sondern die Gewißheit, daß die Ausübung des Würfelspieles einen tugendhaften Lebenswandel beeinträchtigt.

Eine Untersuchung der "Spielestellen" im Kontext erbrachte, daß die Aussagen gegen das Würfelspiel nie isoliert von Stellungnahmen gegen andere Formen des "Lotterlebens" stehen. Würfelspiel ist **ein** Repräsentant eines "Lasterlebens", das den tugendhaften Lebensentwurf der Moralisten kontrastiert. Ein Vergleich des Umfangs der "Spielestellen" zum gesamten Ausmaß des jeweiligen Oeuvres zeigt, daß sie einen eher unbedeutenden Stellenwert einnehmen.

Die Didaktiker folgen in ihrer Argumentation theologischen Traditionen, auf zeitgemäße Entwicklungen reagieren die Moralisten des 13. Jahrhunderts kaum. Die Didaktiker fühlten sich der christlichen Lehre verpflichtet, sie waren zum überwiegenden Teil selbst zu Klerikern ausgebildet worden. Klerikern war schon in fränkischer Zeit das Glücksspiel verboten worden (*Capitulare Aquisgranense*). Der Versuch der Kirche, ein ähnliches Verbot auch für Laien zu erwirken, schlug immer wieder fehl[42]. Spieler, die nach Gewinn streben, verstoßen ausdrücklich

[40] Vgl. dazu Lesart zu Vers 11591.

[41] Vgl. dazu Codex Manesse. Die Miniaturen der Großen Heidelberger Liederhandschrift, hg. von Ingo F. Walther unter Mitarbeit von Gisela Siebert. Frankfurt 1988: Herzog Heinrich von Breslau (Tafel 5), Ulrich von Liechtenstein (Tafel 77) und der Dürner (Tafel 128) sind als Turnierteilnehmer, der Burggraf von Lienz (Tafel 40) beim Steinstoßen, Heinrich der Meißner, der um 1300 dichtete, wird mit einem Gefährten beim Wurf- oder Kegelspiel dargestellt (Tafel 113); Herr Goeli spielt *Trictrac* oder Wurfzabel (Tafel 89).

[42] R. Lieberwirth, Art. Glücksspiel. In: Handwörterbuch zur deutschen Rechtsgeschichte 1. Berlin 1971, Sp. 1713.

gegen den Tugendkatalog der Kirche. Gewinnabsicht als Spielmotiv wird auch am häufigsten und erbittertsten angeprangert; denn Gewinnstreben um seiner selbst willen ist eine Folge des Hauptlasters *avaritia*, der Habsucht, der Geldgier, des Geizes[43]. Die Verurteilung des Spieles erfolgt daher vorwiegend wegen des Schadens, den die Seele des Spielers zu Lebzeiten nimmt, infolge seines sündhaften Verhaltens während des Spieles. Durch Selbstdisziplinierung sollte das Spiel in *maze* betrieben werden. Ein Überschreiten der *maze* schade *lip, sele, ere und guot*. Gelingt es dem Menschen nicht, seine Begierden zu bekämfen, schände er Gottes Ehre durch Verübung von Sünden und Unterlassung guter Werke. Wir finden in der Lehrdichtung den gesamten Lasterkanon und die daraus resultierenden Haupt- und läßlichen Sünden aufgezählt. Der Spieler verliert "spielend" Gottes und der Heiligen Huld und verwirkt sein ewiges Seelenheil, läßt er nicht rechtzeitig von diesem lasterhaften Treiben ab.

Mit Ausnahme Hugos von Trimberg ist allen Didaktikern eine prinzipielle Akzeptanz des Würfel- und *Trictrac*-Spieles zum Zwecke der Geselligkeit (ohne oder mit geringem Geldeinsatz) gemeinsam[44]. Dieses wird oft ausdrücklich von den Invektiven ausgenommen. Im Zentrum dieser Haltung steht *maze*: Wer im Spiel mit Geldeinsatz maßhalten kann, darf dem Würfel- und *Trictrac*-Spiel frönen.

Adressaten dieser Katechesen des 13. Jahrhunderts sind in der Hauptsache Adelige. Dem Kontext läßt sich entnehmen, daß das Würfelspiel nicht überwiegend in Tavernen getrieben wurde, obwohl häufig mit der Warnung vor dem Würfelspiel die Warnung vor "Wein und Weib" gekoppelt ist. "Wein, Weib und Würfel" sind einerseits ein Synonym für "Lotterleben"; sie sind wörtlich zu nehmen. Sie sind aber auch ein Symbol für ein Leben des "Sich-gehen-lassens", ohne Selbstdisziplinierung, ohne Streben nach Gottes Anerkennung. Die Gefahr, daß der Spieler sich einer dämonischen Macht ausliefert und unterwirft, wird in den Werken Reinmars, Konrads von Haslau und Hugos von Trimberg angesprochen. Außerdem wird das Glücksspiel von Fortuna beherrscht. Der Würfel wird als Dämon charakterisiert, der Teufel wird als Erfinder des Würfelspiels bezeichnet. Fortuna wird nirgends *expressis verbis* erwähnt, aber dennoch liegt die Interpretation nahe, daß die Würfelspieler eigentlich vor dem Einfluß heidnischer Mächte bewahrt werden sollten. Die Fortuna in der oben besprochenen Lehrdichtung ist meines Erachtens nicht die Bringerin

---

[43] Vgl. dazu Meister Ingold, der das Würfelspiel zur Bekämpfung der Habsucht empfiehlt: Das Goldene Spiel von Meister Ingold, hrsg. von Edward Schröder (Elsässische Litteraturdenkmäler aus dem 14.-17. Jahrhundert) Straßburg 1882, 49.

[44] Vgl. dazu Sebastian Brant: *Eyn spieler můß han geltt vnd můt/ Ob er verlürt/ das han für gůt*/" (201, Vers 77f).

des Götterwillens, die im Sinne der *providentia Dei* agiert[45]. Sie ist die heidnische Göttin, die eine große Gefahr für den Christen darstellt, die überwunden werden muß.

Es gibt aber auch innerhalb der Lehrdichtung "Spielstellen", wo das Würfelspielmotiv positiv bewertet wird. Der Stricker verwendet in der Erzählung "Die Spieler" (1240) das Würfelspiel als Gleichnis und bezeichnet es als ein gerechtes Spiel (*ein vil rehtez spil*)[46]. Die Erzählung lautet folgendermaßen: Zwei Spieler würfelten in Anwesenheit zahlreicher Zuschauer. Nach Beendigung des Spieles forderte ein Zuseher vom Gewinner einen Gewinnanteil, den dieser verweigerte: "Was er gewann, nahm er fröhlich und ging" (*swaz er gutes gwan,/ daz truge er frolichen dan./* 17f). Der Stricker vergleicht die Würfelspieler mit Menschen, die sich zu einem geistlichen Leben entschlossen haben, d. h. die Spieler riskierten einen Verlust (der Annehmlichkeiten des Lebens) und ernteten dafür einen Gewinn (den Lohn Gottes). Der Spieler gibt nichts vom Gewinn ab, bietet dem Frager aber einen Teil vom Spielbrett und von den Würfeln, d. h. er kann ihm die Mittel zur Verfügung stellen. Der Gewinn dieser Metapher ist erst im Jenseits einzutreiben, der Zuschauer kann denselben Gewinn erzielen. In dieser Metapher kommt der Gewinn aus Selbstdisziplin und Gnade (*...daz ist zwein leben glich/- beidiu geistlich und werltlich./ die sich der werlt hant abe getan/ und wellent geistlich leben han,/ die glichent den spilaeren;/... ir spil ist ein vil rehtez spil;* 19-25).

spil in der Literatur

Wieweit die moraltheologisch intendierten Stellungnahmen der Didaktiker zu *spil* dem tatsächlichen Stellenwert des Würfel- und *Tictrac*spieles der mittelalterlichen "Realität" des 13. Jahrhunderts entsprechen, soll ein Vergleich mit anderen literarischen Quellen der Epoche erbringen.

Trimbergs ablehnende Haltung gegenüber Ritterspielen und ritterlichen Vergnügungen wie Kegeln und Steinewerfen, besonders aber gegenüber Tanz und Musik[47], die allesamt in der etwa gleichzeitig entstandenen Manessischen Liederhandschrift[48] als wesentliche Elemente höfischer Geselligkeit und Unterhaltung gepriesen werden, zeigt, daß nur eine breite Zusammenschau verschiedenster Quellentypen ein "möglichst

[45] Vgl. dazu Art. "Fortuna". In: Lexikon des Mittelalters 4. München-Zürich 1989, Sp. 665 f.

[46] Die Kleindichtung des Strickers hrsg. von Wolfgang Wilfried Moelleken 4 (Göppinger Arbeiten zur Germanistik 107) Göppingen 1977, 244-250.

[47] Hugo von Trimberg, Der Renner, wie Anm. 16, "*Von tanzen*" Vers 12441-12604.

[48] Codex Manesse.

realistisches Bild des Mittelalters" zu ermitteln vermag. Immerhin konnte eine quellenkritische Untersuchung[49] der Lehrdichtung "Helmbrecht" des Wernher der Gartenaere erweisen, daß Helmbrechts Haube nicht unbedingt typisch ist für die bäuerliche Kopfbedeckung der Zeit um 1280.

In den mittelhochdeutschen Epen finden sich zahlreiche Erwähnungen des Würfelspiels:

Im "Ruodlieb"[50] (um 1050) spielt ein Mädchen mit dem Neffen Ruodliebs zweimal das Würfelspiel. Sicherlich ist diese Szene symbolisch auszulegen, nämlich als (erotisches) "Vorspiel", eine negative Wertung ist jedoch auszuschließen.

Hartmann von Aue gebraucht im "Erec" (1180/85) das Würfelspiel mehrmals als wertneutrale Metapher: Im Zweikampf mit Iders beispielsweise veranschaulicht er das Kampfgeschehen mit gelungenen Würfen beim Würfelspiel: *uf den helm er verbant/ mit vil williger hant./ doch jener die besten würfe warf/ der kein zabelaere bedarf,/ do half disen daz ern nie/ uz den slegen komen lie,/.../* (940-945) (Er setzte seine Einsätze auf den Helm/ mit geschickter Hand./ Wenn dieser die höchsten Würfe tat,/ auf die kein Mitspieler Wert legt,/...)[51]. In einer weiteren Stelle macht der Dichter sogar Gott dafür verantwortlich, daß Erec ein glückliches Schicksal, vergleichbar einem gewonnenen Würfelspiel mit geringem Einsatz, widerfahren war[52].

Auffallend häufig bedient sich Wolfram von Eschenbach im "Parzival" (1200/1210) und im "Willehalm" (1215) des Würfelspielbildes[53]. Er gebraucht das Würfelspiel als Metapher für Ritterschaft (Parz.

[49] Schüppert.

[50] Ruodlieb, hrsg. von Fritz Peter Knapp (Text und Übertragung) (Universal-Bibliothek 9846) Stuttgart 1977, Buch 11, Vers 61-72; Buch 12, Vers 22-32.

[51] Hartmann von Aue, Erec, hrsg. von Albert Leitzmann, fortgeführt von Ludwig Wolff, 6. Aufl. von Christoph Cormeau und Kurt Gärtner (Altdeutsche Textbibliothek 39) Tübingen 1985. Hartmann von Aue, Erec, Mittelhochdeutscher Text und Übertragung von Thomas Cramer. Frankfurt 1972.

[52] Hartmann von Aue, Erec: *do sprach der künecc Erec:/ 'ich weste wol, der Saelden wec/ gienge in der werlde eteswa,/ rehte enweste ich aber wa,/ wan daz ich in suochende reit/ in grozer ungewisheit,/ unz daz ich in nu vunden han./ got hat wol ze mir getan/ daz er mich hat gewiset her/ da ich nach mines herzen ger/ vinde gar ein wunschspil/ da ich lützel wider vil/ mit einem wurfe wagen mac./'* 8520-8532 (Da sagte der König Erec:/ 'Ich wußte wohl, daß der Weg zum höchsten Ruhm/ irgendwo in der Welt liegt,/ aber ich wußte nicht genau, wo/ und so bin ich auf die Suche geritten,/ ohne zu wissen, wohin,/ bis ich ihn gefunden habe./ Gott hat an mir gut gehandelt,/ daß er mir den Weg hierher gezeigt hat,/ wo ich zu meiner größten Lust/ ein Spiel finde, wie ich es gewünscht habe,/ wo ich wenig gegen viel/ bei einem einzigen Wurf setzen kann./').

[53] Vgl. dazu Ernst-Joachim Schmidt, Stellenkommentar zum IX. Buch des "Wille-halm" Wolframs von Eschenbach. Bayreuth 1979, 160; Nellmann, Dichtung. Auch im Winsbecke wird Ritterspiel mit dem Würfelspiel gleichgesetzt: Winsbeckische Gedichte nebst Tirol und Fridebant, hrsg. von Albert Leitzmann (Altdeutsche Textbibliothek 9) Tübingen 1962, 20,9.

115,19 und 289,24) und vergleicht sogar seine Dichtkunst mit dem Fall des Würfels beim Spiel (2,13f): Der Rezipient, der seinem Werk problemlos folgen möchte, sollte (nach Wolfram) ein geübter Würfelspieler sein (*swer mit disen schanzen allen kan,/ an dem hat witze wol getan*, d.i.: Wer sich auf all diese verschiedenen Fälle der Würfel versteht,/ bei dem hat sich der Verstand als hilfreich erwiesen,/...)[54].

Die Erzählung "Das Häslein" liefert einen interessanten Beleg dafür, daß Würfel zum selbstverständlichen Haushaltsinventar gezählt wurden. Ein junges Mädchen zählt zu ihrem Eigentum Fingerringe, Würfel und eine Seidenborte[55]. Der Würfelbesitz ist eine völlig wertneutrale Mitteilung, die Besitzerin fungiert in der Geschichte als eine positive (wenngleich sehr naive) Figur.

Die positive oder wertneutrale Behandlung des Würfels findet sich auch in der mittelhochdeutschen Lyrik:

Im "Wartburgkrieg" (1250/1260) und im "Lohengrin"[56] enthält das sogenannte "Kernrätsel" eine symbolische Ausdeutung der Würfelzahlen: In dieser Szene fehlt jegliche negative Wertung. Dasselbe gilt meines Erachtens für einen Teil der in den "*Carmina burana*" gesammelten Würfel- und Spielerlieder[57]. In den Liedern Neidharts (Winterlied 2 und 10) wird das Würfelspiel als Form der Geselligkeit (ohne pejorativem Unterton) geschildert[58].

Das Rechtsbuch der "Sachsenspiegel" (1224/25), das von Eike von Repgow in der Absicht zusammengestellt wurde, seinen Mitmenschen Recht und Unrecht zu vermitteln, enthält kein Verbot des Glückspieles, ebenso die im 13. und 14. Jahrhundert entstandenen *codices picturati*[59]. In diesen Rechtsbüchern werden lediglich Spielschulden und Spielverluste behandelt.

Abschließend sei noch erwähnt, daß auch bei anderen Spielen um Einsatz gespielt wurde. Beispielsweise wird im "Ruodlieb" Schach um Einsatz gespielt[60]; ebenso in "Salman und Morolf", wo sogar Morolfs Haupt als Pfand eingesetzt wird[61].

---

[54] Nellmann, Dichtung 461 ff.

[55] Das Häslein. In: Die deutsche Literatur. Texte und Zeugnisse I/2, hrsg. von Helmut de Boor. München 1965, 1456-1463.

[56] Der Wartburgkrieg, hrsg. von Tom Albert Rompelman. Amsterdam 1939, 176f. Lohengrin, hrsg. von Thomas Cramer. München 1971, 193, Vers 91-95.

[57] Carmina Burana, hrsg. von Alfons Hilka und Otto Schumann. Heidelberg 1961-1978.

[58] Die Lieder Neidharts, hrsg. von Edmund Wießner, fortgeführt von Hanns Fischer (Altdeutsche Textbibliothek 44) Tübingen 1984.

[59] Vgl. dazu Blaschitz, Würfelspiel.

[60] Ruodlieb, Buch 4, Vers 186-230.

[61] Salman und Morolf, hrsg. von Alfred Karnein (Altdeutsche Textbibliothek 85) Tübingen 1979, 221-250.

Der Einsatz des "Würfelspielmotivs" beim Stricker und in anderen literarischen Gattungen zeigt, daß das Würfel- und *Trictrac*-Spiel im 13. Jahrhundert nicht bei allen Autoren als eine verdammenswerte Beschäftigung galt. Selbstverständlich stellten Glücksspiele ein Problem für die Gemeinschaft und für Einzelne der mittelalterlichen Gesellschaft dar; die Verteufelung findet sich jedoch nur in der Lehrdichtung. Meines Erachtens war das Würfel- und Wurfzabelspiel ein selbstverständlicher und weithin akzeptierter Bestandteil des mittelalterlichen Lebens.

spil und Gesellschaft

Würfelspiel und Wurfzabel können als Spiegel der mittelalterlichen Gesellschaft gesehen werden.

Das Würfelspiel steht als Glücksspiel unter der Herrschaft der Fortuna. Entscheidend für die Einstellung zum Glücksspiel war das Bild, das man von Fortuna hatte und die Bedeutung, die man ihr im Leben zubilligte[62]. Die Kirchenväter sahen in ihr eine heidnische Göttin, die als (letztlich machtloser) Dämon weiterhin ihr Unwesen trieb. – In jenem Teil der Lehrdichtung, die das Glücksspiel verteufelt, existiert offenbar das Bild der selbständigen, heidnischen Glücksgöttin, die eine Gefahr für die Menschen darstellt. Fortuna wird in all den angeführten Dichtungen an keiner Stelle ausdrücklich genannt, sie ist jedoch ganz eindeutig gemeint. Als personifizierte furchtbare Versuchung lockt Fortuna die Spieler in ihren Bann, schließlich beherrscht sie die Spieler und das Spiel und zieht die Spieler sodann in eine Welt, die einen Gegenentwurf zur christlichen Welt darstellt. Denn im Verständnis dieser Didaktiker vertrauen die Menschen ihr Heil der Glücksgöttin und nicht Gott und den Heiligen an; sie "spielen" mit ihrem Leben, was dem Virtusbegriff der Kirche widerspricht. Jene Dichter aber, die das Spiel als soziale Praxis zeigen, sehen in Fortuna ein Werkzeug Gottes, die als ein Instrument der *providentia Dei* das irdische Glück der Menschen lenkt, ohne Einfluß auf den göttlichen Plan zu haben. Sie ist eine neutrale Macht, deren Aktionen sich für den Menschen als *fortuna* (*saelde*) oder als *infortunium* (*unsaelde*) auswirken.

Eine positiv besetzte Rolle spielte der Würfel aber auch als Instrument des Losens. Der Losentscheid[63] galt in vorchristlicher Zeit als

---

[62] Vgl. zum Folgenden: Fritz Peter Knapp, Art. "Fortuna" und "Saelde". In: Peter Dinzelbacher (Hrsg.), Sachwörterbuch der Mediävistik (Kröners Taschenausgabe 477) Stuttgart 1992, Sp. 254f. und 720 sowie Art. "Fortuna". In: Lexikon des Mittelalters; Hans-Werner Goetz, Fortuna in der hochmittelalterlichen Geschichtsschreibung. In: Das Mittelalter 1 (1996) 75-89.

[63] Vgl. dazu Art. "Los". In: Lexikon des Mittelalters 5. München-Zürich 1991, Sp. 2121.

Gottesurteil und diente der Schicksalsbefragung. Fränkische, angelsächsische und verschiedene germanische Rechtstexte überliefern die Praxis des Losentscheides bei der Rechtsfindung. Auch in der Bibel, besonders im Alten Testament, ist das Losen, meist das Loswerfen, häufig belegt. Es galt im Mittelalter als anerkannte, gottgefällige Art der Entscheidungsfindung. So wird etwa in der "Kindheit Jesu" des Konrad von Fußesbrunnen Josef durch das Los zum Nährvater (87-102) bestimmt und Maria durch das Los für den Tempeldienst ausgewählt (217-222)[64]. Wichtig für die vorliegende Untersuchung ist jene bekannte Psalmenstelle (Ps. 22,19), die typologisch auf das Losen um den Leibrock Christi weist ("Sie verteilen unter sich meine Kleider und werfen das Los um mein Gewand"), die sich bei allen vier Evangelisten findet (Mt. 27,35; Mk. 15,24; Lk. 23,34; Joh. 19,24). Die Kreuzigung und das Losen um den Leibrock Christi ist eine besonders in bildlichen Quellen oft dargestellte Szene. Bis ins Hochmittelalter wurde das Losen bei der *divisio vestimentorum* verschieden dargestellt[65]. Das *micare digitis* ist m. E. die am häufigsten erscheinende Versinnbildlichung dieses Themas (Abb. 3). Entscheidend ist, daß die Soldaten bis ins 14. Jahrhundert positiv dargestellt werden, da sich durch ihr bedächtiges Verhalten das Psalmenwort erfüllen konnte, so etwa Joh. 24,19: "Sie sagten zueinander: Wir wollen es nicht zerteilen, sondern darum losen, wem es gehören soll. So sollte sich das Schriftwort erfüllen: Sie verteilten meine Kleider unter sich und warfen das Los um mein Gewand. Dies führten die Soldaten aus." Ab dem 10. Jahrhundert wurde das Losen auf bildlichen Darstellungen der *divisio vestimentorum* auch mit Würfeln wiedergegeben (Abb. 4). Eine der seltenen literarischen Quellen zu diesem Thema stellt eine mittelhochdeutsche Übersetzung der Passion aus dem 13. Jahrhundert dar, die möglicherweise für den deutschen Kirchengesang bestimmt war[66]. Auch hier wird das "Losen" mit *würfeln* übersetzt. – Der Würfelwurf als Mittel des Losentscheids war das gesamte Mittelalter über in Gebrauch. Erst aus dem 15. Jahrhundert sind Los- bzw. Würfelbücher überliefert. Diese Bücher enthalten keine Spielregeln, sondern Orakel[67]. Sie vermitteln Erläuterungen, wie die einzelnen Wurfkombinationen durch die Rat- und Hilfesuchenden gedeutet werden sollten. Auch in diesen Würfel- oder Losbüchern ist der Würfel positiv konnotiert. In der Österreichischen Nationalbibliothek befindet sich

[64] Konrad von Fussesbrunnen: Die Kindheit Jesu, hrsg. von Hans Fromm und Klaus Grubmüller. Berlin-New York 1973.

[65] Heinz Herbert Mann, Missio sortis. Das Losen der Spieler unter dem Kreuz. In: "Mit Glück und Verstand", hrsg. von Christiane Zangs und Hans Holländer. Katalog zur Ausstellung im Museum Schloß Rheydt 1994, 51-69, hier 53.

[66] Franz Joseph Mone, Schauspiele des Mittelalters. Nachdruck Aalen 1970, 68.

[67] Gerhard Eis, Mittelalterliche Fachprosa der Artes. In: Deutsche Philologie im Aufriß 2, hrsg. von Wolfgang Stammler. Berlin 1960, Sp. 1103-1217, hier Sp. 1203; Konrad von Haslau 29 f.

eine Sammelhandschrift, die ein Losbuch enthält (Abb. 5). Alle mit drei Würfeln möglichen Wurfkombinationen werden behandelt, wobei jedem Wurf ein gereimter Spruch zugeordnet ist. Am rechten Rand der Handschrift werden die Wurfkombinationen durchgehend visualisiert. Das Losbuch beginnt mit dem höchsten Los, dem Wurf 6-6-6, dem ein Jesus-Orakel zugeordnet ist: *Jesus christus sprach/ waru(m) pistu so swach/ Gehab dich gar wol/ Ich pin der dich tresst(e)n schol/ wol vor all(e)n vand(e)n/ la mich deins hailes wald(e)n* (Jesus Christus sprach, warum bist du so schwach [sündhaft], Gehab dich wol [lebe nach meinen Geboten] Ich bin es, der dich vor allen anderen Mitmenschen trösten soll, laß mich deines Heiles walten).

Das Wurfzabelspiel unterliegt nur zum Teil dem Würfelglück, strategisches Denken kann auch den Spielausgang bestimmen, wie Bruder Wernher (1217-1246) in Gedicht 65[68] ausführt: "Mein Spiel stand so gut, daß ich darauf rechnete, es zu gewinnen; ich hatte meine Steine aufgestellt und überdies zur Wette eingesetzt...Ich war sehr vergnügt, denn ich meinte, das Spiel bereits gewonnen zu haben; noch mehr steigerte ich Einsatz und Angebot, da wurde mein Spiel gehemmt, es wandte sich zum Verlust, so daß ich im Zorne ausrief: "Nun muß ich dieses Unheil (bringende Spiel) aufgeben, ach, was habe ich schon an Gut eingebüßt! Darauf hatte ich nämlich schon sicher für mich und meine Kinder zum Haushalt gerechnet. Tausende Eide hätte ich da gewiß geschworen, so oft ich meinen Einsatz hinlegte, daß mein Spiel bereits vollauf gewonnen sei. Wenn ich jemals noch den anderen überbiete, dann muß ich auf die Bünde (besser) acht geben." Nach Ansicht Schönbachs versinnbildlicht das Spiel die politische Konstellation oder Hofintrigen zur Zeit oder am Hofe Herzog Friedrichs II.[69]

Fazit

Didaktische Schriften sind meines Erachtens ein durchaus brauchbares Instrument zur Disziplinierung: Die Dichter sahen sich zur Laienunter-

[68] Anton E. Schönbach, Beiträge zur Erklärung altdeutscher Dichtwerke 4: Die Sprüche des Bruder Wernher II (Sb. Ak. Wien, phil.-hist. Kl. 154) Wien 1903, 1-106, hier 80f: *Ich hete ein spil so guot, daz ich gewinnes mich versach;/ ich leite da steine und ouch gebot:... Ich was so vro, ich wande daz spil gewunnen solte han;/ ich wolte ez me verboten han, do wart ez unterstan,/ ez nam verlusteclichen abe, daz ich von zorne sprach:/ "Nu wese unsaelde uf geselt,/ wie han ich guot verlorn!"/ daz haete ich mir und minen kinden an min hus gezelt./ ich haete es tusent eide wol gesworn,/ swenne ich da leite min gebot, ez waere ein spil gewunnen gar./ swenne ichz ie me verbieten wil, so sul ich nemen der bünde war.*

[69] Vgl. dazu auch Helmut Birkhan, Art. "Trictrac- oder Puffspiel". In: Die Kuenringer. Das Werden des Landes Niederösterreich. Katalog zur Landesausstellung. Wien 1981, 431.

weisung aufgerufen, und daß der Bedarf vorhanden war, zeigt die große Verbreitung der Lehrdichtung. Rückschlüsse auf die mittelalterliche "Realität" aus der vorwiegend moraltheologisch orientierten Didaxe sind ohne umfassende Quellenkritik unzulässig. Allzusehr bestimmen eine einge-schränkte Weltsicht und Gattungsimplikationen das Bild dieser Dichtung.

Die Analyse der didaktischen literarischen Quellen erbrachte, daß die Verfasser stark von theologischen Traditionen geprägt waren und wenig auf aktuelle Entwicklungen reagierten. Der Kampf gegen das Würfelspiel war in Wahrheit ein Kampf gegen Fortuna. Die Betrachtung des Glücksspieles aus dem Blickwinkel der Didaxe erbringt aufschlußreiche Einblicke in die Mentalität der Autoren dieser Schriften. Eine vergleichende Interpretation anderer literarischer Werke der Epoche klärt das Verhältnis von "Spiel und Didaxe" und erlaubt Rückschlüsse auf den Stellenwert des Spieles im 13. Jahrhundert.

Abb. 1: Thomasin von Zerklaere: "Der welsche Gast". Darstellung zweier Spieler. Cod. Pal. Germ. 389, [Hs. G] fol. 12v. Aus: Thomasin von Zerklaere, Der welsche Gast 4, hrsg. von F.W. Kries. Göppingen 1984.

Abb. 2: Thomasin von Zerklaere: "Der welsche Gast". Darstellung von Spielern. Cod. Pal. Germ. 389, [Hs. G] fol. 34r. Aus: Thomasin von Zerklaere, Der welsche Gast 4, hrsg. von F.W. Kries. Göppingen 1984.

Abb. 3: *Missio sortis*: *Micare digitis.*
Kreuzigung, 11. Jh. Buchdeckel. Leningrad, Eremitage.
Aus: A. Goldschmidt – K. Weitzmann, Die byzantinischen Elfenbeinskulpturen des 10. – 12. Jahrhunderts 2. Berlin 1934, Abb. 201.

Abb. 4: *Missio sortis* mittels Würfel.
Kreuzigung, Ende 10. Jh. Codex Egberti, Teilfaksimile-Ausgabe des Ms. 24 der Stadtbibliothek Trier, hrsg. v. Gunther Franz. Wiesbaden 1983, fol. 84 v.

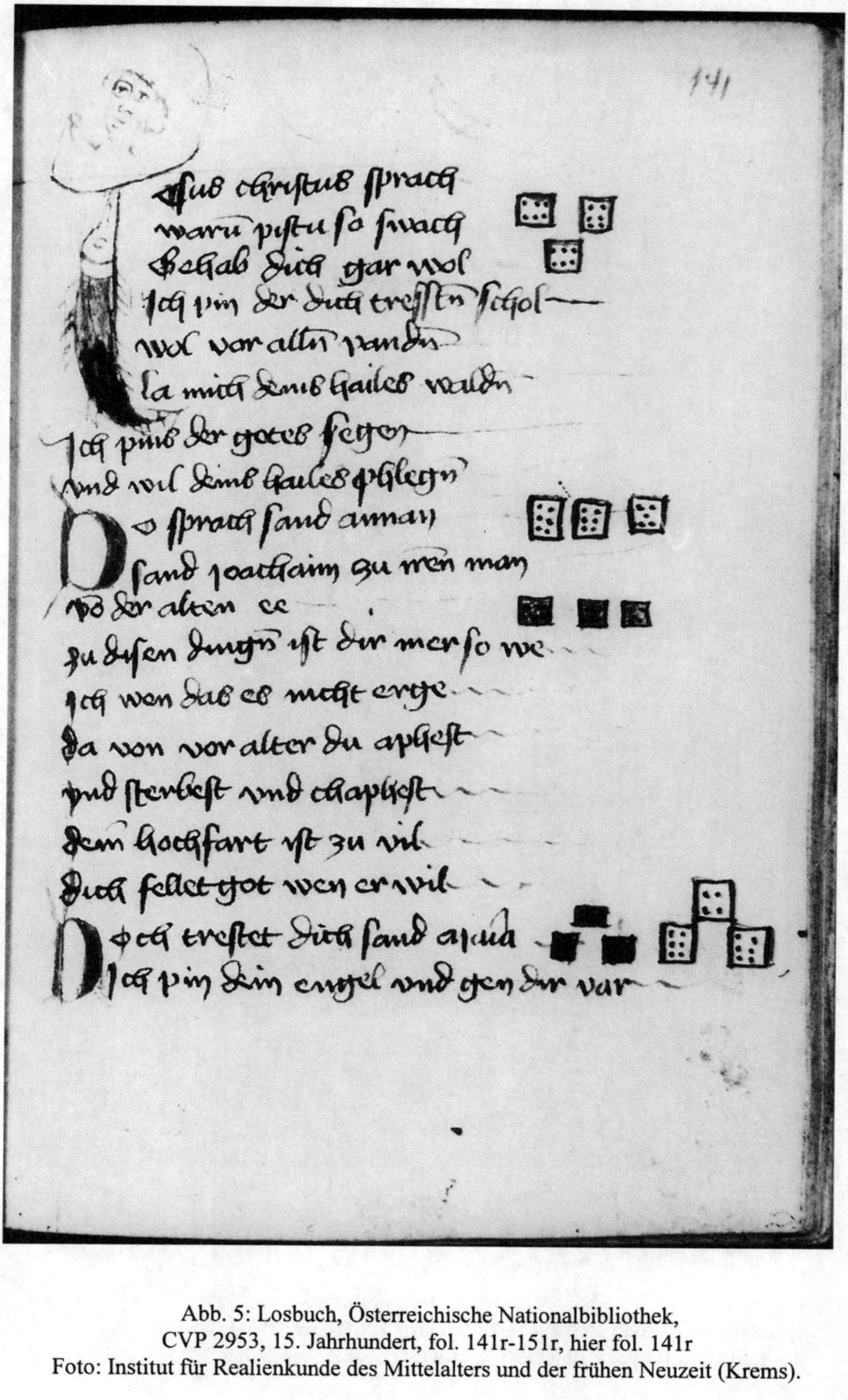
141

Jhesus christus sprach
waru pistu so swach
gehab dich gar wol
Ich pin der dich tresstn schol
wol vor altn panden
la mich deins hailes walden
Ich pins der gotes setzer
und wil deins hailes phlegn
Do sprach sand anna
sand joachaim zu wen man
vo der alten ee
zu disen dingn ist dir mer so we
Ich wen das es nicht erge
da von vor alter du aplest
und sterbest und chaplest
dem hochfart ist zu vil
dich fellet got wen er wil
Do ich trestet dich sand anna
Ich pin dein engel und gen dir var

Abb. 5: Losbuch, Österreichische Nationalbibliothek,
CVP 2953, 15. Jahrhundert, fol. 141r-151r, hier fol. 141r
Foto: Institut für Realienkunde des Mittelalters und der frühen Neuzeit (Krems).

ROSSINA KOSTOVA

LUST AND PIETY: GRAFFITI FROM BULGARIAN MEDIEVAL MONASTERIES

Graffiti were one of the common languages of cultural communication in the Middle Ages, used either by people who had no access to official, authorised channels of communication, or by people who, for various reasons, did not want to use these channels. In cases where most of the written and material sources had been lost or destroyed, the graffiti, as a kind of verbal and pictorial text, remain the only evidence for various aspects of the medieval mind, such as medieval man's perception of moral standards and the expression of this perception.

The major characteristic of this mental process is that both the perception and expression are deeply influenced by the Christianised medieval view of life. Therefore, as a good case in point, I have chosen two pervasive experiences in Christian morality which shape basic standards of behaviour in the religious and secular life: lust and piety. The analysis follows, first, the official definition of lust and piety by the Church and the secular codification of these behaviours. Secondly, the popular perception of lust and piety is traced in everyday practice. Therefore, the present study is based on two widely different kinds of sources from tenth-century Bulgaria which are not typically divided according to their technical character – written or material – but are divided according to what they mediate: the official definition or the popular perception of lust and piety.

The group of official sources

The first group of sources is comprised of two types of works: didactic religious works and legal collections. The didactic religious works represent various forms and purposes. Some of them are written by St. Kliment of Ohrid (c. 840–916 AD)[1] who, for the purpose of liturgical

[1] St. Kliment of Ohrid was a disciple of SS Cyril and Methodius during their mission in Great Moravia and Pannonia. After the death of Methodius, Kliment arrived in Bulgaria in 885 AD and was then sent by tsar Boris-Michael (862–889 AD) to be bishop in Kutmičevica (present-day Macedonia) where he stayed until his death in 916

services, created a collection of panegyric and didactic homilies, the distinctive feature of which is the admonishment style of preaching.

The other main source is the *Beseda* treatise against the Bogomils written at the end of the tenth century by Kosmas the Priest who was a bishop of the diocese of the capital Preslav during the reign of tsar Peter (927–969 AD).[2] Although Kosmas' treatise is aimed at condemning the Bogomilistic heresy, it can be defined as the best didactic work in Old Bulgarian language at that time. For instance, in addition to the sharp polemics against the social and religious views of the Bogomils, Kosmas the Priest attacks the higher clergy and the monks for neglect of their religious and social duties. In addition, he preaches on such aspects of daily life as, for example, sinful glances and intentions, and the advantages of married life.

The other two of the group of official sources represent the legal codification of moral standards of behaviour. One of them is the Slavic collection known as the *Kormčaja kniga* [The Pilot's Book] which is comprised of ecclesiastical and secular law of both Byzantine and Slavic origin, including canons from Ecumenical Councils, excerpts from the Epistles of the Apostles, lectures by St. Basil the Great and St. John Chrysostom, etc. The core of the Old Slavic (or "Bulgarian") *Kormčaja kniga* is the '*Syntagma* of the Fourteen Titles' which merely makes reference to the canons and does not include any commentaries.[3] It is generally accepted that this version of the *Syntagma* was translated by St. Methodius and was used in Bulgaria before the edition by patriarch Photios in 883 AD.[4] The fact that this earliest text of the *Syntagma* remained constant in the later supplemented versions allows us to use a

---

AD. His panegyric works are edited in Kliment Ohridski. *Săbrani săčinenija* [Kliment of Ohrid. Collected works], 3 vols., (Sofia: BAN, 1971). The English translations of the quoted material in the present article are mine from the modern Bulgarian translation by Atanas Bončev in Bon'o Angelov, Liljana Graševa eds., *Stara bălgarska literatura* [Old Bulgarian literature], vol. 2, *Oratorska proza* [Oratorical prose], ed. Liljana Graševa, (Sofia: Bălgarski pisatel, 1982), [henceforth *Oratorska proza*].

[2] Critical editions of the text of the *Beseda* and an analysis of the treatise as well as a study on the personality of Kosmas the Priest were made by Michael Popruženko, *Kozma Presviter, bolgarskji pisatel' X veka* [Kosmas the Priest, a Bulgarian writer from the tenth century], in *Bălgarski starini* 12 (1936), and most recently by Jurij Begunov, *Kozma Presviter v slavjanskih literaturah* [Kosmas the Priest in Slavic literatures], (Sofia: BAN, 1973). The English translations of the original text of the *Beseda* are mine from the text edited by Begunov and in accordance with the translation into modern Bulgarian by Bončev in *Oratorska proza.* All the quotations will be cited in the same sequence, i.e. the original followed by the two modern Bulgarian translations.

[3] *The Oxford Dictionary of Byzantium*, gen. ed. Alexander P. Kazhdan, vol. 2, (New York, Oxford: Oxford University Press, 1991), 1149; vol. 3, 1491.

[4] *Stara bălgarska literatura. Enciklopedičeski spravočnik* [Old Bulgarian literature. Encyclopaedia], gen. ed. Donka Petkanova, (Sofia: BAN, 1992), 295.

later copy of the Pilot's Book dated from 1595 (MS 145 from the collection of Elena and Kiril D. Avramovi, now in the library of the town of Svištov).[5] The other legal source is the earliest Slavic legal collection adopted from Byzantium, known as the *Zakon Sudnyj Ljudem* [Law for Judging the People]. Its oldest version includes approximately thirty chapters which deal primarily with penal law. They are in part translated *verbatim* into Old Bulgarian, or in part freely reworked from the Byzantine *Ecloga* during the ninth or in the beginning of the tenth century.[6]

As can be seen, although all the works in the first group of source material are distinctive in their character and purpose, they have one and the same official status. They were created either by high-ranking clerics or by the higher ecclesiastical and secular administration. Thus, one can find in these works the official definitions of lust and piety and their promotion as standards of behaviour. The way in which these definitions were perceived by ordinary people and then put into practice is examined with the help of the second group of source material.

The group of non-official sources: apocrypha and graffiti

The group of non-official material includes two inherently different sources, both of which present the popular perception of Christian moral norms in medieval Bulgarian society. The first are the apocryphal writings. In the tenth century most of the Byzantine apocrypha had already been translated, and were widespread in Bulgaria. In the present article I use the Bogomilistic *Liber Secretis* [The Secret Book] and a Bulgarian apocryphal compilation, the 'Novel about the Tree of the Cross' by Jeremija the Priest.

The other and certainly most intriguing source, is the graffito-material. The main part of it has been selected from the graffiti scratched into the walls of the tenth-century monastery of Ravna, Bulgaria (fig. 1).[7]

---

[5] I would like to thank Maria Spasova from the University of Veliko Turnovo who gave me the text of MS 145 on microfilm.

[6] *The Oxford Dictionary of Byzantium*, 3, 2219.

[7] Ravna monastery has never been mentioned in written sources and only became known through archaeological excavations carried out between 1979 and 1990. This monastery is located about 25 km south-east of the medieval capital Pliska and 18 km west of the present-day town of Provadija. The period of existence of the monastery was determined to have been from the last quarter of the ninth to the beginning of the eleventh century, by a Greek inscription noting the date of the consecration of the church (889), by the dating of archaeological finds, and by palaeographic analysis of the epigraphic material. The final results of the archaeological excavations are not published yet, however, there are some important articles concerning the monastery. See Pavel Georgiev, "Manastirskata cărkva pri s. Ravna, Provadijsko" [The monastic church near the village of Ravna, Provadija district], *Izvestija na Narodnija Muzej Varna* [henceforth: *INMV*] 21 (1985), 71-98; idem, "Istorijata na Ravnenskija manastir," [The history of Ravna monastery] *Epohi* 2 (1993), 58-60; Kazimir Popkonstantinov, "Dvue-

The numerous inscriptions – about 300 inscriptions in Greek, Glagolitic, and Cyrillic –, as well as the impressive amount of graffito-drawings – about 3000 – lead to the suggestion that the monastery was not only an important cultural centre, but that it also functioned as a pilgrimage site.[8] Therefore, the graffiti from Ravna, being the only evidence for the social activity of the site, can be considered a case study on the role of monasteries as a cross-roads of religious and secular life in general.[9]

Consequently, referring back to the aim of the present article, the main question to be raised is whether these graffiti can provide any relevant insights into everyday experiences of lust and piety which, otherwise, were officially defined by homilies, treatises, law collections, and apocrypha.

Lust

In didactic religious literature lust was defined as one of the evil carnal deeds. For instance, in his 'Lecture for a Feast of a Saint or a Martyr', St. Kliment of Ohrid lists the sins and mentions lust immediately after drunkenness and gluttony but before blasphemy, magic, debauchery, adultery, etc.[10] In addition, according to Kosmas the Priest, even a glance at a woman's face has to be considered a sin because "the face of the woman

zični nadpisi i abecedari ot manastira pri s. Ravna, Provadijsko" [Bilingual inscriptions and alphabets from the Old Bulgarian monastery of Ravna], *INMV* 20 (1984), 65-81; idem, "Dva psaltirni teksta ot IX-X vek" [Two Psalter texts from the ninth-tenth centuries], in *Prinosi kăm bălgarskata arheologija* [Contributions to Bulgarian archaeology], vol. 1, (Sofia: BAN, 1992), 103-119. For the reading of the date of the consecration of the church, see Stamen Michailov, "Za avtentičnosta na nadpisa za os-veštavane na manastirskata cărkva krai s. Ravna" [On the authenticity of the inscription for the consecration of the church of the monastery of Ravna], *INMV* 20 (1984), 83-89. He reads the date as 589. V. Beševliev and K. Popkonstantinov claim that there is a mistake in the inscription, and the date should be read as 889. See Veselin Beševliev, "Grăcki nadpis s data ot starobălgarskija manastir pri selo Ravna" [A Greek inscription with a date from the Old Bulgarian monastery of Ravna], *INMV* 18 (1982), 117-118; Popkonstantinov, "Ošte vednăž za nadpisa s data ot starobălgarskija manastir pri s. Ravna" [Once again on the dated inscription from the Old Bulgarian monastery of Ravna] *Arheologija* 1 (1986), 8-19. Another reading of the date as 897 is recently suggested by P. Georgiev, "Hronologičesko proučvane vărhu datiranija nadpis ot Ravna" [Chronological study on the dated inscription from Ravna], in *Izsledvanija v čest na akad. Dimităr Angel*ov [Essays in honour of acad. Dimităr Angelov], (Sofia: BAN, 1994), 275-283. I think that the safer reading of the date is 889, and, therefore, I stick to it.

8 Popkonstantinov, "Dvuezični nadpisi", 77.

9 I wish to express my gratitude to Kazimir Popkonstantinov who gave me the opportunity to work on the unpublished graffito-drawings from Ravna monastery.

10 Kliment of Ohrid, Lecturing for a feast of a saint or a martyr, *Oratorska proza*, 253.

is a fishing rod of the heart."[11] The definite identification of lust with female nature and sexual desire it provokes leads me to look for the use of female sexual symbols in graffiti as a possible expression of the popular perception of lust. For this purpose, therefore, I have chosen the most popular graffito-image of this kind: the vulva (fig. 2).

In general, the vulva is assumed to be a female sex symbol, which was very well known in prehistoric art serving as an expression of "partial magic." In other words, the symbol of vulva is understood as an abstract scheme which signifies the idea of fertility. Representations of vulvas (single ones or ones included in erotic scenes) are known in graffiti from many early medieval sites in Bulgaria.[12] These images are interpreted either in light of the cult of the proto-Bulgarian Mother-Goddess Umai,[13] or they are considered as symbols of a female pagan god in general.[14]

In my opinion, however, to associate the image of the vulva with mythology, which is ethnically defined, would be risky. As a matter of fact, this image has been used throughout the centuries everywhere in Europe as one of the main visual female sex symbols. For instance, there are similar images of vulvas in the graffiti of the Eastern Alps in Austria, in the region of the Pinzgau near Lofer which are dated between the twelfth and the fourteenth century[15] (fig. 3), and in the region of the Wolfgangtal that are dated between the seventeenth and the nineteenth century[16] (fig. 4). Therefore, it is much more plausible to treat the image of vulva as a universal female symbol in every kind of mythology.

Then, how could one explain the appearance of eight graffito-representations of vulvas in the tenth-century monastery of Ravna? One of them was found in the *scriptorium*, four are in the church, and another

---

[11] Kosmas the Priest, *Beseda*: Begunov, *Kozma Presviter*, 347; Bončev, *Oratorska proza*, 53.

[12] Graffiti of vulvas are scratched into the fortress walls of Pliska, Madara, and in the cave complexes of Tsarevets (Vraca region) and Gorna Krepost (Kărdžali region). See Dimităr Ovčarov, *Bălgarskite srednovekovni risunki-grafiti* [Medieval Bulgarian graffito-drawings], (Sofia: Nauka i Izkustvo, 1982), tables XVIII, XXVII, CXXII /3/, CXXX /1/; N. Ovčarov, "Săštestvuvala li e boginjata Umaj v prabălgarskija panteon?" [Did the Goddess Umai exist in the proto-Bulgarian pantheon?], in *Problemi na prabălgarskata istorija i kultura* [Problems of proto-Bulgarian history and culture], 1, (Šumen, 1989), 430-440.

[13] N. Ovčarov, "Săštestvuvala li e boginjata Umaj," 437-438.

[14] Pavlina Petrova, "Kulturno-istoričeski analiz na sakralni ženski izobraženija i simvoli ot grafitite na rannosrednovekovna Bălgaria" [Cultural and historical analysis of female images and symbols in the graffiti of early medieval Bulgaria] *Izvestija na Istoričeskija Muzej Šumen* 7 (1992), 107-130.

[15] H. Adler, F. Mandl, R. Vogeltanz, *Zeichen auf dem Fels. Spuren alpiner Volkskultur,* (Unken, 1991), 110, Abb. 31 and Skizze 9; Abb. 84 and Skizze 86.

[16] *Alpine Volkskunst auf dem Fels. Die Felsritzbilder des Wolfgangtales*, (Gröbming, Austria: VEREIN ANISA, 1993) 17, Abb. 13 and Skizze 69.

three originate from the southern part of the complex. What did the images of vulva in the monastery express: veneration of a pagan goddess or anything else ?

Two representations of vulvas accompanied by a Cyrillic inscription which were scratched into the outer facade of the monastic church give, in my point of view, the key to the meaning and function of this symbol in Ravna monastery. In translation, the text reads as follows: "Marina wormy bitch."[17]

Now, who was Marina and why was she cursed in such a way? An accurate answer to this question we cannot provide. What can be safely suggested, however, is that the author of the inscription probably was a monk since literacy was not widespread among the secular people in tenth-century Bulgaria. Moreover, the two images of vulvas which are scratched above the sexual curse, either by the author of the inscription or by somebody else who read it, definitely show that the female symbol of the vulva functioned initially as an expression of sexuality.

The fact that expressions of sexuality appear in a monastery might be surprising at the first glance. However, a paragraph from the treatise of Kosmas the Priest indicates that improper sexual desire, or in other words, lust, was indeed one of the main dangers to the pious life of the monks. Kosmas says: "Everything which is in this world – the lust of the body and the lust of the eyes, and pride – is not from God, but from this world. Therefore, you man, even if you go to a monastery, or even if you flee to a desert together with these lusts, you will wander madly and vainly, if you do not thrust them away from you."[18] Furthermore, the monastic rules included penalties for monks who did not manage to repress their sexual desire. Such monks were penalised according to the rules of St. Basil the Great which were compiled in the Pilot's Book as *epitimia* (penalties for clerics and monks). According to them, "If a monk is polluted by lust during the night, he will not receive Communion for one day and has to make fifty bows to the Mother of God."[19] The struggle with lust inside the community, however, was not always very successful as is revealed by the legal collection 'Law for Judging the People'. There is a paragraph which points out a penalty for monks who fornicate: According to the secular

[17] The English translations of all the quoted inscriptions in the present article are mine, according to the facsimiles by K. Popkonstantinov, in Popkonstantinov, Otto Kronsteiner, "Altbulgarische Inschriften", vol. 1, in *Die slawischen Sprachen* 36 (1994), 221.

[18] Kosmas the Priest, *Beseda*: Begunov, *Kozma Presviter*, 354; Bončev, *Oratorska proza*, 57. The biblical quotation is from 1, John 2.16.

[19] Pilot's Book, MS 145, fol. 45.

law, his nose had to be cut, and according to the canon law, he had to fast for fifteen years.[20]

Thus, the images of the vulva in Ravna monastery add one more piece of evidence that the requirements for those who were seeking to follow the ascetic life – "to preserve from sin not only the bodies, but also the thoughts" – was not respected too much.[21] Perhaps, it cannot be stated definitely that all the graffiti of vulvas in Ravna had been scratched by monks. The highest number and the richest variety of graffiti which we find on the walls of the church show that it was the most frequently visited place in the monastery, probably not only by the members of the community, but also by secular visitors.[22] This assumption is supported by the inscriptions of female and male names combined in couples (e. g. *ERHNH ΔAMHAN, ΠETPOC MAPTA*). In addition, evidence for pious visitors scratching such obscene drawings is provided by the sharp note of Kosmas the Priest on the improper behaviour at sacred places. He mentions: "How often we are the laughing stock when we are going to a church! While somebody is staying in the church, his mind is wandering outside, or he is thinking about indecent things. Although we are glorifying God with words, we are doing nonsense in our thoughts."[23] Since the graffiti of vulvas can be considered as visual images of such "indecent thoughts", one can pose the question whether these graffiti had some didactic function, as the "indecent things" did have in the didactic religious works ?

Didactic function?

One particular drawing from the monastery of Ravna seems to give a relevant answer to this question. The graffito is found in the southern part

---

[20] Law for Judging the People, in: *Hristomatija po istorija na Bălgarija* [Reader on the history of Bulgaria], vol. 1, eds. Peter Petrov and Vasil Gujzelev, (Sofia: BAN, 1978), 136.

[21] Kosmas the Priest, *Beseda*: Begunov, *Kozma Presviter*, 370; Bončev, *Oratorska proza*, 65.

[22] This assumption is supported by the monastic rules which were adopted in Bulgaria at the end of the ninth century (e. g. the *Hypotyposis* of Stoudios monastery in Constantinople). According to these rules, the churches of urban and provincial monasteries also served the religious needs of the local population. See Theodore of Stoudios, *Hypotyposis*, MPG 99, col. 175-178. See also Ivan Gošev, "Pravilata na Studijskija manastir. Uvod, tekst i izjasnenija" [The Rules of the Stoudios monastery: introduction, text and comments], *Godišnik na Sofijskija Universitet Bogoslovki Fakultet* 17 (1939/40), 70.

[23] Kosmas the Priest, *Beseda*: Begunov, *Kozma Presviter*, 379; Bončev, *Oratorska proza*, 70.

of the monastic complex and consists of three images which were scratched by one hand and joined in a composition: a vulva crossed by a serpent and a human figure in '*orans*' posture holding a cross in his left hand (fig. 5). I suggest the following interpretation of the drawing: The vulva and the serpent symbolically represent a copulation, and the human figure holding the cross puts it into Christian context.[24]

In Christian "mythology" the images of woman (Eve) and serpent (the serpent-tempter) are joined in the biblical myth of the Fall (Gen. 3). The popular religious mind, however, gives a more sensual interpretation of the Temptation. This interpretation can easily be seen in the apocryphal version of the Fall in which two main features are noticeable. The first is the clear merging of the images of the serpent and the devil. The second is the emphasis of the Temptation as a form of sensual sexual act.[25] The most sufficient examples for such kind of popular interpretation are provided by the two versions of the most famous Bulgarian Bogomilistic book *Liber Secretis* [The Secret Book], the twelfth-century Carcassone and the fourteenth-century Vienna version.[26]

According to the Carcassone version, Satan made the body of Eve from a part of the clay body of Adam and ordered the angel of the Second Heaven to enter her. Then he planted a reed in the middle of Eden, made a serpent from his saliva and directed it to enter the reed: "And at that time he (Satan) entered the serpent and seduced the angel with the female

---

[24] The complete interpretation of this graffito-drawing is made in R. Kostova, "Some Aspects of the Daily Life of the Monks in One Early Medieval Bulgarian Monastery." In *La vie quotidienne des moines et chanoines réguliers au Moyen Age et Temps modernes. Actes du Premier Colloque International du L. A. R. H. C. O. R. Wrocław-Ksiaz, 30 novembre-4 decembre 1994* (Wrocław, 1995), 702-705.

[25] The interpretation of the temptation as a sexual act can be put in the context of the ancient tradition of supernatural sexual relations between woman and the fertile god whose form is often that of serpent and dragon. See J. Le Goff, *Time, Work and Culture in the Middle Ages* (Chicago and London: University of Chicago Press, 1980), 160.

[26] The Secret Book survives only in two Latin copies. The first is found in the Carcassone Inquisitorial Archive and became known as the Carcassone version. Its title is *Liber Sancti Johanis,* and it is dated to the twelfth century. The second copy is in the Vienna parchment codex 1137 from the fourteenth century and is known as the Vienna version. Its title is *Johanis et Apostoli et Evangelistae Interogatio in coena Sancti regni coelorum de ordinatione mundi, et de Principe et de Adam.* The two Latin translations were made from two different Slavic manuscripts which caused a few variants in their texts. See Jordan Ivanov, *Bogomilski knigi i legendi* [Bogomilistic books and legends], (Sofia: BAN 1970), 60-61; Dimităr Angelov, Borislav Primov, Georgi Batakliev, *Bogomilstvoto v Bălgarija, Vizantija i Zapadna Evropa v izvori* [The Bogomilism in Bulgaria, Byzantium and in Western European sources], (Sofia: BAN, 1967), 99-107.

image, putting sinful lust into his brother and filling Eve with his lust through the hiss of the serpent."[27]

The Vienna version presents the myth of the Fall even in a more remarkable way than the Carcassone version does: "After that, the evil angel entered the bad serpent desiring the angel with the female image. Then he [the evil angel] put sinful lust into his own head, and the lust of Eve was like a burning oven. And at once, the devil as he went out of the reed like a serpent, satisfied his lust with Eve by the tail of the serpent...". In addition, in a marginal note the Latin copyist clarifies that the serpent, directed by the devil, changed into a beautiful youth, entered Eden, seduced Eve, and then copulated with her using its tail.[28]

The correspondence between the Bogomilistic description of the Fall as a sexual act between Eve and the serpent-devil and the vulva-serpent graffito from Ravna monastery can be explained with the fact that the usual places where any kind of written works including apocrypha could be copied were the monasteries. In other words, it can be supposed that a copy of a certain apocryphal work was the possible channel in which the verbal apocryphal image of the Fall was transmitted into the visual graffiti. In addition, one can suggest that both biblical and apocryphal narratives had generated the identification of woman with evil spirits in medieval popular Christianity. For example, in Byzantium, demons very often appeared in the image of woman because she was intimately connected with the natural powers.[29] In Bulgaria, there are also many folk-

---

[27] *Verumtamen intravit Diabolus in serpentem nequam et seduxit angelum, qui erat in forma mulieris, et effudit frater ejus concupiscentiam peccatorum, et fecit concupiscentiam suam cum Aeva in cantu serpentis.* The English translation of the quoted passage is mine, from the Latin text in accordance with the translation into modern Bulgarian, both provided by J. Ivanov, *Bogomilski knigi i legendi*, 78. For comparison, see the edition with French translation by J. Ivanov, *Livres & Légendes Bogomiles (Aux sources du Catharisme)*, (Paris: G.-P. Maisonneuve et Larose, 1976), 85, 96.

[28] *Postea malignus Diabolus, intras in serpentem malum, et decepit angelum, qui erat in forma mulieris, et effundit super caput ejus concupiscentiam paccati, et fuit concupiscentia Evae sicut fornax ardens. Statimque Diabolus, exiens de arundine forma sepentis, fecit concupiscentiam suam cum Eva cum cauda serpentis.* The English translation of the quoted passage is mine, from the Latin text in accordance with the modern Bulgarian translation, both provided by Cvetan Kristanov, Ivan Dujčev, *Estestvoznanieto v srednovekovna Bălgarija* [Natural sciences in medieval Bulgaria], (Sofia, 1954), 204-209. See also the most recent edition of the apocrypha *Le Livre Secret des Cathares. Interrogatio Iohannis. Apocryphe d'origine bogomile*. Édition critique, traduction, commentaire par Edina Bozóky, (Paris: Beauchesne, 1980), 60, comments, 134-137.

[29] Dujčev, "Văprosi iz vătrešnata istorija na Părvoto bălgarsko tsarstvo" [Problems of the history of the First Bulgarian Kingdom], in *Prez vekovete* [During the ages], (Sofia, 1938), 123.

tales which treat the image of woman in this sense, and according to one folk-tale, originating from Štip (in present-day Macedonia), the woman (Eve) was created from the devil's tail.[30]

Therefore, the examined graffito-drawing from Ravna monastery can be considered as evidence for the joining of the biblical and popular image of the Fall and its spread in a monastic community at the end of the tenth century. In addition, graffiti from other monasteries bear witness that the official identification of the serpent with the devil was adopted at the popular level in such a way, that the serpent became one of the images of lust. For instance, there is a drawing in the cave monastery of Rujno (Silistra district) dated to the tenth century, which represents a serpent, most probably acting as a symbolic image of lust, and a monk protecting himself with a cross in his right hand.[31]

Thus, the suggested reading of the two graffito-drawings from Ravna and Rujno rises the question: For what purpose were they made? According to Christian theology, all sins derive from Original Sin, and, therefore, everybody has a natural fault or propensity towards sin. However, perhaps it was not exactly the feeling of guilt, but the hope of protecting someone from the evil of lust which was the main reason for making these drawings. The expressive gesture of the two human figures depicted in the drawings implies such a moral point. Moreover, the function of the vulva and the serpent as didactic images of lust is highlighted by a symbol with an opposite connotation: the cross being held by the human figures.[32] In this way, the two drawings can be read as complete didactic texts, for the cross illustrates the way to defeat sinful lust.

Piety

The symbol of the cross suggests that piety is the only possible way to protect and to save somebody from evil. In his Homily on St. Clement of Rome, St. Kliment of Ohrid addresses ordinary Christians with the following words: "It depends on us whether we will merit pain by

---

[30] *Sbornik narodni umotvorenija* [Collection of folklore tales], vol. 9, (Sofia, 1893), 155. In this respect, it is interesting to mention the carvings on Romanesque churches in Western Europe in which the image of woman bitten by serpents is considered an embodiment of *luxuria.* See A. Wier, J. Jerman, *Images of Lust. Sexual Carvings on Medieval Churches* (London: B. T. Batsford, 1986), 58-75.

[31] Georgi Atanasov, "Rannosrednovekovni risunki-grafiti ot Krajdunavska Dobruža" [Early medieval graffito-drawings from Dobruža] *Dobrudža* 7 (1992), 200, table IV 3.

[32] Although the apotropaic power of the sexual symbols and images was inherited in the Middle Ages, in the context of the Christian culture, they were used mainly for didactic purposes. See Wier, Jerman, *Images of Lust*, 47.

wickedness, laziness, and lust, or a pure life will merit the blessing and love of the Son of God, our God Jesus Christ."[33] In another of his works, the 'Lecture on the Holy Trinity', St. Kliment clarifies the Christian idea of piety: It is understood as repentance and tears, compassion and fasting, manliness and devoted love.[34]

The abstract character of piety as a religious category raises the question of how it had been perceived. Was it necessary to express one's piety only by one's way of living, or was a person able to be pious just by a single act or even a single sign? The inscriptions in the churches of Ravna monastery and the rock-monastery of Basarabi (in present-day Romania) indicate that a visit to such sacred places was considered a significant act of piety. For instance, in one of the rock-churches in Basarabi, there are two inscriptions which mention the visits of two pious clerics. One of them states: "In the name of the Father, Son and the Holy Spirit, I, the unworthy slave Symeon, first bowed in the church, on the 31st day of August." (fig. 6).[35] The other inscription was scratched by a certain priest named Ajan, who visited the monastery and left a candle in the church to atone for his sins.[36] In addition, in the church of Ravna monastery, there is an inscription with a similar dedication: "I came on Monday in the afternoon and went to the church and wrote."[37]

Thus, literacy provides a way of expressing one's piety by using common Christian terminology, although it is conveyed in such an informal manner as graffiti. However, how was piety expressed by illiterates? The answer to this question can be found in another famous preacher of this period – Kosmas the Priest: "When we are looking at the cross with our physical eyes, we are looking with our spiritual eyes at the one who was crucified on it, and we are glorifying him with the words: 'Glory, to you Christ, our God, who deigned to mortify the one who mortified our ancestor Adam, and to you God, who has given us your cross to defeat every attack of the devil!'"[38] Apparently, the cross as the strongest Christian symbol for overcoming of sin and death may act also as a symbol of piety. Therefore, the representations of crosses which exceed in number other images in the medieval graffiti, may be considered the most popular and direct expression of piety. In the case of Ravna monastery, the highest concentration of crosses is in the church. They do not differ from the general types of crosses known in the Middle Ages, which either served as

[33] Kliment of Ohrid, Homily of St. Clement of Rome, *Oratorska proza*, 111.
[34] Kliment of Ohrid, Lecture on Holy Trinity, *Oratorska proza*, 262.
[35] Popkonstantinov, Kronsteiner, *Altbulgarische Inschriften*, 77.
[36] Ibid., 83.
[37] Ibid., 233.
[38] Kosmas the Priest, *Beseda*: Begunov, *Kozma Presviter*, 308; Bončev, *Oratorska proza*, 34.

religious objects or were applied as a symbol in Christian art.[39] For example, the prepon-derant types of graffito-crosses are the Greek cross and the cross with triangular points on the arms, that is a graphic version of the Cross of Theophany (fig. 7.1-10).[40] Another example is the trident cross (fig. 7.11) with four small crosses between the arms which is close to the Cross of Jerusalem type.

Moreover, some of the graffito-crosses in Ravna monastery seem to have been influenced by an apocryphal notion of the cross. For instance, on a limestone block from the church there is a drawing of a cross which looks like a tree with a root, twisted trunk and branches (fig. 8). This shape of the graffito-cross reminds one of the popular apocryphal images of the cross as the Tree of Life. For example, the interpretation of the cross as the Tree of Life is the core of the apocrypha known as a 'Novel about the Tree of the Cross' written by Jeremija the Priest. It is generally accepted that this work is a Bulgarian compilation of Byzantine apocrypha, and had been written by the end of the tenth century. According to the 'Novel', the Tree of the Cross was made of three trees twisted together – an alder tree, a cedar, and a cypress, which symbolised the Holy Trinity. The tree was cut into three pieces, and the cross of Jesus was made of the piece which was near the root, as Jesus said himself: "I am and my feet are from the root of the tree."[41] Thus, the graffito-cross which is represented as a tree can be considered as an evidence for the popularity of such non-canonical ideas about the Christian cross in tenth-century Bulgaria.

Another intriguing graffito of a cross was found in the *scriptorium* of Ravna monastery (fig. 9). The branches of the arms of the cross recall again the identification with the Tree of Life. However, the most curious feature of this image is that the cross is "walking". We find a similar idea about the cross in the apocryphal Gospel of Peter, which was composed probably in Syria in the second half of the second century and became popular in a Greek version during the medieval period.[42] In the apocryphal Gospel of Peter the Resurrection is presented in the following way: Two

---

[39] For the origins of the symbol of the cross and its development in Christian religion, see *Lexikon der Kunst*, vol. 2, (Leipzig, 1971), 724-7; H. Sachs, E. Badstübner, H. Neumann, *Christliche Ikonographie in Stichworten* (Leipzig, 1980), 218-19.

[40] A comparison of the graffito-crosses from medieval Bulgaria with the official types of crosses was made by El. Musakova. See Elisaveta Musakova, "The Representation of the Cross and the Acceptance of Christian Symbolism in Old Bulgarian Culture", *Miscellanea Bulgarica* 5 (Wien, 1987), 317.

[41] Jeremija the Priest, Novel about the Tree of the Cross in Bon'o Angelov, Lilijana Graševa eds., *Stara bălgarska literatura* [Old Bulgarian literature], vol. 1, *Apokrifi* [Apocrypha], ed. and trans. D. Petkanova, (Sofia: Bălgarski pisatel, 1981), 274-287.

[42] I. I. Svencicka, *Tajnite pisanija na părvite hristijani* [The secret writings of the early Christians], (Sofia: Nauka i Izkustvo, 1981), 133.

men descended from heaven and brought out of the cave a third man "whose head was higher than heaven", and after him the cross itself came out.[43] This idea about the Resurrection comes from Judaeo-Christian traditions. The possible interpretations are either that the Holy Spirit was separated from Christ or that a distinction between the image of Jesus' body and the image of Christ as his divine nature had been made: In other words, as if Jesus resurrected separately from Christ. It is difficult to prove that this particular apocrypha was translated in Bulgaria during the tenth century or later, since there is no preserved copy. However, it could be suggested that either some fragments were included in Byzantine apocryphal compilations which were translated in Bulgaria, and, thus, these compilations transmitted the image of the "walking" cross, or that this image became popular by other channels (e. g. visual ones).

In addition to the images of the cross influenced by apocryphal texts, one can distinguish variants of the cross which can be regarded as typical only for graffiti. These are, for example, the crosses surrounded by dots (fig. 10). The number of dots is different, which makes their interpretation difficult. On the one hand, it has been suggested that the dots around the cross were made in order to increase the magical potency of the image.[44] On the other hand, to each number of dots one can apply biblical symbolism. For instance, four dots (fig. 10.1) can signify the four evangelists, seven dots (fig. 10.2) could refer to the seven stars mentioned in the Revelation of John (Rev. 2.1, 3.1),[45] eight dots (fig. 10.3) could symbolise the eight days before the Resurrection, and twelve can be interpreted as the twelve apostles (fig. 10.4). Clearly, there is an element of speculation in such an interpretation. Therefore, one should be aware of the fact that the crosses were scratched on the walls of the monastery without any prior iconographic context; rather they were a specific emotional response. Since explaining every particular case, in which a cross was scratched, is impossible, it is quite unfruitful to speculate, what each of the different types of crosses symbolised.

With more or less certainty, however, it can be said what they signified as a group. The correspondence with the popular types of Christian crosses we traced above leads us to the assumption that the image of the cross in the graffiti functioned as the strongest Christian symbol, and provides evidence for its adoption and popularity in tenth-

[43] Ibid., 135-138.

[44] Musakova, "Kăm văprosa za văzpriemaneto na hristijanskata simvolika v starobălgarskata kultura" [On the problem of the acceptance of Christian symbolism in Old Bulgarian culture], *Arheologija* 2 (1987), 17.

[45] Rossina Kostova, "Nekanonični predstavi za Hristovija krăst v Bălgarija prez X vek (po materiali ot manastira pri s. Ravna)" [Non-canonical ideas about the cross in tenth-century Bulgaria: according to material from the monastery of Ravna], *Epohi* 3-4 (1993), 89.

century Bulgaria.[46] In this sense, the graffito-crosses in the monastery of Ravna can be considered signs of the presence of pious visitors who offered their worship and invoked God's protection by scratching the crosses into the walls.

Furthermore, the rich graffito-material in Ravna monastery offers a possibility of searching for other images of piety in addition to the most popular of them, the cross-symbol. For example, one particular group of images, the boot-graffiti, can be interpreted in this sense (fig. 11). The argument for this suggestion can be developed in two directions. First, graffito-images of boots which date to the tenth century are found not only in Ravna monastery, but also at Preslav, the tenth-century capital of Bulgaria, and in Basarabi, Capidava, Hiršova, and Dinogetia-Garvan in present-day Romania. The geographic distribution of the boot-graffiti shows that they were not created as a local image, but functioned as a symbol in a more general sense. Secondly, the topography of the boot-graffiti in Ravna monastery makes it clear enough who scratched them: they were made by people who stayed in the guest-house, had access to the church, but were allowed to walk only in the south yard. Consequently, it can be concluded that these people belonged to a distinctive group of pilgrims who passed through the north-eastern part of Bulgaria and visited Ravna monastery in the first half of the tenth century. The pilgrims scratched the boot-graffiti as personal signs of worship with protective power. Furthermore, I suggest that the pilgrims probably adopted this symbol during their pilgrimage to the Holy Land and particularly to Sinai. There, the image of boots was popular as a symbol of the experience of epiphany as well as a symbol of piety which derived from the 'abbreviated' iconography of the biblical scene "Moses and the Burning Bush", a typical *locus sanctus*-picture for Sinai.[47]

So far we have seen that both lust and piety were important didactic categories used by official clerical authorities to impose Christian morality and standards of behaviour. Moreover, the graffiti I have examined demonstrate the correspondence between the official definitions and their popular understanding in tenth-century Bulgaria. Lust was identified by the Church with the female, therefore the popular visual image of lust was the female sex symbol – the vulva; piety was understood as devotion and

[46] All the types of graffito-material I have examined have analogies in the graffiti from other medieval sites in Bulgaria. See Ljudmila Dončeva-Petkova, *Znaci vărhu arheologičeski pametnici ot Bălgarija IX-XI vek* [Signs on archaeological monuments in Bulgaria from the ninth-eleventh centuries], (Sofia: BAN, 1982), Table XXXIV, XXXV, and XXXVI.

[47] Kostova, "Boot-Graffiti from the Monastery of Ravna and Early Pilgrimage in Bulgaria", *Annual of Medieval Studies at the CEU, 1994-1995*, eds. M. B. Davis, M. Sebök. (Budapest: Central European University, Department of Medieval Studies, 1996), 140-166.

faith in the power of God to defeat sin and death, therefore the cross as the strongest symbol of Christ became the popular expression of piety.

Furthermore, the popular mind reflected the didactic use of lust and piety by the Church. Their moral polarity can be seen in the graffito from Ravna monastery which shows how lust (the vulva and the serpent) can be defeated by piety (the man with the cross). In addition, the verbal graffiti from the same monastery provide one more example for the continuous struggle between sinful lust and pious life. There is a bilingual Greek-Cyrillic inscription from the *scriptorium* in Ravna which again mentions the name of Marina. The Greek inscription states: "God, save Mirina (i. e. Marina?)". The Cyrillic inscription follows the Greek but does not reproduce it literally: "God, help Marina, I tell you the truth."[48] The similarities in the handwriting in both the curse and blessing of Marina lead me to suppose that the two inscriptions were made by one and the same person, although not at one and the same place. Thus, these two inscriptions, as well as the other graffiti I have discussed, offer the rare opportunity for the research of medieval mentality to witness, outside the didactic categories of the Church, the real drama of the coexistence of lust and piety in a human soul.

---

48 Popkonstantinov, "Dvuezični nadpisi," 74-76.

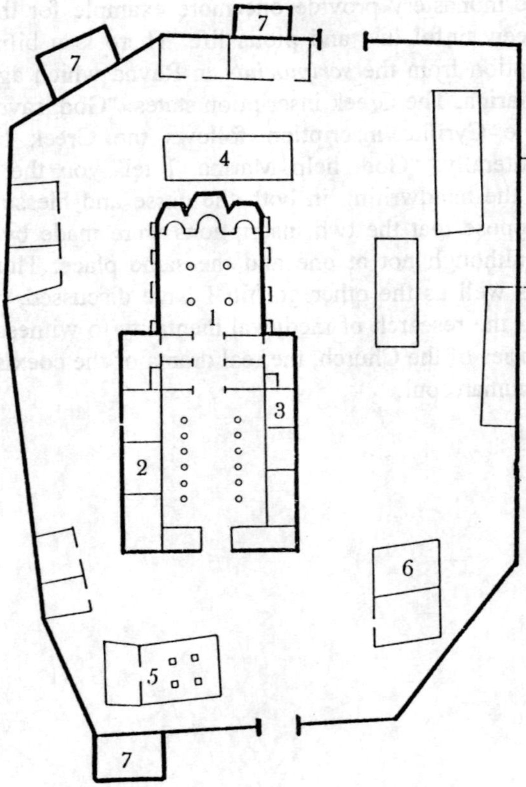

Fig. 1: Groundplan of Ravna monastery
1 church
2 scriptorium
3 refectory
4 abbot-house
5 bath-house
6 kitchen
7 towers

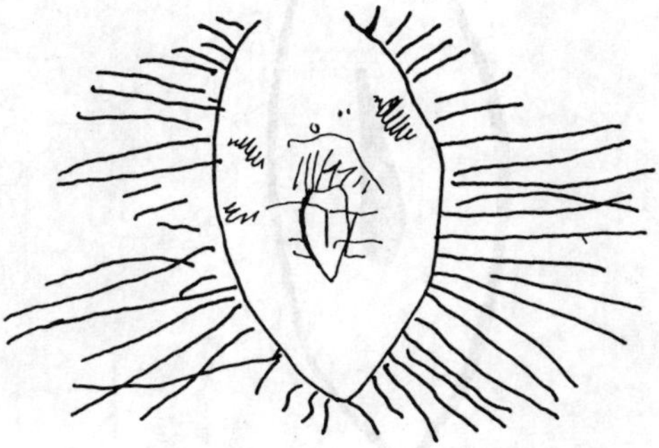

Fig. 2: Vulva graffito from Ravna monastery

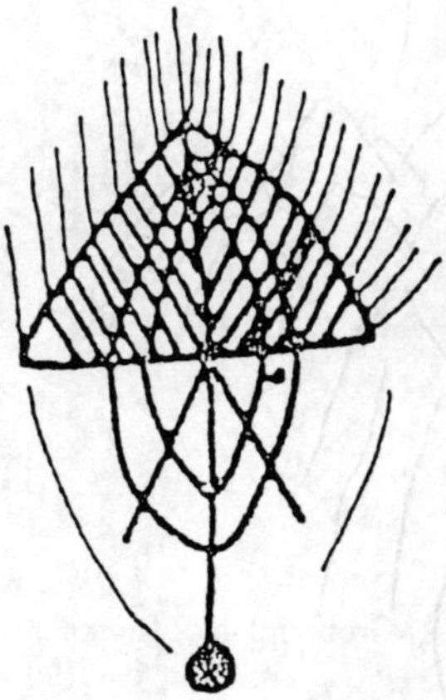

Fig. 3: Vulva graffito from the Pinzgau (Austria), 12th/14th c.

Fig. 4: Vulva graffito from the Wolfgangtal (Austria), 17th/19th c.

Fig 5: Vulva, serpent and human figure (Ravna monastery)

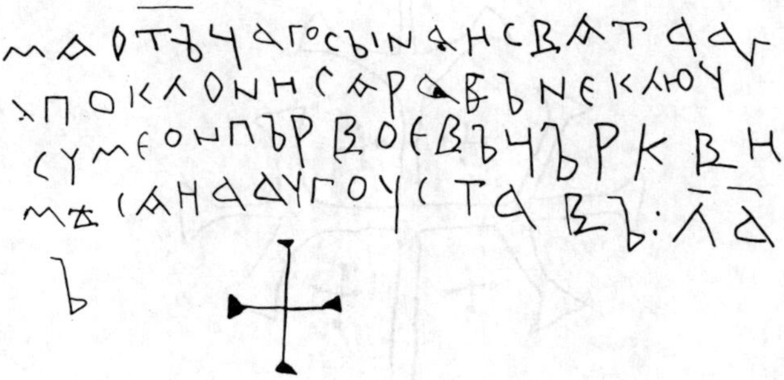

Fig. 6: Inscription from one of the rock-churches in Basarabi

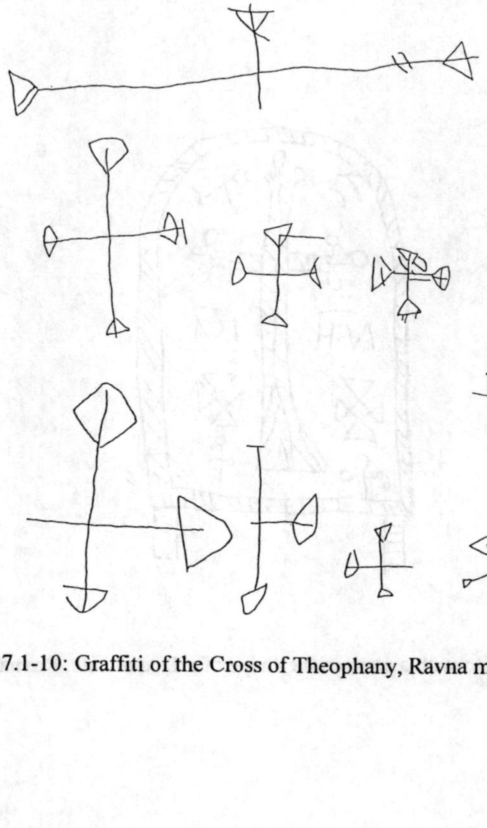

Figs. 7.1-10: Graffiti of the Cross of Theophany, Ravna monastery

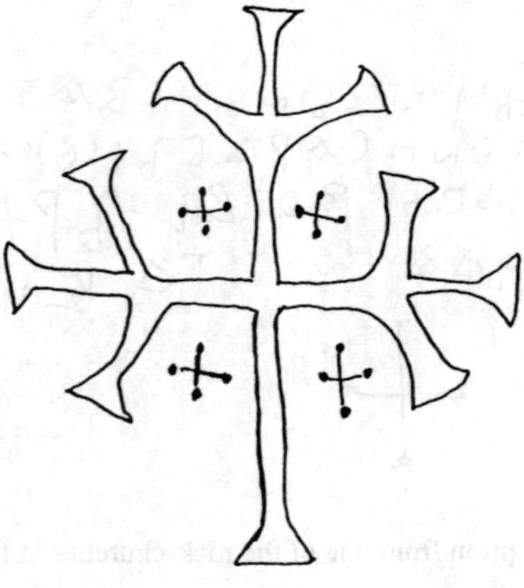

Fig. 7.11: Graffito of a trident cross, Ravna monastery

Fig. 8: Graffito with a cross in the shape of a Tree of Life, Ravna monastery

Fig. 9: „Walking“ Tree of Life-cross, Ravna monastery

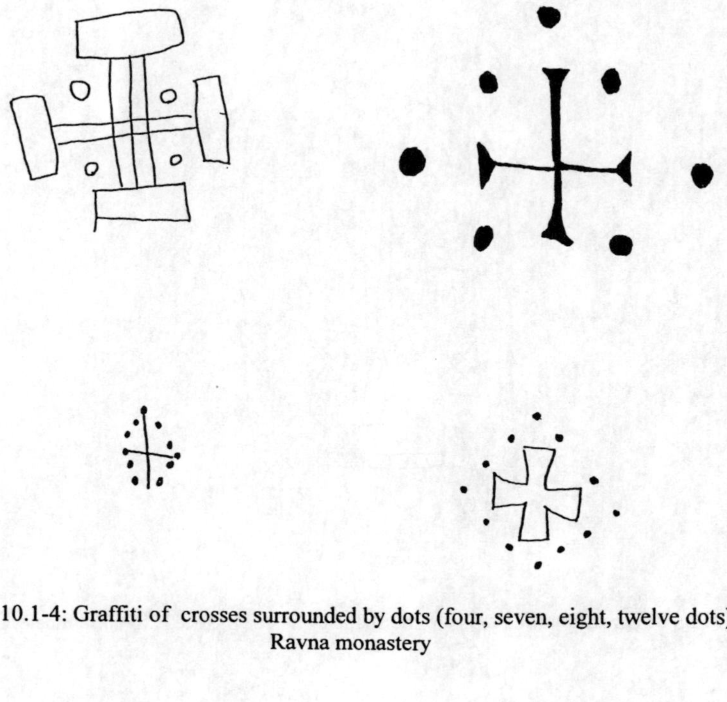

Fig.10.1-4: Graffiti of crosses surrounded by dots (four, seven, eight, twelve dots),
Ravna monastery

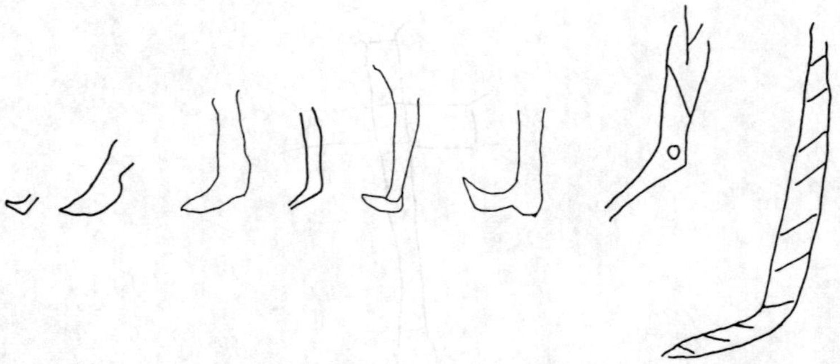

Fig. 11: Boot-graffiti from Ravna monastery

ANDREW C. SAWYER

LEARNING THE LEVERS OF POWER: THE DIDACTICS OF STATE CREATION IN THE RHINE DELTA, C.1588–1632

A sophisticated print was produced to celebrate the Twelve Years Truce (1609–21) between the Dutch Republic and the Spanish, *Afbeeldinghe van't Nederlants Bestand* (Representation of the Netherlands Truce).[1] In a detail, (fig. 1) the United Provinces of the Netherlands are shown symbolically as the sunlit booth on the left, centred on a maiden representing the 'Free Netherlands' (*BELGICA LIBERA, 't Vrÿe Nederlandt*). She is flanked by Maurice, the Stadholder, and two figures representing the States General ('*Ordines*'). Opposite we see, cast into shadow, another maid, representing the southern or Habsburg Netherlands, flanked by Philip III of Spain and Spinola, Philip's general. Approaching them are Albert and Isabella, the governors-general of the southern provinces. (They lead a procession which represents the peace settlement). Their horses (and the following procession) are led by *Amor Patrie, 'S Landts liefde*, and *Modestia Zedicheyt* (Love of the Fatherland, or Patriotism, and Moderation).

The richness of the sign systems employed here can be illustrated by focusing on three aspects of the depiction – gesture, gaze and clothing. The orientation of the maiden *Belgica Libera* is towards Maurice. He, ready with sword and shield, looks towards the States General. The plumed figure on the right gestures back to Maurice, whilst fixing his eyes upon the other States figure, dressed in the sober *tabbaard* or fur-lined robe of a regent, who is also gesturing, and gazes at the Southern Netherlands. Unlike her northern neighbour, she is restless and would speak to Philip – but the king, with raised forefinger (warning her to silence?) has eyes only for the approaching archdukes. Albert appears to be extending an open hand to the Southern provinces, whilst *Modestia* gestures to the Republic. *Amor Patrie*

---

[1] The print is listed as fmS1267c in F. Muller, *De Nederlandsche geschiedenis in platen. Beredeneerde beschrijving van Nederlandsche historieplaten, zinneprenten en historische kaarten*, 4 vol., (Amsterdam: Muller, 1863–1882), vol. IV. This print is extant in several states; the one illustrated bears the words 'CJ Visscher excudit.' Visscher (1587–1652) was a prolific engraver and successful publisher in Amsterdam: see J. Turner, (ed.), *The Dictionary of Art*, 34 vols. (London: Macmillan, 1996), vol. 34, p. 621-622.

has one hand on her hip, and in this pose confronts the Southern Provinces, possibly Spinola in particular.

How should we interpret this artefact left from the past – in an artistic context as a minor example of the rich tradition of the Low Countries, particularly of the print makers of Amsterdam? As political propaganda, associated with the hawks and doves of the Dutch elite? As a 'gendered' image, reflecting feminist theory? Without dismissing any of these approaches one might regard it as a manifestation of vanished *realpolitik*, a husk or physical remnant remaining from the generation of global power, of the expansion of a veritable 'tiger economy' in the Rhine delta in the sixteenth and seventeenth centuries. (As Sir William Temple famously observed of the Dutch in 1673, their 'prodigious growth in Riches, Beauty, extent of Commerce, and number of Inhabitants ... has made them the Envy of some, the Fear of others, and the Wonder of all their Neighbours'.)[2]

A claim that such images are the remains of the tangible incarnation of power implicitly rejects a merely illustrative role in discussions of authority and discipline, and indeed directs attention away from that which (it was assumed) was illustrated by the images, to the sign systems themselves; for 'the social values expressed by the visual sign systems of these media cannot be distinguished from some underlying reality that they are assumed to "reflect". To all intents and purposes, these systems constituted the society whose values they articulated'.[3]

Thus in contrast to what might be called a textual approach, where a few images are studied intensively, or a contextual approach, emphasising the picture's *milieu*, the evidence presented here was garnered from a sophisticated inter-textual analysis, itself dependent upon novel technologies.[4] The aim is 'nothing less than the relocation of painting within the field of power from which it had been excluded,'[5] – and we may substitute images for painting in this context.

In siting the prints at this nexus of neoteric theory and new technology, they can be regarded not as propaganda distributed by those who 'had'

[2] W. Temple, *Observations upon the United Provinces of the Netherlands*, ed. by G. Clark (Oxford: Clarendon Press, 1972), p. 1.

[3] K. Moxey, *Peasants, Warriors and Wives. Popular Imagery in the Reformation*, (Chicago and London: University of Chicago Press, 1989), p. 131.

[4] The research described here is heavily dependent on digital images and computers. I am grateful to Dr. F. Colson and the staff of the DLRC at Southampton University for the use of computing facilities, and Dr. M. Thaller of the Max-Planck-Institut für Geschichte, Göttingen, for the use of Kleio Image Analysis System software, in connection with this research; my thanks to the British Academy for funding. The effect of the technologies employed in historical research – new or old – upon the conclusions of such research should not be underestimated.

[5] N. Bryson, 'Semiology and Visual Interpretation' in *Visual Theory. Painting and Interpretation*, (Oxford: Polity Press, 1991), pp. 61-73 (p. 65).

power, but as artefacts within which power was embodied; and it can be suggested that, in embodying mastery in reproducible images, using a complex visual language, the Netherlanders achieved a 'technological take-off in the productivity of power'.[6] This efflorescence of power (finding its substance in the form of the Dutch Republic) owes something to the learning of these levers of control, just as to economic, political, or religious developments.[7] Such a relocation of the evidence might be justified by reference to observations by contemporaries (contextual evidence – which does exist and is being gathered), by theory (touched on above), and by an exploration of the rhetoric of the images, which is explored below.

The significance of imagery in the Low Countries is well known; and by 1588, the connection between power and images had already been exploited in the Low Countries with the development of printed material during the Dutch Revolt, among which many prints or broadsides bearing images played a role; many of these are extant in collections today.[8] Indeed, it has been claimed that the 'Eighty Years' War' 'was to become the first major conflict to be fought in any telling measure with paper propaganda'.[9] For this article, over sixty images were analysed. Most are prints from the Muller collection at the Rijksprentenkabinet in Amsterdam.[10] (It should be remembered that the 'sign systems' which form the subject of the research traverse a variety of media, and are not confined to engravings categorised by nineteenth century collectors as 'historieprenten').

However, 'power is a considerably more elusive object of study than wealth or even status', as Burke observed in his comparison of the elites of Amsterdam and Venice.[11] This is in part because of the problem of definition: if we ask, 'what interests us when we are interested in power? It turns out that there are various answers ... every attempt at a single general

---

[6] The phrase is Foucault's: M. Foucault, 'Truth and Power: Interview with Alessandro Fontano and Pasquale Pasquino', trans. by P. Patton and M. Morris, in M. Foucault, *Power, Truth, Strategy*, (Sydney: Feral Publications, 1979), pp. 29-48 (p. 36).

[7] A claim made by at least one other scholar in this field: see B. Kempers, 'Inleiding' in *Openbaring en Bedrog. De afbeelding als historische bron in de Lage Landen,* ed. by B. Kempers, (Amsterdam: Amsterdam University Press, 1995), p. 11-17 (p. 14).

[8] The majority are held in collections in the Netherlands. Most are listed in two catalogues: see Muller, *De Nederlandsche geschiedenis in platen* and G. van Rijn, *Atlas van Stolk. Katalogus der historie- spot- en zinneprenten betrekkelijk de geschiedenis van Nederland, verzameld door A. van Stolk*, 10 vols., (Amsterdam, 1895–1933). It should be noted that these collections are still growing. In the case of the Muller collection, the only complete guide is the annotated edition of Muller held at the Rijksprentenkabinet.

[9] J. Tanis and D. Horst, *Images of Discord. A Graphic Interpretation of the Opening Decades of the Eighty Years' War*, (Grand Rapids: Eerdmans 1993), p. 1.

[10] An appendix of the prints analysed is appended to this article (p. 268).

[11] P. Burke, *Venice and Amsterdam*, (Cambridge: Cambridge University Press, 1994), p. xv.

answer to the question has failed and seems likely to fail.'[12] Furthermore, given the establishment of post-modern scholars, the stance from which power is defined can no longer be assumed (or the existence of positioned stances denied). The tendency among historians of the early modern period, for example, is to discuss power largely in 'top down' terms of sovereignty. This tendency has perhaps sprung from two intellectual events – firstly, from the incorporation of the ideas of Bodin and Hobbes in the form of a 'classic theory' of sovereignty, which, it is implied, is normative, and a trusty yardstick by which any state in the European mould can be measured;[13] secondly, (and more credibly, from the viewpoint of an historian), from the remarkable impact of Bodin's *Les Six Livres de la République* (Paris, 1576) on his contemporaries.[14]

However, automatic validation of early modern or current terms such as sovereignty can be challenged on three bases. First, Skinner has suggested that such 'classic theories', may be scholarly creations,[15] and more recently, Foucault has attacked the concept root and branch.[16] Furthermore, there was in the early Republic a notable contemporary alternative conceptualisation of power, which rejected Bodin's theory, which may be found in the works of Johannes Althusius;[17] (and just as Bodin's views were accepted by modernist scholars, so Althusius's world view has been acknowledged by the Dutch philosopher Herman Dooyeweerd,[18] who noted that Althusius 'broke with the universalistic conception of the State, in a period in which Bodin's concept of sovereignty had introduced a new version of this universalistic view.')[19] Finally, and independently of these

---

[12] S. Lukes, *Power*, (Oxford: Basil Blackwell, 1986), p. 17.

[13] The 'classic theory' may be found in F. H. Hinsley's *Sovereignty*, 2nd ed., (Cambridge: Cambridge University Press, 1986); for a combative defence of this 'classic theory', see W. J. Stankiewicz (ed.), *In Defence of Sovereignty* (London and Toronto: Oxford University Press, 1969), especially pp. 14-15, 38.

[14] R. Bonney acknowledged the dominant role of Bodin (with Machiavelli and Hobbes) in political thought in *The European Dynastic States 1494–1660* (Oxford: Oxford University Press, 1991), p. 306; for a review of the early impact of Bodin in the Germanic areas to c.1630, see J. H. Franklin, 'Sovereignty and the mixed constitution: Bodin and his critics', in *The Cambridge History of Political Thought,* 2 vols., II, ed. by J. H. Burns (Cambridge: Cambridge University Press, 1994), pp. 298-328.

[15] See Q. Skinner, 'Meaning and understanding in the history of ideas', *History and Theory* 8 (1969), pp. 3-53, (pp. 4-7).

[16] M. Foucault, 1979, p. 38; and M. Foucault, 'Disciplinary Power and Subjection', in Lukes, pp. 229-242 (p. 230).

[17] J. Althusius, *Politics (Politica methodice digesta)*, (1614): I have used *The Politics of Johannes Althusius: An Abridged Translation of the Third Edition ...*, trans. and ed. by F. S. Carney, (London: Eyre & Spottiswoode, 1964).

[18] Dooyeweerd's theories were published in *A New Critique of Theoretical Thought*, 4 vols., (Amsterdam: H.J. Paris, 1955-1958), originally in Dutch, as *De wijsbegeerte der wetsidee*, 3 vols., (Amsterdam: H.J. Paris, 1935-1936).

[19] H. Dooyeweerd, III, p. 662.

arguments, some historians of the Dutch Republic are increasingly wary of accepting theories of sovereignty as the ground for explorations of politics and power in the Dutch state.[20] This is not to say that early modern concepts of sovereignty (however defined) were not an issue in the Low Countries, but rather to declare that the concept (however defined) is not a required analytical tool. Examined from the points of view of radical political theory or contemporary conceptualisations of power, or simply on the basis of the hunches of practical historians, it would seem reasonable to unhitch a study of power in the prints from 'classic' theories revolving around the constructs of Bodin and Hobbes. Hence, as an alternative, the images are approached with the terminology of Dooyeweerd – who preferred 'mastery' and 'control' to 'power'[21] – and the terms and 'methodological precautions' of Foucault,[22] in this way escaping the straight-jacket stitched by Bodin.

Thus when examining prints such as the *Afbeeldinghe*, it is intended to avoid studying power in its central location (an apt approach for a state which was not itself centralised); to look for the depiction of mastery and control as it emerges into action, rather than attempting to identify who 'has' power and what their intentions are; to study power in its net-like manifestation throughout and coextensive with society, immanent in certain gestures and bodies, for example; to study it not in a 'top down' approach, but in ascending mode, (as, e. g., Althusius organises his theoretical description of the state);[23] and to examine 'apparatuses of knowledge' (such as the distribution of reproducible imagery depicting structures of power) rather than examining 'ideological constructs'.[24]

Mastery and control is literally embodied in the prints, with patterns of meaning focused on depictions of the body. In the prints, these figures may be assessed on a variety of criteria: for example their depiction as either 'real' or allegorical persons – the latter are very numerous, and represent abstractions such as Concorde or Discord, or, more often, political constructs such as the Provinces.[25] Female figures are usually employed.[26]

---

[20] See G. de Bruin, *Geheimhouding en verraad. De geheimhouding van staatszaken ten tijde van de Republiek (1600–1750)* (The Hague: SDU, 1991), p. 120 and 133; and J. L. Price, *Holland and the Dutch Republic in the Seventeenth Century. The Politics of Particularism,* (Oxford: Clarendon Press, 1994), p. 209.

[21] Dooyeweerd rendered the concept as *macht* (power, might or dominion) and *beheersing* (mastery, control, command) in his native language; see Dooyeweerd, 1955-1958, II, pp. 68-69.

[22] Foucault, in Lukes, p. 233-237.

[23] Thus in the 1614 edition he commences with the family in chapters II-III, the collegium (for example, guilds) in chapter IV, the city in chapter V-VI, and the province in chapters VII-VIII, before considering political activity in more detail and closing with a consideration of the supreme magistrate in the final chapter. See Carney, pp. 205-208.

[24] Foucault, in Lukes, p. 237.

[25] To be precise rather than impressionistic, in this sample of prints Concorde and

The overwhelming number of figures used to represent 'real' people are male, although where women exercised power and influence, they were depicted as such.[27] Figures can also be classified in terms of positioning, stance, gesture, expression, and eye contact (although such evidence is more resistant to systematic analysis, and the reliable detection of patterns of meaning is dependent upon extremely intensive study).

Using such patterns of meaning, it is possible to identify several classes of figure in the prints. These correspond loosely to 'class' as used in the sense that Temple used it, that is, classification by occupation.[28] He identified five classes, the Boers or peasants, mariners and sailors, merchants, *rentiers*, and military officers. (However, it should be noted that social stratification in 1673 had probably altered since the period 1588–1632 covered in this research.) In the prints one can generally only distinguish nobility, regents, merchants, and labourers. Nobility are generally named, and usually bear a sword in combination with a short cloak. The division between regents (those in political office in the towns, provinces and States General) and the merchants (from among whom the regents were drawn), is not always clear, a reflection of the somewhat hazy division between these groups, which was more or less distinct at different periods.[29] Hence the use of the word 'elite' for these groups. The labouring classes might be defined solely by their wearing trousers rather than breeches, although many other aspects of the depiction of this class are distinct. The precise nature of their employment varies from figure to figure, and is not always easy to specify. The division between those who wear breeches (nobility, regents and merchants), who are shown as politically active, and those who wear trousers, who – usually – are not, is perhaps the most striking difference.[30]

Discord, represented by maidens, appear 7 and 5 times respectively. Lions are employed to represent the Republic fully and formally on 13 occasions, but are used more flexibly to highlight certain aspects more than 25 times.

[26] Over 330 maidens are depicted, employed allegorically.

[27] There are not many: Elizabeth I of England, Elizabeth Stuart (daughter of James I of England), Isabella (one of the archdukes) and Sybil Stijls (wife of Hendrick Boxhorn, a Calvinist preacher) complete the list.

[28] Temple, p. 82. Use of the term here does not necessarily imply a Marxist, teleological stance.

[29] A good recent summary of the situation of the regents in this period may be found in J. Israel, *The Dutch Republic. Its Rise, Greatness, and Fall 1477–1806*, (Oxford: Clarendon Press, 1995), pp. 341-348, pp. 454-445, and p. 466; for their history see pp. 125-128.

[30] 248 figures were identified as representatives of the elite, as opposed to labourers. A further 53, identified as magistrates or regents, might be added. This total of 301 may be contrasted with the 40 figures identified as commoners. In many illustrations, small groups of people, usually of one class, are shown; 20 of these were identified as elite figures, 41 being made up of commoners.

The existence of a varied but distinct labouring class is an indication of mastery and control emerging in the lives of a large proportion of the population of the Netherlands. In what ways is power evident among depictions of the labouring classes? In general, commoners are incorporated into the background of the prints in the sample. Here they take their places in prosperous pastoral, mercantile or industrial scenes, as part of the process of wealth creation that typified the early Republic.

It is notable that all the sample images bar one show the labouring classes in this positive light.[31] In almost all the prints labourers are shown active in their trades, rather than as vehicles for the expression of power relations expressed in posture etc., (which is the case in depiction of elite figures). One of the few exceptions is found in fm1415,[32] where an elderly couple slumber in the shade of the security of the new state.

Another particularly potent portrayal of labourers may be found in another image concerned with the Truce (fm1256, detail, fig. 2).[33] Here they have been marshalled in a procession. A close examination reveals a wide variety of trades and occupations, ranging from agricultural labourers to highly skilled workers, rather than a simple 'proletariat'; the ability to marshal complex varieties of labour effectively was an outworking of mastery and control. This procession, which is balanced by the straggling departure of an army, can be linked with the action of the magistrates of Haarlem in 1598, when they banned the annual procession of the corn porters – for 'all forms of public expression of their own identity were banned.'[34] Prints allowed the colonisation of events such as processions by the world view of the print maker, rather than the participant.

It is therefore surprising that there are some exceptions to the incorporation of labourers as apolitical 'wallpaper' for the main scenes. A print of the folly of the defeated party in a civil conflict of 1618 is as usual dominated by elite figures, but labourers have also been depicted, stunned by the folly of the defeated faction (fm1329a, detail, fig. 3).[35] Certainly the evidence suggests that the labouring classes were engaged in the debate about the crisis of 1618, and furthermore that the elite were fearful of disorder in that year.[36]

---

[31] The exception is Atlas van Stolk no. 1525 which shows commoners in a religious procession.

[32] Prints in this article are referred to by their number in Muller's catalogue.

[33] Designed by D. Vinckbooms (1576–1633), engraved by P. Serwouters (1586–1652).

[34] R. M. Dekker, 'Labour conflicts and working class culture in early modern Holland', *International Review of Social History* 35 (1990) pp. 377-420 (p. 384).

[35] This extremely complex print appeared in several states according to Muller (I, pp. 166-167). This example, of 1618, bears the address of C. J. Visscher; Muller suggests Simon de Fries (Frisius, c.1580–1629) as the engraver.

[36] A. Th. van Deursen, *Bavianen en Slijkgeuzen*, (Franeker: Van Wijnen, 1979), pp.

However, only two prints show labourers consciously engaged with political events. One, fm1409 of 1620 again has its roots in the crisis of 1618, and again, it is perhaps as much theological as political – simple, secular 'politics' is not implied, rather, something more complex: the print shows the defection of Pieter de Bertzoon, a leading Arminian theologian, to the Catholic church, and his receiving a professorship from the Sorbonne,[37] an event here gleefully discussed by his hard-line Calvinist opponents, in the form of a group of labourers.

The portrayal of a '*Samenspraeck*' (conversation), echoed below in an accompanying text, is a stylistic convention found commonly in the pamphlet literature of the day.[38] As such it is a familiar didactic tool. In addition, two labourers are named in the key as Joost and Kees; the anchoring of a particular social stratum or an opinionated segment of society in fictional characters, who can then be deployed as known quantities in expressing a particular partisan view, is a sophisticated device.

In summarising portrayals of the labouring classes in the prints, several points are worth highlighting. With the few exceptions listed above, they are always portrayed as engaged in wealth creation. This perception of 'the masses' as a resource is reflected in other studies: the remarkable poor relief system of the Republic, for example – 'foreigners were regularly amazed by the attention, and resources, expended on creating an orderly, well-equipped, and smooth-functioning system of old-age and sick care, and poor relief'.[39] Poor relief was organised by the towns themselves, rather than centrally, and the motive was not simple compassion: rather, labour was often scarce and wages high, and besides, in the area of poor relief as others, civic pride came into play. In embodying the reality of that formative power represented by the productive labour of the working people of the Netherlands, the prints draw attention to a major source of the Republic's greatness. The expression of overtly political activity, which admittedly may serve as a propagandistic device on the part of the faction responsible for the print, is also evidence that the labouring classes could be a site of political power.

The commercial and trading elite appear in two roles: occasionally, as taking a place in the commercial activity of the state, that is, simply as merchants; and, much more commonly, as an elite who exercised formal political power, that is, the regents. Here, the complexity of the means of

---

278, 286; J. Israel p. 438.

[37] *Niew Nederlandsch Biographisch Woordenboek* (Leiden: Sijthoff's, 1911-1937) 10 vols., vol. 1 p. 322-323.

[38] For an example, from 1620 one can quote *Claech-liedt der Remonstranten ... gestelt in mainer van 'tsamen-sprekinghe tussen Jaep en Kees.* See W.P.C. Knuttel, *Pamflettenverzameling berustende op het Koninklijke Bibliotheek,* 10 vols., (The Hague, 1899-1920), vol. I p. 595, number 3112.

[39] Israel, p. 355.

portrayal renders it difficult to move analysis from the impressionistic to the concrete; however, a striking feature is the number of negative portrayals. For example, in fm1352 of 1618, Oldenbarnevelt (the 'grand pensionary' of Holland) is shown by the *Arminiaensche dreckwagen* ('the Arminian Dung Wagon') in which some of his supporters ride. A key reveals that these include Uyttenbogaert (a political ally); it also includes the theologian Arminius, Bertzoon, David Joris, an Anabaptist leader and Spiritualist, and Dirk Volkertzoon Coornhert, a figure who had campaigned for extensive religious freedom. Joris had been dead for 62 years and Coornhert 28, but the image resurrects them and employs them in tarring Oldenbarnevelt. Here one particular past is summoned to condemn the present. This cavalier restructuring of the (perceived) past should come as no surprise, for as one scholar has noted, the Netherlanders learned early in their revolt how to exploit this technique:

> 'whereas other European states attributed their sovereignty to divine right, imperial charter, or contracts between rulers and the ruled, the Dutch derived their claim to self rule from their interpretation of the historical events leading up to the Revolt against Spain.'[40]

The exploitation of a combination of technological and creative skills (to produce prints), with a creative use of the past, was evident in the early years of the Revolt. Arguably it is among revolutionary societies faced with great danger that novel expressions of mastery and control are developed: for 'dislocation and, to use contemporary jargon, 'otherness', forced elaborations of ideologies and imageries in a self-justificatory process ...'[41]

Another rather muted criticism of the elite may be found in an image celebrating the victory of Maurice and the Republic's army over the Spanish at Nieupoort on 30th June 1600 (fm1352). The Republic's elite had been divided over the campaign from the start, and Maurice was surprised and had to fight a pitched battle in which the Spanish were defeated after a stiff fight. The campaign itself was not a success, as Uyttenbogaert admitted privately. However, he nonetheless approved the States Generals' decision to call for a day of national rejoicing,[42] and numerous prints appeared featuring the victory.[43] At the side of this print, a group of regents (identified by their clothing) are literally put in the shade by the victory

[40] G. Schwartz, 'Art in History', in *Art in History, History in Art*, ed. by D. Freedberg and J. de Vries, (Santa Monica: Getty Centre, 1991), pp. 7-16 (p. 9).

[41] R. Oresko, 'The House of Savoy in search for a royal crown in the seventeenth century', in *Royal and Republican Sovereignty in Early Modern Europe*, ed. by R. Oresko, G.C. Gibbs and H.M. Scott, (Cambridge: Cambridge University Press, 1997), pp. 272-350 (p. 278).

[42] Den Tex, *Oldenbarnevelt*, 2 vols., (Cambridge: Cambridge University Press, 1973), I, p. 297.

[43] See Muller, I, pp. 136-138, and IV, pp. 116-117. (Note that these prints are catalogued by event, not publication date.)

wagon: Their gestures and downcast eyes indicate their confusion. Thus the position of those who would criticise the campaign was defined.

Only two images in the sample show this elite in the act of exercising political power, as opposed to posturing in allegorical depictions of political issues. These are two closely related prints showing the *Vroedschap*, or town council, of Utrecht, voting to raise troops and purge the *Schutters*, or Civic Guard, in 1617.[44]

Evidence from the sample suggests that there was a very marked reluctance to criticise individual members of the political elite. Almost without exception, it was only in the crisis of 1618 and shortly after that prints are found to have references to individual regents, particularly Oldenbarnevelt. Moreover, one of the very rare references to prints in the indexes of the States (in the context of censorship) complains about the production and sale of images of Oldenbarnevelt, Grotius, Uyttenbogaert 'and others of that faction', in defiance of placards issued against such activity.[45]

A willingness to criticise those in government was evident at least as early as the first days of the Revolt – the magistrates were bitterly attacked in one of the most famous images from the late 1560's, a depiction of the *Tyranny of the Duke of Alva*.[46] It is true that less critical views of the elite abound, for example in the portrayals of dignified regents appearing in group portraits of civic guards, guilds, and workhouse superintendents – 'public' images of a very different type – nonetheless, it is tempting to posit that the dynamism of the new Republic was in part the expression of a political culture where issues could be critically debated, a process to some extent incorporated into the exercise of mastery and control from the earliest days of the Revolt; here the prints might be seen as complementing the role of pamphlets.[47] Given the numerous occasions when the exercise of power was evident at a civic level – even when such events were closely connected with the entire United Provinces – one might expect that towns would figure prominently in political prints.[48] However, depictions of towns are notable by their absence.[49] Where they do appear, they are usually shown as subject

[44] Fm1329a and 1330.

[45] J. G. Smit, (ed.), *Resolutiën der Staten-General 1610–1670* (The Hague: Martinus Nijhoff, 1981), vol. 4, (1619-1620), p. 296.

[46] Fm518.

[47] The standard works on pamphlets of the period are P. A. M. Guerts, *De Nederlandse Opstand in de pamfletten 1566–1584*, (Utrecht: H&S, 1983; first pub. 1956), C. E. Harline, *Pamphlets, printing and political culture in the early Dutch Republic*, (Dordrecht: Martinus Nijhoff, 1987), and M. van Gelderen, *The Political Thought of the Dutch Revolt 1555–1590*, (Cambridge: Cambridge University Press, 1992).

[48] One might consider the stormy role of Utrecht throughout the life of the Republic, or the way in which the Remonstrant crisis was concluded at a civic level.

[49] They occasionally appear in some of the paintings based on the allegory of the *Tyranny of Alva,* but these images might have been intended for a specific locality, and were not reproducible, so played a slightly different role.

to the power of major political players.[50] Individual provinces, on the other hand, frequently appear as maidens, sometimes as lions, and occasionally as the arms of the provinces: The arms themselves are usually employed with these allegorical figures to identify which province a figure represented. At first glance the provinces appear to be shown as equal entities; a closer examination will usually reveal that Holland is given a place of prominence.[51] However, the effect is subtle and hardly reflects the tremendous influence that Holland wielded, marked for example in the taxation system, by which she contributed over half of the sum of the provincial quotas throughout the period.[52]

'Now that we have discussed particular and minor public associations, we turn to the universal and major public association,' as Althusius says:[53] the realm or commonwealth. But where the historian conditioned by English historiography (or perhaps French) approaches the prints to find the apex of some hierarchy at which the monarch, or at least some Republican assembly, should be sited, one finds a blank. It is true that from 1625, (when Frederick Henry succeeded as Prince of Orange) such images appear,[54] but they are rare among earlier images. Indeed the contrast with his predecessor is striking; in the sample, Maurice is always portrayed dynamically, charging at Spinola,[55] winnowing the Remonstrants,[56] or adding his sword to the scales when the Bible (symbolising the Contra-Remonstrant position) and Arminian theology (the Remonstrant position) are being weighed against each other.[57]

However, Maurice is usually an accessory to the main event; and in an age when pictorial expressions of the state were built around depictions of the person of the monarch, the temptation is to abandon the search and assume that the Netherlanders were unable to exploit this possibility. A reflection of such a stance might be found among historians of political theory – for despite a general recognition of the remarkable rise of the Republic, 'in twentieth century texts on early modern European political thought, the Dutch Revolt has been virtually discarded.'[58] To be blunt, it is

[50] For example Haarlem is critically portrayed in fm1329a, as a 'loser' in the crisis of 1618, whilst s'Hertogenbosch is employed in dynastic glorification in fm1629.

[51] In fm514 of 1622 Holland appears at the head of a group of maidens. In fm1232 of 1606 her prominence is more obvious – here she is shown, as a lion, central and in isolation from the other figures representing provinces.

[52] Israel, p. 286.

[53] Althusius (tr. Carney), p. 61.

[54] See for example fm1629, by Crispin van de Passe, which shows Frederick Henry astride a rearing horse, with celestial figures crowing him with the wreath of victory. He tramples Envy, who is also mauled by the *Leo Belgicus*.

[55] Fm1301.

[56] Fm1368.

[57] Fm1333.

[58] M. van Gelderen, *The political thought of the Dutch Revolt 1555–1590*,

easy to mistake what is radically unfamiliar and unexpected with a vacuum.

Thus in place of the somewhat limited range of options offered by portrayals of a monarch, the Netherlanders had access to a range of symbols, especially maidens and lions. The treatment of the maidens varies widely, with almost every depiction displaying unique aspects, although several distinct topoi appear again and again, particularly the maid in the garden.[59] The lion is even more open to varieties of exploitation. They range from dignified and *passant* to *rampant regardant* and indeed beyond – in some cases abandoning dignity and the confines of heraldry altogether, as they take to the page in hot pursuit of the Republic's enemies, sword in hand. The eloquent addition of other animals, such as geese (a play on *geus* or beggar, the nickname of the first rebels) also occurs.[60] Similarly, by employing allegorical figures, particular aspects of the Republic could be expressed, e. g. by showing a maid wielding the sword of patriotism (*Liefde des varderlants*), driving away Discord, Hatred and Envy (*Tweedracht, Haet and Nyt*) in fm1502. Here we see a complex, developed and *puissant* polity embodied in equally complex imagery.

Finally, two images might serve to sharpen the contrast with conventional monarchical depictions; they are both in Le Petit's history of the Netherlands, of 1601.[61] The frontispiece shows Belgica (the Netherlands maid) enthroned amidst scenes of prosperity (detail, fig. 4). The wand of authority and rule is in her left hand: in her right she holds aloft moneybags. The centrality of the Netherlanders' concern for, and control and mastery of, economic and financial affairs is blatantly expressed.

Secondly, the book is illustrated with a series of prints of rulers of the Netherlands, from the earliest dukes via the Habsburgs to the Orangist Stadholders.[62] The last, and in some ways shocking print, is of an empty council chamber (fig. 5).[63] The *Leo Belgica* is at its head, with the grasped

(Cambridge: Cambridge University Press, 1992), p. 2.

[59] The classic work on this theme is P. J. van Winter's 'De Hollandse Tuin' in *Nederlands Kunsthistorisch Jaarboek* 8 (1957), p. 29-121.

[60] Fm1302 shows a lion leading soldiers represented by geese and frogs.

[61] Le Petit, *La Grande Chronique Ancienne et moderne, de Hollande, Zelande* ... 2 vols., (Dordrecht: Guillame Guillemot, 1601). The images are by Christoffel van Sichem (1545–1624).

[62] These were made available separately as *De gouverneurs en gouvernanten van de Nederlanden* in 1603: they were also used in E. Grimeston, *A generall historie of the Netherlands* ... (London, 1627), and other historical works: see P. C. Molhuysen and K. H. Kossman, (eds.), *Nieuw Nederlandsch Biografisch Woordenboek*, 10 vols., (Leiden: Sijthoffs, 1911-1937) vol. IX (1933), pp. 1022, and U. Thieme and F. Becker, (eds.) *Allgemeines Lexicon*, 37 vols., (Leipzig, 1907-1950), vol. 30, pp. 585-586.

[63] For a recent illustration of a late medieval miniature of an assembly of the Knights of the Golden Fleece, which appears to have been the inspiration for the schema adopted in this print, see A. Arnould and J. M. Massing, *Splendours of Flanders*, (Cambridge: Cambridge University Press, 1993), pp. 147, 177: the original is in

arrows of unity and the scimitar representing the Republic's military prowess. Empty seats indicate where the representatives of the States sit, an eloquent warning of the futility of searching for some centralised, 'sovereign' power at the apex of the Republic (or anywhere else) – for mastery and control were being exploited to great effect elsewhere.

Thus the prints of the later sixteenth and earlier seventeenth centuries can be presented not simply as picturing a novel polity: they might equally be regarded as artefacts as redolent and expressive of power as Jacob van Heemskerk's sword (which is also in the Rijksmuseum).[64] We can learn from them not only because they illustrate the levers of power, but because they were levers of power.

Fitzwilliam Museum, Cambridge, accession no. MS 187. Medievalists will recognise in the composition a standard format for the depiction of papal councils and etc.

[64] Van Heemskerck commanded the Republic's fleet in a significant defeat of Spanish naval forces at the battle of Gibraltar, 1607.

APPENDIX

The following prints were included in the sample analysed for this article: 'AvS' applies to material from the Atlas van Stolk, Rotterdam;[65] fm applies to material from the Rijksprentenkabinet, Amsterdam.[66] (My thanks to the staff of these collections for their help.) Additional material (frontispiece and illustration from vol. II, p. 427) is from Le Petit's *La Grande chronique ancienne et moderne* ... (Dordrecht, 1601).

AvS1244	fm1302
AvS1074	fm1328
AvS1309	fm1329a
AvS1384	fm1330
AvS1450	fm1333
AvS1488	fm1352
AvS1525	fm1359
AvS1564	fm1368
fm514	fm1373
fm515	fm1381
fm516	fm1409
fm518	fm1415
fm518A	fm1416
fm980	fm1421
fmS997A	fm1422
fm1080	fm1431
fm1152	fm1433
fm1167	fm1476
fm1174	fm1501
fm1232	fm1502
fmS1238A	fm1524
fm1248	fm1543
fm1253	fm1629
fm1254	fm1649
fm1256	fm1660
fmS1267c	fm1668
fm1268	fmS1668A
fm1270	fm1679
fm1297	fm1704
fm1298	fm1708
fm1301	

[65] See above, n. 8.
[66] See above. n. 1.

Fig. 1: Detail from *Afbeeldinghe van't Nederlants Bestand*, fmS1267c, showing the United Provinces (top), the Habsburg Provinces (right) and Albert and Isabella (left).

Fig. 2: Detail from an allegorical print of the Twelve Years Truce, fm1256.
Allegorical figures lead a procession representing the productive labourers of the Republic. In the background, an army marches away.

Fig. 3: Detail from *t Ariminiaens Testament*, fm1329a, showing one of the labourers pictured in this print.

Fig. 4: Detail from the frontispiece of Le Petit's *La Grande Chronique* ...
An allegorical representation of the United Provinces raises a handful of moneybags.

Fig. 5: A depiction of the States General
(from Le Petit´s *La Grande Chronique ...)*.

I am grateful to the Rijksprentenkabinet, Rijksmuseum, Amsterdam for permission to reproduce figures 1-3

Ross Parry

The Careful Watchman: James I, Didacticism and the Perspectival Organisation of Space

I. The Historical Gaze

As historians we consider ourselves sensitive to the effects that our own cultural condition and temporal distance can have upon our perspective of the past. After all it is this shift in time and knowledge that generates the inevitable error of parallax that fuels historical debate. There is, however, another parallactic shift we tend not to negotiate – that which operates within a *spatial* dimension. Just as the connections between a set of historical objects can be altered through the vantage point of hindsight or ideology, so can their inter-connectivity – their meaning – also be reconfigured as one's *spatial* location shifts. (A very simple but vivid example would be the difference in meaning that a conspicuously symbolic moment such as a church service or state ceremony would project to two individuals who were placed at two very different positions within the same space. The disparity between the structures of meaning in their respective visual fields would reflect the reorganisation of the common objects that occurs as ones vantage point moves within a three-dimensional context). In a sense, meaning is also dependent upon place.

Despite this – and despite new historiographical trends that have endeavoured to stress the experience of the historical individual – historians invariably adopt an unrealistic panoptic eye that operates within a space that is devoid of regression, accommodation, acuity and the other parameters that define the visual paradigm. Habitually, historians preserve the visual field as a passive and putative constant, and in doing so remain blind to the dynamic nature of certain visual and spatial relationships, blind of the ways didactic content and intent can sometimes change quite significantly – and instructively – through a particular space. This paper will attempt to discuss how one such didactic strategy within the culture of Early Stuart England was dependent upon this sort of spatial differentiation. I intend to show how in a series of special court festivals in one exemplary state room it was through the very regulation of space and the control of visual experience that a royal culture attempted to organise the nation's sense of self and monarchy. But I hope also to show how such histories of *Space and Didactics*, (*Vision and Discipline*), can only be written if we reappraise our own didactic space within which we communicate our understanding of the past.

II. Perspective and Perspicacity

If indeed early Stuart perspectivalism has a beginning, it is found within the differences – scenic and intellectual – of *The Masque of Blackness* in 1605. These were differences that distinguished it from what had been before, and that bound it to a new (perhaps even modern) sense of visual space to come.[1] The painted curtain, with which Inigo Jones (designer of the entertainments until the outbreak of the Civil War) concealed his scenery, suddenly fell to reveal a 'vast sea'.[2] Drawn by 'lines of perspective', the whole work (as the surviving text of masque reports) shot 'downwards from the eye'.[3] With the vanishing point level with the king's view, it was his seat at the upper end of the hall which (intentionally) became the only site at which to gaze upon an ordered universe – the infinite depth of his unique wisdom denoted in the infinite depth of the illusionary vista. 'The King's the Eye!' declared one of the masquers in 1611, identifying the significance of this new optical construct.[4] With its ability to display the court literally 'standing in his eye', artificial perspective quickly became the privilege of the king alone. By 1636, when 'the Perspectives of the Stage' were being sent from Oxford to Hampton Court for a command performance of *The Royal Slave* by the King's Men, the queen assured William Laud 'that no Part of these things [that] are come to our hands, shall bee suffered to bee

[1] It is not necessary to recite here the pre-history of the Stuart masque, as the literature which has attempted to survey its origins (from the Elizabethan revels, Henrician masking, and Italian *intermezzi*) is plentiful. It is perhaps sufficient to note that, of late, the clearest and most successful summary has been by John Peacock in his elegant *The Stage Designs of Inigo Jones: The European Context* (Cambridge: Cambridge University Press, 1995), pp. 1-5.

[2] Whereas the Folio edition of the masque describes the curtain as 'falling', the text in the Royal MS describes it as 'opening'. For a brief discussion of this and the evolution of scenic revelations within the masques see C. H. Herford and Percy and Evelyn Simpson (eds.), *Ben Jonson,* 11 vols. (Oxford: Clarendon Press, 1935-52), X, pp. 406-13.

[3] Ben Jonson, *The Masque of Blackness* (1605), lines 69-70. Modern versions of all the masques discussed in this paper can be found in Stephen Orgel and Roy Strong, *Inigo Jones: The Theatre of the Stuart Court,* 2 vols. (London, Berkeley and Los Angeles: Sotheby Parke Bernet and University of California Press, 1973). Peacock notes that this description (which he considers 'anxiously intricate') contains very little of the description of the perspective scenery that appeared in the first quarto text three years later. See Peacock, *The Stage Designs of Inigo Jones*, p. 162.

[4] Ben Jonson, *Love Freed From Ignorance and Folly* (1611), line 271. In the next round of court festivals Ben Jonson returned to this theme, as his bard sang (to the sound of two harps) in praise of James I's perspicacious sight: 'It is by standing in his eye | You'll find yourselves changed by and by.' See his *The Irish Masque at Court* (1613), lines 161-162.

prostituted upon any Mercenary Stage.' Stressing the manner in which the 'Perspectives' were royal property and right, the Archbishop was reminded how this scenery in particular was 'carefully Reserv'd' for the 'Occasions and particular Entertainments at Court'.[5] It was as if perspectival space had become a royal prerogative. By fashioning the king into 'the eye of this great all', civility, knowledge and power had in one theatrical flourish been assimilated to the act of being and seeing correctly within space.[6]

However, within this and the later use of illusionary effect, the English court was witnessing the appropriation rather than the introduction of linear perspective by the royal culture. Inigo Jones's contribution was (as we shall see) tremendously innovative and influential; but, with respect to perspective, this came almost entirely through the application and not the creation of perspectival method. Perspectivalism, it should be stressed, was a visual technology already known to English culture. As far back as the 1530s, the *chiaroscuro* of Hans Holbein the Younger's portraits of the Henrician court had already demonstrated a sophisticated sense of pictorial recession. By 1563 'painter and architecte' John Shute, within the context of his treatise on architectural order, was implicitly imparting a sense of spatial proportion and visual perspective.[7] Similarly, hermetic philosophers such as John Dee were drawing upon Vitruvius to establish the mathematics behind 'cunning perspectives.'[8] Modern commentators have even written of 'perspectival space' in relation to Spenserian poetry.[9]

---

[5] Rawlinson MS. D. 912, fol. 66, quoted in *Bodleian Quarterly Record*, (1918), ii, p. 152, as quoted and cited by John Freehafer, 'Perspective Scenery and the Caroline Playhouses', *Theatre Notebook*, 27 (October 1972 to July 1973), 98-113 (pp. 107 and 113). This prerogative was, however, not restricted to just the court masques. When performed in royal company, more conventional drama made use of an illusionary stage. From the plays at Oxford in 1604, to the production of *The Cid* in 1639 (in the Cockpit-in-Court) perspective scenery was aligned for both James I's and Charles I's eye. See *ibid.*, p. 101.

[6] Ben Jonson, *Love freed from Ignorance and Folly* (1611), line 272.

[7] See his, *The First and Chief Groundes of Architecture used in all the auncient and famous monymentes with a farther & more ample discourse uppon the same, than hitherto hath been set out by any author* (London: Thomas Marshe, 1563), A.ii.*verso*.

[8] Frances A. Yates, *Theatre of the World* (London: Routledge and Kegan Paul, 1969), p. 32.

[9] This is, more times than not, as a critical metaphor rather than an Elizabethan reality. Judith Dundas, in particular, has protested that writing of 'perspectival space' in the context of poetry criticism is 'to produce a *zeitgeist* for whom differences in media present no obstacle.' She has asserted that 'the poet has no need to fit a three-dimensional experience to a two-dimensional surface'. Though I find her thesis totally persuasive, I disagree with her notion (taken from William Ivins) of the early modern age witnessing a 'rationalisation of sight.' Seeing had always been rationalised – just according to different rationale other than mathematical perspective. See Judith Dundas, 'Fairyland and the Vanishing Point', *The Journal of Aesthetics and Art Criticism*, 40 (1981), 82-84; and Martin Jay, *Downcast Eyes: The Denigration of Vision*

Despite this clear knowledge base, however, consistent pictorial space never enjoyed a sustained and methodical use within late sixteenth-century English culture. Instead Elizabethan panegyric had found relevancy and expression in other visual and spatial formations. Successful painters and limnists like, for instance, Nicholas Hilliard knew how through 'cunning of line' perspective could deceive 'bothe the understanding and the eye.'[10] But his success as a court miniaturist was not dependent upon his ability to achieve verisimilitude, but instead upon his capacity to present a suitable version of reality for the Elizabethan perception of monarchy; a perception that invariably positioned the queen beyond the confines (spatial and visual) of the material and mutable world. Consequently, his work foregrounded line and colour – not depth and focality. Unsurprisingly we find Hilliard writing around 1600 of how he considered the empirical detail of Durer (one of the innovators of pictorial space) 'hard to remember and tedious to be followed of painters.'[11] Even when an Elizabethan artist, such as George Gower, did attempt to make use of perspective, the results were far removed from the completeness that would characterise the work of Inigo Jones. Gower's *Armada* portrait (1588), for example, pretended to a sense of linear convergence, but never with the concordance or persuasiveness of an absolute pictorial scheme. But we should not indict Gower for his art. For, in one respect, the very use of the word 'perspective' (or 'prospective') within Elizabethan language signalled a wider lack of cohesion with which Tudor mentalities grasped it as a concept. As well as being synonymous with 'telescope', the word could also refer to a cut crystal or glass that created a multiple view or kaleidoscopic effect. Similarly, it could be an illusionary 'toy' that by way of anamorphic image or corrugated pictorial surface, generated a different representation depending upon the position of the viewer's eye. The selective application of a perspectival space within Gower's painting was part of this same disparate understanding.

It is clear that before *The Masque of Blackness* the application of artificial perspective (though at times well-grounded) had been sporadic. Though Jones, therefore, may not have introduced perspectival space to England he certainly introduced English culture to a thorough reinvention and exposition of perspectivalism. The lines of perspective that shot 'downwards from the eye' at that evening in 1605, appropriated and clarified a fragmentary and almost whimsical Elizabethan conceit, and transformed it into a totalising visual programme. England always had a means and a method to construct monarchy (and reality) in this way – it

in Twentieth-Century French Thought (Berkeley, Los Angeles and London: University of California Press, 1993).

[10] Nicholas Hilliard, *A Treatise Concerning the Arte of Limning*, ed. by Arthur F. Kinney and Linda Bradley Salamon (Boston: Northeastern University Press, 1983), p. 20.

[11] *Ibid.*, p. 19.

had simply lacked the motive. But why did James's self-representation encourage or at least adapt so readily towards perspectivalism? The answer, to an extent, lies with the visuality in which James's accession was couched. Within the processional entry of the new king into London, the figure of Genius ('antique, and reverend both in yeares an habit'), had hailed the arrival of the kingdom's 'Halcyonean dayes.' The change was to be administered by 'a King's looke,' within which (she told the figure of St. George) 'such admiration lyes!' And to the 'multitude' who lined the streets James' 'sphere of majesty' (London) was presented as 'England's right eye'.[12] It was a powerful motif, and one that was not uncommon in 1603-1604. Royal ocularity had been, for instance, the theme of Thomas Greene's poem *A Poet's Vision, and A Prince's Glories*.[13] Entered on the Stationer's Register within a month of Queen Elizabeth's death and some 12 days before her funeral, the piece was a carefully timed celebration of James's accession to the English throne as a poetic king.[14] By way of a revelatory dream, Greene describes how his vision of a new princely glory had re-focused his 'wondring eye', and inspired him to resume his writing: 'no longer hide thy Muse from light' he is urged 'But pray thee, pray thee, take thy pen and write'. A new spirit (a 'ladie') from '*The vertuous North*', recounts to Greene how, before the coming of this new clarity, 'Time' quite literally 'had no eyes' and was bound to live in 'blinde credulitie'. Similarly, she reports how the 'plants' (that are now allowed to thrive under Nature's 'fresh wings') were previously destroyed by 'loathsom pois'nous eyes'. The change she describes is one of visual experience, in

[12] John Nichols, *The Progresses, Processions, and Magnificent Festivities of King James the First, his Royal Consort, Family and Court,* 4 vols (London: 1828), I, pp. 339-41.

[13] From 1602 to 1604 Leake was (almost exclusively) printing well-established ecclesiastical texts. In 1602 he produced: a Latin version of John Fisher's 1544 compilation entitled *The King's Psalms* (see STC 2995a.3) the most recent imprint of which had appeared back in 1572; Fisher's *A godlie treatise declaryng the benefites of prayer Written in Latin fourteie yeeres past*, that had only been reprinted in 1576 (see STC 10889.5); William Fulke's *A most pleasant prospect, to behold the naturall causes of meteors,* first published in 1563 (see STC 11438); John Lyly's, *Euphues, The anatomy of wyt,* first published in 1578 (see STC 17061); and Robert Southwell's, *Marie Magdalens funeral teares,* published in 1592, 1594 and (possibly) 1596 (see STC 22952). Any new texts Leake did publish at this time had an equally spiritual subject; for example, after the 1602 first (and only) edition of an anonymous *A dyet for the christian soule, constantly to be observed every day* (STC 6832.65), Leake produced Philippe de Mornay's *The true knowledge of a mans owne selfe* (STC 18163), as well as Henry Smith's *Foure sermons...* (STC 22761). The only text from Leake's presses that, as it were, addressed sovereignty was John Jewel's *Certaine sermons preached before the Queenes majestie* (STC 14599), but even this had originally been published twenty years previously.

[14] See Thomas Greene, *A Poets Vision, and A Princes Glories: Dedicated to the High and mightites Prince, James, King of England, Scotland, France and Ireland* (London: William Leake, 1603), STC 12311, unpagenated.

which the dark delusion of obscurity is replaced by the bright clarity of truth. From having his eyes 'Stroke through' and quite literally 'seeing nought', Greene is introduced to a new state in which the 'blest sight' of both poet and king will be circumspect and supreme. With the 'Imperious Throne' erecting 'a hill of gold' which would rise to such a height as 'it shal keepe the Starres from mortal eyes', the poem was effectively setting out the divine sight of king's that James's triumphal entry would allude to in the following year. In short, well before Inigo Jones's new visual technology, the visuality of the new king was being constructed as something exceptional and privileged.

Though fresh, Greene's poetic construction was far from innovative. Conventions and tropes implicating *sight* with *power/knowledge* were commonplace within sixteenth- and early seventeenth-century spirituality. Back in 1585 Robert Bostocke had assimilated knowledge of God with 'all things which are in this world and which are seen.'[15] But just as spiritual (in)sight was tantamount to having 'eyes...now opened', spiritual ignorance was akin to 'blindnesse'[16]; typically, the 1550 edition of *The Vision of Pierce Plowman* had characterised the spiritually wayward as 'the obstinate blynde.'[17] And certainly in her lamentations on a sinful life (first published in 1547) the studious Catharine Parr had written of how: 'I had a blinde guyde called Ignoraunce who dimmed so mine eyes, that I could never perfectlye get any sighte of the fayre goodly, streight, and ryght wayes of hys doctrine.'[18] For despite the classical merits of 'the sightless man', blindness in the early modern period was a life of enforced helplessness, idleness and ignorance.[19] To lack sight at this time was to lack knowledge and power. To stress a king's intellectual and spiritual perspicacity through

---

[15] R., B. (Robert Bostocke), *The difference between the auncient Phisicke, first taught by the godly forefathers, consisting in unitie peace and concord: and the latter Phisicke proceeding from Idolaters, Ethnickes, and Heathen: as* Gallen, *and such other consisting in dualitie, discorde, and contrarietie. And wherin the naturall Philosophie of* Aristotle *doth differ from the trueth of Gods worde, and is injurious to Christianitie and sounde doctrine* (London: Robert Walley, 1585), STC 1064.

[16] Richard Alison, *A Plaine Confutation of A Treatise of Brownisme, Published by some of that Faction Entitled: A description of the visible Church*, (London: Thomas Scarlet for William Wright, 1590), STC 355, p. 2.

[17] William Arthur Langland, *The Vision of Pierce Plowman, now Firste imprynted* (1550), STC 19906, 'The Printer to the Reader'.

[18] Catharine Parr, *The lamentation of a sinner, bewayling the ignorance of her blind life* (London: E. Whitchurche, 1547), STC 4827.

[19] Eleanour Brown (herself blind) made the point most succinctly when she wrote: 'Homer and Tiresias, Isac, Jacob, Samson, the Talmudist Rabbi Sheshet, and the 'father of the cabula' Isac Sagi Nahor-ben David, Appius Claudius, Dandolo, and Ziska are among the well-known blind characters of history. These and other noted names, however, are but few in comparison with the thousands unknown and unnamed that have wandered helplessly and hopelessly through the streets and byways crying for bread.' See Eleanor Gertrude Brown, *Milton's Blindness* (New York: Columbia University Press, 1934), p. 10.

his visual acuity was, therefore, a sensible and effective device, not without precedent. Indeed, it was just this sort of convention that shaped Samuel Daniel's *Panegyrike Congratulatorie*, which (like Greene's poem) was rushed to the presses within weeks of James's accession.[20] Upon a foundation in which he praised the usual princely virtues of 'strength', 'abilitie', 'Judgement and Justice', Daniel built an equally familiar structure of courtly praise.[21] Claiming that the new king will 'not touch the fundamental frame', Daniel, nevertheless, saw reform as inevitable.[22] Identifying a prevalent 'humour of Luxuriousnesse', he suggested England was in 'neede of power' and 'ancient native modestie' to save it 'From this unruly and this idle vaine | Of wanton and superstuous bravery': 'What a great checke,' he later writes 'wil this chaste Court be now.'[23] Likewise, James was presented as the exponent and embodiment of union – political, territorial and emotional: 'No wall of Adrian,' Daniel asserts 'serves to separat | Our mutuall love, nor our obedience, | ...to one imperiall Prince'.[24] (The images used to explicate this traditional programme of praise are similarly conventional: referring, for example, to 'The pulse of England' and 'The whole complexion of the Common-wealth', the poet leaves little space for the reader to mistake the *body politic*). But then, with his conventional panegyric in place, Daniel suggests that the circumstances of this particular accession are far from typical, and it is here that we detect a new gloss on the tropes of the ocular. 'Though men thus court Kings still which are new,' he observes 'Yet do they more, where they finde more is due.'[25] Daniel (who would be 'one of the grooms of her majesty's most honourable privy chamber' within four years[26]) was suggesting that whilst individuals predictably laud incoming sovereigns, in some instances (as here with James I) when the monarch is beyond the limits of conventional praise, their staid adoration is misplaced. According to Daniel, the greater praise due to James was with respect to the king's 'judiciall lines'. These were the various political and poetical tracts produced by James as King of Scotland prior to the English accession – a corpus that Daniel called the 'everlasting evidence' produced 'Under [the] hand' of the king, which

[20] The poem was entered into the Stationer's Register on 30 May 1603 by R. Blount. The presence, therefore, of Elizabeth's motto (*Semper Eadem*) on the frontispiece may be the result of this swift publication – rather than a calculated call for continuity in government.

[21] See Samuel Daniel, *A panegyrike congratulatorie to the King's Majestie; also certaine epistles* (London: 1603), STC 6258, stanza 17 and 4.

[22] See *ibid.,* stanza 30.

[23] *Ibid.,* stanzas 54-55 and 58.

[24] *Ibid.*, stanza 2.

[25] *Ibid.,* stanza 19.

[26] This description of Daniel's office appears on the frontispiece of his 1610 masque *Tethys' Festival.* See Orgel and Strong, *Inigo Jones: The Theatre of the Stuart Court*, I, p. 193.

allowed the people to 'see what we must be, and what thou art'.[27] It was also a corpus well known to many of the other panegyrists of 1603, including the bishop of Winchester Thomas Bilson. In a sermon preached at the coronation, the bishop had referred to James as 'a religious and learned king' who 'by penne and practise these many yeeres hath witnessed to the world, how well acquainted he is with christian and godly government'.[28] Another, familiar with the kings works well before they were published collectively in 1616, was the regius professor of the University of Rheims, Matthew Kellison; in his dedication to James I at the front of *A Survey of the New Religion*, he had remarked: 'your Majestie is not only a Kinge, but a learned King also.'[29] Likewise, referring to James's 'learned Muse', and citing specifically the '*Lepanto*, or *Heroicall Song*', the historian Richard Knolles wrote in the same year of 'a prince of so great learning and judgement.'[30] However, these very texts to which Knolles *et al.* referred, were themselves imbued with a very distinct visuality. For in both his *Basilikon Doron* and what he called his 'Apologie for Kings' (*The Trew Law of Free Monarchies*), James, as 'the seate of Judgement'[31], fashioned himself as a 'careful watchman' over his subjects – subjects who would always walk in his (and God's) sight.[32] It is to this particular (self-)representation that Daniel alluded to in his *Panegyrike*. In the poem, the physical and mental 'maturitie' of James's acumen was pointedly illustrated in the king's ability to detect representational illusion – to 'discerne what shewes, | what arte, and colours, may deceive the eye'. Such acuity, according to Daniel, demonstrated the 'cleere judgment' upon which successful leadership depended.[33] Acknowledging the influence of

---

[27] Samuel Daniel, *A panegyrike congratulatorie to the King's Majestie,* stanzas 20 and 22.

[28] See Thomas Bilson, *A sermone preached before the King and Queenes majesties at their coronation* (London: V. Sims for Clement Kinght, 1603), STC 3068, C.3.*recto*.

[29] Matthew Kellison, *A Survey of the New Religion, detecting mannie grosse absurdities which it implieth* (London: Laurence Kellam, 1603), STC 14912, A.iii.verso.

[30] Intriguingly, the book was entered into the Stationer's Register before Elizabeth had died (5 December 1602), under the name of A. Islip. See Richard Knolles, *The generall historia of the Turkes* (London: Adam Lily, 1603), STC 15051.

[31] Though C.H. McIlwain (ed.), *The Political Works of James I* (Cambridge, Mass.: 1918) reproduces both of these texts, the edition of *Basilikon Doron* used here appears in the more thorough Craigie (ed.), *The Basilikon Doron of King James VI,* 2 vols. (Edinburgh: Scottish Text Society, 1844). See *The Trew Law of Free Monarchies,* pp. 69 and 64.

[32] See James I, *The Trew Law of Free Monarchies,* p. 55 and *Basilikon Doron*, The Argument.

[33] Samuel Daniel, *A panegyrike congratulatorie to the King's Majestie,* stanza 64. In no sense, however, is Daniel's concept of monarchy *ocularcentric*. In stanza 66, for example, it is both 'the hand | And eye of power' that the poet suggests the king must centralise, and keep 'from out the provinces.'

James's writing, Daniel's description of the new regime was one that replicated and foregrounded an ocular prowess already constructed in the King's own 'judiciall lines'.[34] And it was this sense of a writer and king being 'commixed' within one 'careful watchman' (producing, to use Daniel's expression, 'much more than a King'), that fashioned a great deal of the accession panegyric – encouraging the image of James's discerning and perspicacious eye.[35]

One of these authors of 1603 who had alluded to James's political and poetical works was the translator, pedagogue and one-time physician, Philemon Holland. Anticipating the eulogistic tone of the oration he would deliver to the king during a royal visit to Coventry in September 1617 (with its reference to the king's 'own powerful pen'[36]), Holland's preface to Plutarch's *The Morals* paid homage to 'those sage and learned Compositions of your Highnesse penning'.[37] Within the same dedication, however, Holland also focused upon another issue that may explain why James was presented at the accession as the paragon of perspicacity. When explaining how Elizabeth I's 'Realmes and Domininions' had been 'hereditarily descended upon [James's] roiall person', Holland suggests that this 'addition of scepters and diademes' was, under the new king, 'multiplied in greater measure, proportionable to the dignity of sex.'[38] The implication was that the incoming (male) king required a greater degree of praise than his (female) predecessor – as if the representation of a monarch was diminished or at least problematised if *she* was queen. Such an assertion would certainly seem credible within the context of Elizabethan

---

[34] Note here Jonathan Goldberg's conclusion that 'poets found their way in court by duplicating the royal language', in *James I and the Politics of Literature: Jonson, Shakespeare, Donne and Their Contemporaries* (Baltimore and London: The Johns Hopkins University Press, 1983), p. 147.

[35] In Greene's text James was, somewhat theatrically, presented as the apotheosis of the potential of poetry and monarchy:

To be a Prince it is an honour'd thing,
Yet eu'ry Poet to himselfe's a King.
But where in one they both commixed be,
He then is equall with a Deitie.

See Robert Greene, *Greene's Vision: Written at the instant of his death. Conteyning a penitent passion for the folly of his Pen* (1592), STC 12261.

[36] Holland's Oration was printed by John Dawson in 1622, and a version taken from the MS Annals of the City of Coventry appears in John Nichols, *The Progresses, Processions, and Magnificent Festivities of King James the First, his Royal Consort, Family and Court*, 4 vols. (London: 1828), III, pp. 424-426.

[37] See Plutarch, *The Philosophie, commonlie called, The Morals written by the learned Philosopher Plutarch of Chaeronea: Translated out of Greeke into English, and conferred with the Latine translations and the French, by Philemon Holland of Coventrie, Doctor in Physicke. Whereunto are annexed the Summaries necessary to be read before every Treatise* (London: Arnold Hatfield, 1603), STC 20063, Dedicatory Epistle.

[38] *Ibid.*

culture. Enhancing her middle-age role as 'a static icon of perpetual virginity' the panegyric of Elizabeth I's later years, stressing her immortality, had became increasingly hyperbolic and fantastic.[39] Images, consequently, represented the queen outside space, at a universal and cosmological level of acorporeality. Recent studies of Elizabeth I have persuasively connected this iconic representation of Elizabeth to her gender in a manner which proves instructive here for our understanding of the public construction of James.[40] We see that, whereas in the Elizabethan (outdoor) entertainments the queen was paraded to be seen, in the Jacobean (indoor) entertainments the king was positioned to do the seeing. Whereas Elizabeth was spatially unspecified, James specified space. Whereas, Elizabethan panegyric endorsed the spectacle of the woman, James was the man who projected the spectacle. As Elizabeth (passively) was the world, James (actively) authorised it. It was as if early Stuart culture was more at ease allowing a *male* monarchy to control the gaze – to become the I/eye.

The perspectival construct expounded for the first time in *The Masque of Blackness,* drew, therefore, upon an ocularity that was already in place within the accession panegyrics. These were panegyrics that were themselves informed by, not only, the king's own sense of visuality within his political writing, but also established tropes (of sight and power, knowledge and acuity) – tropes that perhaps synchronised more readily with the representation of a sovereign that was male. The effectiveness of the perspectival construct of 1605 onwards should, however, be attributed

---

39 For further thoughts on the 'celebration of their Queen as a sanctified icon' and as 'the standard of a cause' see Helen Hackett, *Virgin Mother, Maiden Queen: Elizabeth I and the Cult of the Virgin Mary* (London: Macmillan, 1995), pp. 236-238.

40 Hackett has observed how the extremes of praise to Elizabeth 'can be seen as typical of the feverish adulation of figures of female power which patriarchal societies tend to produce, in reaction to repressed anxieties at the disruption of hierarchy and the physical otherness which a powerful woman represents.' See *ibid.,* p. 240. Identifying this anxiety of Tudor culture to accommodate a woman of power, Andrew and Catherine Belsey had (some years before Hackett) already remarked upon the way in which the images of Elizabeth 'display the authority which demonstrates her right to rule in spite of her sex'. Though, the Belseys showed the schematisation of the royal image reaching the level of 'pure geometry' in the portraits of John Bettes, and though they endorsed the pictures of Elizabeth as supreme 'icons of magnificence,' they never delineated (as Hackett would later do so successfully) the complex shifting of the representation of the queen through different stages of her reign. See Andrew Belsey and Catherine Belsey, 'Icons of Divinity: Portraits of Elizabeth I' in *Renaissance Bodies: The Human Figure in English Culture c.1540-1660*, ed. by Lucy Gent and Nigel Llewellyn (London: Reaktion Books, 1990), pp. 11-35 (pp. 35 and 14). Susan Doran's latest work takes the reading of Elizabeth further into the agenda of next generation feminism (or is it perhaps a post-feminism?), with her assertion that the queen 'did not reject marriage from either psychological motives or political reasons associated with her gender.' Doran's Elizabeth is a single woman, who sought marriage and was 'Aware of her limitations.' See, *Monarchy and Matrimony: The Courtships of Elizabeth I* (London and New York: Routledge, 1996).

to much more than the texts and contexts of 1603. In one respect Jones's perspectivalism was congruous to the monocentrism and political focality already inherent within English government. The spatial arrangements within the masquing hall, determined by visual perspective, focused all lines of vision and authority on to the king's person, in much the same way that the English political system had for three generations positioned the monarch as the supreme point of socio-spiritual convergence; since the Act of Supremacy the Church of England, for instance, had looked exclusively to its monarch. This was what Kellison had meant when he wrote to James of how 'all men had their eyes, and expectations, and desire also, fixed on your Highnes person'.[41] And it was to this which James himself had alluded when he described a spectacle of monarchy in which kings stood 'in sight of all the people; where all the beholders eyes are attentively bent to looke.'[42] For 'a King', a debate at Oxford in 1604 concluded, 'must not merely see, but be seen.'[43] This configuration of sovereignty was that to which the material environment and theatrical content of the Jacobean masques became analogous.[44] Consequently, at the festivals for Prince Henry's first bearing of arms (in January 1610) the Lady of the Lake concentrated her loyalties on to the king's throne; 'to this seat' she declared, gesturing towards the state, '[I] vow my new duties, and mine old respect'.[45] A decade later the practice was just as vivid. Jonson's *News from the New World discovered in the Moon* (his first masque at court after he had walked back from Scotland) displayed a people (a 'race') who lived 'above the Moon' and who were 'form'd, animated, lightned, and heightned' by the king. Being 'intranc'd' in 'speculation' of his virtues, they, like the courtiers in the masquing hall, were shown to be spiritually enriched for having watched the king.[46] Adhering to these precise, theatrical formulae the actions of the masquers and the eyes of audience for over a decade converged on the royal personage.[47]

---

[41] Matthew Kellison, *A Survey of the New Religion*, A.iiii.verso.

[42] James I, *Basilikon Doron*, p. 5.

[43] As quoted by E.K. Chambers, *The Elizabethan Stage*, 4 vols. (Oxford: 1923), I, p. 228, and Per Palme, *Triumph of Peace: A Study of the Whitehall Banqueting House* (London: Thames and Hudson, 1957), p. 151.

[44] However, in light of the Venetian ambassador Giordarno Lando's observation (in 1620) that 'at the masque his Majesty sat under his *usual* large canopy' [my italics], the view of the king's person would (for the courtiers in the balconies at least) have been metaphorical rather than physical – the cloth of state and dais representing the *presence* of monarchy. See *Calendar of State Papers: Venetian,* xvi, letter from Giordarno Lando to the Doge and Senate, 17 January 1620, p. 138.

[45] Ben Jonson, *Prince Henry's Barriers* (1610), lines 4-5.

[46] Ben Jonson, *News from the New World discovered in the Moon* (1620), lines 302-303.

[47] Even before (or outside) the first Jacobean Banqueting House, the descriptions of both movement and stage design within the extant masque texts focus upon the king's dais. For example, just as the barriers of January 1606 (performed in the second Elizabethan

It is important to stress that this sort of staging was far from typical for the early seventeenth century. Frances Yates, for instance, wrote famously on the extent to which the basic ground plan of the Shakespearean stage at the Globe was based upon, she claims, very different (Vitruvian) precedents: 'on cosmology as then understood, on the circle of the zodiac with its twelve signs, within which astrologers inscribe four equilateral triangles.'[48] Always with seven gangways in the auditorium and five entrances in the *frons scaenae,* these theatres were mathematically shaped for sound and harmony: 'they were actors' theatres,' Yates writes, 'depending entirely for their effect on the actors, with few or no visual aids.'[49] Contrastingly, the staging of the Stuart masques drew upon a somewhat different (Serlian) tradition. For though the first Jacobean Banqueting House (see figure 1) was clearly indebted to Vitruvius (or at least the Vitruvius who appeared in chapters XIX and XX of Palladio's *I Quattro Libri dell' Architettura*), Inigo Jones exploited the elongated, basilican 'nave' of the hall's internal space to achieve a sense of, not *aural,* but *visual* dominance. It was an effect demonstrated on the engraving which faced the frontispiece of James's 1616 *Works*. Enthroned, holding the orb and sceptre, the Bible and sword of justice at his side, James's poise is unmistakably monarchical. The sense of his political centrality, however, is advertised through pictorial and architectural focus – achieved by the perspectival rectilinearity of the hall within which he sits. It is only through the lines of the orthogonals around him (the pilaster, the mullions, the lintels, and even the cloth of state itself) that the image is able to focus onto James's visage. Such was the effect that visual spectacle within the first Jacobean Banqueting was able to achieve (figs. 2a and b). The long side aisles and rows of tightly packed Doric and Ionic columns naturally produced a vista, the end of which stood the perspective scene carrying the enfilade to infinity. It was an unprecedented, theatrical celebration of spectacle and visual primacy. Positioning the king at its centre (between three banks of degrees, two flanks of balconies, and two orders of classical columns) the royal body became the point upon which the lines of the architecture, the scenic perspective and eyes of the court met.

By looking to the king, however, the courtier was also forced to look at the rest of court. But as Baldasarre Castiglione's *Il Libro del Cortegiano* made clear, this was an important buttress of court life. Sir Thomas Hoby's 1561 translation of Castiglione's text would have reminded the English audience how, at court, it was 'proper devices, apt poses, and witty

---

Banqueting House) began with the figures of *Truth* and *Opinion* 'approaching the state,' in *Lord Hay's Masque* (performed in the Great Tudor Hall at Whitehall) the stairs from the stage to the dance floor were described as descending 'toward the state.' See: Ben Jonson, *Hymenaei* (1606), line 651; and Thomas Campion, *Lord Hay's Masque* (1607) line 21.

[48] Frances A. Yates, *Theatre of the World*, p. 116.

[49] *Ibid.,* pp. 118-125.

inventions' that were integral to the important business of drawing 'the eyes of the lookers on as the magnet attracts iron.'[50] And indeed in the 'two hours waiting' before the performance of *Pleasure Reconciled to Virtue* the representatives of the Venetian embassy passed their time examining 'again and again' just this sort of spectacle. 'They espied some very sweet and handsome faces,' the chaplain, Orazio Busino, recalled, 'and at every moment they kept exclaiming Oh do look at this one! Oh see her! Whose wife is that one on the row and that pretty one near, whose daughter is she?'[51] The construction of the first Jacobean Banqueting House (within which Busino and his colleagues sat in 1618) facilitated this compulsion for show. A 1609 sketch of the building's groundplot made by Robert Smythson, together with the declared accounts of the Pipe and Audit office for the years 1604-1609 suggest that the hall's walls were filled with a large expanses of glass, even by the standards of the time.[52] This unprecedented abundance of fenestration (one account cites forty-six double casement windows in the main hall alone) would have conciliated the court's need to see and be seen and confirmed the pre-eminence of 'display' at such events. It was a powerful and familiar optical conceit: the king looking out (with the masque and the Banqueting House itself serving as his 'crystal' on the world); the outside world looking in (viewing the king and his court arranged and staged to perfection as if an exemplary glass of truth and order). Furthermore, evidence suggests that the king himself was conscious of these optical correspondences. During, for example, the construction work between 1606 and 1608, the future Viscount Dorchester, Sir Dudley Carleton, wrote of a journey from Windmore to Wales in which the king had 'toucht at Whitehall for no greater business then to see his new building.'[53] Carleton suggests that James was 'nothing pleased wth his Ld Architect' because 'certaine pillars' had been 'sett up before the windows.' It seems that his anxiety lay in that he could 'scarce see' in or out of the hall. Here James's dissatisfaction

[50] For a brief discussion of Castiglione's remark in relation to 'the fundamental rule of visual exchange at court ('We are seen, therefore we are') see Randolph Starn, 'Seeing Culture in a Room for a Renaissance Prince' in *The New Cultural History*, ed. by Lynn Hunt (Berkeley, Los Angeles and London, 1989), pp. 205-232 (p. 211).

[51] *Calendar of State Papers: Venetian, 1617-1619* (London: His Majesty's Stationary Office, 1910), 24 January 1618, 'Anglipotrida', pp. 111-112. However, dismissive of this 'highly inaccurate translation' Orgel and Strong offer their own full, modern English version along with a transcription of the original in *Inigo Jones: The Theatre of the Stuart Court*, I, pp. 279-284.

[52] Consider, for example: Montecute House, Somerset, completed c.1599 for Sir Edward Phelips (who was responsible for organising the *Masque of the Middle Temple*, in 1613); the north face of Sir Robert Cecil's Hatfield House (begun 1607); and, of course, Smythson's own Hardwick Hall, Derbyshire (c.1590-1597).

[53] British Museum, Stowe MS. 362. As quoted by Per Palme, *Triumph of Peace: A Study of the Whitehall Banqueting House* (London: Thames and Hudson, 1957), p. 117.

signalled the level of importance assigned to sight and scrutiny within court life. Indeed, describing a place 'Wherin the smallest staine is greatest seene' this dominance of display had been remarked upon but a few years earlier by Samuel Daniel in his 'epistle' to his former tutee, Lady Anne Clifford. Daniel's verse (appended to his panegyric of 1603) identified the manner in which her honour was

„...kept inclosed with so many eyes,
As that it cannot stray and breake abroade
Into the private wayes of carelessnesse,
Nor ever may descend to vulagarise,
Or be below the sphere of her abode."[54]

In light of the dictum of Castiglione, the experience of Lady Anne (a young *debutante* trapped within the stare of 'so many eyes') renders the assertion that early Stuart sovereignty and power was 'a matter of sight' far from unreasonable.[55] But moreover, confronted with this cage of courtly gazes and the enduring necessity to *perform* we can begin to sense the extent to which Jones's perspectival construction effectively policed the defining qualities and visual sensibilities of early modern display into a single optical space and moment.

However, in his 1631 critique of the Jonesian masques, the poet and playwright Ben Jonson would condemn the way court entertainments only played for 'Certeyne politique Eyes.'[56] To an extent Jonson's attack was misplaced. Rites/rights of seeing, as has been already made clear, were the *raison d'être* of the masques; indeed, James I himself had written that it was the king (alone) who had 'the foresight of guiding.'[57] In an 'expresse and most notable exhortation and commandment given them' it was only the king who could 'reade and meditate in the Law of God.' After all, it was this 'Knowledge' (the poem at the beginning of James's *Works* asserted) which 'makes the king.' Traditionally, one of the most effective preserves of this visual hierarchy of knowledge and of power was, unsurprisingly, the English Church. In the same year that *Love Freed From Ignorance and Folly* identified James as 'the Eye!' the king's future chaplain, John Donne, warned how the (essentially Catholic) programme to 'discerne so distinctly' the mysteries of the world was, ultimately, a dangerous

---

54 Stressing the sense in which authority was very much a visual phenomenon, Daniel also writes (elsewhere in the same text) about the 'Ensignes' and 'display' of government. See Samuel Daniel, *A panegyrike congratulatorie to the King's Majestie; also certaine epistles* (London: 1603), STC 6258, stanza 1 and epistle 'To the Lady Anne Clifford'.

55 See Jonathan Goldberg, *James I and the Politics of Literature,* p. 149.

56 This poem and the other reasons for Jonson's attack are discussed in D.J. Gordon, 'Poet and Architect: The Intellectual setting of the Quarrel between Ben Jonson and Inigo Jones' in *The Renaissance Imagination* ed. by Stephen Orgel (Berkeley, Los Angeles, and London: University of California Press, 1980), pp. 77-101.

57 James I, *The Trew Law of Free Monarchies*, pp. 55 and 64.

exercise.[58] Donne wrote within a spiritual tradition that could never allow itself to *see* divinity – let alone understand it.[59] In, for instance, an attack (of 1603) on the false God of the Catholic Mass, it was 'in the *visible* forme of Breade and Wine' that John Gordon had seen the heresy of the Roman church. Likewise, an epistle from theologian Henoch Clapham 'To the Christian Reader' branded 'the fowle *visible* Christian' an 'Antichristian'.[60] To position James as an eye with a (*the*) unique view of the masquing spectacle was, therefore, an orchestrated metonymy of the privileged knowledge and sight to which the Protestant king had access – metonymy that responded well to the Puritan mind-set's suspicions of visible spirituality. To view a perspectival image, Serlio's *First Book of Architecture* had explained, 'a man must first chose the place, from whence he will see.'[61] In the masquing hall it was only James – physically, intellectually and spiritually – who occupied this 'place.' It becomes significant, therefore, that just as the royal state saw the rows of flats composed into an empowering enfilade, the rest of the court saw only discontinuity and non-alignment. In a Protestant court this disruption to their visual field was itself intentional and instructive. As the annotated floorplan for the performance of *Florimene* (1635) demonstrates, Jones planned his 'pictures with light and motion' for the whole room – and not just for one line of projection.[62] He would have known that the courtiers, standing within 'well secured boxes' amongst the maze of pillars, would have found it physically difficult to see the stage.[63] And certainly, after the performance of *Pleasure Reconciled to Virtue* in 1618, Busino was forced to write how: 'we were so crowded and ill at ease that had it not been for our curiosity we must certainly have given in or expired.' We can

[58] John Donne, *Ignatius His Conclave*, trans. by T. S. Healy (Oxford: Clarendon Press, 1969), p. 7.

[59] See Frances A. Yates, *Theatre of the World*, p. 2, for her remarks on how there was in early modern England a 'prejudice against those sciences, which were thought of in some quarters as Popish.'

[60] See: John Gordon, *A Panegyrique of Congratulation for the Concord of the realmes of Great Britaine in unitie of religion, and under one king* (London: R. R. for G. Chorlton, 1603), STC 12061, p. 15; and Henoch Clapham, *The Discription of A True Visible Christian: Right comfortable & profitable for all such as are distressed in Sowle about present controversies in the Church. Drawen by He. Cl. but published by occasion (as will appeare in the Episte) by Lo. L.* (1599), STC 5337. My italcs.

[61] Sebastiano Serlio, *The Five Books of Architecture*: *An Unabridged Reprint of the English Edition of 1611* (New York: Dover Publications, 1982), fol. 5*v*.

[62] This phrase appears in 'The Description of the Scene' for Aurelian Townsend's masque of February 1632, *Tempe Restored* (lines 49-50). Jones' preparatory drawing for the seating arrangements for *Florimene* is reproduced in Orgel and Strong, *Inigo Jones: The Theatre of the Stuart Court*, II, pp. 638-639.

[63] For the best account of these 'well secured boxes' and the generally cramped conditions of the masque performances see *Calendar of State Papers: Venetian, 1617-1619*, 24 January 1618, 'Anglipotrida', pp. 110-114.

sympathise with Busino, as the interior of the first Jacobean Banqueting House was clearly not as spacious as the imagination of previous modern editors may have led us believe. With the stage probably extending some ten metres from the lower end of the hall (in front of the four Doric columns that served as a nominal screen), and with a maximum stage width of ten metres, and with the courtiers' boxes most likely *inside* the hall's line of pillars, the dancing space (and indeed the space for the king's dais) would have been minimal.[64] Consequently, in contrast to the felicity and concord recorded in the official masque texts, it is, in fact, the bustling obscurity of such occasions which prefigure in the eye-witness accounts. Sir Dudley Carleton, for instance, packed his newsletter to Sir Ralph Winwood with gossip from his attendance at the *Masque of Blackness*. His account, however, reports no perspectival scene, only 'a great Engine' at the lower end of the hall. The effect of Jones' perspective scenery was clearly lost on Carleton – and rightly so. For Carelton's bewilderment and Busino's discomfort (compounded by his own 'short-sightedness' which determined that he 'could not form an accurate idea of distinct objects') may be understood more clearly if we accommodate parallactic shift into our reading of their accounts.[65] For example, at the performance of a masque such as *Oberon The Fairy Prince* (1611) an individual positioned in the balcony would have had a greatly impaired view. The surviving scenery designs suggest that particular masque did not rely upon Serlian flats and deep receding perspectives. Instead the proscenium arch framed a single shutter scene of rocks in front of which the sylvans performed their antic dance, and a back screen of Oberon's palace itself from which Prince Henry emerged. From a vantage point on the balcony the representation of the palace becomes – through the error of parallax – obscured, with the rocks exposed as the artificial shutters they really are. This contortion was exacerbated when Jones, through the use of multiple scenes of relieve, attempted a more conspicuously perspectival and mathematically complex effect such as the 'Street scene in Perspective' used at the beginning of Ben Jonson's 1617 masque *The Vision of Delight*. If this scene is viewed from a position similar to that from which Sir Thomas Edmondes saw the

---

64 These measurements are based upon those detailed in the Declared Accounts of the Audit Office for the performance of the *Masque of Blackness*. If, however, a model of the interior space is constructed the scenery designs can be scaled to give an indication of what would have been an appropriate stage size. For a transcription of the accounts see C. H. Herford and Percy and Evelyn Simpson (eds.), *Ben Jonson*, X, pp. 445-446. Though impractical it is not untenable that the courtiers' boxes were placed in the 2 metre gap between the Doric columns and the east and west walls. However, Busino's observation that the distance of the columns away from the wall '[equaled] the breadth of the passage' would suggest the space between them and the windows was not obstructed and instead preserved as an aisle. See *Calendar of State Papers: Venetian, 1617-1619*, 24 January 1618, 'Anglipotrida', p. 111 and 112.

65 Dudley's letter is quoted by C. H. Herford and Percy and Evelyn Simpson (eds.), *Ben Jonson*, X, pp. 448-449.

production of *Florimene* – that is, tucked in close to the extreme right of the stage – the geometry collapses, the smooth composition buckles, and the setting becomes unintelligible.[66] The illusionary scene lacks the seamless recession which it projected to the state, and is instead revealed as a series of staggered 'partitions'. This appears to be corroborated by a spectator at William Strode's *Floating Island*, who told Antony á Wood how he saw the stage (presumably from just such an oblique view) 'much resembling the desks or studies in a Library'. This spectator saw little in the way of perspective, and much in the way of 'openings on each side.' Describing how with these 'said partitions they could draw in and out their pleasure upon a sudden, and thrust out new in their places,' this member of the audience clearly saw much more (literally) *behind the scenes* than the king was ever allowed.[67]

Due, therefore, to the cramped boxes, the packed columns, and most significantly of all the fact that these scenes were simply not constructed for the general courtier's view, the content and meaning of the masque scenery was to many eyes not immediately clear. But the perspective 'toys' of the sixteenth century had already trained the early modern eye to comprehend parallactic shift. Staring at the anamorphic skull of Holbein's *The Ambassadors*, or indeed the effect of the corrugated portrait, the concept of an artifice projecting its meaning in more than one direction would not have been inaccessible to the mind of the early modern courtier. Furthermore, in a culture in which order and disorder, and the celestial and mundane were understood to be reciprocating forces within the same unified whole, an orchestrated oblique view would be unavoidably instructive.[68] It was in this way that the discord of their own visual field foregrounded the perfection of the king's. However, for those individuals placed close to the king the visual sensation and intellectual operation was very different. For instance in 1635, Lady Arundel's box (to which Lady Anne Clifford had been invited to for the masque back in 1618) was positioned over the king's right shoulder. Her view, consequently, would

[66] The location of Edmones's box is marked on Inigo Jones' sketch for this production of 1635.

[67] This account is quoted by Stephen Orgel and Roy Strong. But in the spectator's misreading of 'an uninterrupted receding perspective' they see evidence of an audience lacking knowledge of Jones' new style, and not (as I do here) a demonstration of how (didacticly) inaccessible perspective scenery became through parallactic shift across the space of the masquing hall. See their, *Inigo Jones: The Theatre of the Stuart Court*, II, p. 12.

[68] The notion of the celestial and the mundane is taken from Murray Roston's comments on the High Renaissance '*equilibrium*' represented in Shakespeare's *Richard II*. See, *Renaissance Perspectives in Literature and the Visual Arts* (Princeton: Princeton University Press, 1987), p. 256. Of similar importance here are Prof. Sharpe's remarks on early Stuart concepts of order and disorder as coexisting and mutually inclusive forces. See 'A Commonwealth of Meaning' in his *Politics and Ideas in Early Stuart England* (London and New York: Pinter Publishers, 1989), pp. 3-71

not have been too dissimilar to that of her sovereign.[69] In these instances the visual and spatial didactics relied less upon the viewer's sensory experience of the scenes of relieve, and more upon an understanding of new renaissance forms of representation. When confronted with an oblique view as subtle as that presented to Lady Arundel, the courtier had to realise that even when the scenery may have made sense they – as civilised members of court, knowledgeable about the new art – should know that they were not seeing, and could not see, the illusion correctly. In such cases the 'oblique view' became an intellectual rather than a physical posture. In short, for both king and courtier, the correlation of their *visio corporealis* to that which the artifice demanded, denoted the quality of their own *visio intellectualis*; the extent of their physical observation was organised so that it demonstrated the extent of their intellectual and imaginary speculation.[70]

Perspectivalism provided the early Stuart monarchy with the perfect method to advertise and orchestrate a hierarchy of knowledge and power, as well as a theory of political convergence and unity. The inherent visuality in the royal (self-)representation as the 'learned king' crystallised within the masques into the construct of James as 'the Eye' – acuity and perspicacity fashioned as royal prerogatives. As ocular experience became codified, so was created a cultural condition in which the periphery of the royal visual field was made synonymous with political marginality, and where constructing, or positioning oneself within perspectival space was to align oneself to the lines of authority that emanated from the king. At no other time had Leon Battista Alberti's description of the centric ray in the optical field as the 'prince', had greater clarity.[71]

---

[69] See D. J. H. Clifford (ed.), *The Diaries of Lady Anne Clifford* (Stroud: Alan Sutton, 1990), pp. 28 and 44. It appears that many courtiers had their own established boxes at masques. A despatch of 1618 to the Doge and Senate referred not only to 'the usual box of the Venetian embassy' but also to the fact that the Spanish representatives had 'their own box.' Similarly, Inigo Jones himself is ascribed his own box (located exactly half way between the stage and the king's dais) on the sketch for the performance of *Florimene*. See *Calendar of State Papers: Venetian, 1617-1619*, 24 January 1618, 'Anglipotrida', pp. 110-114.

[70] The terms I use here are based upon St. Augustine's three kinds of human sight: corporeal vision (*visio corporealis*) in which one sees the incorporated through natural optical perception; spiritual or imaginative vision (*visio spiritualis* or *imaginativa*) in which one sees incorporeal shapes, as in dreaming; and intellectual vision (*visio intellectualis*) or the direct sight of incorporeal beings and imageless concepts. These are briefly discussed by Carolly Erickson, *The Medieval Vision: Essays in History and Perception* (New York: Oxford University Press, 1976), p. 36.

[71] In book 1 of *De Pictura* Alberti writes of how the centric ray alone is supported in the midst of the extrinsic and median rays, 'like a united assembly, by all the others, so that it must righly be called the leader and prince of rays.' See Leon Battista Alberti, *On Painting*, trans. by Cecil Grayson (Harmondsworth, Middlesex: Penguin, 1991), p. 44.

III. History as Discipline

It is clear that sometimes we can only fully appreciate didactic strategies when we value the importance of space. Space is always discursive, always historically and culturally localised and, consequently, always a rich historical source. But as such a source it does not lend itself well to an orthodox historical methodology that has tended to stress the temporal and the teleological. My agenda in this paper, therefore, is not just to highlight Space as a Didactic agent in one historical moment, *but also* to consider the Didactic Space within which we understand and communicate our histories. I would like to suggest that, perhaps, the two-dimensionality of a page, and the linearity of a book organise our historical mind so that sometimes the visual and spatial schemes within our sources are just never seen. It was Per Palme (in 1957) who originally stressed the perfection of the king's view. Describing how the position of the royal dais was 'ideal for seeing the show' Palme remarked (with minimum exposition) how it was only from where the king sat that 'the stage illusion [worked] to perfection.'[72] Then, considering not just the English experience but the rest of Europe as well, it was Stephen Orgel (a generation later) who went on to forge an important political link between 'the stage's diminishing perspective' and the conscious placement of the king 'in the precise centre of the audience'.[73] A year later Graham Parry was making the same point when he referred to the king as 'the principal spectator' and wrote of how 'proximity to the King in the seating reflected the hierarchy of Court circles.'[74] However, in the same year that Parry's history was identifying the royal personage as the 'essential point of reference', Stephen Orgel (with the usual evidence) continued to draw the same vinculum across the court spectacle and the political thought of the monarch.[75] Orgel had still not identified the full significance of perspective as a symbolic form or its new and sudden affiliation with visual intuition and political acuity, or indeed the way this organisation of reality transformed England's perception of space. Other editors, nevertheless, followed Orgel's lead; Sir Roy Strong famously described James I as 'the focal point of the masque', though in the context of his work his sense was more metaphorical than

---

[72] Per Palme, *Triumph of Peace,* p. 151.

[73] Stephen Orgel, *The Illusion of Power: Political Theatre in the English Renaissance* (Los Angeles and London: University of California Press, 1975), pp. 27 and 35.

[74] Graham Parry, *The Golden Age Restor'd: The Culture of The Stuart Court, 1603-42* (Manchester: Manchester University Press, 1981), p. 42.

[75] Stephen Orgel, 'The Royal Theatre and the Role of the King', in *Patronage in the Renaissance* ed. by Guy Fitch Lytel and Stephen Orgel (Princeton, New Jersey: Princeton University Press, 1981), pp. 261-273 (p. 261).

politico-optical.[76] Since the 1970s other editors have occasionally returned to offer their own spin on the subject. With more panoramic vision, Jerzy Limon has identified a fundamental connection between the vanishing point and the 'pictorial representation of *truth*', not just in the English court masque, but within Renaissance culture in general.[77] Similarly, Ellen Chirelstein, in a trajectory that is more art historical, has suggested – though has never totally exploited – how perspective in the masquing hall 'was conceived symbolically.'[78] The study that has perhaps moved closest to a full exposition of the importance of the new spatial construct is Jonathan Goldberg's work on 'The Royal Gaze'. In his analysis of the theatricality of the king's 'public stage', he writes convincingly of the ways in which 'the theater pervaded the king's sense of self and role'. And, in a moment of (characteristic) brilliance, he describes how James I appropriated 'the divine glance' of God.[79] Regrettably, Goldberg's thesis is destined to stay unpacked, Orgel's must continue to be elusive and Strong's metaphorical, as long as each remains within the limitations of their traditional methodology. As long as critics continue to look at these sources in the same static, frontal and unconnected way the didactics of space and the use of perspectival vision within the masque, and within early Stuart culture as a whole, will remain unimaginable. My contention is that if we utilise new formats of historical research (in my case modern computer modelling techniques) these ideas *can* be pursued. By piecing together architectural sketches, eyewitness reports and details from the royal accounts, along with the masque texts' own descriptions of their venue, a three-dimensional model of the interior space of the masquing hall can be formed – within which vision and space are suddenly revealed as historical documents like any other. I have only been able to write about the ways the didactic element of the masquing hall changed *through* the space of the room, by using a computer, and reforming the spaces (practical and intellectual) within which historians allow themselves to understand and represent their perspective of the past. It is only by importing digitised reproductions of the extant scenery designs, and by using our knowledge of where certain individuals sat within the hall that I am able to clearly test and demonstrate what previous editors could only allude to and gesture towards. And in doing so I can access a whole system of didactic intent that has hitherto remained inaccessible to historical method. In short, we

---

[76] Roy Strong, *Britannia Triumphans: Inigo Jones, Rubens and Whitehall Palace* (London: Thames and Hudson, 1980), p. 15.

[77] See Jerzy Limon, 'The Masques of Stuart Culture', in *The Mental World of the Jacobean Court*, ed. by Linda Levy Peck (Cambridge: Cambridge University Press, 1991), pp. 209-229 (p. 211 and 219).

[78] See Ellen Chirelstein, 'Lady Elizabeth Pope: The Heraldic Body' in *Renaissance Bodies: The Human Figure in English Culture c.1540-1660*, ed. by Lucy Gent and Nigel Llewellyn (London: Reaktion Books, 1990), pp. 36-59 (p. 56).

[79] Jonathan Goldberg, *James I and the Politics of Literature*, pp. 147-163.

could only explore the didactic spaces of Jacobean culture once we had reshaped the didactic spaces of historical method. And so we are back to the assertion of my introduction. As historians, perhaps, we need to show a new sensitivity to the spatial dimension and visual sensation of the historical past *and* the historiographical present. In the process we may find that some of our historical sources are designed to teach us much more than may first meet the eye.

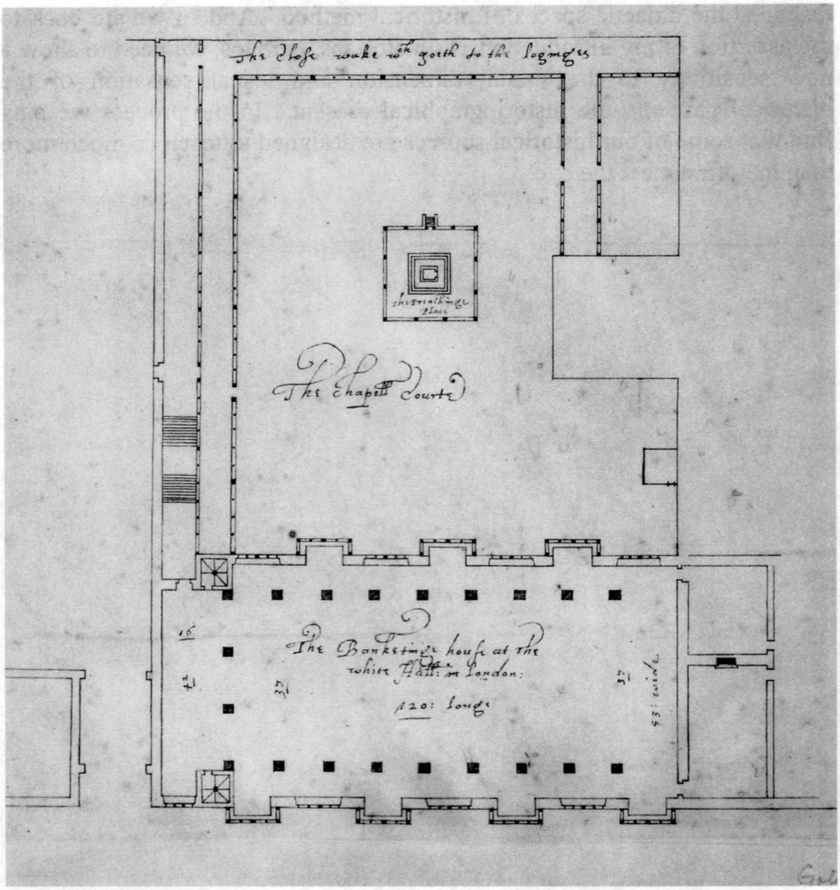

Figure 1: Robert Smythson,
Plan of the First Jacobean Banqueting House, Whitehall, c.1609
(British Architectural Library, RIBA, London).

Figures 2a and 2b: Digital representations of the opening scene of *The Vision of Delight* (1617) viewed: (a) from a courtier's box close to the front of the stage; and (b) as viewed by the king. ('Street Scene in Perspective' and detail of 'Proscenium and Hunt Scene' from the Devonshire Collection, Chatsworth. Reproduced by permission of the Chatsworth Settlement Trustees. Photographs, Courtauld Institute of Art)

ANSCHRIFTEN DER AUTOREN

BLASCHITZ GERTRUD, Österreichische Akademie der Wissenschaften, Institut für Realienkunde des Mittelalters und der frühen Neuzeit, Körnermarkt 13, A-3500 Krems

DINGES MARTIN, Institut für Geschichte der Medizin der Robert Bosch Stiftung, Straußweg 17, D-70184 Stuttgart

FEHSE MONIKA, Herner Straße 80, D-44791 Bochum

GAUVARD CLAUDE, Université de Paris I, Centre de Recherches sur l'Histoire de l'Occident Médiéval, 17, rue de la Sorbonne, F-75231 Paris Cedex 05

GOETZ HANS-WERNER, Universität Hamburg, Historisches Seminar, Von-Melle-Park 6, D-20146 Hamburg

JARITZ GERHARD, Österreichische Akademie der Wissenschaften, Institut für Realienkunde des Mittelalters und der frühen Neuzeit, Körnermarkt 13, A-3500 Krems

KOSTOVA ROSSINA, Department of History, University of Veliko Turnovo, BG-5000 Veliko Turnovo

LEVINSON KIRILL, Russische Akademie der Wissenschaften, Institut für allgemeine Geschichte, Forschungsprojekt „Mensch in der Geschichte", Profsojusnaja ul. 43-2-432, R-117420 Moskau

PALMITESSA JAMES R., Western Michigan University, Department of History, 4428 Friedman Hall, Kalamazoo, MI 49008-5020, USA

PARRY ROSS D., University of Leicester, Department of Museum Studies, 103-105 Princess Road East, GB-Leicester LE1 7LG

SAWYER ANDREW C., University of Southampton, Department of History, Highfield, GB-Southampton SO17 1BJ

SCHILD WOLFGANG, Universität Bielefeld, Fakultät für Rechtswissenschaft, Lehrstuhl für Strafrecht, Strafrechtsgeschichte und Rechtsphilosophie, Universitätsstraße 1, D-33615 Bielefeld

SIGNORI GABRIELA, Universität Bielefeld, Fakultät für Geschichte, Universitätsstraße 25, D-33615 Bielefeld

TOCH MICHAEL, Hebrew University of Jerusalem, Department of History, IL-91905 Jerusalem